U0462323

大英帝国的崩溃
与 美国的诞生

［英］尼克·邦克（Nick Bunker）◎著　　银凡◎译

AN
EMPIRE
ON
THE
EDGE

民主与建设出版社 博集天卷
CS·BOOKY
·北京·

图书在版编目（CIP）数据

大英帝国的崩溃与美国的诞生 / （英）尼克·邦克著；
银凡译.—北京：民主与建设出版社，2017.6
ISBN 978-7-5139-1562-5

Ⅰ.①大… Ⅱ.①尼… ②银… Ⅲ.①美国—历史—
研究 Ⅳ.①K712.07

中国版本图书馆CIP数据核字（2017）第 114494 号

© 民主与建设出版社，2020

著作权合同登记号：图字01-2017-4089

An Empire on the Edge: How Britain Came to Fight America by Nick Bunker
Copyrights © 2015 Nick Bunker
This edition arranged with A.M.Heath & Co.Ltd.
Through Andrew Nurnberg Associates International Limited.
Simplified Chinese edition copyright:
2017 Changsha Senxin Culture Dissemination Limited Company
All rights reserved.

大英帝国的崩溃与美国的诞生
DAYINGDIGUO DE BENGKUI YU MEIGUO DE DANSHENG

著　　者	［英］尼克·邦克
译　　者	银　凡
责任编辑	王　倩
监　　制	秦　青
选题策划	森欣文化
特约编辑	康晓硕
营销编辑	吴　思
封面设计	李　一　　胡利群
出版发行	民主与建设出版社有限责任公司
电　　话	（010）59417747　59419778
社　　址	北京市海淀区西三环中路10号望海楼E座7层
邮　　编	100142
印　　刷	三河市兴博印务有限公司
开　　本	700mm × 995mm　1/16
印　　张	24.5
字　　数	345千字
版　　次	2017年7月第1版　2020年5月第2次印刷
书　　号	ISBN 978-7-5139-1562-5
定　　价	68.00元

注：如有印、装质量问题，请与出版社联系。

目录
C O N T E N T S

序言

第一部分
投机帝国

从中国到加勒比海，英国人的私有经济帝国过于依赖海运，在大西洋的西岸，他们无法控制不羁的侨民，当地人习惯于不顺从。或早或晚，帝国中这两个不稳定的元素，政治和经济，一定会碰撞到一起，产生的危机是如此深刻，连国王和他的大臣们也解决不了。

第 二 部 分
茶叶的输送

这只是一个想法的雏形，但它逐渐演变成把过剩的茶叶发送到美国的计划。但在它被完成之前，它早已被大西洋两岸的阴谋和政治诡计弄得扭曲变形了。接下来发生的故事有时就像是错综复杂的、洛可可风格的拼图，但是没有它，波士顿倾茶事件就永远都不会发生了。

第 三 部 分
急转直下

这场战争酝酿已久，它是一个有着严重缺陷的帝国和体系的产物，是无知和偏见再加上那些心怀善意但却固守空洞过时理念的人共同作用的结果。

谨以此书献给我的妻子，苏·坦普尔。

在英国统治者的想象中，百
余年来他们一直在大西洋西
岸保有一个巨大的属国，这
样的想象也让民众们引为快
慰。——亚当·斯密，《国
富论》（1776年）

序　言

一、世界上最好的国家

让野蛮人安享他们的荒蛮之地吧。

——托马斯·盖奇，英国驻北美军队总司令

在1771年的夏天，大英帝国版图上最西端的标志还是密西西比河。

河岸几英里外，即是今天伊利诺伊州的西南角。在这里，敢于从东部一路冒险而来的人会遇上高耸的断崖石壁，石壁上树木丛生，林木间满是洞穴和岩缝。在攀上石壁顶端后，展现在眼前的是一片广阔而泥泞的土地，上面长满了玉米和烟草。再往远看去，在农田和河岸之间，有一道用石灰石砌成的城垛，城垛连着一座四面搭有炮台的堡垒，上面飘着英国国旗。穿过面前雾气弥漫的农田平地，就会看到更多的细节：一条护城河，一道倾斜的土木工事和靠近堡垒的一排营房，炊烟滞留在空中，阳光也未能将之驱散。

这处要塞从远处望去看似防守严密，但走上近前的来访者很快就能发现各种

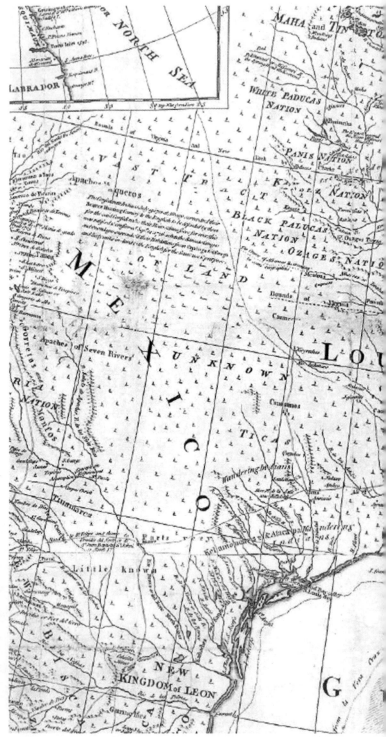

英法七年战争以法国战败告终，这是一幅当时的英王乔治三世绘制的地图，体现了18世纪60年代英国人对北美内陆地区的看法。新被征服的阿巴拉契亚山脉以西的所有土地被留给了印第安人。沿着山脉由北向南的阴影部分是"1763年公告界线"，移民们不应跨越。德沙特尔堡坐落在密西西比河上，位于地图中弗吉尼亚标识"V"字母的右边，在圣路易斯以南约40英里处。（英国国家档案馆）

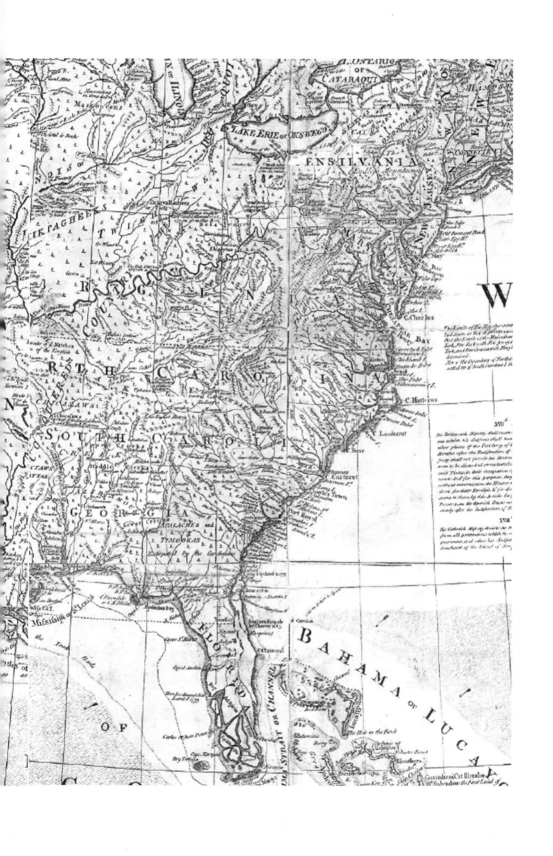

无人照看的迹象，令人心生疑惑。大门边的荒草长得老高。路边是某个村庄或几个废弃的农场留下的成堆瓦砾。牛栏里的牛群早已没了踪影，只留下一些破败的栅栏。荒弃的玉米庄稼恣意生长，烟草叶也有好些年未被收割过了。暮色中，在这片荒野的一角，来访者会与在此站岗放哨的红衣英国兵们打个招呼。士兵拿出朗姆酒来，带他到堡垒的后面去看看。在那里，来访者会发现更多衰败的证据。堡垒墙壁外侧的河岸被冲蚀出了一个陡峭的黄沙坳。在夜色中，不时会有沙土松动掉落下去，被密西西比河的波涛带走。

在军队远在纽约的总部里，这处河边堡垒有一个正式的名称——卡文迪什堡，这是某位有着贵族血统的英国将军的名字，不过这位将军从未抽出时间来到大西洋的彼岸。在边疆，英国士兵选择保留原来那些法国人取的地名。法国人管这里叫德沙特尔堡，但被英国人误读为了宪章堡。到了18世纪70年代初，这里就像英制体系一样渐渐变成了一片废墟。英国从法国人手里接过了这个哨卡，它被建在靠近河口沼泽的潮湿洼地上，周围又全无倚仗之物，因而堡垒的外墙需要不断地修补，直到最后它们完全分崩离析。这座堡垒建造的根基就不牢固，虽然看着气派，但维护起来开销太大，而英国人接手后对这座堡垒的未来也没有一个妥当的规划，因此，时候一到，它注定就会崩溃。换句话说，这个哨卡就象征着英国在整个北美的处境，这是一片它所不了解的大陆，更是一片它无法完全主宰的地方。

理论上来说，宪章堡的辖区包括了从密歇根湖一直到墨西哥湾沿线漫长的交通线。而事实上，英王乔治三世的官员们从未将这座堡垒的控制范围延伸到它城墙大炮的射程之外。英王在北美其他占领地的情况也大致与此相同，他在这里的地位很快就会像这座堡垒一样站不住脚。

英国人在伊利诺伊州的故事让我们看到了一个关于帝国外强中干的寓言。这个故事里面有错误和误解，有考虑不周的计划，还有疏忽拖延和偶尔的腐败。在上面白白浪费了人力物力后，英国对宪章堡的占领以失败告终：这是未来发出的一个预兆，接踵而来的美国独立战争不仅让英国失去了密西西比河流域，随着战争的展开，英国也失去了东部沿海地区原有的殖民地。

1763年，凭借在巴黎签署的一纸协议，英国开始介入美国的中西部地区。卢浮宫谈判签订的条约结束了"英法七年战争"，这场战争的一方是欧洲大陆国家：法国、西班牙和奥地利，另一方是英国和它的普鲁士盟友。法国国王路易十五割让了加勒比海一带的岛屿以及从魁北克到亚拉巴马州的所有边境属地来换取和平。一夜之间，英国人获得了阿巴拉契亚山脉之外的广阔新领域：这片领土是如此广阔，以至于英国人花了两年时间才让这片原法属领地的每座哨卡升起了英国国旗。

而在协议签署后不久，对欧洲政治毫不关心的印第安土著部落发动了起义，英国不得不对此进行了血腥镇压，史称庞蒂亚克战争。战争并没有取得彻底的胜利，而是达成了一个脆弱的停火协议，因此战争结束的时候，英国兵也未能立即占领宪章堡。首先，他们必须派遣特使带上酒和弹药去拜见当地未曾参与此次起义的酋长，争取他们的支持。当这一切终于有了结果后，英国人还要想办法找出一条通向密西西比的路径，对于英军来说这将是一次完全未知的旅程。

他们选择了苏格兰高地警卫团来完成此项任务。苏格兰高地警卫团骁勇顽强，可以饿着肚子在恶劣的环境下作战。这些苏格兰高地士兵从最近的俄亥俄河营地出发，乘船经过八周的时间到达了宪章堡，从一群衣衫褴褛的法国驻军手中接过了钥匙。这是在1765年的秋天。最初，英国兵们兴高采烈，觉得这块地极好。到这儿来的每位英国军官要么是地主出身，要么正渴望着加入这一阶层，他们给眼前的这片土地估价，似乎这和在英国国内拥有一份庞大的地产一样，可以带来足够的欢乐和利润。这里土壤肥沃，有熊和水牛，还有大量的野鹿可供狩猎。一个中尉称它是"已知世界中最好的国家"。不过，英国人虽然中意这里的野生动物，却无法忍受这里的人。很快他们发回东部的信件里就显露出这样的征兆——他们无法守住宪章堡。

"阁下您是知道那些法国人的，"宪章堡的基地指挥官写道，"不用我说你也能猜得到他们给我带来的麻烦"。在伊利诺伊州的农村，法王路易斯留下了数以百计的移民。来自魁北克的男女老少沿河居住，种植小麦出售到西印度群岛，用野生葡萄酿酒，生活在属于他们自己的小天地里。因为不愿意继续和英国兵待在一处，大多数的法国人很快消失了，他们去到河对岸的西班牙属地，带走了他们的奶牛和牧师。留下的人则完全无视英军，他们要求使用自己的法律，自由行使他们的宗教信仰，并自行选举产生立法机构。

如果说法国人是难以对付的，那么土著人就是不可理喻了。到了春天，土著人纷纷聚集到宪章堡，希望获得足够的食物馈赠来使他们挨到玉米收获的季节。这原是法国人为了不使用武力而维持和平所创建的系统的一部分，可是现在这些英国人连他们自己都养活不了。因为无法继续履行法国人留下的老规矩，很快这些苏格兰人就被敌意所包围，敌对的土著部落比尼斯湖（位于苏格兰高原北部）的马匪还要残忍。有一年，一队主战派的土著悄悄潜入了堡垒外的村舍，将一名英国士兵和他的妻子杀死在了床上。一个月后，他们从堡垒附近一个爱好和平的印第安村落中割下了更多人的头皮。而英国兵因为人数太少无法对此进行反击，他们唯一能做的就是闷闷不乐地再往总部发出一封内容消沉的信。

在戍边英军的敌人中，最具破坏力的还要数密西西比河。当北部上游的积雪融化，河水开始上涨，棕色的洪潮击打着弯曲的河道，直至让这座堡垒的每个角落都开始移动和开裂。苏格兰高地警卫团在完成他们的使命后就离开了此处，接手的是爱尔兰人，他们趁着冬天用石头夯实河岸，试图以此加固堡垒的墙壁，但是春天一到，石头就被洪水冲走了。而等到夏末，水位终于下降时，河床上留下的是一摊摊滋生蚊子的水洼，传染病由此在兵营和眷属区内爆发。1768年，仅在一个月的时间里，热病就夺去了60名男性以及妇女儿童的生命，只剩下几十个士兵还能端得起枪。"我们每天坐着马车外出巡视四到五次"，一个少尉写到，"那些幼小的孤儿就跟在我们马车后面，非常可怜。"

每个季节都会带来新的悲惨故事，它们被源源不断地传回纽约，到达英国总司令托马斯·盖奇的办公桌上。这些加急信件读来令这位曾起草戍边计划的长官心怀悲戚。在与庞蒂亚克停战后，盖奇将军计划建造一系列像宪章堡那样的哨卡，从五大湖一直到田纳西州，就像一条铁链一样挂在这个国家的脖子上，以此来控制大片无人居住的领土。再往东，英国人希望用旧有的条约与易洛魁人保持和睦，让那些部落在他们古老的狩猎场上自由打猎而不受沿海殖民地移民的干扰。在他们之间，堡垒和条约使得英国人可以控制这里的毛皮贸易，这也是盖奇认为荒野能出产的唯一收益。

这样的策略放在曼哈顿来看，似乎还算合情合理，但它的根基却像宪章堡的地基那般脆弱。英国人在伊利诺伊州的贸易物资和商品，都必须依赖1000英里外的费城的航船运输，货运线路成本高昂，用这条线路做毛皮交易很难从中获利。假使从新奥尔良向上游运送刀具和毛毯，生意不知会好做多少；但是当初英国人签署《巴黎条约》时，他们误读了地图，将密西西比河通向墨西哥湾的所有开放河道都给了西班牙国王。与此同时，易洛魁人对英国旧有的约定提出了新的要求，协议变得难以维持。盖奇要不断送出礼物和火药，并保证宾夕法尼亚和弗吉尼亚的土著部落不会受到骚扰，才能勉强让原来的约定得以为继。而每过一年，易洛魁人的条件都会变得愈加难以满足。

盖奇甚至连自己的下属也无法信任。关于伊利诺伊州地方驻军中的各种欺凌、欺诈和挪用公款的丑闻的流言开始盛传：这在英国军队中是见惯不怪的事，多年来，军官们在替死人领空饷，但是身处西部边境的那些上校和少校们变本加厉，将丑闻上升到了新高度。尴尬、昂贵，并且无法管理，这让西部的荒野很快成了盖奇无法负担的奢侈品。

从新斯科舍省到巴哈马群岛，在盖奇所指挥的全部领地上，只有15个步兵营的部署，完全没有骑兵。要是把工程师和火炮队都算在内，北美的英国兵总共还不到6000人，只有英国驻扎在爱尔兰兵力的一半。带着这样少的兵力和捉襟见肘的预算，这位将军无法管辖一个大陆。虽然托马斯·盖奇作为指挥官在战场上表现欠佳，但他清楚自己军队的后勤补给，花出的每一个先令他都会仔细记账。很快，他接受了不可避免的事实，在他的士兵进驻伊利诺伊州仅仅两年后，开始了撤离西部边境的计划。

到了1767年的春天，盖奇将军发回国内的信件已经变成了一篇篇对边境感到绝望的文章。他反复申明应该完全放弃边境地带，不仅仅是宪章堡的哨卡，还包括匹兹堡、底特律和其他荒原上的营地。他的提议一次又一次地遭遇拖延和搁置。早在1768年，盖奇提出撤离边境的新战略就得到了殖民部长劳德·希尔斯伯勒的支持，他对北美殖民的前景持悲观的态度，但希尔斯伯勒无法让其余内阁成员看到这样做的意义。与欧洲事务或是国内的权力斗争相比，密西西比河流域看起来实在是不值得一提，关于它的决定被一拖再拖。

甚至伦敦的专家们对西部荒原在帝国命运中应该扮演的角色也莫衷一是。一些专家说西部地区完全无足轻重，因为根据一份与《巴黎条约》同年签署的皇家宣言，在美国的殖民地居民应该坚定地留守在阿巴拉契亚山脉之后，沿海居住，做英国皇家的顺民。要是允许他们跨过山脉，就可能会引起另一场像庞蒂亚克那样的印第安人战争。更糟的是，移民们可能会摆脱他们对国王的忠诚，并在西部边境上建造自己的车间和工厂与英格兰展开竞争。虽然官方的说法是将内陆地区保留给土著部落，但另一些专家持不同观点，他们努力游说进行领土扩张，来为国王或他们自己赚取钱财。在矛盾的观点之间难以抉择、举棋不定的英国政府索性什么也不做，好像这一区域所带来的问题可以毫无缘由地自行解决一样。

然后最终，在1771年秋天，关于伊利诺伊州的决定到了再也不能拖下去的时刻。盖奇将军派出的工程师指挥官来到了宪章堡，把哨卡考察了一番后，在夜色的掩护下，乘着独木舟悄悄离开，以躲避印第安人的伏击。在绕了许多条路后，他回到纽约，带着盖奇想要的确凿证据。到了这时，密西西比河与堡垒墙壁之间只剩下了几码宽的地面。下一个春天的洪水将会让整个堡垒崩塌。

盖奇热衷于将他的军队集中到东部沿海地区，以阻止移民反抗英国皇权。他将这份宣判宪章堡灭亡的报告转发到伦敦。11月份，报告到达伦敦，送到了劳德·希尔斯伯勒的手上，他立即转呈内阁和国王。虽不情愿，英国政府还是下达了撤离令。第二年春天，随着宪章堡的城墙开始倒向密西西比河，英国兵们永远离开了那个哨卡。在帝国的边缘，英军放弃了一个又一个的堡垒，但是盖奇想要的有序撤离很快变成了一次溃败，甚至连他想要保留的基地也因为没钱维持而解体。

在亚拉巴马州的莫比尔，兵营已破败到无法修复的地步，只有任其倒塌。在更北面的伊利湖，英军舰队停泊在那里的船只因无人维护而烂在了水里。即便在波士顿，军队也不得不住在海港里的一个小岛上——威廉城堡，从11月一直到次年3月间，他们所住的木棚下面都会被齐脚踝深的海水浸没。在哈得孙的山谷中，英军把守着通向加拿大的要塞"皇冠角"，这座堡垒的命运更是让当局颜面尽失。有人忘记了打扫烟囱，而另外一个人在非常靠近弹药库的一个壁炉里生起了火。1773年，弹药库将整个要塞炸成了碎片。

不仅仅是军队，帝国的组织开始从各个方面瓦解。在边境上，英国政府显然已经失去了对局势的控制，移民不断向西流动，随时可能引发盖奇和伦敦政府想要极力避免的、与印第安人的战争。其他地方，在从缅因州到佐治亚的这些老殖民地上，衰退的进程虽不那么显著，但仍在发生。密西西比的失败只不过是整个帝国病症的一个表征罢了。

等到放弃宪章堡的时候，英国在北美的权威已经在一个又一个的领域中不可逆转地消失殆尽。一开始就不是特别强健，而现在开始完全蒸发，在思想领域、法院法律、宗教教会，英国的权威沿着海岸线在衰竭。有时，这种衰竭赤裸裸地显现，例如波士顿茶党案。但通常这种权利的衰竭以一种隐蔽的方式进行着，在局面变得不可挽回之前，英国人甚至没有察觉到它的发生。正如本杰明·富兰克林所言，"一个庞大的帝国，正如一块大蛋糕，最容易在边沿处被销蚀"。因为上述事件都发生在他们世界的边缘，伦敦当局有时对这些事件的意义只有模糊的概念。

虽然英国的高级官员勤奋认真，但在美国独立战争爆发前的十年间，英国国王和他的部长们并没有认真研究或分析过这个他们声称在统治着的大陆。直到他们获悉了茶叶被销毁后，英国政府才开始真正看清楚美国的情况。即使如此，他们仍希望这种对英国的不满可以被控制在新英格兰的范围之内。又过了将近一年，到1774年年底，马萨诸塞州公开彻底地反叛，而其他殖民地也出现了竞相效仿的危险。不久之后，政府下令派出英国军队攻打反叛武装，导致了美国独立战争的爆发，而这本是一场英国人绝对不会去打的战争。

这本书将从英国的角度来说明伦敦当局是如何，以及为何会允许这样的悲剧发生。它将讲述1775年春天独立战争之前的三年内，大西洋两岸日渐加深的愤怒，讲述在英国撤出荒原地区后到波士顿附近列克星敦草原和康科德桥发生骚乱中间的故事。在英格兰本土，直到1783年战争结束后才有人统计出伤亡的陆、海军人数，英方至少有2万名士兵和水手在美国、西印度群岛或在海上丧生，他们或死于战斗或死于伤口感染和疾病，军官以下级别的人甚至连一块墓碑也没有。苏格兰高地警卫团、爱尔兰人和英格兰士兵一样，为了拯救一个气数已尽的帝国而战：一个不成系统的、脆弱的帝国，既没有经过设计，也几乎无人可以声称了解它。

二、旧政权

> 这个国家装作是我们的君主。
>
> ——本杰明·富兰克林，写于1773年7月，伦敦

英国在美国大陆上建造的帝国总是让人觉着古怪，这个系统松散、臃肿，正如许多英国人自己那样。而且说实话，旧的殖民政权从来没有真正达到过可以被

称为帝国的程度，绝不是俄国沙皇或者维多利亚女王所诠释的那种帝国。从詹姆斯敦和五月花号的年代开始，几乎每一个殖民地的形成靠的都是私营企业。他们小本经营，是独自摸索的冒险者，为了追寻利润或是为了上帝而来。每一个殖民地的建成都是一次伴随着错误的痛苦试验，却很少得到伦敦方面的有力引导。

以最早的弗吉尼亚、新英格兰和巴巴多斯的种植园为例，原因很简单：在英国内战开始之前，君主制的政权长期遭受着财政危机的困扰，根本没钱在海外建造一个属国。国王勉强才能从议会那里拿到税金，这其中的原因都够再写一本书了，詹姆士一世根本负担不起帝国到大洋的另一端去冒险。他的儿子查理一世也面临同样的困境。只是偶尔，斯图亚特王室不得不进行干预，如在1624年，他们将弗吉尼亚划为皇家殖民地，因为经营该殖民地的公司已濒临倒闭。即便如此，因为缺钱，他们永远不可能仅靠皇家法令就能统治马萨诸塞州或是切萨皮克。无论怎样，君主国只是让公民个人去承担移民和开发殖民地的风险。

一些清教徒移民是为了在科德角的海滨找到救赎，其他人是为了获得土地或海狸皮。有时他们的动机又很复杂，历史学家们对他们到底为何而来争论不休，很多人来得并不情愿，他们是些罪犯或契约仆人，被地方法官或急于摆脱他们的亲戚送上了西去的轮船。到了1642年内战的时候，在北美的英国移民已约有5万人，分布在沿海区域和加勒比海地区，基本依照他们自己的法律和习俗自治。这是一个很不齐整的帝国——"广阔而自在"，爱尔兰演说家埃德蒙·伯克说——但她是忠诚的，丰饶的，商人和投资者可以出资扩张领土：有这三点，足以让英国当局乐于维持这个系统的现状。

只有一次在斯图亚特王朝时期，一位国王不断尝试推行一套严格的管理体系。信仰天主教的国王詹姆士二世，在他短暂的在位期间，试图将美国的殖民地财产像国王的封土那样进行支配。在与竞争对手荷兰打了三场不分胜负的战役后，英国至少确保了他们对曼哈顿岛的控制权。长话短说，詹姆士国王任命了一名总督，埃德蒙·安德罗斯爵士，把纽约和新英格兰划归到皇家的独裁之下。这段插曲在史书上留下的不仅仅是一个脚注，还有痛苦的回忆，尤其是在马萨诸塞州，但是很快这段统治就结束了。1688年到1689年的光荣革命将詹姆士二世推下王位，恢复了新教徒对王位的继承。在美国，旧的殖民体系得以恢复、改进并得到了加强，但绝没有任何接近专制统治的地方。

之后，斯图亚特王室开始流亡，英国国内环境变得更加稳定，整个国家减少了对宗教的狂热，增加了自上而下的有效管理。到了1714年，当国王乔治一世从汉诺威抵达英国时，这个国家已经具备了现代政府的雏形——常备军、可靠的税收和中央银行，即英格兰银行。在接下来20年里，大部分时间这个国家都处于和平状态。但即使这样，当他们本可以改变经营属国的模式时，英国人依旧保留了让私人经营的体系，因为这套模式看起来一直运转得非常好。

他们想当然地认为殖民地的益处在于输送出木材、糖、焦油和烟草，或作为一种手段来防止西班牙和法国吞并大西洋。而那些新美国人既是新教徒又爱国，并能够管理好他们自己的事物，为何还要浪费公款增派一大群皇家官员过去呢？当然，每个殖民地是应该有几位皇室委派的官员和必须遵守的规矩。每个新的种植园都需要获得皇家的批准，由英国政府的白厅签章，印发一份特许或执照，明确规定领地的范围和许可的事情。虽然文件很长，并且充满了法律术语，但实际上却留出了相当大的自由空间。

每个殖民地都有一个立法机构来制定法律、收缴地方税，还都各自配有民兵武装。除了不能彼此开战外，英国对这些殖民地完全禁止的事情只有两件：美国人通过的法律绝不能与英格兰的法律相冲突，以及殖民地绝不能损害到英国的经济利益。否则，这个属国就毫无益处了。每个殖民地都必须服从英国的《航海条例》，这是一系列在1651年到1696年之间通过的法令，要求所有贸易必须使用英国或其殖民地的船只运输，经由英国的港口；但除此之外，这些美国殖民地可以为所欲为。包括弗吉尼亚州和马萨诸塞州在内的大多数殖民地，都配有一名英格兰派来的皇家总督担任州长，监管他们的立法机构。这些总督过来为任一期，尽其所能地大捞一笔。其余地区的地方长官都是自己选举产生。马里兰州和宾夕法尼亚州这两个地方很特殊，地方长官由英格兰本土的凯尔菲特和彭斯家族世袭传承。这个体制是混乱的，却似乎行得通，只要你是白种人、信仰新教并且是自由身。

因此在18世纪上半叶，伦敦对这里的管控还是相当宽松的。除了战争时期以外，英国一直在远处观望，看着美国发展。交由美国人自己管理的殖民地获得了很好的发展势头，轻轻松松就实现了英国的夙愿：新增一个丰盛的海外财富来源。到了18世纪40年代末，在英属北美殖民地上居住着包括奴隶在内的200万人口，而且全部是工人或是消费者，有着巨大的潜在附加值。

英国当局时常会进行数字统计，让他们的领地拿出一张资产负债表来。虽然数字并不精确而且难懂，但是任何人都可以看出美国殖民地的增长是如何迅速，不仅仅是人口，还有为大西洋两岸带来的巨大财富。烟草、大米、靛蓝染料还有糖浆源源不断地越过大洋而来。而英国则向这些殖民地输出手工业产品。羊毛服装、钟表、枪支弹药，谢菲尔德的钢铁，来自伦敦的家具，还有五金器件、图书和丝绸：几十年间不断增长的贸易潮为宗主国带来了红利和就业。

只有一件事是明显缺失的。对于从马里兰州和弗吉尼亚州运回的烟草，国王和议会通过向英国的烟民们加收关税而获得了可观的财政收入，而殖民地的居民却只向政府缴纳了非常少量的税金。这是整个属国体系中的一个缺陷吗？有些人或许会说是的，因为皇家海军每年耗费几十万英镑用于保护这些航道，但大部分时间这个问题都被视为是隐蔽的和技术性的。只要英国与殖民地的贸易持续扩大，船只往来不断，那么这个属国就发挥了它应有的作用。她创造出的财富也间接让英国政府的腰包鼓了起来，因为日益繁荣的英格兰增加了政府国内税收的收入。这样的贡献足以体现出拥有这个属国的价值了。正如艾萨克·牛顿先生对宇宙的设想那样，这个体系像发条一样运行得分毫不差，并且更加顺畅，因为那些美国人似乎是那么的忠心耿耿。

要是英国国内的政治家们能够屈从于一时的心血来潮，偶尔去读一读殖民地的邮件，也许就会产生怀疑。在那些信件中，尤其是新英格兰地区，可能会发现一些叛乱的迹象。在18世纪20年代，波士顿的劳动人民有一个政治领袖——以利沙·库克，他为了赢得选举而自建了党派团体。据说有人在酒馆里听见库克酒后发牢骚，叫骂着说要独立；在接下来的几年里，伦敦派来的间谍会发现更多同样的事情，主要是在马萨诸塞州，但在南方也出现了这种情况。

了解自身历史的美国人在看待叛乱和自治的问题上会认同传统清教徒的观点。当帝国干涉过多的时候，他们会想起埃德蒙·安德罗斯的专制，并相互讲述斯图亚特王朝当年迫害教徒的故事。有时他们甚至会追随库克的领导，并私下抱怨着，想要不再效忠国王。这样有关殖民地独立的言论被报回伦敦，引起了不安和惊慌，却没持续多久。像库克这样闹独立的人往往被看作是只知道喝朗姆酒并且满腹牢骚的人，而就此作罢。所有人都知道这些美国人是反天主教的，并且大多数都是盎格鲁-撒克逊人：这些身份特征保证了他们的友好和可靠，正如他们在对外战争时所表现出的那样。

虽然对遭受的损失会有怨言，这些殖民地居民总是能在抗击西班牙人或法国人时挺身而出。那些美国人和他们在宗主国的亲戚，出于同样的爱国主义动机而协同作战。最棒的是，武装起来的美国人非常善战，虽然他们的战术并不正规。他们打了不少胜仗，带回的战利品和更多的土地，让这个帝国的属国在自己的道路上从容前进。

或者至少在英国当局看来是这样，直到国王乔治二世执政的中后期为止。在那时，帝国的景象就像是英国人收藏的油画那样，呈现出更加微妙的明暗对比。在18世纪40年代，英国的一些官员开始构想一个全新的殖民体系，更严格并且统一。在英国国内，议会已经逐渐成为英伦三岛至高无上的权力机构，并废除了有碍这一进程的地方习俗和各种特权。为了提高执政效率，似乎海外属国也应该执行同样的政策。

在战时，美国松散迟钝的老机制有时会妨碍抗敌的战斗力。即便是在和平时期，殖民地也时而会因为一些地方事物与伦敦方面发生争执，地方长官就是不能与他的立法机构见解一致。这些分歧涉及财务方面、人事的任用，还有包括与印第安人的边界问题以及殖民地总是印刷大量纸币来让货币贬值的做法。因此英国当局开始调整这个体系，赋予地方长官更多的权力来规范这些殖民地。

但进展却非常缓慢：因为国王的大臣们虽然想在美国拥有更大的权力，但议会对大洋彼岸事物的态度仍然是暧昧而犹豫的。然后在1754年，与法国的另一场冲突在俄亥俄山谷爆发了。到了1756年，它已经升级为一场全球战争，这让英国对其属国政策的每一个方面都浮现出了新问题。到了"七年战争"结束的时候，北美的未来已经成为一个紧迫的问题，对英属北美殖民地政治体系的改革已势在必行。这场战争耗资巨大，伦敦方面觉得殖民地必须相应地补偿这笔开支。亚洲、德国以及美国西部和加拿大都成了战场，这场战争导致英国的国家债务翻倍。到1764年，债务超过1.3亿英镑，这个庞大的数字比这个国家的年度经济输出总量还要多出20%。

即便如此，联合王国仍然完全具备支付能力，几乎没有可能发生财政危机或违约。虽然外债巨大，但英国总是可以应付，因为借款利率低，并且大多数国家的债务是无限期的，也就是说可以永远不必归还，只要英国政府支付债券的息票即可。通过长期的经验，国王的财政部当然清楚如何在和平被宣布后尽快削减军费预算。虽然财务状况暂时平稳，国家却不敢掉以轻心。财政部不得不为下一场战争及其可能带来的负担做打算，而不是想着刚刚取得的胜利。

在七年的战争期间，税率大幅上涨，最高占据了约9%的国家总收入。用21世纪的标准来衡量，这个数字很小而且是可控的，但在18世纪60年代——劳动人民的生活几近赤贫，没人相信大政府——税收已经不能再高了，否则就可能引起议会和街头的动乱。在战争期间，啤酒、葡萄酒和杜松子酒的关税攀至新高。当乔治三世到德鲁里巷去看戏的时候，他在走廊里遭到了人们关于麦芽酒价格的诘问；当他的部长们试图给苹果酒加上一种新税时，抗议者多到了无法再坐视不理的地步。

因此，由国王的首席部长乔治·格伦维尔牵头，英国政府试图整改他们的属国——处在自主开发状态的美国。英国必须重建其借债能力，这样时机一到，就可以再次击败法国波旁王朝的军队。在财政重建的任务中，美国必须首当其冲。

原因很简单，英国国内的陆海两军都被大力削减，而北美殖民地的情况则完全不同。在七年战争之前，英国在北美用不到1000的兵力凑合着应付日常防卫。战后，初步估计需要增加十倍的兵力来巡逻边境，防止魁北克反叛。这又是一大笔开支，每个人都必须为此做出一些牺牲。

从1764年开始，格伦维尔推行了一系列他认为合理、温和的殖民地改革。在议会的全力支持下，他任命了新的官员、法官和一个总部设在波士顿的海关委员会，来确保殖民地为出口的砂糖和糖浆支付每一分钱的关税。他也逐步引入了新税种，为保护英国债权人的利益，对发行纸币实施了严格的新限制。

在格伦维尔看来，他是真的别无选择。当时的英国政治家有两项最重要的职责：保卫领土，这主要依靠海军的力量。还有就是保卫国家的税收，有了这些税收才能养活海军的舰船。他从未指望美国人能够完全负担起他们海岸线上增大的军队开支。即使是伦敦政界中最为鹰派的人物对此也从未料想过。不过格伦维尔想要北美殖民地做出适当的贡献，只有这样才说得过去，也才像话。他还一直抱有另一个目的，这已是路人皆知的秘密。

格伦维尔和他的同事们推行新的殖民法律法规，希望将美国变成像爱尔兰那样：一块被征服的领土，虽然居民有他们自己的法律和特有的信仰，但每个人都知道谁是最高当局。尽管贫穷，爱尔兰人必须为驻扎在他们中间的英国军队支付开销：虽然这导致了爱尔兰方面与伦敦当局的频繁争吵，这个体系却从未有过丝毫改变。自都铎王朝开始，在任何一次与爱尔兰的争论中，最后说了算的都是威斯敏斯特的伦敦议员们，并由一位英国勋爵在都柏林确保爱尔兰的从属地位。为了不留下任何怀疑的余地，1720年，英国议会通过了《宣告法》，该法案彻底明确了爱尔兰的地位。在必要的时候，英国可以为爱尔兰制定任何法律，而爱尔兰必须服从。

虽然理论上如此，但英国也不是扬起鞭子来要挟，爱尔兰就会毫无异议地服从。爱尔兰如此靠近却又如此遥远。受到乔纳森·斯威夫特那绝妙文章的启发，每个年代都会有爱尔兰作家接二连三地跳出来，抱怨英国的不公。1760年之后，爱尔兰一次又一次地出现了小规模的叛乱，有时是用长矛或手枪，有时是以和平的方式。在利菲河边他们自己的议会里，天主教徒们虽然连坐着的地方都没有，但是反抗的精神却在那里得以延续。每过几年，爱尔兰下议院就要费尽口舌来推迟一些伦敦发出的不受欢迎的倡议，或要求获得他们急需的经济上的让步。在北美，殖民地密切注视着爱尔兰，因为爱尔兰的情况和他们自身有相似之处，这样类似的抗议或抵抗就会有更大的成功机会。

英国在大西洋西岸想要扬起鞭子，却有心无力。在沿海城镇，即便是在格伦维尔的改革后，乔治三世能号令的人也只有那么一小撮受薪官员。在最大的殖民地弗吉尼亚州，除去海关，受命于国王的官员只有17人。马萨诸塞州的皇家官员就更少了，这让保守派们感到沮丧，因为他们清楚日后以利沙·库克轻易就能胜过他们。在这里和北美的其他地方，英国当局只能做美国人允许他们做的事情。殖民地的议会和爱尔兰的一样，却更加有效地给英国当局制造了无尽的麻烦。有无处不在的律师，媒体的煽风点火，加上当地的惯例和对本地的了解，移民们跟任何想要他们遵守规矩的英国长官玩起了障眼法。在革命开始之前，殖民地的议会将这样的手段发挥到了极致，这不是因为他们想要脱离帝国，而是因为他们喜欢之前的生活——在乔治·格伦维尔到来之前的日子。

从波士顿到格鲁吉亚，英国不能迫使美国人做任何他们不想做的事。但英国却试图这样做，这就是问题的所在，因为简单的对抗政策完全行不通。隔着3000英里的距离，没有优势兵力和更多的皇家官员，怎么会行得通呢？而每一次强制的失败都让殖民地变得更加难以控制。英国一次又一次虚张声势地摆出权威姿态，只引起了美国人的敌对。在最好的情况下，英国人被看作是冷漠和无能的，而在最坏的情况下，英国人会被描绘成自由的敌人，像斯图亚特王室一样阴险。

所以，正如英军控制密西西比的计划一样，格伦维尔的殖民地改造工程也是注定失败的。1765年，下议院通过了他恶名昭著的《印花税法案》。这是他直接向美国人征税最大胆的尝试，法律和其他文件都要交税，这引发了一场反对的风暴。最严重的骚乱出现在波士顿、纽约和罗得岛。沿海殖民地对英国进口的货物实行了联合抵制，大洋两岸的报纸都预言这个属国即将走到尽头。

到了当年的年底，格伦维尔因为私下里和国王的一次争吵而被削职。乔治三世向来不喜欢他的这位首席部长，因为格伦维尔总是像对待没有完成家庭作业的学生那样对待他的国王陛下。以罗金汉姆侯爵为首的辉格党组成了新一届政府，辉格党成员大多出身贵族，自认为是这个国家天生的领导人。他们怀着好心，试图纠正那些在他们看来格伦维尔犯下的错误，却很快犯下了他们自己的错误。

惊觉殖民地的动荡可能会影响到英国国内的经济，罗金汉姆的辉格党废除了印花税。要废除印花税，他们需要在议会中赢得辩论，这并非轻而易举，立法者们并不愿向殖民地的要挟低头。每个人都知道美国人的口号："无代表，不纳税"。废除印花税，就等于承认了美国人的要求是合理的—— 一个没有他们参与选举的议会无权向他们征税。为了挽回面子，并赢得议会对废除印花税的支持，辉格党被迫通过了另一项法案——仿照1720年爱尔兰《宣告法》编写的，对北美殖民地的法案。

《宣告法》被通过的时间是1766年年初，它坚称英国议会在北美的每寸土地上都保有完全主权。印花税虽然没了，但英国仍是最高统治者的原则却幸存下来，英国有权在未来征收其他税目，当然侯爵希望可以避免出现这种痛苦的情况。在辉格党眼中，这是合理的妥协：废除印花税法案，同时清楚地声明自己的权威。但他们的做法远远未能带来新的和谐阶段，而仅仅是给未来新的争端播下了种子。

从那一刻起，英国内部关于对待北美态度的两种相反政见之间的鸿沟就形成了。一边站着要投票废除印花税的议员；而另一边，他们的反对者谴责废除印花税是懦夫的投降行为。因为议会很少讨论殖民地的事务，大多数时候这种分歧的鸿沟是看不见的。然而，这样的鸿沟成了英国政治地理一个永久性的特性。迟早有一天，那些对美国持强硬态度的人将重占上风，而当他们得势后，就可能会复活乔治·格伦维尔的计划。

接下来轮到罗金汉姆的辉格党下台了，这也让乔治三世松了一口气。国王曾准许他们对美国的自由主义立场，却对此深怀疑虑。一年多之后，另一届英国政府开始了对殖民地征税的新一轮尝试。这些税目被称为"汤森德关税"，征收的范围包括纸张、铅、油漆、玻璃和茶叶——都是美国从英国进口的产品。新税再次引起了抗议的风暴，殖民地再次联合抵制与宗主国的贸易。面对波士顿的无政府状态，劳德·希尔斯伯勒在1768年秋季派出了军队，占领城镇进行维和。

18个月后，1770年3月，地上还残留着六英寸厚的积雪，英国的一个哨兵和一群波士顿人之间发生了口角。一队英国兵赶到后用火枪向在场的人射击，造成五个男人和男孩中枪，他们倒在烂泥地上渐渐死去。然而我们选择将波士顿惨案的受害者描绘成暴徒、旁观者或美国爱国者——这个事件是场灾难。对塞缪尔·亚当斯这样的波士顿激进分子来说，他们是以利沙·库克精神的继承者，这场屠杀是暴政和阻力的象征，应该被当作五月花号或光荣革命那样来每年纪念。因为害怕在当地引起内战，英国从波士顿城撤出了军队。

于是我们就来到了这本书将要开始的地方。英国国内政治经过多年的动荡——普鲁士的腓特烈大帝对此说过，英格兰国王更换他的内阁就像换衬衫一样频繁——乔治三世总算找到了一位他可以信任的忠诚仆人，他就是诺斯勋爵，英国财政部中的顶梁柱。1770年年初，就在波士顿惨案发生之前，他出任了首相。虽然他欣赏乔治·格伦维尔，并且总是投票支持他的政策，但诺斯似乎在一段时间内与殖民地达成了新的和解。

对汤森德关税重新审视一番后，诺斯做了一件讲求实际的事。因为该税的收益总是很小，诺斯勋爵废除了汤森德关税，却保留了最重要的一项，茶叶税。在此之后，美国的怒火冷却了下来，或者说是看似如此。一段平静的时期开始了，但这只是表面现象，很快平静就被打破了。在边境荒原上，英国人全线撤退；在沿海附近的城镇和农耕区，对英国的不满从未真正停止过，只是暂时处于休眠，等到时候一到就会再次爆发。

流　沙

从始至终都存在着一个同样的老问题：在北美，英国人拥有的只是一个虚构的属国。就像是一堆随意镶嵌的拼贴，这些殖民地被毫无规则地拼接在了一起。每一块被组装进来的拼贴图案都是因为英国机缘巧合刚好赢得了某场战争，这些殖民地的布局不曾依照任何计划。它们从未有过掌舵的专制君主——无论仁慈与否，来将整个体系当成一个整体看待。相反，这里的殖民地体系一直保持着它原有的样子——分散并且多样化，与其说是一个属国，不如说更像是一个联盟或邦联。

美国包括多个省份，每个地区都有自己的地方议程、经济和风土人情。最终起来反抗的13个殖民地各不相同，他们对自己的边界、宗教信仰和内部由谁来管理都有着不同的看法。以英国人的角度来看，似乎每一个殖民地都充满了恼人的争吵——敌对派系之间为了权力和地位吵得不可开交。要是在威斯敏斯特能有一位英雄般的政治家，情愿先埋头了解美国的详细情况，然后再超出这些细枝末节，拿出一套明智的全新程序来取代乔治·格伦维尔那些有缺陷的提议，对属国进行改造，就有可能在财政或军事上创建出新秩序来，但是并没有这样的英雄。

在18世纪70年代初，伦敦的政治精英很少会想到美国。看他们买的报纸就会清楚这一点，这和当今政客们与媒体之间的紧密关系是一样的。完全商业化了的英国媒体寻求为读者带来他们想要知道的东西。因此各家报纸都热切注视着欧洲大陆上发生的每一场阴谋，却只留给殖民地豆腐块大小的专栏。这种不对称的存在是危险的，美国人追踪英格兰的新闻就像上瘾了一般，不断寻找表明英国政府想法的线索；而英国人只有在受到某种刺激后才会不得不去看一下美国的新闻。虽然出现了印花税危机，还有接下来的汤森德关税之争，英国国王和他的部长们也不觉得有任何理由需要去深入研究美国的事务。他们的目光落在了别的地方，欧洲和亚洲。而环视美国，一些观察家充满了乐观主义的看法，另一些看到的只有危险和不确定性。

随着美国最终危机的日益临近，英国的乐观者们找到了一个有说服力的发言人——历史学家爱德华·吉本，也是诺斯勋爵的朋友：吉本后来在1774年进入下议院，投票支持对新英格兰实施最严厉的制裁。当时他正着手撰写《罗马帝国衰亡史》的第一卷。这本讽刺叙事书大部分都持有怀疑的态度，其中一些是令人震惊的——吉本没时间理会基督教的虔诚，但这本书里有这样一篇文章《概述罗马帝国在西方的衰落》，作者写了一个有关进步和繁荣的快乐故事。

身处舒适的书房，在吉本看来，未来没有什么好恐惧的——大英帝国不会像罗马那样。在这位学者的所见之处，到处都是智慧的成果和进步。他看到这些成果正撒向全球的每一个角落，将新旧两个大陆都包裹其中。在艺术、科学、工业、商业，甚至是外交领域，吉本看到人类在英国国王乔治三世的领导下取得了无尽的成就。最重要的是，他相信自己所谓的"万国公法"。虽然欧洲似乎总是动荡不安，吉本坚信理性最终会占上风。在每一个王国，尤其是他自己所在的国度里，他看到受到启蒙的人民和他一样相信和平与节制。欧洲已渐渐形成了权力的平衡，没有哪一个国家处于完全支配的地位。英国海军站在正义与公平竞争的一方随时待命，吉本对未来充满了信心。他得出一个他所谓的"一个令人愉快的结论"："人类真正的财富、幸福、知识，也许还有美德都随着过去的每一个时代而增加，并且仍在继续增加着"。

这是一位才华横溢的饱学之士，执笔代表了英国精英中的精英。他用庄严的句法传达了一个宁静而充满希望的愿景。但爱德华·吉本是一个可以用20年闲暇时间来写书的文人。对诺斯勋爵和英国内阁这些英国贸易和事物的操作者来说，未来看起来却不那么乐观。在心情更好的时候，他们能与吉本的乐观产生共鸣，像他一样认为英国代表着进步。但是大多数时候，他们的心境会非常不同，因为他们环视全球，到处可见的是不法行为和冲突。

在18世纪70年代初，诺斯和他的同僚感到他们眼下的基本形势发生了变化，而且他们也说不准事情会如何收场，正如他们无法追踪密西西比河的潮流那样。出了英吉利海峡，英国国王和他的部长们几乎没有任何可以信任的朋友，反而有许多敌人和竞争对手。到处都是预言战争的黑暗言论。在孟加拉，英国建立了另一个属国，由东印度公司来出面经营。但是往好了说，这个公司的策略是可疑的，而往坏了说，这个公司是在腐败和自掘坟墓。对公司的管理没有目光长远的改革，英国内阁担心有一天印度可能会完全落入那些与法国结盟的印度贵族手中。而在离家更近的欧洲，他们看到的只有一片混乱。

图片最右边的乔治三世睡在他的王座上，而凯瑟琳女皇和她的普鲁士、奥地利盟友们正在瓜分波兰。这幅1772年的漫画讽刺英国在国外的影响力日渐减弱。（美国国会图书馆）

局势远非稳定无忧，力量制衡的天平眼看就被打破。法国是永远都不能信任的，西班牙也一样，而奥地利仍是一个潜在的敌人。在东面，内阁看到了新兴的军事国家——俄国和普鲁士，都各自怀着扩张的野心。在英国人眼中，易北河之外的封建势力对国际法摆出了一副冷嘲热讽甚至是刻毒的态度。欧洲大陆的另一场战争可能一触即发，而如果英国不得不再次介入德国、波罗的海和地中海，结果可能就不是再一次的胜利。皇家海军掌握着海上霸权，而在陆地上，英国的军队就不是敌人的对手了。

英国国内的情况还包括了她自身的风险。爱尔兰再次出现反叛，这一次是在其北部省份，阿尔斯特的农民武装反抗他们的地主。在伦敦还有派系纷争、骚乱与不和，这些被认为是无神论者和自由思想者煽动挑起的。与此同时，玉米的价格急剧上升，惊动了内阁，当然也在穷人当中引起了恐慌。一场经济的巨变才刚刚开始，这个长期、缓慢而复杂的过程就是我们今天所说的英国工业革命。当时没人用这个术语来描述经济正在发生的变化，但变化就在发生，诺斯和他的同僚们感受到了这些变化最早带来的影响。在其初期，诞生在英国的现代工业带来了巨大的机会，令人兴奋并且提高了生活质量，但它也给经济带来了令人不安的高峰和低谷，出现了满是痛苦和创伤的时期。

在此背景下，白厅的政客们不得不向殖民地的动荡妥协。无论多么希望能像吉本那样自信，他们就是无法不受事件的影响，无法冷静、明智地看待美国的危机。因为殖民地地处偏远，在危机的间隔、殖民地看似平静的时候就很容易被遗忘。被太多其他问题牵着的英国人没有看到他们在北美是多么岌岌可危。惯性取代了政治才能，直到帝国的机构被腐蚀到无法挽回。当最后波士顿倾茶事件让他们不得不直视这些殖民地的时候，他们没有用吉本那样乐观的心态去看待，而是它的反面：悲观地看到了无政府状态和叛国。在最后，他们将殖民地看作是一个陷入动乱的非法之地，这导致了他们对新英格兰动武。

这本书可以说是带着同情与体谅对失败一方进行了探究，主要从英国政客和英国公众对这场失败的看法入手，为此我们必须试图进入他们的头脑中去了解他们所想。这本书不偏袒任何一方，诠释了英国是如何以及为什么会跌入这场始于列克星敦的战争。在英国方面，会有两个主要人物：一个是诺斯勋爵，而另一人是他的朋友和亲戚，也是英国的殖民地部长——威廉·莱格，也就是达特茅斯勋爵。这两个人都是正直的。用他们时代的标准来衡量，二人都堪称是美德的典范，他们的私生活纯净无瑕。若论对政治的精通，诺斯勋爵绝非外行，在他同时代的政治家中鲜有能出其右者。但即便以他的才干品德，也不能奢望弄明白美国将要给他带来的挑战。众所周知，引发独立战争的连锁事件是以一种奇怪、甚至是好笑的方式开始的，因为一件日常商品而引发的争吵，当时几乎没有人预见到这会引发一场革命。

　　这个商品就是茶叶。当初诺斯勋爵废除了大部分的汤森德关税，却保留了茶税，他的做法仅仅是推迟了与殖民地的另一场大冲突。这些来自中国的茶叶每磅要征收3便士的关税，而税收象征了英国人对其霸权的宣示。茶税迟早都将引起另一场像印花税法案通过后那样严重的危机，而且这是一次无法用和平手段来解决的危机。

　　英国东印度公司控制着全国的茶叶贸易，但是到了1771年的夏天，这个公司却遭遇了一场灾难。因为茶叶积压卖不出去，到了第二年，公司已濒临破产。最终在诺斯勋爵的默许下，公司试图将过剩的茶叶运到美国。当时就有一些精明的议员表示反对，警告如果这些茶叶还带税是会引起民愤的；接着几个月后，波士顿港的一群工人和知识分子亲手揭幕了这一决定性的时刻。1773年12月，波士顿人民将东印度公司的茶叶倾倒在水中。出于愤怒和震惊，英国政府出台了一揽子新的法律和处罚作为回应，想给殖民地一个教训，教他们学会顺从。到了第二年年底，新英格兰已经起义反抗。

　　这一切都不是偶然的，茶叶也并非重要因素。茶叶能引起一场革命，这本身就是件匪夷所思的事。波士顿倾茶事件的发生是因为英国人所建立的这个体系存在着最根本的缺陷。英国实际上是两个相互重叠的帝国：不仅仅是官方的、带有驻军和总督的政治帝国；同时也是一个依靠债务来维持的商业帝国，这个帝国是私营的、非正式的。虽然一些政客想要的只是权力，在全球范围内获得越大的权力越好，但在18世纪，让英国人更感兴趣的绝对是金钱。利润几乎是他们在海外一切活动的目标，所以在现实中，他们更看重的是商业帝国，甚于他们在版图上扩张的领地。

　　在这个商业帝国的中心，是繁荣的大宗商品贸易。不仅有东印度公司从中国带回的茶叶，还有来自查尔斯顿的大米，切萨皮克的小麦或烟草，更不用说还有印度的棉花，加勒比海的砂糖。全球交易体系已经开始在这里形成，除了交易上述产品还有其他更具异国特色的产品。在1750年后的20年间，贸易量不断飙升，创下了引人瞩目的新高度。1772年，软性大宗商品已占到了英国进口货物总量的近一半。为了追逐经济利益，英国人创建了一个交易系统，类似于一个巨型的对冲基金，对非洲奴隶和中国农民种植的作物进行投资。这个系统复杂并且不断变化，操作交易在伦敦、利物浦、布里斯托尔和格拉斯哥进行，由无数的工厂和农场来养活，并向全球扩散——从马里兰到加尔各答一直再到广州。

对诺斯勋爵和财政部来说，对冲基金已经成为帝国收入的重要来源。全球大宗商品贸易占到他们税收收入的1/4；对商人和种植园主来说，这是非常赚钱的，它让北大西洋和热带洋面上出现了数以百计满载货物的船只。但这个巨大的交易系统在本质上却是危险和不稳定的。人们大举借债来押注茶叶、砂糖和烟草的价格，或购买生产这些作物的土地。面对天灾人祸等多种风险，大宗商品交易能让人倾家荡产就像它能一夜造富那样容易。而当一处出现了资金断裂，系统就有可能会整体坍塌。

在这场游戏中，东印度公司是最大的玩家，也是最激进、对冒险最上瘾的一位。和所有炒家一样，东印度公司的董事们一直在搏运气，直到最后公司被他们自己的野心压垮，留下诺斯勋爵来为他们收拾残局。而诺斯勋爵在这一过程中犯了一系列致命的错误，引发了殖民地的革命。下面让我们跟随一位即将到达亚洲海岸的英国船长，来看看这场溃败是如何开始成形的。

大 英 帝 国 的 崩 溃 与 美 国 的 诞 生

第一部分

投机帝国

从中国到加勒比海，英国人的私有经济帝国过于依赖海运，在大西洋的西岸，他们无法控制不羁的侨民，当地人习惯于不顺从。或早或晚，帝国中这两个不稳定的元素，政治和经济，一定会碰撞到一起，产生的危机是如此深刻，连国王和他的大臣们也解决不了。

第一章

猛虎之口

中国位于世界的中心，四周被海洋包围。

—— 一位乾隆皇帝统治时期的中国地理学家

他们在狂风暴雨中抵达了中国的海岸。时值8月，季风使天空变得湛蓝，虽然他们快速穿越了苏门答腊群岛，但一路上仍旧险象环生。雷暴的运动速度比他们更快，好像在追逐着加尔各答号，一路上对这艘船紧追不舍。大雨浸透了甲板，雷声犹如大炮轰鸣，震耳欲聋。

这是一艘新船，刚从泰晤士河畔的工厂里制造出来，船长是一位名叫威廉·汤姆森的年轻人，这是他第一次大权在握。通过折线形迂回前进，加尔各答号沿着越南的海岸线进入了中国南海的正中央。这是当时最安全的路线，即便这样，仍有许多潜在的危险：环状的珊瑚礁、浅滩和暗礁，尝到它们苦头的英国船只的残骸就躺在它们下方海底的泥沙中。每一个黄昏的日落时分，汤姆森都凝视着地平线，寻找古铜色的云朵，这是他唯一知道的台风将至的预兆。

　　终于，在1771年8月20日午后不久，汤姆森透过雨幕看到一列礁石，看起来就像一排参差不齐的牙齿。澎湃的海浪从船的东面涌来，使船体像只肥猪一样摇摆起来，波涛中出现了一座岛屿，接着又出现了另一座紧挨着中国大陆的岛屿。他找到了一个早年航海中在该地区见过的地标，并看向他的航海图：海岸以南六十英里就是澳门港了。距他们离开英格兰已经过去了七个月：这并不是这个季节最快的航行，因为中途发生了事故，甲板上的水手死了，他们不得不停在爪哇岛上进行休整。即便如此，汤姆森还是把他的船安全带到了广州，寻求茶叶、瓷器和利润。

　　这是令人疯狂的一年，东方贸易正处于繁荣的顶峰，而这样的繁荣已经持续了近十年，并将在一件近乎灾难性的事件中宣告结束。30艘商船从欧洲到中国进行长途运输，其中2/3来自英国，像汤姆森一样打着东印度公司的旗号。在交易旺季的所有船只中，汤姆森的船恐怕是最繁忙的。在第二年的春天，当加尔各答号返回伦敦时，在一队带回9000吨茶叶的欧洲舰队中，它装载了最多的货物。为什么他们要驾船远航，费尽周折地带回数量如此巨大的茶叶呢？因为对英国人来说，茶叶绝不仅仅是一种日常早餐桌上的普通饮料。

　　相反，茶叶已经获得了一种更为尊贵的地位，成了一种值得雄心勃勃的强者为之奋斗的奖励。茶叶是少数的大宗商品之一，像今天的原油和铜一样具有广泛的用途，远超它在日常生活中的实用性。茶叶的贸易跨越半球，带动各种各样的齿轮转动起来。茶叶是投机买卖的对象，是国家就业和税收的源泉，而其本身也可以作为一种货币。正如把握现代世界经济的脉搏，我们只需密切注意基础金属和石油价格的起伏。

　　在18世纪70年代，同样的道理也适用于茶叶、烟草和糖。英国议会的埃德蒙·伯克强调了这一观点。他宣称，"在我们如此庞大的商业圈里，茶叶可能是最重要的货品"，而汤姆森船长完全赞同他的观点。在他的职业生涯和航海的冒险经历中，我们能看到当时亚洲英国企业所有典型特征的缩影，不仅有其经历的艰辛和它带来的罪恶，同时也能看到它具有的优点——专业知识和勇气，以及最重要的，它的经济动机。

　　加尔各答号在1770年年底离开了泰晤士河畔的船坞，在朴次茅斯休整了一段时间。在那里，英格兰还近在眼前，皇家海军征召了汤姆森的一部分船员。谣言盛传英国与西班牙的战争迫在眉睫，这源于福克兰群岛①的争端。在朴次茅斯，一艘军舰放下一只小船靠近了加尔各答号，强征了11名水手为英王服务。几个月后，当加尔各答号航行到南大西洋上时，一些船员吵嚷起来，拒绝履行职责。虽然船上很快恢复了秩序，几名水手遭到了鞭打，其余闹事者被罚一次又一次地拆解旧麻绳和清洗甲板，但直到航行结束，加尔各答号一直笼罩在令人焦躁、一触即发的紧张气氛中。

　　当他们朝着好望角向南航行时，一路顺风，航行得飞快，直到气温逐渐下降，接近冰点，一场风暴开始逼近。主桅的顶部被折断并掉了下来，巨浪让他们失去了储备的猪肉和饼干。而起航四个月之后，坏血病也开始造成伤亡。最后，汤姆森把船行驶到雅加达，为进行修理而做了短暂的停留。在加尔各答号再次起航，向北开始此次旅途的最后一程之前，已有四名水手被赶下船或死于疾病。但在焦油密封的舱口之下，他的货物完好无损：英国的大理石、铅、呢绒，以及最重要的在广州经商所需的金银。这艘船装载着成箱的产自秘鲁的西班牙银币，价值3万英镑。

　　逆着水流，加尔各答号从初见陆地之处又航行了一个星期到达了珠江，在那里它调转船头，离开澳门港，靠岸停泊。经过一系列的中国炮台，它进入了被称为虎门或者虎口的海峡。从进入海峡的那一刻起，来自西方世界的海员们就进入了一片乌烟瘴气的欧洲据点，等在他们前面的是几个月的无聊时光和酒精。在沉闷的阴云笼罩下，汤姆森把船驶到了黄埔

---

　　①　又译作马尔维纳斯群岛。——编者注

泊锚地的安全港。在那里一列用来拴挂渔网的木桩露出水面，标志着船只无法通行的禁区。

从加尔各答号抛锚停泊开始，就有两艘中国船只停靠在它附近，并保持左右夹持的状态，直到它离开。汤姆森和他的船员们能看到远处的赤岗塔，深红色的宝塔在灰色的天空下显得愈发鲜明；在他们眼前，是平坦、宽阔的沙洲，这是他们在那里唯一可以散步或打板球的地方。在沙洲上，他们可以掩埋为返航准备却死掉的猪，并把他们的储备用品和帆布储存在用竹子制成的棚屋里。在加尔各答号周围还停泊着成排的欧洲船只，汤姆森仔细地辨识他们的颜色。这儿是荷兰船和瑞典船，那儿有一艘丹麦船，法国船还在赶来的途中，但绝大多数都是英国的姐妹船只。不时有坐满妓女的小船接近加尔各答号，伺机贿赂清朝官员，以寻求在甲板上售卖肉体的机会。

当船员们去珠江上游广州城里东印度公司营业的地界时，他们的一举一动都会受到监视。有时清朝官员和喝醉的水手之间还会发生冲突。在1769年，有个怒气冲冲的水手枪击了一名清朝官员，而中国政府采取了报复行动，把一群英国水手绑在太阳底下示众。既无聊又愤怒，甲板上的水手们讨论要发动一场暴动，策划像风暴一样占领广州城。为了将任何麻烦都扼杀在摇篮中，船长们不得不比以往更加严守铁律。所以当一个酒鬼试图向当地人出售炮弹时，汤姆森狠狠鞭打了他。舰队里的每一位船长的日记里都充斥着这样的事件。每一位得以完成航行，回到祖国的船长都会被载入史册。相关记录至今仍被保存在伦敦，但绝大多数自它们诞生的那天起就再也无人问津了。

这就是海岸边欧洲据点中的严酷现实。不知何故，一种欺骗性的魅力笼罩着东印度公司：它仍然偶尔被历史学家们带着过多的敬重提起，好像它服务于某种伟大的、了不起的目标。在18世纪，东印度公司拥有极具远见的人——航海家、几名科学家，还有他们之中最伟大的威廉·琼斯先生，他把印度教经文翻译成了英语，但这样的人在公司中只是凤毛麟角。

国内的空想家、时事评论员和纸上谈兵的爱国者都因为帝国的盛名而扬扬自得。当陆军和海军打败了法国人，这个胜利导致整个王国的民族自豪感急剧膨胀，让国民们相信他们生来就是碧波的主人。但当我们遇到真正外出征战的不列颠人，他们在信函和日记中讲述的是简单得多，并且不那么盲目爱国的故事。

尽管他们极具胆识，但他们航行到亚洲只为一个目的：尽快盈利并在死于热病、不洁的水源或梅毒之前脱身。东印度公司在中国用价值11便士的白银可以购买一磅茶叶，并在英国用超过三倍的价格将其出售。自私自利，像威廉·汤姆森这样的海员皆是如此。如此有利可图，茶叶贸易总量激增。在1763年法国战败后的和平年代里，大不列颠和广州之间茶叶贸易的规模在八年时间里翻了一番。

英国国内对茶叶的需求突飞猛进。但守旧的道德家认为没有人真正需要茶叶，他们通常会把饮茶看作是一种堕落的行为。法国人几乎不喝茶，除非为了治病。德国人或西班牙人也不喝茶。只有英国人和他们的美国表亲认为茶叶是生活中不可或缺的东西。形成这种状况的原因，以及为什么各国国民的口味不同，都值得我们反复思考。但对于像汤姆森船长这样的人来说，这个问题无关紧要。从他的观点来看，唯一重要的是：茶叶已经嵌入了英国人的生活方式中。尽管政府对茶叶课以重税，但由于茶叶的价格在不断下降，人们消费茶叶的数量在日益增加。

在17世纪50年代，当茶叶第一次被运到伦敦时，它是如此稀缺和珍贵，与英国人每餐都喝的、口味柔和的英国啤酒相比，它有着截然不同的味道。在接下来的近70年中，茶叶仍然是一种昂贵的、身份的象征，只有社会精英才能消费得起。英国人把市场上主流的茶叶品种叫作武夷茶——以中国茶叶产地的山名拼凑成的英文名。当时的茶是夹杂着尘土的黑色叶子，闻起来像烧焦的青草，是一种粗制的茶叶。在今天，就算是鉴赏家也不会去品尝那样的茶，但作为喝茶传统的启蒙物，它就是当时的英国人拥有的全部。直到1712年，武夷茶仍然稀少到足以作为诗人亚历山大·蒲柏讽刺的对象。但随着时间缓慢推移，茶叶不再那么稀有了。在18世纪20年代，转折点出现了，当时的英国正处于全盛时期。中国似乎可以无限供应茶叶，抵达英格兰的茶叶数量让英国人做梦也想象不到。一旦普及，武夷茶就不再是优越性的象征，而成为商贩和他们家人的饮料。随着市场的发展，茶叶的贸易范围更广泛而且交易的品种也出现了分化，富人们喜爱绿色、芳香的品种，价格更高，口感也更美妙。

到了17世纪40年代，官方数据显示，英国人喝茶的数量4倍于20年前。如果我们把不断壮大的黑市交易也算上——黑市的茶叶都来自走私，茶叶的消费量恐怕还要更大。到英法七年战争开始的时候，茶叶的贸易量已如此巨大，以至于东印度公司每年要派出九艘商船去珠江交易。

在战争期间，茶叶贸易因为在海上遭遇法国军舰的风险而停滞了一段时间。当恢复和平时，交易的闸门再次敞开，又一次的繁荣开始了，正是这次繁荣把汤姆森带到了黄埔。拥有东印度公司股票的投资者也获得了丰厚的回报。在1771年，英国最富有的贵族，贝德福德和德文郡公爵，每年享有租户支付的5万英镑租金。同一年，东印度公司仅在中国的茶叶贸易中赚的钱就六倍于公爵的年收入。东印度公司和中国的东道主之间建立了一种明显具有无限潜能的商业模式，这种模式简直好到令人难以置信。

在中国生长着茶叶的群山和西方的消费者之间，存在着一长链的经销商和代理商，他们每个人都渴望在茶叶贸易中分得一杯羹。在贸易中的每一步，这个系统都鼓励参与者交易更大数量的茶叶并大举借贷，以期获得更多的利润。但在根本上，他们都依赖于消费者，主要是英国消费者。只要他们继续买光所有亚洲运回来的茶叶，中国贸易就会蓬勃发展，但假如他们对茶叶的需求不再那么急迫，后果将是可怕的。

政府的干预导致整个茶叶贸易系统愈加不稳定。从茶被引进到英国的那一刻起，政府就开始对茶叶贸易征税，起初只有适中的5%的税率。但每次英国和法国开战，酒精、茶和烟草的税率就会以同样的方式上涨，并在

1765年达到了顶峰。到那时，在伦敦销售茶叶要缴纳七种不同的税，从海关关税到消费税，合并起来占到了零售价格的40%，这足以诱惑最诚实的家庭主妇尝试购买走私的茶叶。在公开市场上，一磅优质茶叶将花费她6个先令。但如果她认识伦敦或者沿海地区的走私者或其同伙，她购买同样的东西只需要不到4个先令。

在18世纪的欧洲，从康内马拉山脉到乌拉尔山脉之间一直存在着巨大的非法经济体，在税收造成的阴影下欣欣向荣。每一位君主都与走私者打了一场徒劳的败仗，他们走私盐、酒精或茶叶，茶叶是其中最易于携带和隐藏的商品之一。到18世纪60年代末，近1/3从中国运来的茶叶是走私者预定的，他们把茶叶从友好的欧洲港口运进来，再从那里穿过大洋把茶叶运到英国或美国。法国国王急于破坏乔治三世的税收，纵容非法茶叶贸易，而荷兰人的行为也大致相同。走私茶叶不再是一件小买卖、一种小团伙的活动，其本身已经成为一个巨型的企业，由商业财团运营，由银行提供资金。这个企业如此庞大，它甚至可以彻底破坏合法贸易。

在1772年初，当汤姆森离开黄埔泊锚地返回英国的时候，因为走私茶叶引发的危机已经迫在眉睫了。茶叶的价格濒于崩溃，它的供给量远远超过了欧洲的消费能力。之前不时有供过于求的情况发生，但没有哪次的规模能与出现在18世纪70年代早期的这次相比。它的出现不仅仅是因为贪婪，还因为茶叶贸易已经变得像今天国际市场上的原油贸易一样复杂和动荡。它有自己的下游产业和上游产业，有自己的生产商、经纪人和加工工厂，有一大群饿着肚子的嘴巴需要供养。这条复杂的产业链和投机买卖始于与中国乾隆皇帝的交易。

皇帝与洋行

在历史上，此刻的中华帝国，而不是英国，可以当之无愧地声称自己是世界上最强大的国家。乾隆独占皇位近40年，收获了社会的繁荣和战争的胜利。为平定领土，他曾组织六次大型战役。在西藏和中亚地区，他的军队粉碎了最后的抵抗势力。尽管缅甸和越南仍然保持自由和独立，但他的疆土已经得到了安全的保障。

中华帝国的领土安全无忧，又几乎完全自给自足，皇帝对希望登上中国海岸的外国人实施了最严格的限制措施。除了广州，所有的港口都不对外国人开放。而内陆则完全禁止外国人踏足。如果所有的西方人都不可信任并且低劣，那么英国人无疑被视为他们之中最糟糕的，因为在印度北部和尼泊尔，他们威胁着中华帝国的边境。在18世纪50年代末，几艘英国船只冒险靠近了浙江的中国海岸。浙江是帝国的商业中心，位于澳门以北一千英里里。这次试验以失败收场。当名叫詹姆斯·弗林特的商人试图向皇帝上书，控诉当地官员索取过高的贿赂时，弗林特被驱逐出境，他的中国联系人遭到监禁、拷打或斩首。

在此之后，欧洲人发现自己被更加严格地限制在黄埔泊锚地或他们在广州城据点。在两广地区，有一位叫李侍尧的总督，他针对西方人起草了一系列规定，被称为"对蛮夷商人的五大禁令"。对其中一些规定可以通过行贿得到通融，但在基本的原则上从来没有过丝毫妥协。规定允许外国商人购买茶叶、瓷器、丝绸和部分其他纺织品，此外不得购买任何东西。禁止向中国出售武器和鸦片。为了防止外国人收集帝国的情报，总督的法令使他们对中国人的接触降到了最低，甚至禁止欧洲人雇佣广东人作为仆役。

从中国人的角度来看，能对欧洲人暂时以礼相待，只是为了他们的钱。外国船只一旦到达到虎门，需要支付的不仅仅是过路费——过路费只是众多收费项目中的第一笔。他们还要为停泊、装货、卸货以及向导和翻译付费，还必须向清朝官员赠送"礼物"。最大的一笔收费是出口茶叶的关税。为保证他们无法逃税，李侍尧规定，欧洲商人只能与固定的九名商人——也就是洋行交易，洋行为皇帝征税。洋行中最富有、最具冒险精神的是一个被英国人叫作潘启官的人。

因为贪腐盛行，并不是所有茶叶贸易产生的税款都能送到京城。即便如此，每年仍有100万盎司的白银被挑夫和驼畜运到紫禁城。这只是皇帝收入中的一小部分，皇帝的大部分收入来自农民缴纳的地租，但额外得到的这笔银子也总有其用途。茶叶出口贸易为中国军队提供了经费；它提供的硬通货使中国的商业欣欣向荣，也为农村带来了新的繁荣的源泉。乾隆完全明白，他的帝国依赖着中国的农民和他们播种的庄稼。在水稻和谷物无法丰收的地方，他们需要一种替代品，而茶叶正是完美选择。

在中华帝国的东南角，正对着台湾岛，皇帝有一个遥远、偏僻的省叫作福建，以中国的标准衡量它是一个小省，但以欧洲的标准来衡量就不

广州城的工厂被外国商人占据，英国船和荷兰船位于右侧，威廉·丹尼尔作于1806年，但在此三十年前的商船就已经这么多了。（来自耶鲁大学英国艺术中心）

是了。尽管它崎岖的海岸经常遭到台风的侵袭，尽管山地和森林占据了陆地，并且那里的土地又稀薄又贫瘠，仍有约1200万人居住在那里，要比不列颠群岛上的居民还多100万人。①福建从不富裕，但在其北部内陆深处，群山海拔高达7000英尺，气候温暖、潮湿，非常适合种植茶叶。那片区域被称作武夷山，生产的树叶被英国人叫作武夷茶。在16世纪，农民采用一种被称为"盘山"的策略——"挑战顶峰"——在雾气弥漫的山坡上开辟出梯田，种植茶和能产生靛蓝的植物。大部分的土地归寺院所有，道士和僧人都为这一创举感到欣喜，他们的权利也得到了历代帝王的保障。

尽管拥有理想的气候和地理环境，武夷山要用上几十年的时间才开始发挥出它的潜力。新的茶树种植四年之后才能采摘，种植茶树的同时还要修建堤坝和排水沟，保护土壤免受夏季降雨的侵蚀，而在收获的时节，农民还需要大量帮手。一旦原叶被采摘下来，必须马上进行加工，首先要放在阳光下使其枯萎，接着用大火翻炒并小心烘干，然后才适于饮用。接下来，要把茶叶通过挑夫和河道驳船运到广州，这段旅程要耗费七个星期。要为这一切提供经费，种植者需要资金和贷款，但直到18世纪30年代，满足需求的资金才开始从西方流入。这笔资金主要来自英国，英国与印度繁荣的纺织品贸易给了他们在中国投资的资本。这些年来茶叶在英国的大众市场逐渐发展起来了，而东印度公司时刻准备着抓住福建创造的致富机会。

东印度公司逐渐建立起了一种新的交易系统，使他们的业务取得了前所未有的发展。在其位于广州的工厂，公司雇用了12个代理人，也就是货物管理员，他们的工作是与洋行讨价还价。每年2月，货物管理员会竞购下一季的茶叶并用白银预付现金，支付他们成交价格的2/3。余款在秋季支

---

① 厘清这些数字间的关系：在1771年，中华帝国的人口约为2.7亿；孟加拉约有5000万人口；英国的人口约为770万，另有约320万人居住在爱尔兰；英属北美约有250万人。

付，到那时正是像加尔各答号这样的商船从西方赶到广州的时间。在此期间，洋行收取的预付现金通过一长链的中间商和运货商流入中国腹地，直到最终到达山里的茶农手中。

手头有这么多资金，茶农可以建造更多的梯田，种植更多的茶树，招募所需的季节性劳动力。到1771年，绝大多数的英国人饮用的茶叶来自武夷山地区，而每过一年，他们在中国购买茶的价格都随着该地区茶叶产量的飙升而下降。虽然表面上看来这个系统一直可靠而成功，不过它却包含着一个致命的弱点。茶叶产量如此巨大，价格又如此低廉，英国的货物管理员总是试图买下他们能负担得起的每一盎司茶叶。到了某个阶段，英国迟早会做得太过头，把这门生意抬高到难以为继的境地。但因为东印度公司用来奖励员工的方式，没人愿意对如此有利可图的生意叫停。

在广州的英国货物管理员领取的报酬不是薪水而是佣金，平均为买卖货物价值的4%。享有如此之高的提成，他可以从工厂一个季度的交易中赚到4000英镑，几乎足以在英国的中心买一座气派的庄园。如果他勇敢而健康，能胜任十年以上，他回国时就真的非常富有了，有望进入公司的董事会或国家的议会。因为诸如此类的原因，货物管理员的职位受到热烈的追捧。只有伦敦知名商贾家族的成员才有可能得到如此前途无量的职位。在挑选候选人时，董事首先考虑的人选就是自己的亲戚。在广州最好的工作是首席货物管理员，因为他能享有10%的提成。在1771年，被考虑任命这一职位的人，正是一名董事会资深成员的儿子。

为赚取佣金，东印度公司的货物管理员总是怂恿伦敦尽其所能派出更多的商船来中国，而这又使得整个系统包含了另一个缺陷。东印度公司没有自己的舰船，需要向承包商雇佣船只，按吨付费，而且费用相当可观。随着时间的推移，船东购买股票，加入了东印度公司的董事会，并组成了一个强大的游说集团，即所谓的航运利益集团，他们垄断了船舶的供应和船长的任命。为了扩大自己的利润，船东集团迫使其他董事会委员雇佣越来越庞大的船队。他们的亲戚也理所当然地得到了利益，因为船东给自己的儿子和侄子预留了海上最好的职位。事实上，这就是为何威廉·汤姆森能够执掌加尔各答号的原因。在他之前，他的父亲也曾是一位东印度公司的船长，他的叔叔领导着拥有这艘船的财团，而汤姆森的弟弟也作为船上的大副和他一起来到了中国。兄弟俩一到中国，就忙着处理熙春茶生意——熙春是最昂贵的一种茶，其价格四倍于武夷茶，他们带回国在伦敦私售的熙春茶超过了100箱。如果厌倦了危险的海上生活，威廉·汤姆森可以退役，把他的职位卖给出价最高的人。在18世纪70年代，船长一职的市场价格达到了10000英镑。

这门生意简直一本万利，不论是英国人还是中国人，每个参与者都希望提高赌注，让它更加迅速地发展。对于英国东印度公司的主要竞争对手也是如此，法国人和荷兰人也开发了他们自己的有效的商业策略。荷兰人不是用白银，而是用锡和胡椒来购买茶叶，锡和胡椒来自他们在马来亚半岛的关系网。在与苏丹人的交易中获得锡和胡椒，他们在中国找到了销路。在中国，虔诚的教徒会通过燃烧涂有锡箔的纸来安抚众神，这意味着荷兰人提供给洋行的东西要比英国人的更好。与此同时，在荷兰的阿姆斯特丹，最大的银行也急切地参与到茶叶贸易中来，它把茶叶输送给敦刻尔克港和奥斯坦德市的走私者，让他们做穿过英吉利海峡到达英国海岸的短途旅行。在荷兰的南部，法国人的行径也大致相同。

法国船只从中国返回后，停靠在布列塔尼地区的洛里昂港。在那里他们对茶叶进行拍卖，但很少有茶叶会被运到法国国内。茶叶从洛里昂港被运到英吉利海峡中的根西岛，那里正是贪腐者的老巢，当地的地方官同时也是走私者。从那里开始，茶叶会与白兰地酒和烟草一起被运到德文郡和康沃尔郡，从那里的小海湾或小溪中被运到岸上，然后再卖到整个英国西部。

正因为这些贸易巨大的规模和能量，英国东印度公司发现自己在茶叶贸易中所占的份额渐渐消减，因为欧洲的竞争对手满足了英国和美国蓬勃发展的黑市的需求。当然，公司请求政府通过削减税收给予帮助，正是重税给了走私者竞争优势。从1767年开始后的整整五年，英国财政部暂停收取占比最大的消费税，使茶叶的零售价格每磅骤减1先令。一时之间，走私者失利而守法的交易者重新占了上风。但这种让步却在1772年结束了，因此公司又想出了另一种策略来保护它在广州的地位。为了控制外国人在广州的势力，总督禁止他们借钱给洋行，除非是茶叶贸易无法顺利进行时以预付方式支付的现金。悄悄地，英国人违背了这条禁令。为了能任意挑选中国出产的茶叶，他们慷慨地为洋行提供透支，直到自己负债累累，包括潘启官在内的洋行背负了总额为六万英镑的欠账。

现在这个系统已经变得高度不稳定了，而通过大量贷款给洋行，英国人使它完全失去了平衡。如果出口贸易放缓了增长的势头，洋行将无法偿还他们所借的巨款，因此货物管理员每一季都必须预定更多的茶叶，而不顾国内市场的情况如何。无论什么原因，如果英国对茶叶的需求开始动摇，产生的后果将是毁灭性的。东印度公司在伦敦每年组织两次拍卖，把茶叶批发给几十个资深经销商。他们经验丰富，拥有东印度公司的股票，并且明白真相：巨量的货物将被运回国内，税收优惠政策即将到期，而走私者也准备好了要大赚一笔。所有经销商要做的就是等待，茶的价格将会发生暴跌。

到1771年3月之前的拍卖仍然进展顺利，东印度公司卖掉了所有的茶叶。但是在5月和8月之间，13艘商船抵达了泰晤士河，带回了900万磅的茶叶，这些茶叶要比英国市场往年的需求量多了300万磅。在9月的拍卖会上，经销商削减了他们的订单，2/3茶叶无人问津。此后一段时间之内，茶叶价格依然坚挺。但是有如此之多的茶叶存储在仓库中，汤姆森和他的朋友们也要带着更多的茶叶从广州出发了，在即将到来的1772年的拍卖会上，这个市场无疑要崩溃了。

即便在此时，东印度公司仍能避免这场即将发生的大规模危机。它本该深谋远虑并谦虚谨慎，与英国央行进行一些秘密的交涉；公司的董事们本可以找到方法来解决这一还没有成形的问题。但可悲的是，他们有充足的理由隐瞒真相。不久之前，一群天赋过人、刚愎自用的金融家支配了董事会，而审慎正是他们的思想中最缺乏的。

公司成员

在公司悠久的历史中，野心勃勃的人一次又一次为了控制公司的事务而争斗。鉴于公司业务的规模、签订的合同以及提供的就业岗位，一个董事会的席位总是值得一战。而英法七年战争和在那之后东印度公司进行的改革，使得进入公司的领导阶层变成了一种更丰厚的奖励。

东印度公司始建于1600年，皇家宪章准予它全权作为贸易企业进口东方的奢侈品。它一直保持这种状态直到18世纪中期。就像在广州建立了工厂，公司在印度的加尔各答、马德拉斯和孟买也建有基地。除此之外，它并没有寻求获得土地或声望。满足于租用土地从事商贸，除此之外不再涉足其他业务，它几乎全身心投入它的老行当，享受在英国垄断丝绸、茶叶和香料的销售。在18世纪50年代，这一切开始发生了变化。在英国和法国之间发生战争的时候，公司成为独立的领土自卫力量。长话短说，东印度公司看到了在印度最富饶的地方获得自己领土的机会。伦敦政府急于对法国先发制人，董事们得到了政府的支持，在恒河河谷上建立起了自己的帝国。

一步接着一步，通过武力、贿赂和计谋，英国人沿着恒河匍匐前进，从加尔各答开始，吞噬了整个孟加拉省。在这样的过程中，公司也找到了新的利润来源，远远大于——或者它认为是这样——它之前见过的任何利润来源。横跨新月形沃土，延绵800英里，包含从缅甸边境到印度教圣城贝拿勒斯①的地域，孟加拉省似乎蕴含着无限的价值，同时又有大量的丝绸织

---

① 瓦拉纳西的旧称。——编者注

造工和种植大米及谷物的农民。从征服者的角度来看，孟加拉每年都向它的统治者缴纳土地税，这真是再好不过了。每个村庄都有一个委员会和一位村长——在北印度语里叫作"帕尔特"——他的职责是征集税收。土地的收益很可能极为巨大，因为孟加拉省的面积要比整个法国还大。

从理论上讲，土地税属于德里的莫卧儿王朝的皇帝，但他高居庙堂，而且他的影响力也在逐渐变弱。每过上十年，他的权威就会被削弱一些，因为他成了阿富汗部落入侵的受害者。大约从1740年起，对土地收入的控制权就已经完全落入了孟加拉总督的手里，也就是纳瓦布手里；而到1756年，即将被任命为纳瓦布的是一位叫杰拉西-阿德-道拉的年轻人，他热切希望能摆脱外国人的控制。他认为英国人欺瞒成性，对他们感到恼怒，决定要把他们驱逐出境。

纳瓦布攻占了加尔各答并拘捕了当地的英国居民，他们中的许多人都神秘死亡，这个复杂事件的真相也许永远都不可能浮出水面了。英国似乎暂时失去了孟加拉。为了夺回加尔各答并解救幸存者，公司派出一支军队从马德拉斯沿着海岸向加尔各答进发，由罗伯特·克莱夫充当指挥官。遭到自己盟友的背叛，这位纳瓦布在靠近北回归线的小镇普拉西的一片杧林中吃了败仗，并被毒死。随着杰拉西-阿德-道拉被清除，克莱夫用一个傀儡取代了他的位置。此后，公司开始逐渐吞并孟加拉省，并一路占有土地税。公司从加尔各答的周围——一片老虎徘徊、被称为二十四大区的地方开始扩张。随着时间的推移，英国人把他们的帝国向北扩展到了喜马拉雅山脚下。

孟加拉土地的大部分收入来自两个地区：一个是比哈尔邦地区，以巴特那城为中心；另一个地区满是稻田和桑蚕，以更大的穆尔希达巴德城为中心，紧挨着现代印度与孟加拉国的边境。英国人又花费了八年的时间并采取了另一次军事行动才得以合法获得这些领土，但实际上这一切直到1765年才算最后完成。吃了败仗，皇帝签署了《阿拉哈巴德条约》，给予了东印度公司"迪旺"，这意味着赋予其征收所有孟加拉税收的权利。

　　此时英国在印度成了最强大的势力，而随着莫卧儿帝国的消亡，他们在未来将会获得更大的权力。在一定程度上，阿拉哈巴德条约可以被比作东方版的《巴黎条约》，《巴黎条约》给了英国阿巴拉契亚山脉上的原野，但作为一种奖励，恒河却远远好过密西西比河。美国的荒野除了耗尽英国的兵源和金钱，并没有为英国做出过任何贡献，而"迪旺"却是实实在在的资产。就像广州的中国人一样，印度的纳瓦布规定用白银支付税款，而英国人也是这么做的。在条约签署之前，公司分到的地租只有60万英镑，远不足以维持用于自卫的军队。得到"迪旺"之后，公司来自孟加拉的收入增加到了超过250万英镑。1/4的收入可以被当作现金盈利，而剩余的部分则用于支付员工薪水和军费。

　　正因如此，当条约签订的消息传到伦敦，英国人无不欢呼雀跃。在1766年的春天，当克莱夫的加急信送到了国内，人们期待着公司的股票能产生丰厚的红利，股票的价格也因此一路飞涨。股票价格一跃上涨超过了50%，而中国贸易的蓬勃发展，使股票价格继续逐年攀升。到1768年的春天，公司股票的交易价格将近280英镑，这是它有史以来的最高价格。

　　每个人都可以看到，东印度公司经营着一桩了不起的买卖，但人们对它永远有更高的期望。投机者迷信公司的收益能永续成长。如果发生了什么让他们失望的事情，公司股票的价格会遭遇跳水式的下跌，因为它的上升是如此急剧。如果事情开始不顺利，董事可能倾向于隐瞒真相或试图操纵市场，避免股价的崩溃：而这正是他们实际上的所作所为。在18世纪60年代末，公司董事会的控制权落入了三个特别激进的商人手中，约翰·普灵、劳伦斯·萨利文和乔治·科尔布鲁克爵士，他们三人轮番就任主席或副主席。远非享有特权的、世袭的精英，他们凭借个人的聪明才智和艰苦奋斗获得了成功，但即便以当时的标准衡量，他们每个人都对风险怀有异常的偏好。在他们的领导下，公司被带到了失败的边缘。

　　萨利文是他们三人中年龄最大的，一个出身低微的爱尔兰人。在1741年加入公司之前，他在孟买经商。他带着财富回到英国，成了一名公司董事，这都要多亏了他对公司印度事务的了解，这一点没人能比得上他。他的朋友普灵，出生于1720年，以一名普通水手的身份开始了他的职业生涯，而随着舰队规模的扩大，他当上了船长，每年在英国和中国之间往返两次。像萨利文一样，他用赚来的钱在下议院购买了一个席位。科尔布鲁克生于1729年，父亲从事银行业，但他的祖父只是一个裁缝。他是一个狂热的投机者，倒卖各种大宗商品。在英法战争期间，他因获得了与军队的合同而赚到了第一笔财富；然后在巴黎和谈期间，他又通过内幕交易政府债券获得了另一笔财富。

他们中没有哪个会允许公司停止迅猛的扩张。在被授予"迪旺"之后的兴奋中，萨利文和科尔布鲁克都大举借债购买公司的股票，而普灵也是他们的债权人之一。不仅如此，普灵还与航运集团有着紧密的联系，他同样不惜任何代价，迫切希望公司扩张。就像在广州的货物管理员一样，执掌公司的三人必须保持公司的业务上蒸蒸日上，否则就要承担失去既得利益的风险。

然后，在1769年的春天，印度的邮件开始带来坏消息。尽管在孟加拉取得了成功，公司仍然暴露在南边的敌人面前。另一场与迈索尔王国的战争爆发了，一场似乎威胁到马德拉斯存亡的战争。更糟糕的是，有传言说法国人准备干预，他们在毛里求斯岛上布置了一支军队。当所有这些消息传到伦敦，公司的股票价格开始下跌。即使后来事实显示报告是错误的，股票的价格也没有复原，因此科尔布鲁克和他的朋友们需要找到一种方法来维持股价。每半年，公司就举行一次股东分红大会。他们不断增加分红的金额，直到公司每年为其投资者支付近40万英镑。为满足这样做所需的成本，董事们把更多的船派到广州，期待他们在伦敦的茶叶贸易能提供所需的资金。

与中国的贸易进展顺利，从孟加拉得到的土地税收益也逐年增加，公司的收入在1771年达到顶峰，超过了100万英镑。虽然在账面上看来他们获得了巨额盈利，但这些利润的大部分来自印度，而且流入伦敦的硬通货只是其中的很小一部分。虽然茶叶贸易看起来蓬勃兴旺，但这桩生意却被西班牙的卡迪兹吸走了大量白银：这也是一个问题。不可避免的是，西班牙银价的上涨直接威胁到了公司赖以生存的利润空间。作为回应，萨利文和他的朋友们想出了另一个狡猾却灾难性的计划。

似乎是出于他们的聪明才智，董事们找到了一种新办法让印度交出它的财宝。在18世纪60年代末，为了获得孟加拉的银元，他们开始允许在加尔各答的经理写借据给当地的英国商人，其中大部分商人为东印度公司效劳，并积累了私人的储备资金。这些白银被从加尔各答运送到中国，而借据则被送到伦敦并在茶叶被出售后赎回。对于孟加拉人民来说，这种做法只会带来困苦，榨干了这个省本来可能投资到金融工具、牲畜和灌溉上的金钱。但对英国人来说，这个计划似乎再理想不过了。这个计划给了公司所需的营运资金并允许它的贸易商把钱寄回英国，这似乎是一种经济而高效的方法。但如果孟加拉的官员禁不住诱惑发行了太多的借据，规模远超东印度公司的预期呢？而这恰恰就是实际情况。

在印度平原上，万物生长都依赖雨季，但在1769年的夏天，雨水迟迟没有降落到恒河河谷。有些地方甚至滴雨未降。即便在这次干旱之前，孟加拉的经济已经在土地税的重压之下开始萎缩。迫切想要从孟加拉压榨出每一个卢比，英国人还抬高食品价格，囤积匮乏的粮食并高价销售。到10月底，一场饥荒开始了。它一直持续到第二年。加尔各答街头饿殍遍地，据说近八万人被饿死。

到饥荒自然结束的时候，东印度公司认为有1000万人失去了生命。现代统计显示了一个更小的数字，但仍然达到数百万。而受灾最严重的恰恰是这两个地区，比哈尔邦和穆尔希达巴德城，那里也是产出最多土地收益的地方。因此公司的土地税收开始减少，而公司的开销仍旧巨大。再一次，关于战争谣言四起，不仅是南面的敌人，还出现了一个新的敌人，西面的马拉塔人。害怕孟买和马德拉斯同时受到攻击，公司在印度的员工抛洒大笔金钱雇佣更多的印度兵并修筑防御工事。

在1770年的夏天，他们看到孟加拉的财富在眼皮底下消失，向国内寄回了言辞严峻的信，提醒董事他们所处的可怕困境。一年之内他们没有得到任何答复。与此同时，他们采取了唯一可行的做法，尽可能地利用公司的信用。到那一年年末，加尔各答的经理发布了山一样多的新借据，这些借据后来被称为孟加拉账单。怀抱最好的希望，他们借入了100多万英镑，并把它们全都算到了伦敦的上司们头上。

英国的股东又花了六个月的时间才发现事情严重不对劲了。一开始，报道含糊其词，但在1771年年中，它们传到了苏格兰投资者威廉·克莱顿的耳朵里。就像我们将会看到的，克莱顿在后来导致波士顿倾茶的事件中充当了主要角色，但在这个阶段，他只是在为他的投资担心。在公司的股东中间，有一个规模不大却能直言不讳的异议分子团体，克莱顿正是其中一员，他开始提出令董事们感到棘手的问题。6月，听到关于孟加拉账单的传闻之后，克莱顿对董事会提出了相关的问题，却遭到了漠视。最后，在8月的公休假结束后，很有可能是从克莱顿那里，媒体得到了相关的消息。公司的股票价格开始下跌了。对于负债累累的董事们，此时想要回头为时已晚。9月25日的股东大会正是董事会分红的时候。最近一次的茶叶拍卖变成了一场灾难，就像我们看到的，同时还有在印度积累起来的庞大债务，这些都应该能让他们谨慎行事。各方面的情形都危如累卵，董事们却反其道而行之，选择了欺瞒到底。

对于公司事务，总会计师起草了一份具有误导性的报表，选择了一个不用填报孟加拉账单总额的资产负债表日期。以这些可疑的数据为依据，普灵和科尔布鲁克说服股东们批准用过去的高标准支付股息。接着，一个星期后，乔治爵士在皮卡迪利大街家中的晚宴上，组织了一次支持公司股价的秘密行动。通过经由一家荷兰银行出面交易来隐藏自己的身份，他和他的朋友们开始从阿姆斯特丹的证券交易所秘密购买公司的股票。

一段时间之内，克莱顿和他的同伴们公开大唱反调，但不久之后，关于资产负债表的质疑声逐渐消失了。公司的股票继续保持在超过200英镑的高价。但到1771年年底，对公司的清算也只是个时间问题了。只要公司能从销售茶叶中获得丰厚的利润，它就能偿还债务，赎回孟加拉账单，并继续向投资者支付丰厚的现金回报。一旦茶叶价格暴跌，就像注定会发生的那样，这一切就都玩完了，公司将被自己的债务压垮。与此同时，在美国，诺斯勋爵带来的短暂的和平也已经接近尾声了。对国王权威的攻击即将发生，而这次攻击也是由海上茶叶贸易引起的。

在距离孟加拉6000英里的地方，大英帝国支配着另一片领土，那里的人们贪婪地进行着大宗商品贸易：罗得岛，位于新英格兰的一个小省，由清教徒中最具独创性的、非凡的罗杰·威廉姆斯创立于17世纪。出现在1772年的事件预示着英王乔治三世和他的美国臣民之间即将发生的巨大的分裂。它的根源埋藏在英国人创建的国际贸易体系中。

从中国到加勒比海，英国人的私有经济帝国过于依赖海运，茶叶、烟草、靛蓝、小麦和大米，一个建立在债务上的系统，其本身容易波动并偶尔会发生恐慌。他们在政治上的地位也同样不稳固。在大西洋的西岸，他们无法控制不羁的侨民，当地人习惯于不顺从。或早或晚，帝国中这两个不稳定的元素，政治和经济，一定会碰撞到一起，产生的危机是如此深刻，连国王和他的大臣们也解决不了。最终发生的就是1773年12月的波士顿倾茶事件，但茶党要领先于此，在倾茶事件发生的18个月之前，他们就在罗得岛做出了令人震惊的事情。

纳拉甘西特湾的居民常常往返于非洲和西印度群岛，收买并出售奴隶，但他们主要的收入来自于通过海运贩卖朗姆酒、砂糖、糖浆、茶以及许多其他商品，其中大部分商品是合法的，但也有大量的走私货。如果英国政府胆敢贸然干预罗得岛的走私买卖，结果很可能受到暴力反抗。尤其会这样，是因为在普罗维登斯（罗得岛首府）和新港的文化中，没有"妥协"这个选项。在美国的所有殖民地中，罗得岛是最自由、最激进、最不听从皇家指令的。

战争开始进入倒计时。在1772年年初，眼看东印度公司大限将至，大量的走私茶叶从大洋彼岸的荷兰和斯堪的纳维亚半岛向美国汹涌而来。在那里，来自中国的茶叶已经填满了仓库，达到了无处存储的程度。大部分走私茶漂洋过海，希望在科德角和长岛海峡之间的美国海岸登陆。当皇家海军得到这一消息，就试图阻止这些不法行为。作为回应，当地的水手打响了这场革命性危机中的第一枪。

第二章

"这黑色的丑闻"：葛斯比事件

H先生，罗得岛之政务有疏。

——国王乔治三世责备马萨诸塞州的州长

托马斯·哈钦森（被国王简称为H先生）

　　这是个可怕的冬天：据说是两代人所经历过的最寒冷的冬天。新英格兰的气温降到了零下40多度，风暴在沿海地区制造了一系列的海难。在弗吉尼亚，暴风雪给乔治·华盛顿的后院留下了厚达三英尺的积雪，而在波士顿，圣诞节那天，市民们已经可以在冰面上横穿海港。而冰冻还未消退，开展走私买卖的季节就已经到来了。

　　根据英国在欧洲的间谍网组织发回国内的最新报告，丹麦和瑞典出现了茶叶巨量销售的异常记录。伦敦海军部将这份报告转给了英国驻波士顿的海军指挥官。在1月的第四周，这份报告被送到了，海军指挥官向他手下的巡逻士兵通报了这一情况。此后不久，也有证据证实了间谍报告的说法。2月中旬，舰队司令得知一艘停泊在缅因州的荷兰船只满载着茶叶要运往波士顿。十天后，他收到消息，有另一艘从南美开来的走私船，带着朗姆酒和砂糖。没过多久，线人通知他有另一艘荷兰船只带着更多的走私茶叶，预计几小时内就会在塞勒姆附近靠岸。

这是大规模的有组织犯罪，需要有海军的铁拳出击才行。海军少将约翰·蒙塔古欣然受命。许多波士顿人厌恶蒙塔古——约翰·亚当斯称他"野蛮、像猪一样"——部分原因是他们认为他是靠着裙带关系得到的这个职位；不过你尽可放心，那不过是美国佬邪恶的诽谤罢了。蒙塔古的职业生涯堪称典范，他是海员的楷模，虽然他满嘴脏话、常常赌咒发誓而且嗜好红酒。

出生在乡绅家庭的蒙塔古在众多的堂兄弟之中脱颖而出，成了第四代桑威奇伯爵，同时也是英国海军第一大臣。在他30多岁的时候，年轻的上校蒙塔古在议会里待过一段时间，沉默不语的他在议会中担任他亲戚控制的一个选区的代表。老桑威奇伯爵工作相当努力，他不喜欢傻瓜，是不会将如此高的职位交给一个傀儡的，即便是自己家族的人也不行。蒙塔古因为十几岁的时候就参了军，至今他已参加过两次对法国战争，指挥着八艘战列舰，还曾枪决了一位军官同僚。在海军上将蒙塔古身上，我们看到的是一个懂得责任担当的男人。他在离开英国之前，接到了严格命令：尽量让他的中队留在海上执法，保障贸易法的实施。这位海军上将每天都记航海日志，勤勉地履行着他的职责。

为了覆盖拉布拉多到佛罗里达的海岸，海军配给了他24艘船，其中大部分是用于在岸行驶的小船。在海浪的不断蹂躏下，这些船的外壳和索具需要频繁的维修，但他的预算只够建造一个船坞——位于北方新斯科舍的哈利法克斯。蒙塔古像是在下一盘巨大的国际象棋一样，来来回回地调遣他手下的船长们往返于巡逻水域和船坞之间，对船只进行整修，还要不断敦促船坞的工人们加快速度。

在这些船只当中，最经常被调回修整的是一艘叫作葛斯比的二桅纵帆船。葛斯比号的任务是在走私者可能隐藏的海湾来回巡逻。到了1771年的秋天，它因在特拉华州河口长期巡逻，船体已经出现了擦伤和磨损。因此葛斯比号回到哈利法克斯修整了一段时间，之后于11月去了美国的缅因州海湾。深冬时节，葛斯比号在科德角附近四处搜寻，等它回到波士顿时，刚好赶上了欧洲发来的那份茶叶走私数量急剧上升的报告。1772年1月25日，上将蒙塔古下令葛斯比号再次出海监视最可疑的海岸区域。在海军眼中，最猖獗的走私活动出现在玛撒葡萄园岛或罗得岛，那里海岸的角落和缝隙为走私者提供了绝佳的掩护。于是葛斯比号出发了，船上的指挥是威廉·达丁斯顿，一位机敏的苏格兰青年。

后来，在他短暂的出名之后，人们对达丁斯顿中尉的评价莫衷一是。有美国人称他是"非常肮脏、低劣的家伙"，而英国对美国独立战争最早的官方历史却有着不同的记载，称赞他是一位"警惕积极的、履行职责的"军官。从各方面看，这位苏格兰人有理由会严格执法。在和平时期，大部分海军军官都领着半薪无聊地赋闲在家，而他属于仍在服役的幸福的少数。时年31岁的他来自苏格兰的法夫海岸，是地主家的儿子。他家里已负债累累，而达丁斯顿本人也是债台高筑。他这一级别的军官每天只有4先令的收入，但如果在殖民地的水域上抓到走私船，他的薪水就可以提高两到三倍。

他有一大群可供选择的目标：沿着美国海岸，每年有几百艘船成千上万次地出行，无论故意与否，它们通常都会触犯法律，因为英国人出台了复杂得令人难以置信的关税条文，并且颁布了同样复杂的法规，来确保这些关税的征收。有些规则已经存在了几十年，就像《航海条例》，规定殖民地的贸易运输必须经过英国的港口。而其他的规则大多是新的，主要来自格伦维尔那些已经流产了的殖民地规范计划。在所有的新规则里，3便士的汤森德关税引起的民怨最大，不过许多其他的税种也一样令人愤恨。即便是最小的商船，也必须持有标明货物产地、目的地以及证明缴税的官方文件。繁复的规则条文总是导致摩擦的产生，甚至一些伦敦的官员也开始对这个系统感到绝望，指出这些税收政策没收到多少钱，却激怒了诚实的商人，他们要是起来反抗，就会损害到帝国的利益。

这些税收的收益少到什么程度呢？只有一项税收的数目还算大，那就是每加仑一分钱的糖浆税。即使在18世纪70年代最好的年份，来自美国的税收收入总共也只有4.7万英镑，只占到这个属国运行成本的一小部分。盖奇将军有账单需要支付，皇家海军和海关也要领薪水。还有州长们、法官和其余的官员也都需要支付薪水。所有都加起来，每年的支出大约在40万英镑。即便我们把英国政府从北美烟草贸易中获得的收入也算上，再加上英国烟草消费者缴纳的20万英镑关税，结果还是一样的：殖民地用于防御和管理的成本支出远远高于它的产出。

既然如此，为什么还要那么麻烦地去征税呢？为什么不取消所有的关税和所有烦琐的规定？那样沿海与内河沿岸的贸易就会兴盛起来。海军就可以从海岸巡逻的任务中解脱出来，回到国内，或者去加勒比海巡航。而殖民地居民也会用他们口袋里多出来的钱购买英国的五金器具和毛织品。但是英国人还没有爱上自由贸易，这将不得不等到英国被美国战败之后，等到亚当·斯密在英国国家高层受到推崇的时候。此外，每位英国政治家都清楚英国迟早会与法国再次交锋。上一年的马岛危机就差点导致战争，大家都理所当然地认为，法国国王早晚会试图再次征服他曾失去的领地。果真如此的话，英国就得攥紧每一分可以弄到手的钱。

所以殖民地的税收和法规都得继续存在，还有一整套恼人的官僚机构。这对于一个在法夫有债要还的年轻中尉来说，倒是件好事。如果威廉·达斯丁顿抓到一艘拿不出相关文书的美国船，这艘船和船上的货物就会被拍卖，而他不仅能分得一份收益，还为帝国效了力。在上一场与法国的战争期间，美国人公开与敌人做贸易，英国军队几乎已经把每一个当地商人看成了走私犯和骗子。

在英国，这已经成了国家领导们的一个信条：通常当他们自问美国为什么会造反的时候，就会把原因归结到走私上，再没其他原因了。

1794年，英国出版了官方的《美国独立战争史》，由反对美国独立的查尔斯·斯特曼撰写。这本书着重强调了一点，指责新英格兰人民的群体"非法行为"，作者用了长达六页的篇幅来一一细数：为了获取硬通货来支付包括枪支弹药在内的一切所需物品，他们触犯法律，出船到加勒比海地区把他们的商品卖给荷兰人、西班牙人和法国人。作为回报，他们带回了茶叶、糖浆、朗姆酒以及墨西哥的银币或欠条，并拿到里斯本换成现金。当英国试图根除走私贸易的时候，美国人就武装起义了，斯特曼先生说，这就是美国独立战争的起因。

至少很多伦敦人相信了这样一个过于简单的分析，它虽包含了一点事实，但也仅此而已。没有人怀疑走私的盛行。在美国，也没人严正地否认过这一点。出于简单的经济原因，走私贸易已经融入了日常生活中，这和欧洲以及不列颠群岛的情况一样，唯一的区别是，在英吉利海峡，白兰地代替了朗姆酒。走私在这个革命故事中当然起到了作用，但英国人对走私的过于关注，使他们忽视了致使这场叛乱发生的其他原因。

若是一个贪婪的军官也对走私问题过于关注，就可能会造成严重的破坏。到了1772年，达丁斯顿正是因为这样做而在殖民地闻名。从弗吉尼亚一直到北方的美国报纸都在讲他这个人是如何的满嘴脏话并且动不动就挥起拳头，而他在罗得岛引发的冲突最终将他的名字写进了历史。这场冲突被称为"葛斯比事件"，它折射出了致使大不列颠和殖民地最终分道扬镳的全部动因。这个事件往往被视为一群暴民制造的暴乱，但其实它应该被非常严肃地对待，因为在伦敦——特别是海军部——事件引起了强烈而持久的愤怒；而在美国，达丁斯顿中尉的行为留下了同样可怕的影响——不信任。事件发生在6月，在此之前，这位苏格兰人和沿海居民之间的紧张关系已经持续了四个多月。

争执开始于2月的第一个星期，天气终于放晴，葛斯比号和另一艘海军舰船肯考斯号，得以更加密切地监视巴泽兹湾的河口和水道。海上的浮冰使得巡逻船无法驶入海湾，他们派出一艘小船开进去，该船的指挥军官叫克里斯蒂。在离纽波特不远的地方，克里斯蒂发现了一艘单桅帆船，该船因满载货物而吃水很深：斯旺西号，据船主说是要开往波士顿。依据议会的法令和白厅枢密院的命令，海军有权力拦截明显可疑的船只。克里斯蒂登上斯旺西号检查，船上是来自荷属西印度群岛的朗姆酒和砂糖，但没有相关文书。他令武装警卫将这艘船押送回基地；但夜幕开始降临，克里斯蒂不敢在此时冒险穿过科德角的浅滩，便命船驶向玛撒葡萄园岛，找一个地方隐蔽起来。他在一个叫福尔摩斯洞的捕鲸村下方找到了一个安全的地方。

夜里起了风，天上降起大雪。克里斯蒂待在他的战利品上等待天明。2月7日凌晨时分，四船全副武装的美国人出现了。新闻报道称，这群人装扮成印第安人，抓住船员，收缴了他们的武器，砍断斯旺西号的缆绳，驱船向大海驶去，并在中途停了一下，用救生筏把克里斯蒂和他的人放下，让他们在严寒中划回了岸边。

第二天早上，达丁斯顿的葛斯比号来到附近，接走了克里斯蒂。达斯丁顿集合起一队人马搜寻斯旺西号。他们出发前往斯旺西号最可能的藏身之处——通向内陆埃德加敦路的河道，却连个影子也没找到，他们划船返回，只听到村子里响起一连串的枪声。岸上聚集了三百来人，并且出动他们的渔船来拦截巡逻船。英国海军使用轻武器开火，那些捕鲸人撤退了，双方都撤出了这场谁也没有把握可以赢的战斗。虽然如此，这一事件却带来了持久的不良影响。事情传遍了沿海地区，接下来葛斯比号与美国船员之间又发生了更多的冲突，这样一来，达丁斯顿中尉就成了当地居民要人人得而诛之的目标。

对蒙塔古上将来说，这次事件是完全无法容忍的。如果说走私是重罪，那么这次事件简直就是叛国了：公然蔑视英国的权威，并且两次暴力袭击他的海员。虽然他刚来美国不久，但这位上将知道，这种事在以前也发生过。三年前，在纽波特，一群人放火烧毁了一艘海关的单桅帆船。海军军官们在强迫美国人为国王效力的时候，也会受到攻击。然而，早些时候发生的这些事件不过是些孤立、自发的个案，但是到了1772年，这样的暴力事件似乎变成了更为险恶的、有组织的阴谋。蒙塔古很快拿定主意，必须采取最严厉的措施才能将新英格兰重新拉回到法治的轨道上来。

与此同时，葛斯比号在执行任务的时候抓住了另一艘美国帆船，它从海地运来了一船的蔗糖。达丁斯顿将这艘船带到纽波特去提起走私起诉，并去会见了罗得岛的地方长官。这是一次简短而尴尬的会面，他们客套地寒暄了几句，但很快，这又引起一场不快，他们不欢而散。地方官问起了"斯旺西号事件"，而后这位苏格兰人就匆匆回到了他的船上。

2月中旬，当纳拉甘西特湾的最后一块浮冰也开始融化的时候，葛斯比号开始沿着普罗维登斯河的各条支流进入内陆探查。对接下来发生的事，英美双方有着相互矛盾的说法，在讲述独立战争的历史时，这是一个经常会遇到的问题。英美双方对这次事件发生的准确日期和地点，以及是非对错，各执一词。幸运的是，他们对事情的主要经过，以及达丁斯顿所冒犯的美国人的身份并无异议。

2月17日或19日，这取决于我们所看资料的来源——葛斯比号在近海发现了一艘单桅帆船财富号，它周围的滩涂上停泊着一些小船，还有一群人聚集在岸上。海军派出一队人前去扣下了那艘船，上面装的是朗姆酒和砂糖。后来美国人声称财富号仅仅是一艘常规行驶的沿岸贸易船，却被海军无故拦截。而根据中尉的说法，帆船向他的人开了枪，并且朗姆酒是从荷属安的列斯群岛走私来的。因为不信任当地法官，中尉将财富号送去了波士顿，这让事态进一步地恶化——人们质疑他这样做的合法性。不知不觉中，葛斯比号成了罗得岛居民的敌人，而这些罗得岛居民的观点代表的正是整个殖民地。

那些朗姆酒属于格林家族，他们是贵格会信徒，拥有一两个农场，一个锯木厂和一个打造船锚的锻铁厂。海军根本不知道他们是些什么人，也不明白为什么不能得罪他们。那些货物的货主中有一个叫作纳桑尼尔·格林的，他很快就会抛弃他的贵格会信仰，成为乔治·华盛顿军队中最年轻的将军，并且从邦克山一路到约克城，他都是华盛顿最亲密的助手。正如格林在财富号被扣下后不久所写的那样，货物的损失令他产生了"如此强烈的怨恨，我几乎无时无刻不在想着怎样惩罚那个冒犯我的人"。格林说出了众人的心声，走私正是这个省里的人独特的谋生方式。

查封财富号，让葛斯比号不仅冒犯了格林家族，还有整个社会。而英国海军对这个社会的文化是不屑的。尽管文化因素是出了名的难以量化，但我们可以说，此时英国人和美国人的价值观和态度已是大相径庭。虽然他们说着近乎相同的语言，但里面的词语——就像"上帝""自由""爱国主义"和"法律"——已经在大洋两岸产生了不同的含义。就这样，正在走向战争的两个国家，总是会相互误解对方所说的话。这也是他们之间的裂痕无法弥合的另一个原因。

和军中的其他同事一样，达丁斯顿与蒙塔古都来自英国的乡绅阶层，是基于顺从而构建的传统社会中的乡村地主。他们在罗得岛所面对的环境大不相同，无法感同身受。到了1772年，该省已经成为当时最先进的社会，而且是英国白厅几乎没有管制的区域。在这里的海边，在繁荣的普罗维登斯城里，来访者可以感受到美国最为前卫的潮流。

一个生动的试验

虽然罗得岛是个小地方，但空间的狭小却赋予了它优势。这里的居民人数只有六万，还不及马萨诸塞州人口的1/5，但他们都密集地分布在海湾边缘，而非分散在几百英里的农场或森林里。1/4的人口居住在有着相当规模的城镇中，使得这里成为美国城市化程度最高的省份。两家报社和来自波士顿的每周剧场让信息得以迅速传播。在所有殖民地中，罗得岛居民的生活受海洋影响最深，也正是因为如此，这里比其他地方更加开放和外向。

努力加上一点运气，还有独特的地理位置，造就了罗得岛这个自由的共和国，虽然它还不甚完美：选举是被操纵的；法院是由党派控制的；还有巨大的贫富差距——2/3的社会总财富集中在最富有的10%的人手上。然而在纳拉甘西特湾的海岸，访客却总能找到民主，而且贯彻得非常成功。

罗得岛凭借得天独厚的地理位置取得了卓著的成就。今天的普罗维登斯仍保留着18世纪的建筑，向世人讲述着这里当年的进取和才干。有些人甚至会把这说成是自大。在独立战争前夕，这个城镇已对自身进行了一次彻底的改造：新建了市政大厅、新的砖瓦校舍、带顶棚的市场，当然还建立了罗得岛学院，也就是后来的布朗大学。今天你依然可以看到它们矗立在街边，而这些交错分布的街道在"葛斯比事件"发生的那年就被规划出来了。

全城最宏大的建筑是"第一浸信会教堂"，这座教堂是在波士顿倾茶事件后开工起建的，完工于列克星敦的枪声响起后的几个星期。教堂傍着内港的山坡而建，外表漆成白色，气派非凡，木制的尖顶十分有名。教堂的设计大胆，表明了这个城镇的野心：巨大的内部可容纳几千人，第一次主日礼拜的时候，全部信众也只坐满了前五排的位置，可见他们对城市未来的发展充满信心。在独立战争之前的几十年里，波士顿的城镇发展几乎一直是停滞不前的；但罗得岛的人口却增长了50%，其中又以普罗维登斯的发展最为迅速。

要追溯这里繁荣的起源，刚刚抵达普罗维登斯的人只需跟随他的鼻子，沿着海滨就能闻到各种货物散发出的香味——可可、糖浆、木炭、苹果和朗姆酒。在附近一处名为托克沃顿的地方，来访者会闻到最独特的味道——油腻并充满了大海的气息。一座占地11英亩的工厂在此用鲸鱼头部的油脂制作蜡烛。这里出产的是全美国最好的蜡烛，用蓝色的纸包装起来，通过船运到达其他港口，或离岸运送到英格兰。

普罗维登斯是一座由工匠和水手共同构成的工业城市，出产铁、苹果酒、巧克力、蜡烛和烈酒，这座城市与宗主国的海港有着基本的相似之处，特别是伦敦东部的社区，如斯特普尼和沃平区。在那里，你会发现同样的船舶、码头与工厂的结合，以及同样的对信仰和政治问题的反对态度。在伦敦每个码头的后面，你会看到许多不同种类基督徒的小教堂，甚至能找到最不正统的。同样，在普罗维登斯和纽波特，人们对上帝的信仰也有许多变体。在罗得岛，至少有五个基督教教派在相互竞争，人数最多的教派是贵格会和浸信会，其次是密切公理会和圣公会。紧排其后的是长老会，更不用说在纽波特还有犹太人，以及自由思想者，例如纳桑尼尔·格林，他很快就抛弃了任何正式的信仰。

伦敦的某些部分虽与罗得岛有些模糊的相似，但是，英国这个古老的国家却没有任何真正能与罗得岛相比的地方。乔治国王每当想到该殖民地选择领导人的方式便会皱起眉头。即使按照美国的标准，这也是个全民政府的极端例子；并且足够讽刺的是，这要部分归功于先前英国君主的遗赠。17世纪30年代，在罗杰·威廉姆斯的努力下，罗得岛渐渐形成了一个宗教自由的避难所。那时正值英国内战结束，清教徒失了势，国王查尔斯二世重新夺回了他的王位。在那时，我们本可以期待这位君主将殖民地牢牢地拉回到他的控制范围之内。但事实上，他做了相反的事。1663年，国王给罗得岛颁布了一部宪章，以保护威廉姆斯创建的系统："一个生动的实验"，正如宪章所说，"宗教信仰完全自由"。同时，国王同样对罗得岛的其他自由给予了支持，宪章规定了包括州长在内的每个公职由选举产生。

只有拥有财产的成年男性才可以投票，但选民仍然占到了总人口的1/4左右。每年5月，他们会为来年的选举选出64名代表，组成议会。这个议会将选出州长和他的副手以及五个州法院各自的法官。之后他们再选出当地法官、治安官和民兵队长，全部都由选举产生。每个城镇都有自己的地方议会，委员们开会决定建造桥梁或校舍，用共同经营彩票的收益来支付这一切。相同的民主原则还延伸到信仰的选择上，但最激进的大概要数殖民地法院的运转模式了。

无论对当时还是现在的英国人来说，由选举产生法官的想法都是荒谬的，这将导致偏见和渎职行为。不过，尽管罗得岛的法官们通常都是业余人士，并且他们的决定有时是公然偏袒一方的，但这个系统自有其优点，不仅拥有英格兰法庭无法企及的透明性，还带着些许的创意。由民众推选出的法官坐在台上，可能会说出一些职业法官不敢表达的想法。

一个例子就是普罗维登斯的政治老大，时年65岁的斯蒂芬·霍普金斯。"葛斯比事件"发生的时候，他正担任首席法官。他长久以来一直担任该职，对州长的任何决定都持有否决权。他是农场主，同时也是个实业家，拥有多艘船只，经营钢铁生意，他读亚历山大·蒲柏的诗歌，也大量饮酒；但正如我们所知，霍普金斯从未在课堂里学过一天的法律。他住在镇上新建的大学附近，在他的板房里暗中操纵着局势，他是年轻人的精神导师，与波士顿的爱国者保持密切的联系，并为《普罗维登斯公报》写稿。虽说并非是专业人士，霍普金斯却形成了一套强大的学说，为反对葛斯比号的运动推波助澜。早在1757年，他就对他的朋友们说"国王和议会跟莫霍克族人一样，没有权利为我们制定法律"。同样，这是那种在酒吧里就能听到的话，但在这里，这完全符合罗得岛的宪章。

为了维持对该殖民地的影响，国王在宪章中加入了这样一条——罗得岛不能通过任何与英格兰法律"相反或相矛盾的"法律。虽然这些话看似足够明确，但下一个条款却留下了余地，被一些激进分子解读为一份近似于独立宣言的文件。罗得岛的法令必须与英格兰的法律"相一致"，宪章中写道，但必须考虑到"该地及其人民的本性和构成"。从这样含义模糊的话语中，律师能够轻易解读出革命的教义。律师可以把它解读为只有罗得岛的人民，而不是任何其他人，才能决定他们自己的法律。

斯蒂芬·霍普金斯恰恰做出了这样的解读，在17世纪60年代，他更进一步，不单单为了他所在的殖民地，而是鼓动所有的殖民地获取自由。考虑个人背景，他自然是从一开始就反对格伦维尔对砂糖和糖浆征收的新税。首先，霍普金斯的论点似乎也没有新颖或不寻常的地方：像许多美国人一样，他仅仅引用了一个古老的英国法律原则。这条法律可追溯到13世纪的爱德华一世，颁布于1297年：征收赋税需要获得交税人的同意；交税人的意愿由他们在议会的代表投票表明。乔治三世从来没想过，也不会想到，这样一个神圣的传统会有任何的问题。但包括霍普金斯在内的美国人却明白地指出，因为他们没有派出过代表到威斯敏斯特去，他们就不可能同意格伦维尔的税收，还有那些印花税下的条目：因此他们拒绝缴纳这些税。

到目前为止，这一切并不陌生；但就其本身而言，殖民地对大英帝国税收的批判还不至于会导致彻底的叛乱。这是完全可行的——事实上，这是司空见惯的，殖民地居民反对英国征税，但在其他方面仍对英王继续效忠。要让一场革命合法化，美国人需要一种更为激进的思想意识。霍普金斯早在1764年就开始发展这种思想意识。在他看来，英国政府在美国采取的每一项行动，无论是否与财政有关，都需要获得美国人民的同意，无论是在罗得岛还是在其他的姐妹殖民地。如果你想知道某项特定的法律是否有效，你就不得不问一问当地的法官。如果他们的观点与国王或诺斯勋爵的相左，那么对英国人来说真是糟糕，因为在殖民地，地方法官说了算。

霍普金斯暂时并没有脱离大英帝国的打算。和本杰明·富兰克林一样，他认为这和绅士俱乐部相类似。大英帝国老式守旧、自大浮夸，还有许多愚蠢的规则，但成为它的会员能给美国带来好处，这些好处是美国人不愿舍弃的。贸易法虽令人厌烦，但它至少能让殖民地的货物免费进入英国市场。加入这个俱乐部的另一个充分的理由就是英国皇家海军：只要他们不骚扰诚实的商人，并忠于职守地击沉法国船。

但这都不等于要对英国明白无误地效忠。如果斯蒂芬·霍普金斯认为英国政府在纽波特没有驳回地方法官意见的宪法权利，如果他只是因为受恩惠才对国王效忠，那么他已经走在通往独立的路上了。最迟在1769年，我们可以在霍普金斯的所到之处听到对"独立"的自由讨论。新建的普罗维登斯学院举行的第一次毕业典礼上，两个聪明的学生进行了一场辩论。他们辩论的题目是："以目前的状况加上贯行一致的善政，英属北美是否可以假装自己是一个独立国家"。我们不知道辩论的哪一方占到了上风，重要的是他们进行了这样的辩论。在"葛斯比事件"发生的很久以前，霍普金斯和他的朋友们就已经开始用思想武装民众，这使得对英国海军最激烈的反抗在百姓眼中也成为合理。

到了18世纪70年代初，殖民地和英国王权之间相互的对抗已成为家常便饭。英国人抱怨霍普金斯无视伦敦方面的指令、拒绝补偿反印花税法案暴乱中的受害者。罗得岛的居民要求拿到他们十年前为抗击法国而出力的补偿。更糟的是，纽波特的一群码头黑帮差点将海关官员查尔斯·达德利活活打死。这引起了伦敦方面的震怒，英国政府立刻发出谴责，并警告如果再次发生类似的事件将采取报复行动。虽然没有指明报复的形式，但有一种措施是迄今为止最为有效的。英国议会迟早会认定殖民地17世纪的宪章是一种古怪的倒退，并会采取措施将其撤销。对马萨诸塞州也是同样。在波士顿倾茶事件发生前，英国在这两个殖民地都没有撤销该宪章的坚决计划，但双方都把这看作是一种可能。这让伦敦和新英格兰的氛围都变得更加晦暗。

足够讽刺的是，导致罗得岛和英国最终决裂的危机不是当地经济的下滑而是经济的繁荣。1772上半年，罗得岛和其他殖民地的商业到达了周期峰值。发货量急剧上升到18世纪以来的最高水平，美国经历了航海船运的空前繁荣，船运一直延伸到中国。航运的繁荣也解释了那一年走私贸易的上升。口袋里的钱多了起来，男男女女就会买更多的茶、白兰地和朗姆酒。在英格兰本土，英国财政部的文件显示各种非法贸易量，都有了突然的、惊人的增加，与此同时，跨洋海运的繁荣对普罗维登斯的小港口也产生了巨大的影响。

它让这个港口最活跃的家族——叫作布朗的著名商业兄弟会——富足起来。作为霍普金斯的盟友，他们跟霍普金斯政见相同，并引领这个城镇的重建。约瑟夫·布朗设计了新的浸信会教堂；他的兄弟约翰担任施工监理；他们的亲戚尼古拉斯出资购置了教堂的钟。布朗家族原和罗得岛上许多家族一样，他们的财富主要来自加勒比地区的原始贸易，用肉类、鱼和烟草交换砂糖和糖浆。但是，自1763年对法战争结束后，布朗家族就振翅腾飞了，引领殖民地多样化的商业投资，包括钢铁厂和蜡烛厂。当"葛斯比"号首次进入人们视线的时候，布朗家族的生意正在再次扩张，通过伦敦和兰开夏郡的纺织厂与宗主国有了更多的联系。

在布朗家族的所有成员中，36岁的约翰·布朗最为鲁莽，他身材矮小，生性粗暴，从事黑奴贸易，是一个追求利润的冒险家。要是皇家海军威胁到了他那兴隆的生意，他就会出手制止，如有必要，不惜动用武力。随着海港的浮冰融化，财富号的事情传了开来，约翰·布朗决定亲自去会会那个苏格兰中尉。

剑与火

财富号被扣下后，葛斯比号继续在近海巡逻，寻找更多的猎物。2月20日，达丁斯顿抓到了另一个战利品——一条满载糖浆的货船。四天后，《纽波特信使报》发文警告道，有一艘全副武装的"海盗帆船"，四处攻击可怜但诚实的商人。该报大声疾呼"美国人，看好你们的财产！"有人说这艘船属于英国皇家，报纸带着辛辣的讽刺说他们怀疑的确如此。《纽波特信使报》说海军的存在是用来保卫帝国的，肯定不是用来打劫诚实的沿海船员的。

这是一条很好的新闻：直率、及时，甚至或多或少是准确的。随着革命战争的日益临近，媒体扮演了一个至关重要的角色。记者不仅是报道者，也是催化剂，向前推动着殖民地不服从的进程。《信使报》上的这则消息立即在波士顿和费城受到了更广泛的关注。与任何好的新闻故事一样，它让掌权者感到了不安。海军上将蒙塔古将这篇文章发给伦敦，作为新英格兰无政府状态的又一证据。达丁斯顿完全没有理会这样的报道，出海拦截了另一艘从西印度群岛开来的船。随后，因为天气转冷，他再次回到了纳拉甘西特湾。经过了这样一个严寒的冬天后，所有的物品都供不应求。据报道，达丁斯顿的手下偷了当地农民的猪，搬走了岸边的柴火，还向路过的渔民开枪。这些事件大多发生在普鲁登斯岛附近，那里正是葛斯比号从纽波特抄近道去普罗维登斯的所经之处。等到3月中旬，眼看着还要下雪，达斯丁顿对海岸形成的封锁已足以削弱殖民地的经济。

如果，英国的法律允许葛斯比号搜查每艘它遇到的船只，葛斯比号就可能捣毁整条朗姆酒的交易链。虽然布朗家族努力让他们的生意多元化，但朗姆酒生意仍然是核心，是他们可靠的资金来源。早在波旁王朝之前，美国人就为了驱寒并获得能量而大量地喝朗姆酒。酿造朗姆酒要用到大量的糖浆，需要先将棕色黏稠的糖浆进行蒸馏。至少1/3的糖浆会经过走私者之手，这意味着如果达丁斯顿把海湾死死盯住，就能查获无穷无尽的非法货物。

当然，进口商只需支付关税就不会被抓。但是关税的总额对当地的贸易商来说是沉重的负担，虽然英国人认为这个关税的比例适中。如果每加仑糖浆都上税的话，单罗得岛一年要支付的税金就有1000英镑银币，殖民地居民是没有这些钱的。也正是出于这个原因，就算是要攻击皇家海军，布朗家族也在所不惜。正如约翰·亚当斯所说，糖浆是"制造美国独立的一个重要成分"。

整个事件从一开始就笼罩在暴力威胁的阴影里，这和波士顿倾茶事件发生之前的情形一样。达丁斯顿刚到不久就听到谣言说，殖民地居民计划武装自己的船来对抗他；之后英国人又认为约翰·布朗一直想要动武。最初，他的战术完全是和平的。在3月中旬，九名普罗维登斯的商人签署了一份针对葛斯比号的请愿书，布朗的名字就签在第一个。他们将请愿书呈递给霍普金斯，让他在背面写上法律意见。根据霍普金斯的说法，英国军官进入殖民地水域之前，必须向州长出示国王的命令和委任状。葛斯比号未能这样做，就意味着，霍普金斯说，它没比海盗船好到哪里去。

有了霍普金斯的支持，请愿者们找到了州长约瑟夫·万顿，这是位富有但受人欢迎的绅士，极具个人魅力。虽然他当上州长离不开霍普金斯的支持，但他从未声称自己是激进派，后来还拒绝支持革命。他本是一个英国可以与之协商的重要人物。但相反，英国海军却把这个本可以阻止冲突发生的人变成了敌人。在罗得岛这么小的地方，万顿无法忽略约翰·布朗和他的盟友们的请愿书。万顿家族与加勒比海也有生意往来，与布朗家族既是朋友，也是生意上的合作伙伴，万顿家族从布朗家族购买烟草用于他们的非洲贩奴之行。此外，州长也不会对他首席大法官的意见置之不理。收到请愿书后，万顿给中尉写了封措辞坚决的信，要求看看他的证件。

此时达丁斯顿应该大大方方地答应，因为他有相关证件。但他却提醒万顿，他们之前在2月份已经见过面，并质疑万顿是否有权做出更多的要求。对此，万顿给予了愤怒的回应，而达丁斯顿中尉则将万顿愤怒的回信直接送到了波士顿。此时海军上将刚刚接到报告，有更多非法的荷兰运茶船出现。他没工夫理会罗得岛的争吵，相反，蒙塔古已经派出了一艘更大的军舰海狸号，去封锁长岛海峡的入口。两周后，海军上将亲自给万顿写了一封粗鲁无礼的回信，抹杀了任何妥协的希望。上将称州长是张狂、荒谬的，并威胁要绞死任何试图与葛斯比号作对的人。

到了5月中旬，事情陷入了僵局，已远非外交手段可以挽回。海狸号和葛斯比号在纳拉甘西特湾来回巡逻，截停一艘又一艘的商船，与商船上的船员相互辱骂，扣下了咖啡、葡萄酒和朗姆酒这样的货物。与此同时，当地人开展了自己的阻挠行动，他们拒绝向英国人出售任何商品，并在当地法院起诉英国海军。这些行动由纳桑尼尔·格林和他的兄弟们领导。

地方议会在一片愤怒的情绪中召开，其中有五人来自格林家族。他们指示州长万顿给伦敦方面写信，投诉葛斯比号。万顿的信是写了，但海军上将却拒绝改变。一方面担心会出现最坏的情况，但同时也骑虎难下，蒙塔古让他的船留在原地，并警告他的将士防范攻击。最终，在6月10日，周三的凌晨时分，动乱还是发生了。这其中的一些细节仍有待商榷，但核心事实是不容置疑的——罗得岛的船员们拿起武器来造反了。

6月9日，星期二，天气阴沉寒冷。海狸号和葛斯比号在靠近纽波特的地方抛锚停泊。中午时分，达丁斯顿出发前往30英里外的普罗维登斯，去接新船员。虽然这本该是个常规差事，但他却很背运，中尉对此行线路的危险一无所知。为了省钱，海军没有花钱请海岸向导，因此葛斯比号必须独立摸索它的航道。最初横跨海湾的20英里都在深水里，很容易。但之后的航道变得狭窄，两边的陆地向中间靠拢。西面海岸延伸出长长的沙湾，标记出海湾的终点，那也是普罗维登斯河的河口：一条布满了沼泽、浅滩和小湾的水道，涌流会毫无预兆地被岬角分开。

那天下午大约3点左右，在海湾的某处，达丁斯顿发现了一艘船——汉娜号，并驱船对其进行追赶。后来，当他因为丢了自己的船而被送上军事法庭时，达丁斯顿不愿提及这个细节，但美国方面的资料却愉快地描述了接下来发生的事情。在河口向内1英里处，靠近一个叫作纳姆奎特角的岬角，汉娜号的船长突然变换方向，转向岸边。达丁斯顿也跟着转向，却撞上了沙洲，搁浅在了2英尺深的水中。汉娜号消失在了河道的转弯处，并赶在晚饭时间回到了普罗维登斯。葛斯比号现在无能为力，只有等着第二天早上涨潮，让潮水将它浮起。中尉命令他的船员下船掏挖船体四周和底部的泥沙，并派出一艘小船探测周围的水深。夜幕降临时，这些船员都回到大船上，只在甲板上留下一个水手放哨。

午夜过后不久，月亮落到了地平线下面，外面几乎是一片漆黑。大约在0点45分，哨兵注意到葛斯比号和海岸之间出现了一些岩石状的东西。随着岩石的靠近，船员意识到那是六七只长条船，每一只上面都坐满了人。他们没有理会哨兵的盘查口令，哨兵试图射击，但是他的火枪却没有响。哨兵匆匆跑下甲板，唤醒中尉。

达丁斯顿走上来之前，先命令他的候补军官打开船上装有枪支的保险箱。但保险箱是锁着的，他们既没找到钥匙，也没找到点灯用的火柴。中尉只拿上他的短剑就走上了甲板，跳上了右舷船头。那一排船还有50码远，直奔葛斯比号而来。中尉要求他们停下来。

一个美国人的声音在黑暗中大声咒骂。"上帝诅咒你，混蛋！我们抓到你了"，或者说了类似的话，而中尉也骂了回去。正当这两个男人互相对骂的时候，候补军官砸开了保险箱，从舱口甩出一大捆枪支。英国人的枪还没打上几轮，第一批突击者就翻过了他们的船舷。还只穿着衬衫的达丁斯顿举剑进攻，随着枪声一响，中尉倒了下去，他的手臂和大腿都中了弹。

当他踉跄地走向船尾时，第二波突击者出现在了左舷。船员们试着用拳头和绞盘棒把他们打回去，但是寡不敌众，突袭者和船员是三对一的比例。躺在血泊中的达丁斯顿命他的手下投降。美国人将达丁斯顿抬进船舱，用亚麻屑对他的伤口进行急救护理。他们把船员都绑了起来，拿走了葛斯比号的官方文书，而且据英国人说，袭击者们甚至偷走了船上的银勺子。

做完这些后，他们的目的就已经达到了。他们把葛斯比号上的船员绑在小船上，扔到附近的一个沙滩上。中尉受伤太重，站不起来，美国人就放开了五名船员，让他们用一条毯子抬上中尉。在达丁斯顿向岸边摆渡时，他躺在摆渡船底听到了一连串的爆炸声。袭击者们已经点燃了葛斯比号。火焰在黑暗中腾起，并引爆了大炮中加载的火药。到了太阳升起的时候，葛斯比号已经不复存在。

候补军官在当天晚些时候陈述证词时，将袭击者们称为一群暴民。现代历史学家们有时也会用相同的字眼，但暴民一词无法解释他们行动的高效性和任务的大获全胜。在当时没有人站出来承认自己参与了袭击事件，因为他们知道这是叛国罪，可能会被绞死；但是许多年后，当美国庆祝独立50周年的时候，至少有四个袭击者还活着。

1826年7月4日，他们作为荣誉嘉宾，坐在一架敞篷马车上，参加了罗得岛上的庆祝活动。报纸报道了其中一人的回忆。此人名叫以法莲·鲍文，参与袭击的时候是普罗维登斯学院的医学生，并为中尉处理了伤口。虽然他的陈述与英国的记载不同，与另一位突袭者的说法也不一样，但这并不重要。可以完全肯定的是，那些袭击者绝非一群暴民，而是由普罗维登斯的精英领导。与他们并肩作战的，至少在精神上，是首席大法官斯蒂芬·霍普金斯。他给了葛斯比突袭合法的认定。

　　那个在黑暗中与中尉对骂的人是谁呢？是一位船长，亚伯拉罕·惠普尔，他替布朗家族频繁出船到西印度群岛。他的同伙还包括至少另外三名船长和首席大法官的两个侄子，而惠普尔本身就是霍普金斯的侄女婿。两名袭击者是镇上新校舍的委托人，还有另外一位是镇上名医的儿子。我们可以肯定地说，普通成员主要包括船长招来的水手，或受雇于布朗家族的工匠们。根据另一名目击者的说法，汉娜号将葛斯比号搁浅的消息告诉了约翰·布朗，他派了一个鼓手到海滨把突袭者集结到一个客栈里。我们没有理由怀疑这就是当时发生的事情。

　　突袭者们不是一群乌合之众，我们也不能把"葛斯比事件"当成另一场暴乱，而不再考虑。这是提早了三年的一次军事行动，它不仅源于和一个苏格兰人的私人争吵，还源于在斯蒂芬·霍普金斯周围形成的思潮。从一开始，布朗写请愿书时，他就着重强调了这一点。他反对葛斯比号不是简单地因为它的指挥官是一个恶霸，当然恶霸指挥官也没起到好作用。他之所以攻击葛斯比号是因为那个指挥官的非法行动——未能向州长出示委任状，并且无视地方法官。布朗和霍普金斯唯一承认的法律就是他们自己的法律，是由他们的地方议会和法院制定的。在他们看来，赋予海军权威的英国法律在罗得岛是不好使的。

　　对英国方面来说，他们从未遇到过"葛斯比事件"这样的事。在英国国内，他们对暴乱习以为常，他们记得1745年詹姆士二世党人的叛乱，还有爱尔兰频繁的小暴动。但除了1745年的那次暴乱非常特殊，其余的事件都是绝望而混乱的，完全不像发生在纳姆奎特的这次事件。

　　这是一种全新的组合。布朗将全新且强有力的元素混合在了一起：简单明了的想法；经济方面的申述与不平；以及对海军所在殖民系统的巨大愤怒。再加上点别的：普罗维登斯彪悍的民风。七年前，在纽约爆发的反对印花税的暴乱中，一群人即将围攻军队总部之时，协议达成了，人群退去。约翰·布朗和突袭者们的行动方式没有为妥协留下任何余地。和波士顿倾茶事件一样，他们袭击船只，表明的是一种彻底背弃的姿态：完全拒绝大英帝国的统治。

离得最近的皇家官员对此是毫无疑问的。来自马萨诸塞州的州长托马斯·哈钦森，向他在伦敦的上级发出警告：起义的火焰将会不可避免地烧到波士顿。刚刚伤愈的海关官员查尔斯·达德利，给海军上将写了封长信，称袭击为"这黑色的丑闻"，是经过冷静策划的阴谋。蒙塔古完全同意这样的说法。6月10日傍晚，当葛斯比号的候补军官前来报告船只被毁的消息时，这位海军上将就迅速起草了一份急件发往英格兰。

要是英国政府还像个政府的样子，就该对如此极端的事件给出坚定的官方回应，甚至也许，该重新评价一下他们对北美殖民地的管理方式。这是最恶劣的叛国行径，犯下这等罪行的人拥有财富和地位，本应是社会的中流砥柱。从帝国的角度来看，新英格兰需要彻底的改革这一点应该是清楚的，但是时机不对。五周后，海军上将的急件漂洋过海来到伦敦①，但这里的政客们正在努力应对另一场危机。

7月份通常是政府"休眠"的时候，这时候的议会结束了年度会议，进入休会期。但在1772年，它的美梦却被来自四面八方的坏消息给搅扰了。来自欧洲的信件带来了革命和动荡的消息，这可能导致另一场与法国的战争。在国内，玉米价格再次飞涨，造成了振荡和骚乱。用詹姆斯·博斯韦尔的话说，在苏格兰目瞪口呆地看着这一切，这是"困惑、失望和痛苦的"一年。最糟糕的是，金融市场在那一年的夏天崩溃了，造成了自南海泡沫事件以来最大的恐慌。

---

①　从西向东穿越大西洋，正常的旅行时间是五个星期，而从东向西的返程通常只要三周多的时间。这其中的原因是盛行风和洋流的作用。不过这只是平均的数字，船只往往会受到坏天气的影响而在海上耽搁很久。相反，如果遇到特别好的天气，从美国到英格兰不用四周就能到。

第三章

破产年代

每一天都会传来有人自杀的消息。

—— 一位弗吉尼亚烟草商人，从英格兰写给
家里的信，1772年夏天

不知是巧合还是命运的安排，金融崩溃开始的那天正是葛斯比号被毁的那天。6月10日早上，当葛斯比号被大火渐渐吞噬的时候，伦敦一家合伙银行下的多家分行没能开门营业。这家银行叫作"尼尔、詹姆斯、弗迪斯和唐"，而它的破产成了无人不晓的丑闻。

这家银行看似足够安全，在针线街紧挨着英国央行的地方还新开了一处装潢考究的营业厅，但是几周以来，知道内情的那些人，一直在心里嘀咕着它的困境。虽然三位合伙人都是传统的银行家——诚实、沉闷、很容易受骗——第四位合伙人却是位股市交易员，名叫亚历山大·弗迪斯。他的名字已经成了高利贷的代

名词。他也是苏格兰人，个子很高，举止文雅；他在梅菲尔和郊区各有一处宅邸。43岁的弗迪斯被他同时代的人称为"伦敦最大的投机客"。那天早上，当这座城市的人醒来时，他已经不见了，留下了50万英镑的债务。

从圣诞节开始，他的银行就在一步步地走向灭亡，因为他对市场下的每一个赌注都严重失误。他的合伙人紧张地盯着他们日渐减少的资产，而弗迪斯私下做了一个账本，被称为5号废账本，用它隐瞒了他的交易细节。绝望中的他，孤掷一注，把他们剩下的一切都押到了一项看似稳赚不赔的投资上。

当时，满城都是关于东印度公司的传言，说它在印度背负了堆积如山的债务，还有大量的茶叶卖不出去，迟早有一天它的股价会暴跌。所以弗迪斯做了任何交易员都会做的事情。在春天的时候，他卖出了东印度公司的股票，押注股价将会下跌，但几周过去了，股价只是小幅波动，而后就开始上升。到了6月初，他已走到了山穷水尽的地步，经纪人都向他追讨现金去补仓。弗迪斯四处奔走，徒劳地寻找救兵，直到9号的傍晚，他知道一切都完了。最后，他与记账员借着烛光，绝望地凝视着账本；然后，在凌晨，他开车回到萨里郡罗汉普顿的豪宅，那里，他迷人的妻子正在招待宾客。

马德拉白葡萄酒让他两眼血红，弗迪斯大声叫嚷着，对桌上的食物一通狼吞虎咽，并喝掉了他最好的香槟。他给仆人们倒上勃艮第葡萄酒，来为他的健康干杯。之后他就赶紧跑路了，找机会偷偷渡过英吉利海峡。"猛然一击，泡沫就破灭了"，一位客户回忆道，"充满了毁灭的投机已告失败，亚历山大·弗迪斯就是个破产者和乞丐。"

如若这是一个孤立事件，仅仅是一个无赖欺诈的个案，那么他的名字很快就会被遗忘。但是，当弗迪斯银行倒下的时候，跟它一起倒下的还有首都的十家银行，外加苏格兰的九家银行。弗迪斯消失后的12天，破产的狂潮几乎席卷了伦敦的所有银行。几个月后，危机蔓延到了荷兰，然后到达了大洋彼岸的美国。罗得岛的布朗家族最后只剩下了一堆废纸一样的借据，这些借据都来自阿姆斯特丹。最危险的是，这场危机还差点打垮了东印度公司。

撇开这场危机带来的动荡和苦难，人们热衷于谈论弗迪斯事件，因为它似乎很好地反映了他们所生活的那个年代。弗迪斯出事不久后，塞缪尔·富特以他为原型创作了一部喜剧《破产者》。这是"一个破产的年代"，作者说，像弗迪斯一样的人展露出他们最丑恶的嘴脸。自私、堕落，一心想着往上爬，弗迪斯下了最高的赌注，并失去了所有，但是还有更多像他一样的人，只是没有他那么出名而已。

"我们已经变成了一个投机赌博的国家"，诺斯勋爵于1774年在下议院核准一项新彩票时说道。这是他最精辟的评论之一。在这样的一个时代里，连他自己同父异母的兄弟——英格兰教会的主教也不得不搬去意大利，因为他妻子奢侈的生活和赌债让他们夫妻几近破产。英国人总是喜欢冒险，赌博是个古老的恶习，但就在殖民地危机之前的几年里，英国人对机会和风险产生了新嗜好。他们以前所未有的规模借钱押注。牌桌上、赛马场和金融世界里，赌博成了一种生活方式。财政部里放置着的彩票转轮正是这种生活方式最好的象征，这个转轮直径六英尺，木制，俯瞰着政府的白厅。

美国人写到这段历史时，有时会把他们的宗主国描绘成一个破旧、疲倦和过时的地方，有着强大的海军但经济却停滞不前。但事实并非如此。正如殖民地有像布朗家族那样活力四射的人，英国也一样，而且还更多。英国人远非精力枯竭或懒惰。恰恰相反，这是一个精力充沛且不计后果的民族，渴望探索每一个赚钱的机会。

大约在1760年，不列颠群岛经济的脉搏突然开始加速。以后见之明，我们比任何18世纪的人都更能看清楚这其中的缘由。新道路、新矿山和新运河，还有大量的专利和新发明的申请：我们可以列个单子、画个图表，来显示随着工业革命的开始，这个国家是如何开始彻底地改变的。但在当时，虽然人们能感觉到有新的事物出现，但他们会觉得奇怪或感到不安，他们发现这个过程很难量化，说不准到底是好是坏。疯狂的投机与合理的长线投资之间似乎并没有明确的界线。

在一些人看来，如爱德华·吉本，英国似乎是进步的灯塔，引领世界走向未来。有伯明翰出产的坛坛罐罐，还有铜底船只，这个王国有许多值得骄傲的地方。它有珍妮纺纱机、运河，还有能够打造优质机器的工程师；它有詹姆斯·瓦特和他的蒸汽机；有约西亚·韦奇伍德和他远销俄罗斯的陶瓷；有爱好天文学、各种工具和每一项新技术的国王，让他的国土更加富饶。但从另一个角度来看，这个国家似乎正面临着衰退的危险。

沉迷于奢侈、赌博和借债，英国就像是一个顽固而贪婪的人。根据詹姆斯·鲍斯威尔的说法，1772年的金融崩溃源于人性的弱点。他说经济危机起源于富足，起源于轻率，起源于"想要一夜暴富的欲望"。这种长篇大论往往出现在这种年代，鲍斯威尔这样的作家喜欢批判奢侈正如他们自己喜欢花钱一样。不过他的经济观点是被普遍接受的，尤其是在美国；英国的投机习惯在其与殖民地的分裂中也起到了作用。

首先是态度和看法的问题。独立战争前的几年是一个逐渐疏远的过程，即使是喜欢宗主国的美国人也开始对它的运作方式失去耐心。银行业危机爆发后，消息只用了六周就传到了弗吉尼亚州，那里的烟草种植户都要依靠伦敦和格拉斯哥的贷款。在接下来将近一年的时间里，信贷流动枯竭。虽然信贷枯竭对他们业务的影响只是暂时的，但它加深了他们对帝国的愤怒。从英格兰回来的美国游客，给殖民地带回了更多有关浮华和违约的故事。《弗吉尼亚公报》对亚历山大·弗迪斯做了长篇报道，读者们得出了他们自己的结论。他们认为英国已成明日黄花，是衰败和不可靠的。在这里，我们可以看到新、老世界之间的文化分歧，就像皇家海军与罗得岛之间的分歧那样深刻。

其次，银行破产及其后果让英国的政治体系无力应付。自打成为第一个工业化的国家以来，英国的情况变得更加不稳定，也更加难以预测。无论是银行挤兑还是上涨的面包价格，每年都有一些新的问题出现，困扰着国王和他的内阁。所见之处，到处都是变化的迹象，但此时的经济理论尚处于起步阶段，他们无法找出一个模式来，或解释一件事与另一件事之间的联系。当他们遭遇危机，如银行破产，他们唯一能做的就是拼凑出一个解决方案，对其将产生的副作用只有最模糊的概念。

在大西洋的另一端，他们的政策带来了意想不到的灾难性后果。所有这一切背后的基本事实是：一个全新的、城市化和工业化的英国正在形成，它比旧英国更加让人难以理解，也更不稳定。正当英国政府试图控制自己复杂难懂的国家时，诺斯勋爵和他的朋友们让美国溜走了。

辉煌与壮丽

英国人喜欢漫画艺术。要是给18世纪70年代的英国画幅漫画，我们可以从许多不同的角度入手，因为英国是如此多面。英国一直在纺纱和制造机器的数量上领先，虽然在1760年之后还有加速，但这种新经济依然弱小，不能主宰经济整体。而一位漫画家，要是纯粹从狭隘的统计数字来看这个国家，就可能会把它描绘成一架古老的马车，拉着一车旧行李在艰难跋涉。

虽然难以做出评估，但是最多的证据表明，尽管英国已成为一个全民皆商的国家，但其财富的增加却非常缓慢。整个国家的国内生产总值增长缓慢，每年增长不足1%。多达2/5的人口仍然靠土地谋生，从事农业或与农业相关的交易，或者做家庭佣工。他们的产出10年都不会有大的变化。由于荒地或沼泽的开垦，以及从荷兰复制过来的新的农耕方法，一个多世纪以来，土地的收益率稳步上升。但是，1740年之后的30年里，农村经济停滞不前，有的地方甚至还出现了萎缩。因为农业在英国经济中的比重仍然很大，如果农业产出不增长，整个王国也无法快速地发展。

但这只是故事的一部分，如果我们就此得出结论，就会画出一幅对英国的歪曲漫画。没有人把这个国家比作一匹灰色的老母马。相反，观察人士经常看到一些截然不同的东西：一个经济失衡的国家，贫富差距日渐加深，老百姓普遍贫困，富人的口袋则快速地鼓了起来。无论农村有多么萧条，来访者可以在伦敦和许多其他城镇找到全欧洲收入最高的工人，和随处可见的奢华消费方式。这些迹象都说明了经济正在起飞。在美国危机发生前的十年里，某些增长快速的行业让一小部分人赚到了大笔的财富。

最激动人心的增长出现在对殖民地或亚洲的进口贸易中。茶叶贸易如日中天，从马里兰和弗吉尼亚进口的烟草在美国革命前夕也达到了新高峰，进口量在30年间翻了一倍。同样快速增长的还有加勒比的砂糖，进口量比18世纪60年代初增长了30%。但正是因为这些领域的生意如此好做，外人很难，或者说是几乎不可能加入。拿烟草贸易来说，格拉斯哥和伦敦的一个紧密的商人小圈子就锁定了大部分的进口生意。至于蔗糖，英属西印度群岛已被开垦的土地——巴巴多斯、牙买加、尼维斯和安提瓜岛——土地价格高得让后来者望而却步。一般而言，茶叶贸易应另当别论——任何人拿钱都可以买到东印度公司的股票或竞购茶叶——但是正如我们所见，这项业务实际上被另一个小集团紧紧控制着。因此，在大多数情况下，野心勃勃的投机者就不得不到别处去寻找机会。

一部分人希望从最新的科技进步中获利。在这方面，这一时期有两位杰出的代表：陶艺家约西亚·韦奇伍德和他的朋友也是邻居——来自伯明翰的工厂主和工程师马修·博尔顿，他出资赞助了詹姆斯·瓦特。他们漫长的职业生涯不是三言两语就能概括的，但是，我们可以简单地说他们是设计、营销和大规模生产技术的创新者，他们让普通消费者也能买得起高质量的产品。但他们也是万里无一的。

博尔顿和韦奇伍德都正值盛年，他们的名字经常出现在报纸上，但这两人却鲜有效仿者，也算不上最富有的大亨。最有钱的商人并非工业先驱，而是投机商人：那些做票据资产或房地产的人。大宗商品贸易获得爆炸性增长的同时，利率的下降和急于放贷的银行家们催生了金融行业的繁荣。自对法战争后，到1772年，这种繁荣已有近十年。与法国的冲突不仅在美国留下损伤，也给英国国内留下了后遗症。当然，七年战争消耗了大量国力，也导致税率上升，但它在经济方面带来的损伤远远不只是剧增的国债。

问题出在赢得这场战争的方式上。英国本可以靠着海军取胜，这是相对花费少而划算的，但英国同时在欧洲派出了地面部队。1761年，英国有10万地面部队在德国，军队的补给匮乏并且昂贵，年度预算达到了近1000万英镑，是海军舰队开销的两倍。战争为食品、饲料、弹药的供应商以及军事承包商带来了巨大的供应合同，像乔治·科尔布鲁克爵士这样的人从中狠狠赚了一笔。同样大发其财的还有英国和荷兰的银行家们，他们采购政府需要的金条或承销政府发行的债券。

1763年战争结束时，合同解除，债券停止发行，但其影响并未消除。如此巨大的军事预算支出，让政府把资金放到了供应商的手里，而这些供应商本身要么是银行家，要么在《巴黎条约》签署后就迅速转向了金融投资行业。要用手中的财富进行再投资，他们创建了一种新型的私人银行，不仅放贷，还积极参与大宗商品和股票交易。

10年之间，伦敦私人银行的数量增加了一倍以上，达到50家，其中就包括被弗迪斯搞垮的那家。同样的情形也出现在苏格兰，因为军事合同或蔗糖、烟草贸易而发了财的那些人在苏格兰新开了10多家银行。英法战争之前，英格兰郡只有10家农村银行；到了18世纪60年代，这个数字开始飙升，在60年代末达到了近100家银行。

到了1770年，信贷变得很容易，而且便宜。经过七年的太平日子，政府几乎没有借债的需求，因此民间资本就大量地流向了像弗迪斯那样的投机者。弗迪斯的生涯代表了他所在的那个时期，这不仅是因为他起家和败落的方式，还在于他的所作所为背后的动机。他是亚伯丁市长或教务长的儿子，他的家里人才辈出，几位兄弟都在医学和教会领域崭露头角，但弗迪斯希望超越他们，加入贵族的行列。

据他的弟妹说，弗迪斯渴望成为"全英格兰最富有的平民"。在他消失后，人们说起了他对贵族血统的执着——一定要娶到一个贵族。据说"他非贵族不娶"，这是一个势利和投机的时代。因为他职业生涯的起步只是伦敦一家银行的小职员，弗迪斯一直等到40岁才找到了合适的对象：一位苏格兰伯爵的女儿。她非常年轻、非常漂亮。她的丈夫确保她的照片在首都的每一个打印店里都可以被看到。

弗迪斯这样的人古已有之，只是在乔治三世的统治时期，这样的人找到了更多向上爬的新路子。在巴黎和谈期间，弗迪斯和乔治·科尔布鲁克爵士一样，从政府债券的内幕交易中大赚了一笔。这在当时是常见的做法，正如科尔布鲁克所说，"每位内阁成员都会向特定的关系户和朋友透露消息"。1766年，东印度公司的收益达到了一个新高度，弗迪斯凭借买卖它的股票又赚了一笔。

他很少直接买卖股票。弗迪斯操作的是隐秘的衍生工具，由经纪人创建的隐秘风险联合信托只有少数专业人士可以看穿。他通过"差价合约"向市场押注，这是一种18世纪在伦敦和阿姆斯特丹就在使用的交易工具，用杠杆放大票据资产或商品价格的小幅波动来获取高额收益。这也就是为何当他以空头方式卖出东印度公司的股票，而股价却未能如期下降时，他会亏掉那么多的原因。为了给他的操作提供足够的资金，弗迪斯在英国和荷兰编织了一个银行家的关系网。其中最大的是一家阿姆斯特丹的银行，叫作"希望与陪伴"，这家银行资助战争、走私茶叶、经营着加勒比海的奴隶种植园，并自诩高尚。"希望与陪伴"为弗迪斯提供长期信贷，并代表他谨慎地操作。

这位来自亚伯丁的交易员就像是一颗定时炸弹，但若非系统本身就已经非常脆弱，他的退场本不该造成这样大的灾难。事件的影响如此严重，是因为还有很多人也参与了同样的借债和投机活动，并且交易的不仅仅是债券，还有固定资产。房地产的兴起为1772年的银行破产完成了最后一块拼图。

过去，新富起来的人只是在英格兰买块田产，这是最安全的投资也是社会地位的象征。但是随着时间的推移，麦浪翻滚的田地变得不再那么有吸引力。一直以来，农村土地的价格不断上涨，终于透支了未来的获利空间。对英格兰的郡县感到了厌倦的创业者们，把目光投向了更远的地方。

在苏格兰，农民仍然在用落后的木犁耕种燕麦。那里地租很低，土地价格也非常便宜。事实上，在18世纪60年代末，如此低的地价吸引了英格兰的投资者越过分界，买下了成千上万英亩的荒野和沼泽。他们对这些荒地进行改良：围上栅栏，挖出水渠并铺撒石灰。投资者们会向新苏格兰一家工业银行"道格拉斯与赫伦"融资，这家银行于1769年在埃尔成立。对该地区进行改造的计划包括新建道路、制造厂，修挖运河，建亚麻工厂。为推进计划，还招募了当地贵族作为赞助人。如果投资人对农村不感兴趣，他们还可以选择爱丁堡的地产项目，此时该城的银行精英正在打造优雅的爱丁堡新城。

又或者投资者们要是喜欢更温暖的气候，他们可以在西印度群岛找到新的前景。旧有的英国殖民地已经被占满，但是作为《巴黎条约》的一部分，法国被迫交出了牙买加南部的向风群岛。为了偿还债务，英国政府将这些岛上的土地出售给了一群急切的买家。炒家们赶到格林纳达、多巴哥和多米尼加，用在伦敦或荷兰公司借来的钱购买地产和奴隶，这其中的借贷公司就包括"希望与陪伴"银行。

在苏格兰和殖民地的投资就是这么多；但如果你想找到最具风险的投资，就要去伦敦的西区看看。当抵押贷款的利率降到了4%以下，这座城市掀起了一场空前的建筑热潮。今天的泰晤士河边仍可看到它留下的痕迹，从克雷文街本杰明·富兰克林的住所走出5分钟，在萨伏伊酒店附近，河岸上一排台阶通向一座高高的砖砌建筑，这座建筑带有明显的乔治王时代的风格。雕饰带、三角墙和壁柱，这座带有怀古设计的房子位于罗伯特街3号，它的建造者是苏格兰建筑师罗伯特·亚当。他设计这样的建筑既是为了复古，更是为了赚上一大笔钱。

历史学家们通常会到诗歌或小说中去捕捉那个时代的氛围，但这种对书面文本的强调可能是有误导性的。虽然富豪和政治精英们也都受过高等教育，但是比起文学来，他们更感兴趣的是宅院、绘画、陶器和派对；而他们最喜欢的文学形式是戏剧表演，吸引他们的是视觉艺术和演员们的台

1772年左右的泰晤士河风貌，罗伯特·亚当的阿德尔菲在建项目位于图片右边。图片是威廉·霍奇的画作。图片中的背景是威斯敏斯特教堂。（耶鲁大学英国艺术中心）

词。作为他们时尚的仲裁者，罗伯特·亚当和他的兄弟们给精英们带来了一些特别令人兴奋并且具体有形的东西。有三位内阁部长都住在他建造的房子里，还有诺斯勋爵的妹妹也住在他的作品中。亚当对那个时代文化的定义是文字永远无法达到的。

　　罗伯特大街上的阿德尔菲，这座沿河建造的住宅综合体，正是他最大胆的投机。任何人看到这些设计都会明白亚当试图实现的是什么目标：复兴古罗马的魅力。包括塞缪尔·约翰逊在内的一些人认为他的作品太过华丽和耀眼，但是亚当的客户却喜欢里面的每一个大理石壁炉和每一堵金粉刷就的墙壁。他引领的这场运动还有一个宣言，由他的朋友土木工程师约翰·格温撰写。这份宣言中道出了它吸引人的秘诀。"现在的英国人正如旧时的罗马人，拥有卓著的权力和财富"，他写道，"我们的智慧受人尊敬，我们的法律让人羡慕，我们的领土覆盖了全球很大的一部分。让我们不再忽视享受我们的优越；让我们利用起我们的财富……来提升优雅。"为确保奢华，格温谈到要重建首都，将过去的碎片一扫而光。伦敦市民可以分享他所说的"富丽堂皇的公共场所"，他们白天的生活将充满美景。为了说明这一点，他还在书中插入了泰晤士河堤岸的图片，精美的阶梯和柱廊取代了肮脏的烂泥，这些建筑的壮丽程度和耐久性都超过了罗马的相应建筑。

英国的政客们学生时代都在学习古罗马的经典著作，因此当罗伯特·亚当请求开发沿河两岸的时候，阿德尔菲项目立刻获得了批准。有什么能比奥古斯都的风格更好地美化这座城市？亚当沿着通向斯特兰德大街的斜坡上建造了70座房子，房子下面的酒窖完全仿制了戴克里先宫殿的底下拱室。1772年春，这些房子即将完工之时，一位很有威望的客户最先到来了：大卫·盖瑞克，那个时代最红的男演员。早餐时间，在环绕着贺加斯画作的客厅里，盖瑞克可以一边接待客人，一边背诵莎士比亚，而客人们对眼前的景象赞不绝口。这正是罗伯特·亚当想要努力创造出的效果。

这一切都非常宏大，但遗憾的是阿德尔菲建在了一个脆弱的信用金字塔的顶端。为了给项目融资，亚当兄弟去找了新成立的私人银行，而且主要是他们家乡的私人银行。那些新苏格兰银行规模小，资金少，但这些银行通过向伦敦更大的银行支借庞大债务来筹集到罗伯特·亚当所需要的钱。亚当兄弟总共筹集了20万英镑，这些钱同样也被他们存在了一些小型的苏格兰公司里，这其中就包括约翰·弗迪斯的一个公司，他和来自亚伯丁的那位骗子是同族的亲戚。破产即将发生，而罗伯特·亚当将成为最著名的受害者，阿德尔菲也成了英国投机热的另一个象征。

1772年的崩盘

它的到来并非全无征兆。乔治三世是个关注时事的人，每天阅览《民众报》，早在4月份，国王本应看到那条关于危机的预言。文章的作者说，灾难即将到来，因为"大范围被无底线滥用的信贷将产生致命的后果"。

《民众报》指出，快速的放贷节奏远远超出了谨慎的边界，并指责英国央行保持低利率，以及为其他银行提供基金的做法。这份报纸说得没错，其实私下里，英国央行也得出了同样的结论。就在同一周，另一位消息灵通的记者披露，英国央行正在悄悄地停止向资助阿德尔菲项目的苏格兰人，以及像希望与陪伴银行那样与亚历山大·弗迪斯关系密切的荷兰公司发放新的贷款。

有一家公司比任何其他公司都让当局感到担心：埃尔一家名为"道格拉斯与赫伦"的银行。它从伦敦的银行家手中借钱，并将钱放贷到北部边境，凭此业务，在短短三年内，这家银行的规模已超越了所有竞争对手。它的债权人里就包括东印度公司的乔治·科尔布鲁克爵士。在一定程度上，道格拉斯与赫伦银行推动了进步，在苏格兰西南部留下了永久的标志：新港口、新公路和街边成排的给亚麻纺织工人居住的白色小屋。但是这家银行的董事们却是鲁莽而激进的，甚至到了不择手段进行欺诈的地步，之后的一份官方调查称，在这家银行的运作中"滥用和不规范达到了极致"。调查还说，这家银行一半以上的贷款都是可疑的，没有担保，并且都是发放给合作伙伴或是他们的朋友的。

用一位满怀敌意的观察员的话说，埃尔银行为"一窝蜂的黑色项目"做了融资，不仅是阿德尔菲项目，还包括以市场最高价买入的格林纳达奴隶种植园。显然，银行从未直接把钱贷给亚历山大·弗迪斯，但即便如此，道格拉斯与赫伦银行仍是造成弗迪斯事件灾难性后果的部分原因。当弗迪斯跑路的时候，埃尔银行在首都的巨额债务都将在10周内到期。埃尔银行在这场危机中注定会倒下，并随之带倒了许多其他银行。

6月10日，星期三，当弗迪斯跑路的消息刚传出来的时候，伦敦城还是相对镇定的。如大家所料，英国央行出手干预，慷慨地向任何遭遇危机的银行家放贷。但苏格兰的反应却截然不同。周五晚些时候，有人骑着快马将消息带到了爱丁堡，周一一早苏格兰的银行纷纷开始倒闭。

约翰·弗迪斯是第一张倒下的多米诺骨牌。他的银行代表政府持有苏格兰的土地税收益；当局担心这笔钱可能会拿不回来，所以他们去法院申请债务的即时支付。这个消息一传出来，市民们慌忙前往银行去提取存款。弗迪斯银行锁上了它的大门，一场挤兑潮开始在全城的每家银行上演。在铺着鹅卵石的卡农盖特街上，人群聚集在道格拉斯与赫伦银行的门外，要求取回存款金。在一个星期左右的时间里，管理部门只是设法搪塞，指责是"愚蠢或不怀好意的人"在传播谣言。但恐慌仍在继续。又有五家银行倒下了，道格拉斯与赫伦银行狂乱地想从伦敦寻找帮助，但是另一场风暴即将在伦敦爆发。

尽管英国央行尽了最大的努力，伦敦这座城市正在迅速地丧失勇气。在接下来的周末，出现了第一例自杀的人，是一位来自郊区的交易员，他割开了自己的喉咙，而当时他的妻子正平静地睡在他身边。他的妻子听到了他喉咙呛出的声音而醒来，发现他们的枕头已经被他的血湿透了。两天后，6月22日，周一，人们开始恐慌。就在那一天，有人在多佛看见了亚历山大·弗迪斯，他登上了去法国的船；这个恶棍逃走了，而储户们正在围攻伦敦的每一家银行。到了上午10点，一家银行已被捣毁。至少有18名受到惊吓的银行合伙人抱团聚到了英国央行。在接下来的三天，央行借给了他们将近100万英镑，但这并不能阻止随之而来的经济衰退。

数百名工匠像往常一样来到阿德尔菲上工，全然不知罗伯特·亚当已经没钱支付他们的工资了。"当这一消息被宣布后，他们都沉默了，一言不发地从墙上爬了下来"，报纸报道，"他们集体在大街上站了好一会儿，最终一个接一个地走开了，带着他们对雇主命运的哀叹"。项目终止了。资本信用整体消失，商人对任何光顾的客人都要求现金支付。据说连国王乔治三世都慌忙收回他在斯特兰德大街银行里所有的钱。当然，这件事是子虚乌有的，但真实的危难却将众多弱者吞噬。据报道，截至周末，已有20家企业倒闭，随之而来的是更多自杀的消息，有用剃须刀自杀的，有拔枪自杀的，还有跳楼的。

两周过后，平静才开始恢复。英国央行继续投放贷款，而苏格兰的危机最终也出现了两位救世主，他们都是拥有财产和地位的苏格兰人，对他们来说，道格拉斯与赫伦银行的命运关乎声誉，就像是一场被挑起的决斗，是必须要接受的。为银行填补缺口的是年轻的巴克卢公爵和他的表哥昆斯伯里公爵，这二人名下的地产横跨索尔维和克莱德。他们也是这家银行的创始人之一，他们的印章成为道格拉斯与赫伦银行迅速扩张的推手。对拯救埃尔银行感到义不容辞的二人，承诺将他们的土地作为抵押品，向英格兰银行筹措了一笔紧急贷款，暂时救活了公司。到了第二年，情况并没有改善，道格拉斯与赫伦银行不得不关闭，不过这样的倒闭也总算走了程序。等到18世纪90年代，这家银行几乎已经偿还了所有的欠债，虽然大多数债权人根本等不到那么久就已破产。

在这场危机中，东印度公司显然是毫发无损地幸存了下来，因为它在英国央行有自己的信用额度，并且距离下一次茶叶拍卖还有好几个月。但这个国家的其余部分却陷入了深度的衰退，并一直持续到1773年的春天。更多的企业倒闭了，成千上万的工人失去了生计。亚麻产量暴跌，煤和毛织品的需求量急剧下降，正在开凿的新运河也停在了一半。詹姆斯·瓦特完善新蒸汽机的进程也一度中断，因为银行的破产导致马修·博尔顿失去了用于支持该项目的资金。在伦敦，罗伯特·亚当不得不通过彩票抽奖的方式，来为阿德尔菲项目募集资金，而奖品是该项目中最好的五幢房子。

发生的这一切都被来访的美国人看在眼里，他们立即给家里写信告知这些消息。"若要将那众多的灾难和陷入赤贫的家庭一一描述，我能写出一卷书来"，一位生活在英国，经销烟草的弗吉尼亚年轻人写道。但在伦敦的所有美国人中，有一个人对这场灾难的评价具有特别的影响，并且十分中肯：这个人不是本杰明·富兰克林，他对此只是耸了耸肩——到目前为止，他对英国的混乱和管理不善并不感到意外——这人是富兰克林的朋友，亨利·马钱特，罗得岛的司法部长。他被派来解决罗得岛与宗主国的争端。

虽然他的这项任务失败了，但马钱特四处周游，并将他看到的一切仔细记录了下来。虽然从未发表，且鲜为人知，但他的这些日记或许是美国人在独立战争前夕对宗主国最好的记录。与其他逗留在伦敦的访客不同，马钱特这位31岁的年轻人，游历了这个国家的其他地区，他参观学校和监狱，探访煤矿矿井，还和棉纱工们聊天。他与富兰克林一道去了苏格兰的卡伦铁厂，并惊叹于这个时代的奇迹。回到首都，他去拜见了大卫·盖瑞克，后者把他带到德鲁里巷，邀请他和众人共进早餐。

马钱特所见到的事物无不令他钦佩，但同时也令他感到了震惊。他与政府官员、政客和商人们的会面令他深感不安，他看到这个国家出了问题。他认为英国贪婪、自大、行动莽撞，而银行危机的爆发似乎证明了他的看法。6月22日当天，他在伦敦目睹了城内的恐慌。和詹姆斯·鲍斯威尔一样，他把危机归咎于道德的滑坡。马钱特说，危机的降临是因为"这个时代的奢靡和荒唐；是票据信用的疯狂，和房地产的假象"。他相信，对于整个英国权力的崩溃，这只是个开始。

四周后，葛斯比号被毁的消息传到了伦敦。在针线街弗迪斯银行一带的美国人，会到新英格兰咖啡馆碰面，在那里交易鲸油，租船，或领取信件。当7月17日，英国船被烧毁的消息传来时，马钱特，这位罗得岛来的律师，就在店内。他被这条消息吓坏了——说这次突袭是"一次疯狂和愚蠢的行动"——亨利·马钱特带着一种不祥的预感启程返回殖民地。

首先，报纸上对"葛斯比事件"的报道只有几行字，并错误地说达斯丁顿死了。但当局知道真相：他们接到了海军上将的信。11天后，这封信到了英国方面，而接到信的这个人正是美国革命这场剧中的主角。他就是政府领导人，英国第一财政大臣，弗雷德里克·诺斯勋爵。

此时从政已近20年的诺斯勋爵，在仕途上正是志得意满。凭借他的聪明有趣，无论敌友都对他十分敬重和钦佩。几周前，国王乔治三世刚刚授予他"嘉德勋位爵士"的头衔，这是英国勋位最高的爵士。然而，他的威望和显露在外的自信并未能消除他私底下自我怀疑的痛苦。这个王国有太多的理由让他感到烦躁。

第四章

诺斯勋爵的苦恼

我一直希望能获准离开这个我无法胜任的职位。

——诺斯勋爵于1772年5月写给他父亲的信

　　虽然这年的冬天漫长而又黯淡，但是初夏的几周天气却好得出奇，几乎从弗迪斯消失的那一刻开始，就开始艳阳高照，好像是在庆祝他的垮台。一直到7月底的近两个月间，天空中几乎没有出现一片云彩。

　　在伦敦城西一个叫作灌木公园的地方，诺斯勋爵被授权使用那里的一幢乡间别墅，这是仁慈的国王对他的又一赏赐。每年到了这个时候，诺斯已经结束了威斯敏斯特几个月的艰苦工作，常常是筋疲力尽。作为一种放松的方式，他会在这里搭建一块玩九柱戏的场地，和从伊顿公学放假回家的孩子们一起玩。在这晴朗的天气里，他会回顾一下议会的会议，会议虽然开得很长，却令人非常满意。

乔治三世有充分的理由来奖赏他的首相。早在两年前，诺斯刚上任时，观察家们并不看好他能坐住这个位置。当时英国的政界正遇到了一个大麻烦。在1768年和1769年四次不同的选举中，米德尔塞克斯郡的选民们都选举了激进的约翰·威尔克斯作为他们在下议院的代表。而每一次，国王和他的部长们都不得不使用他们在下议院的多数席位，来制止威尔克斯就职，理由是威尔克斯是个罪犯，他曾因两项煽动诽谤罪的指控而被关进王座法庭监狱。

但是，下议院每把威尔克斯逐出一次，就会有更多的民意倒向威尔克斯，威斯敏斯特政府正在失去人心。诺斯勋爵要想留任，就必须一次性地彻底解决这个问题。让所有人都没想到的是，他竟然做到了。诺斯是位精明的谋士，他在下议院赢得了具有决定性的选民团体，他们是自诩独立行事的英格兰郡乡绅。有了他们的支持，诺斯勋爵击败了约翰·威尔克斯的支持者，并进一步组建了一个看似强大而稳固的行政机构。这件事，还有许多其他的事，都让国王对他感激不尽。

一直到1772年的年中，诺斯似乎是无往不胜的。当年3月，他在议会中力排众议，确保了皇家婚姻法案的通过。这项有争议的法案直到今天仍然有效：皇室子女的婚事必须先获得君主的同意。在议会辩论环节中，他的得票曾一度下降到只有18票。尽管如此，他还是赢得了斗争，也再次获得了国王的感谢。

之后，在这一年的春天，诺斯胜利通过了一年一度的考验——向下议院展示年度预算。这已是他连续第六年实现财务结余，并且这一次的结余超过了100万英镑。甚至连普鲁士的国王都会提到诺斯的财务管理能力；腓特烈大帝向来鄙视英国人，认为英国人表里不一、傲慢并且不可救药地缺乏严谨，因此来自他的赞美是不含任何水分的。

就这样，40岁的诺斯勋爵已经志得意满，站上了人生的巅峰。他有六个孩子、众多亲密的朋友还有他深爱的妻子，他得到了他这个年龄可以拥有的一切。唯一的缺憾是钱。他的父亲在牛津郡一个叫沃克斯顿的地方有处不错的房产，但他大部分的财产都为远房亲戚做了抵押或信托，留在手头用于开销的现金非常少。这样的窘境在当时的贵族中是很普遍的，只是诺斯的智慧和魅力掩盖了这一点。在伊顿公学求学时，他出色的拉丁文在班上名列榜首。成年后，虽然身背债务，他却获得了慷慨的名声。当一位邻居陷入困境时，诺斯在街上相遇就给了他5个基尼①。诺斯勋爵的仆人在楼下吃着牛肉和牡蛎，而坐在主客厅里的诺斯，用爱德华·吉本的话说，"是整个王国最好的同事之一"。

他甚至把自己奇特的外表也利用得恰到好处。诺斯体态浑圆，甚至可以说是臃肿，笨手笨脚，并且经常是衣冠不整。因为近视，他几乎看不清站在辩论厅另一端的对手。他的嘴唇很厚，说起话来还有些大舌头。他的眼睛有一种令人不安的习惯，眼珠子总是在转悠。但是诺斯把他每一样特点都变成了一种美德，自嘲加上机敏提高了他在议会的声望。一天晚上，一个陌生人在聚会上指着一位女士问道："那个丑陋的女人是谁啊？""她是我的妻子，"诺斯勋爵答道，"我们被认为是全伦敦最丑的一对夫妇。"既然诺斯夫人也同样崇拜着她的丈夫，我们完全可以假定诺斯夫人并不介意她的丈夫这样说。

至于他的声音，深沉响亮，并不悦耳。他说话带着"一种狂风暴雨式的演说腔调"，一位议员这样评论他。但是如果需要，诺斯可以横扫一切，他有一种罕见的能力，总能够适时一击，将对手打垮。在一次重要的场合，一名反对党的讲话冗长而乏味，这人忽然指出诺斯勋爵睡着了。而诺斯阁下睁开了一只眼睛说道，"我还真希望自己是睡着的。"

怀有敌意的评论家指责诺斯只是依赖妙语和笑话，实则言之无物。但在他执政的早期，诺斯充沛的精力就是他巨大的优势。在那个时代，他的许多竞争对手都因为酒精、痛风或是滥交而成了废人，因此诺斯作为一个身体强健的政治家就格外地出众。他早早起床去参加国王的早餐会，并认

---

① 英国古代一种金币。——编者注

真地汇报简讯。在他成为政府首脑的头4年里，他做了800次的发言：这在当时称得上是功绩卓著，因为大多数议会议员，包括吉本在内，在讨论中从来都是一言不发。

诺斯勋爵至此已登上了事业的顶峰，他本应该感到高兴，但是他并不快乐。他的私人信件表明，即便在此时，他也是焦虑，且易于忧郁的。在整个职业生涯中，他的情绪一直在欢欣和抑郁之间来回摇摆。

1772年，他甚至还经常谈到要辞职。那一年，在他成功的预算演讲之后，诺斯写信给他的父亲，表达了他的无法胜任之感。在那次演讲之前，他说"苦恼和烦乱"让他备受折磨。当演讲结束时，他所想要的一切就是早点离开办公室，正如他所说，"我所获得的那么一点声望已经完全丧失了"。在之后的对美战争期间，这样突如其来的忧郁成了家常便饭。他在会议上打盹，记忆力也开始减退，不再回复信件，这些都让他的同事们不知所措。

诺斯勋爵是个神经质吗？历史学家们有时会用这个词来描述他，但词语本身并不能告诉我们什么。他的悲剧在于：他的全部天赋和才干并不适用于解决帝国更深层次的问题。国王在诺斯身上看到了谋略和辩论的才能，再加上个人魅力，诺斯可以用来管理下议院。但专注于政治细节的诺斯永远不可能超然其外，以更为广阔的眼光看到整个国家的未来，而这恰恰是最要紧的。值得称赞的是，他似乎自己也意识到了这一点，并为此自责。

即便是1772年处于事业顶峰的时候，诺斯也认为自己是失败的。他自身的气质和所受的教育使他成为一个非常保守的人，他从来就不是一个梦想家。但他知道周围的世界正在发生变化，英国需要有新的方法来应对其面临的挑战。只是他完全不清楚该有怎样的新方法。这正是普鲁士国王批评英国人缺乏系统性思维时所指的。在公开场合，诺斯是否认这一点的，但在私下里，他已感到力不从心。就连夏天的天气也在不断提醒他那些无法控制的因素，夏日的烈阳不再灿烂耀眼，而是变成了让诺斯感到焦虑的另一个来源。

这一年，英格兰的原野上罕见地被厚厚的雾霾笼罩。在烈日的炙烤下，大地龟裂，大麦和豌豆苗都枯死在了田里。7月份，一位女士傍晚在诺丁山脚下骑马归来后写道，"没有雨，一切都被烤焦了，地上寸草不生"。在首都周边几英里的园丁们看到了成群的蜜蜂，他们预测草莓和蜂蜜将会大丰收，可是时间一天天过去，干旱却越来越严重。溪流和池塘全部干涸，割草工人已无事可做。

在假期到来之前，上流社会的权贵们最后一次在奢华派对上聚集，他们在泰晤士河边的切尔西举办了盛大的烟火晚会，之后就各自去乡下度假了。但是在乡下，他们所到之处只有一片愁苦之色。多年来，庄稼的收成一直不好，这不仅仅是英国，而是整个北欧。经过了一个迟到并且寒冷的春天后，食品的价格已大幅上涨。每个人都清楚，如果干旱持续，接下来就可能会出现饥荒。

两个多世纪后的今天，我们可能认为英国政客们最关心的应该是美国，但在当时，只要农业丰收，他们就会把殖民地抛在脑后。上次殖民地的事务在议会上被讨论还是在18个月以前。议会在1772年的一整年里，没讨论过一件关于美国的事情，甚至对"葛斯比事件"都未置评论。直到1774年初，波士顿倾茶事件传来之前，诺斯勋爵的注意力都被其他更为紧迫的问题牵扯着。和以往一样，排在首位的是外交政策，英国的内阁关注着欧洲政局的起伏，关注着每一场阴谋诡计，而这并不是因为无聊的好奇心，而是因为任何改变都可能会导致另一场与法国的战争。几个月后，金融危机和东印度公司的困境摆在了眼前，与此同时，面包和肉类的价格飙升，这已不仅仅是经济问题了，而是法律和秩序的问题，国王和他的大臣们都对此忧心忡忡。

玉米价格在18世纪的英格兰一直随着每年的气候变化而上下浮动，但从60年代中期开始，出现了一种令人担忧的新趋势：玉米价格随着生活成本的上升而不断飙涨。面包的价格屡创新高，因此即便是在价格下跌的年份，粮价也从未回到过去的水平。在当时，每个城镇都已经有了大大小小的周报。1772年的春天，所有的报纸都在报道粮食短缺的情况。伍斯特的一位作家警告道，国家正面临着一场由"追逐金钱的地主们"引发的"真正的饥荒"。他以一名"老式农民"的身份呼吁停止圈地养羊的做法。埃克塞特的一名记者报道，"穷人凄惨的境况已无法用语言来形容；市场上的每一种食品都是短缺的，每一种生活物资都变得极度昂贵。"

政治家们不可能看不到这些。国王的部长们在各地都拥有田产，因此他们最先就会了解到价格上涨带来的影响。由于无法确定人口增长的速度——第一次全国人口普查还要在30年后——他们无法解释食品价格为何变得如此昂贵；但是在乡下度假，让他们看到了这种变化的后果。4月份，在埃塞克斯和萨福克郡最先出现了动乱的迹象。在这两个地方，买一条4磅重的面包加1品脱的啤酒需要10便士，而10年前是6便士。民众开始聚集，他们冲入磨坊和粮仓，从屠户那里抢肉。当地的执政官罗奇福德勋爵是诺斯的同事，也是名外交官，他是英国外交事务上最好的专家。作为埃塞克斯的总督，他亲自出马解决问题，在一家乡村旅社召集当地法官，出动了民兵和骑兵。

不久，麻烦扩散到英国西部，闹到了诺斯勋爵的家门口。他的妻子来自萨默塞特郡，她们家就挨着易米斯特小镇。诺斯因为这桩婚姻而成了这个庄园的领主，所以他主持对穷人进行救济。一年前，领取救济金的人数不断上升，他们为此已经进行资金委托，成立了一个济贫院。但还是晚了一步，因为到了6月，葛斯比号即将走向毁灭，而易米斯特的工人也开始暴乱。他们四处游荡，劫走整车的黄油，抢夺面包店里的面粉。

如果说英格兰南部的情况很糟糕，那么苏格兰和爱尔兰的情况就更糟糕了。12个月前，来这两地游览的本杰明·富兰克林目睹了当地的穷困。就连见多识广的他也深受震惊，在写给朋友的信中，他痛苦地描述了那些饥肠辘辘、衣衫褴褛的男男女女。在阿尔斯特，尽管刚刚经历了一个严寒的冬季，地主却大幅提高了地租。于是1772年的春天，在贝尔法斯特附近爆发了农民起义，起义军名为"钢铁之心"，来势凶猛，最终政府用了5个兵团的兵力才把起义镇压下去。农民起义过后，出现了移民潮。每年多达10000人会移民前往美国，他们主要来自爱尔兰或苏格兰高地，而这场跨越大洋的大迁徙在此刻达到了最高峰。

诺斯勋爵和他的同事们正是在这样危难的国内背景下，对殖民地做出了错误的判断。四处都传来了坏消息：市场出现了危机，农村出现了骚乱，还有伦敦城里的罢工或猖獗的公路抢劫。分开来看，每一个事件都不足以让政府恐慌，因为政权力量要强大得多。虽说如此，这些地方上混乱的小插曲还是让领导人感到了不安，这个国家的人民习惯于抗议、不满和肆无忌惮的自由言论，更不用说酗酒的问题和不道德行为。这个国家是不可管理的吗？看起来是这样的。国王和他的部长们看到身边都是人们藐视法律的行为，于是他们努力寻求补救的办法。除了与美国的战争期间，整个18世纪70年代见证了英格兰为创建一个统一的国家救济系统而做的努力，甚至还向创建一个现代警察部队迈出了步伐。英国当局看到的是大西洋两岸犯罪和骚乱的增加。这影响了他们对"葛斯比事件"、波士顿倾茶事件，以及之后其他事件的定性与看法。

7月28日，因为放假，政府的人已经走得差不多了。此时海军上将蒙塔古有关葛斯比的急件被送到了诺斯勋爵的桌子上。诺斯手下有一支小而精干的委员会，他们每周一到两次聚在一起开会，对国家的财政进行监管。为了突显其资历，财政委员会开会的地点选在了皇家骑兵卫队阅兵场上方的大殿里。诺斯勋爵主持会议时，就坐在会议桌的最前端。这是张非常巨大的红木桌，其硕大的桌腿被雕刻成不列颠之狮脚爪的形状。

由于28日的会议是放暑假前的最后一次，这次会开得格外地长，并且因为糟糕的消息而变得更加沉闷。自开年以来，委员会收到的消息就充满了各种违法行为的报告，这些行为直接威胁到了国家的收入。敦刻尔克传来消息说，以火炮武装的走私船，载着茶叶和杜松子酒开往爱尔兰。4月份，征税官抱怨肯特郡的走私团伙人数如此之多，以至诺斯勋爵甚至考虑要调用骑兵。走私犯们50人一组，将茶叶和白兰地护送到伦敦南部的郊区。此外还有苏格兰的海岸线，因为太长，并且未经开发，根本无法巡逻。爱丁堡发来的一封信中沮丧地陈述，"就算调集全英国的军队，都不足以阻止这里到处都可停靠的海岸线上的走私活动。"

与为了面包而发生的暴动以及爱尔兰农村的骚乱相比，走私算不上是什么新鲜事物。但是，正如我们所看到的，不列颠群岛的非法交易在18世纪70年代初期达到了周期性的高峰，令人担忧的不仅仅是非法贸易量，还有与之相伴的暴力。据财政部的了解，同样的事情也发生在美国。在前几年，委员会有时一连几个月都不会接到殖民地的任何报告。要是纽约的将军预算超支了，委员会就签署一份草案，以确保将军的士兵都领到薪水，但除此之外，美国的商业报告是微不足道并且也是罕见的。但在1772年，坏消息却从西方频频传来。

从上一年的11月份开始，就没有任何一分钱是来自美国的财务进账。因此财政部写信给殖民地的收银员，要求一个解释。而当委员会在7月下旬开会的时候，摊在桌子上的报告组成了一幅故意反抗的画面。从缅因州法尔茅斯传来消息，一名海关官员被持枪威胁，被逼迫说出线人的名字。据传，一群暴徒在费城附近夺取了一艘海关艇。而另一封信向委员会报告，许多殖民地的地方法官直接拒绝对走私货物签发搜查令。

葛斯比号的命运也同样令人错愕。北美沿岸的法治似乎正在分崩离析。桑威治勋爵从海军部发来的蒙塔古信件的副本正是这样说的。根据驻守美国的海军的消息，罗得岛的男女老少如"一群海盗一样，他们的全部生意就是欺骗国王"。

英国白厅的官方态度是，这种情况是完全不可接受的。尽管英国撤出了他们最为雄心勃勃的计划——格伦维尔用以增加美国财政入账的印花税法案，财政部却从未放弃其基本原则：殖民地应该为其管理和防御的成本做出合理的贡献。伦敦当局没有人会当真指望美国人完全承担整个开支。即便是格伦维尔和他的顾问们也从没有提出要通过印花税和其他税目，收取超过20万英镑的税收，而20万英镑只是殖民地预算经费的一半。然而，英国政府绝不会容忍美国采用温和抵抗的方式拒绝交钱。

"葛斯比事件"传出后，诺斯勋爵不得不面对一个严峻的事实：很快殖民地居民会开始拒绝纳税。当然，英国政府可以选择回到格伦维尔之前的老路上去，收取很少的关税，并让殖民地议会投票决定自己的税额来供养地方政府。但这是不可取的，因为诺斯勋爵和他的同事们想让美国的法官和政府官员直接从英国君主那里领取薪水。唯有如此，殖民地官员才会是王室权力明智而公正的代表，才不会被波士顿和罗得岛等地的反抗者蛊惑。

从葛斯比号被摧毁的那一刻起，新英格兰作为一个整体，而不仅仅是布朗家族所在的普罗维登斯，正在明白无误地走向独立。因此，英国政府在此时本应采取坚决而果断的措施。最好的情况就是重新考虑一下殖民地制度的方方面面，废除那些已无法强制执行的关税和贸易规则。要是做不到这一点，英国内阁还有另一个极端的选择：增派军舰到波士顿，封锁从科德角到康涅狄格的海岸线，并废除罗得岛的宪章。这种强硬的手段花费巨大、带有争议，并且充满风险，不过却很可能会奏效。面对英国所展示出的武力和决心，想要反抗的美国人可能会匆忙撤退。

英美之间的关系需要在自由主义政策和专制之间做出选择。但在1772年的夏天，诺斯勋爵和他的同事们却表现出了他们没有能力做出任何明确的决定。他们因为自己的内部矛盾而陷入混乱，争论到底要由谁来监管殖民地。

来自北爱尔兰唐恩郡的殖民地部长希尔斯伯勒勋爵在反叛所在地附近拥有大量产业，他见识过多次的暴动和混乱。大家都知道他喜欢高压政治，正是他曾出兵占领波士顿；也是因为他，海军将指挥部设在波士顿以制止走私，虽然并没有成功；希尔斯伯勒还呼吁撤销马萨诸塞和罗得岛的宪章。虽然他的同事和国王都不愿采取这种激进的措施，但希尔斯伯勒的意图却被泄露给了美国，他因而遭到美国人的仇恨和蔑视。

　　本杰明·富兰克林说他是一个固执、自负且执迷不悟的人。但是对希尔斯伯勒最无情的裁定来自于那些波士顿的爱国者，他们要惩罚英国的走狗，把粪便和尿液涂抹在他的门窗上，并将这种混合物称为"希尔斯伯勒油漆"。但就算是如此地被人讨厌，希尔斯伯勒身上还是有一些可贵品质的，他至少展现出了始终如一的美德。与他那些摇摆不定的同事相比，这位殖民地大臣的身上闪耀着果决的光芒。作为对"葛斯比事件"的回应，他要求采取严厉的报复措施，虽然他也没指望这样的请求会被允许。在消息从罗得岛传来两天后，他对诺斯勋爵说他想要辞职。

　　希尔斯伯勒成了内阁分歧的牺牲品，而这样不合时宜的争吵在内阁已成为常态。这段时期的英国政府，每个机构都是一个联合体，是从敌对派系中分出的一个松散的联盟，诺斯勋爵的内阁也不例外。当整个国家需要做出明确表态的时候，诺斯却不得不维系同级官员之间的关系，让他们相安无事。事情是这样的，他们的争吵来自于美国的另一个问题：俄亥俄山谷的命运，希尔斯伯勒和盖奇将军希望将其舍弃，归还给印第安人。

　　诺斯将这次有关边境的争吵称为一桩"倒霉事"，但这不仅仅是一场局部的小别扭。这场争论在希尔斯伯勒勋爵和他的内阁同僚之间生出了隔阂，使得内阁成员联合起来反对希尔斯伯勒，直到把他逼走。我们最多可以说这些内阁成员是精明、努力工作的爱国者，他们致力于为国家服务。但是这场争吵却暴露了英国内阁最糟糕的一面，由此一来，对"葛斯比事件"做出迅速而果断的回应也成了泡影。

统治阶层

　　英国的内阁就像是一群任性的猎犬。要是指给他们一个正确的猎物，如约翰·威尔克斯或法国国王这样共同的敌人，他们就会协同在一起，去把狐狸给抓住。但在其余的时间里，他们可能就会转着圈地互相追逐、抓咬。要是扔给他们一根骨头——某些获取经济利益的机会，他们就会对此争执不休，甚至不惜损害被他们视为至高无上的国家利益。

除了希尔斯伯勒和诺斯本人，还有四位部长是真正手握实权的①。他们都是在上议院拥有席位的贵族。他们每人各有自己执着的理念和议程，在整个美国危机期间，四人都在任上，犯下的错误也是每人都有份。他们的利益各不相同，分别代表了精英阶层的不同方面。

54岁的威廉·祖里斯特恩是第四位罗奇福德伯爵，他是英国老一辈的政治家，他们对世界的看法形成于1745年詹姆士二世党人的叛乱时期。当时国家处于灾难的边缘，幼僭王一周便占领了伦敦。罗奇福德和他的朋友桑威治勋爵在当时已经快30岁了，他们的成年生活时期又经历了两场漫长的英国对法战争。两人将国家防御看成是高于一切的职责，他们以各自不同的方式履行着这份职责。

在罗奇福德看来，国家安全的秘密在于力量的制衡。他是位优秀的语言学家，出任过都灵、马德里和巴黎的大使。除去他的弱项，他在很多方面都是个不可或缺的人才。法国人称他为"欢愉的男人"，他名副其实。对戏剧，尤其是女演员有着格外的喜好，罗奇福德外遇不断，并花掉了大笔公款。出于健康原因，有时在非常时刻他也选择去乡下度假，但他的同事和国王却不能长时间地离开他，因为他对欧洲政治的熟稔是无人能及的。

罗奇福德单用一张纸就能将最复杂的外交政策问题转化为简单的语言。在诺斯勋爵的内阁中，他担任资深国务大臣。开朗，活泼，而且往往是轻率的，洛奇福特如另一个法国人所说的"非常机灵"，他主要通过法律和秩序来解决国内事务，但同时也要处理英国与法国和西班牙之间紧张的关系，这正是最棘手的任务。

---

① 还有第五人，达特茅斯勋爵，此后不久加入到内阁，取代希尔斯伯勒成为殖民地部长。我们稍后会说到他。

1772年，罗奇福德的内心被一个问题所占据，因为对法国感到疑虑，他清楚英国需要欧洲大陆上的盟友来遏制波旁王朝再次发动战争，却没有可以结盟的对象。奥地利已与法国联盟，普鲁士国王并不信任英格兰的国王，而按理来说，英国本应该与俄罗斯的凯瑟琳大帝结盟，她的军队要远远超过英国。英方努力想要达成协议，但最终却无功而返。女皇要求用英国银币支付补贴金，并辅助她瓜分波兰和奥斯曼帝国。英国宁愿不做交易，也不会答应俄罗斯方面如此无情而又昂贵的附加条款。于是俄国女皇转而去找了她的远房表亲腓特烈大帝。在美国革命前夕，英国已处于孤立无援的境地。罗奇福德的内心感到了惊慌。"我们连一个友好的国家都没有"，在那年秋天他在一份给同事的照会中不无焦虑地写道。

要说对罗奇福德的尊敬，没有人比得上他的朋友约翰·蒙塔古。蒙塔古是第四位桑威治勋爵，掌管着舰队，他也同样提防法国，也同样以女色和戏剧取乐。作为一个好赌之徒，他总是债务缠身，而他的名字还成为我们今天吃的三明治（桑威治）的名称，因为据说他需要一种不需要离开赌桌的吃饭方式。53岁的桑威治仍具有成年男子的全部活力，但同时也有些笨拙。因为高大而又笨拙，当他进入女士的会客厅时，总是容易把瓷器碰碎。据说，全伦敦只有一个人能在街上走路时同时够到街的两边，那个人就是蒙塔古。除了他的情妇，一位年轻漂亮的女高音歌手之外，桑威治勋爵有三大喜好：板球、皇家海军和亨德尔的清唱剧。其中海军是他的最爱。

处于孤立的不列颠王国更加依赖它的舰队。英国海军本身就足以威慑法国，但前提是要做好备战。海军部留存下来的记录簿上的每一页都显示桑威治勋爵一直致力于此，更快地建造和修理船只，增加火力装备，用最新治疗坏血病的药物保护船员。他和诺斯勋爵之间的信件也同样重要地说明了英国的情况。因为希望保持国家的财务状况，以便在战时可以大量借贷，诺斯对每个部门都收紧了口袋。而另一方面，桑威治则尽其所能地为海军争取，从吝啬的财政部挤出更多的资金。

在罗奇福德为外交政策忧心，桑威治伏案工作或巡视修船厂的时候，他们的同事，高尔伯爵基本上在忙自己的事。51岁的第二代高尔伯爵是内阁中最有钱的，他讲话流利，举止高贵，按照级别排位，他仅次于诺斯勋爵，官任枢密院院长。他的名字很少出现在官方文件中，因为格兰维尔·莱韦森·高尔从不扮演执行官的角色。他坐在内阁并不是因为他做了什么，而是因为他是谁。在未经改革的旧议会制度中，选区是可以买卖的，国王需要像高尔这样的财阀的支持，用他们的资金来保住执政政府。

莱韦森·高尔家族赶在南海公司倒闭之前抛售了他们的全部股票，随后在他们的家乡斯塔福德郡买下了大片的土地。通过对煤炭和运河的投资，他们成了该地区的领导者。高尔家族直接干预了六名下议院成员的当选，高尔还与比他更有钱的贝德福德公爵建立了密切的联系。高尔家族被称为布卢姆斯伯里黑帮，他们的派系要求再得到30个席位。诺斯要想形成持久稳定的政府，就必须获得他们的忠诚。他们的帮助在赶走约翰·威尔克斯一事中起到了关键作用。但高尔也要求得到丰厚的回报：在政府关键决策中的表决权和对布卢姆斯伯里帮无尽的恩惠，还有军队的职位和政府公职岗位。要是诺斯办不到，高尔就会在背后搞阴谋，直到他找到下一位可以满足他要求的首相。

内阁中最年轻的成员只有33岁。他是第12位萨福克郡伯爵，和蔼谦逊、文雅到无可挑剔的亨利·霍华德。他接任初级国务大臣时，为自己糟糕的法语而感到非常焦虑，因为法语是外交语言。作为罗奇福德的副手，萨福克伯爵在一旁看到了英国与波罗的海国家和俄罗斯之间的交易；让他自己感到吃惊的是，他对业务上手极快，连外国特使们也为之折服。萨福克深受疾病困扰，他几乎连一支笔也拿不起来——据说他得的是痛风，但他的症状显示他应该是心脏不太好——他得到了国王的友谊与同事们对他的信任和喜欢。就在美国战争前夕，萨福克还仿照蒲柏的风格写了一首诗嘲笑那些反叛者；虽然他这样做可能有点轻率，但萨福克和桑威治一样工作努力。他活了不到40岁。

那么除了写讽刺诗，内阁是如何处理美国问题的呢？他们所有人——虽然罗奇福德有时会重新考虑一下——都是强硬派。在他们眼中，国王和他的议会对任何一个殖民地都理应是至高无上的。国王使用他的特权将某些职能委托给省级议会或地方官员，但如果出现任何争议，无论是什么，威斯敏斯特的议会都有最终决定权。高尔、桑威治和萨福克在这一点上从未动摇过，诺斯勋爵也不会动摇。

在"葛斯比事件"发生的六年前，他们也曾亮明这样的观点。那是在1766年初，在争论废除印花税法案的时候。在上议院，30多位同僚为反对废除印花税而打了一场攻坚战。以桑威治和萨福克为首的议员们态度明确，死守阵脚，绝不改变立场。高尔也和他们站在一起，投票反对向美国做出哪怕是最小的让步。①

他们将废除印花税法案视作是对他们所珍视的一切的背叛。废除了印花税，英国就对背叛和暴乱举起了白旗。更糟糕的是，印花税的废除将威胁到英国宪法的两大支柱：议会主权和法治原则。他们相信，站起来对抗暴民和抵制任何地方出现的民主主义正是上议院的职责。只有坐在上议院的同僚，那些高瞻远瞩、从不面对选民的元老们，才被相信能够为国家利益做出最佳选择。在他们看来，公众从根本上就是反复无常的，很容易被麻烦制造者们所误导，如威尔克斯或波士顿的翻版威尔克斯。废除了印花税法案，就是给了他们胜利。其结果会是无政府状态和帝国的终结。

以后谁要是不喜欢交税，就会拒绝纳税。在萨福克看来，美国人是"一群不幸的人，被好捣乱的法官和煽风点火的律师给误导了"。从新英格兰到佐治亚，省级议会已经成为滋生反抗的温床，公开要求与伦敦平起平坐。要是给美国一个让步，他们就会要求得到更多，直到他们取得

---

① 1766年，诺斯勋爵是后座议员，在那一年的辩论中他起不了多大的作用。然而，他的私人信件表明他和桑威治及其朋友们一样采取了强硬立场。

自治。

六年过去了，诺斯勋爵和他的同事们仍坚持这一信条。在清楚地表明这一点后，他们就不能舍弃这一信条，也从未舍弃过。但信条终归是信条：不是可操作的议程或是行动计划，而是教条声明，是僵硬的空谈理论。他们易于空谈议会主权这样的抽象概念，却忘了权威和权力是两种截然不同的东西。发表声明是容易的，他们也是这样做的，宣称国王和议会拥有"古老而不可剥夺的至高权利"。但是要英国人做出决定，来给这个抽象的概念加上任何实质性的内容，就要困难得多。这一点在有关俄亥俄土地的争论中就已表现得再清楚不过了。

希尔斯伯勒的备忘录

1772年夏天那场赶走希尔斯伯勒的争论酝酿了将近四年。它可以追溯到1768年英国特使和易洛魁人六个部落之间的协议。根据《斯坦尼克斯堡条约》，易洛魁人将他们阿巴拉契亚山脉以西一直到俄亥俄河的大片领土出售。根据条约，这片土地归属国王乔治，并将分给来自宾夕法尼亚州和弗吉尼亚的热切的移民，他们形成的财团将竞购这片土地。

消息传到伦敦，吓坏了希尔斯伯勒。他从他的前任谢尔本勋爵那里接过了这项条款，谢尔本对荒野的看法与他截然不同。谢尔本一直相信通过让移民向国王交地租就可以赚到钱，但在希尔斯伯勒看来，向西部扩张所带来的风险远远超过任何可能的回报。他提出旧有的论断：让移民穿过山脉，他们将摆脱对国王的忠诚。与印第安人也会有另一场大战，而这正是他想要预先阻止的。在接下来的三年里，希尔斯伯勒用尽了各种拖延的手段来阻止任何相关补助金的发放。

然而，他渐渐发现自己被更强劲的敌手所围困。一群投资者冒了出来：他们是费城的俄亥俄州大公司。有本杰明·富兰克林站在他们一边，这个公司酝酿了一个最为雄心勃勃的计划，购买200万英亩的荒野，这片地成了我们今天的西弗吉尼亚州。由于无法获得希尔斯伯勒勋爵的同意，投资者们开始在伦敦展开游说活动，目的就是将他剔除在外。

当时的商业环境过于乐观，该公司很快就在金融界找到了支持者。由于英国和西印度群岛的房价大幅上涨，俄亥俄河谷的处女地对投机者来说是非常诱人的。带着一丝挖苦的意味，该公司直接向希尔斯伯勒在内阁的其他同事提出了请求。他们首先拿下了萨福克大臣的岳父，继而是一连串的财政部高级官员。他们将无偿股份送给一直需要钱的罗奇福德勋爵，和并没有拒绝他们的高尔勋爵。赢得高尔的支持至关重要，因为无论希尔斯伯勒说什么，最终的决定权在枢密院，而院长正是高尔。

到了1772年春天，希尔斯伯勒已被孤立，他在白厅就像他在波士顿那样不受欢迎。虽然他在爱尔兰地位很高，但在伦敦他没有追随者，而他的对手都非常有影响力。据传高尔想把他开除，作为摆脱诺斯的铺垫。甚至国王也暗示希尔斯伯勒是在做蠢事。4月底，希尔斯伯勒决定给这件事来个了结。他给高尔发了一份很长的备忘录，坚决拒绝在西部建立任何定居点：结果这成了18世纪70年代初唯一一份存留下来、完整描述内阁部长对殖民地政策意见的备忘录。这份文件内容清晰、逻辑连贯，大量摘取了盖奇将军内容悲观的信件原文。希尔斯伯勒尽可能直白地陈述了英国对美国未来的一贯设想，但这恰恰显露出这样的观点是多么狭隘。

在希尔斯伯勒眼中，属国的存在只有一个目的：为英国创造物质财富。他说，殖民地是用来"增进和扩大宗主国的贸易、航海和制造业的，因为其强盛和安全是依赖宗主国的"，这就是殖民地的全部作用。他列出了属国对宗主国的附加值，只有四种：

第一，是渔业，从科德角到纽芬兰的渔场海域宽广，收益丰厚，而且是英国的，因此应当保留。他们雇用了大量的船只和海员，从而有助于确保国王乔治统治那片海洋。第二，北美海岸的平原出产丰富的原材料——木材、焦油和线麻——这些都是海军建造和装配舰队所需的。第三，殖民地是英国商品的垄断销售市场。最后，希尔斯伯勒提到美国人在支持西印度群岛中起到的作用。甘蔗种植园主们要养活奴隶，还需要木材来制作桶和棚屋。这些都只能依靠内陆。

如果按照这样的论证而得出结论，就只需要在沿岸地带维持一个较小的属国，最多向内陆深入几百英里。剩下的一切都留给印第安部落。这正是希尔斯伯勒的观点：依据1763年皇家宣言的条款，在美洲建立的属国已经完成，不继续向俄亥俄州扩张。但是当他签署这份备忘录的时候，它就已经作废了。

因为大洋彼岸上涨的租金和价格驱使大批移民来到美国，西部边界是不可能闭合的。新英格兰或是哈得孙，河两岸肥沃的土地是稀少的，因此，不顾官方的精明打算，移民们越过山脉，向西的移民在西弗吉尼亚到佛蒙特之间划出一条长长的弧线。希尔斯伯勒对此也非常清楚：1772年从殖民地发回的急件里大量报告了西迁移民引起的麻烦。然而不知为何，他却相信西迁的移民潮是能够被遏制的。不过他最离奇的误判还不是俄亥俄山谷这一桩，而是他对南方种植园殖民地的判断。英国政府总是没能理解他们对该地区的控制是多么脆弱。在伦敦或格拉斯哥的任何人，读读报纸就可以看到奴隶经济的发展是多么迅速：只需瞥一眼那长长的货运列表，船只运送的都是来自查尔斯顿或安纳波利斯的水稻、烟草和小麦。但希尔斯伯勒几乎从不提及南方。他并没有想到这里可能是帝国致命的要害，南方殖民地正在以最危险的速度壮大，英国的规则将不再适用。

由于坚决反对向俄亥俄扩张，希尔斯伯勒不可避免地要与他的同事们开战。高尔勋爵和枢密院要求顾问团出具他们自己的报告，这个顾问团正是贸易委员会，他们听取的是俄亥俄大公司的证据。鉴于富兰克林和公司拉拢了一批强大的盟友，报告结果早已在意料之中。7月初，"葛斯比事件"传来的前两周，贸易委员会拿出了高尔和罗奇福德想要的东西：站出来强力支持俄亥俄计划。与此同时，布卢姆斯伯里的黑帮向媒体传出小道消息说，希尔斯伯勒剩下的日子不多了。

　　受到这样的暗示，他开始谈论辞职，这让诺斯又一次陷入了习惯性的绝望中。组建一个持久的政府耗时多年，而现在诺斯发现他的同事们在相互激烈地争斗。"我预料任何新的安排都会带来损害，"他在6月30日写给高尔的信中说道。这句话都可以当他的墓志铭了。内阁中分裂的局面是诺斯竭力避免的，这会显得他没有威严。他看不到赌注已经被抬到了多高，对殖民地的未来没有比这个更重要的问题了。在与希尔斯伯勒毫无结果的协商期间，俄亥俄公司已经将它要买的土地数量从200万英亩增加到了2000万英亩。批准公司的请求就意味着在阿巴拉契亚山脉之外一个新的省份的诞生，近两百平方英里的面积将印第安人的土地完全开放。要是拒绝俄亥俄的投资者们，美国人就会把边境的关闭视为帝国压迫的又一行径。

　　此时诺斯本可以牵头把美国的未来变成英国政策制定的一个中心主题。但除非他能继续掌权，否则他根本什么也做不了，所以他试图将俄亥俄河的问题搁置下去。为了避免出现让布卢姆斯伯里的黑帮势头增长的结果，整个7月，诺斯都在为争取时间而拖延，希望这场小题大做的争斗能够很快消散。他敦促高尔把对俄亥俄州授权的最后决定推迟到夏季休会之后。

　　几周过后，就连国王也开始厌倦诺斯勋爵的"好脾气和优柔寡断"。不论事件本身的是非曲直，这件令人不快的事只会有一个结果。来自阿尔斯特的希尔斯伯勒是可以被牺牲掉的，因为爱尔兰在英国议会没有代表。而他的对手们却全然不同。罗奇福德有才干，高尔有影响力和金钱，他们必须被安抚。在国王施压的情况下，诺斯不情愿地开始物色一位新的殖民地部长。他的第一人选是布卢姆斯伯里的韦茅斯勋爵，但幸运的是，他拒绝了这个职位。诺斯松了一口气，他将这一职位给了他暗中的亲信：他的同父异母的兄弟威廉·莱格，第二位达特茅斯伯爵。

　　41岁的达特茅斯忠诚、虔诚而又廉洁，这三种品质在他同时代的政要中并不常见。他很惊讶会来找他，但他愿意帮忙，他到灌木公园听取了有关美国的简报后就同意了接受任务。希尔斯伯勒辞职了。1772年8月14日，达特茅斯成为殖民地部长。由此,诺斯为见证美国殖民政权的瓦解选出了最后也是最重要的一个人。

　　内阁的分歧使其在将近一个月的时间里都无法对"葛斯比事件"做出回应。而此时想要坚决犹未为晚,但未来却显示出不好的预兆。白厅的大多数高级官员都痛苦地意识到,他们对大洋彼岸的事务是无能为力的。

第五章

无知与坏政策

近四五年来，不列颠之狮一直在沉睡。

——托马斯·哈钦森，马萨诸塞州州长，1772年9月

达特茅斯勋爵接管过来的是一个不堪重负、没有活力的小部门。他在白厅的办公室倒是令人愉快的，刚刚被希尔斯伯勒装修一新；按理来说，他手下有35名员工应该够用了，但其中10人只领薪水而从未来上过班，另外还有4人只"为国王服务"，这是写给新部长的名单上的原话。其余的人大多是在那里收发信件，迎接来客，扫地或者沏茶。实际上，美国事务的重担都压在了2位副部长和7名办事员的肩上。

达特茅斯接任后不久就从部门领导那里收到了一条哀伤的消息。"我认为我的职业生涯已经走完，"高级副部长约翰·伯纳尔写道，"我既没有精力也没有体力去承受工作的辛劳。"这位50岁就已把精力耗尽的全国首席美国专家渴望拿到他的退休金。

他盼望着退休后能鼓捣自己的藏品——那些在他的家乡林肯郡出土的罗马钱币和器皿。

和殖民地事务打了一辈子的交道，伯纳尔有充分的理由感到精疲力竭。他在最初还只是一名低级职员的时候，就展现出了"能力、注意力和正直"，他的讣告中是这样说的。他来自一个贫穷却有教养的家庭，虽然只读过文法学校，却凭借着自己的头脑和努力而不断上升。因为工作事务的束缚，他从未跨过大西洋，但他的弟弟托马斯却出任过马萨诸塞州的州长。伯纳尔试着以书面指令的形式来经营美国，他阅读和撰写了堆积如山的信件。

每年有数以百计的信件从殖民地发出，每一封都要求得到紧急回复。所有信件都被附上标签存档。今天这些档案仍在伦敦，它们庞大而又破烂，里面充满了剪报、冗长的数字和居心叵测的请愿。这足以耗尽任何官员的精力，而伯纳尔的职业生涯又格外地令人疲惫，因为他是如此地徒劳无功。

在过去的10年中，他为英国的每一项殖民政策都提出了建议。但几乎毫无例外，英国的每一项政策都遭到了腰斩。印花税法案来了又去，被美国人的阻力打败。汤森德关税也同样无法存续，只有每磅3便士的茶叶税被保留了下来。还有阻止英国移民西进的计划。10年前，伯纳尔起草了皇家宣言，试图将移民留在山脉的后面。而现在，这条宣言已然作废，还没有新的条款出现来取代它。

伯纳尔预料到了可怕的后果。很快边境上就传来了移民杀死印第安人的消息。"人心退化得如此野蛮，"他在9月份写道，"这将给我们带来一场印第安战争：一场最具毁灭性、也最昂贵的战争。"和盖奇将军一样，这正是他要努力避免出现的结果。当他调查了美国的其他地区后，伯纳尔看到的是整个殖民地正在跟随边境地区走向混乱。

在沿海地区，走私者们已经让税收变得无法实行。与此同时，从尚普兰湖到南卡罗来纳都传来了当局受到挑衅的消息。在佛蒙特谷，定居者们建起了一座城镇，名为伯纳尔，是以约翰的弟弟命名的。城镇位于康涅狄格河与哈得孙之间的一块处女地上，不同的开拓者团体在这里争斗。来自三个独立殖民地——新汉普郡、纽约和康涅狄格——的移民团体都声称该地区属于自己。到了1772年夏天，一场内战似乎一触即发。

殖民地办公室在报告中第一次听说了伊森·艾伦这个人，他组织的一支治安队与纽约的地方官发生了一场小规模的战斗。战斗在山上打响，暴力却是小范围的，是那种美国的后代会从容处理的、被视为边境生活一部分的打斗。那一年佛蒙特州的争端写满了几十页发给英国政府的信件。无论部长们关于法治都说过些什么，艾伦事件显示出他们在执法推进上是多么无力。

约翰·伯纳尔对伊森·艾伦是谁全无概念，也不明白为什么他会如此出名。艾伦参与领导格林山兄弟会发动新英格兰革命还是在三年后。但对英国人来说，眼前的事件已经令人深感担忧了。随着移民西进的加速，类似这样的事件必然会变得更为常见，但没人能想到阻止它们的办法。理论上，皇家官员在那里就是解决这种边界纠纷的。但要是没人听他们的，就像艾伦这样的人公开不服从当局的权威，那么殖民政府真的还有什么用处吗？而在南方，这块英属北美最富有的角落里，殖民系统似乎正在完全崩解。

查尔斯顿的种植园主们有自己的地方议会，想要自己掌管事务的庄园主们把约翰·威尔克斯视为盟友。1769年，因为相信威尔克斯对他们的事业是理解的，他们寄给威尔克斯一笔资助金来帮助他获取议会中的席位。从英国的角度来看，这样的做法是非法的，于是希尔斯伯勒下达命令，禁止地方议会支付任何类似的款项。这位州长和地方议会之间的斗争由此开始，致使整个南卡罗来纳政府陷入了瘫痪。不再有税款征收，也不再有法令通过。要么是议会拒绝为之投票，要么是总督干脆禁止议员开会。无止境的信件在该殖民地和伦敦之间传递，但是争端却未能解决。只有战争最终结束了这场争吵。

　　这样的地方危机也在帝国的边缘发生着，正如英国国内也有着争端和混乱。站在白厅的角度来看，每个问题虽然都微不足道，但是加在一起，它们就构成了一幅混乱的画面。帝国在亚洲和美国都经历了迅速的扩张，部分是因为贪婪和投机，部分是对法战争胜利带来的副作用。没有人知道一个全球性大国意味着什么。没有人将这样一个巨大帝国所需的运行机制落实到位。约翰·伯纳尔的一位副手，威廉·诺克斯副部长一直在强调的正是这点。

　　诺克斯生于爱尔兰，来自一个信奉长老会的苏格兰家庭，是一个非常虔诚的人。年轻时在格鲁吉亚种植水稻，他花钱请来传教士，叫他的奴隶们都改信了基督耶稣。回到家乡后，他娶了一位女继承人为妻，还针对政府关注的美国事务撰写了一系列的文章。他进入政府的殖民部，这里正需要一位雄辩的作家来为帝国辩护。在公开场合，他维护官方的英明决定，称殖民地只是卑微的卫星国，围绕着国王和议会转动。私下里，诺克斯敦促他的上级对帝国那看起来正在瓦解的体系进行改革。在格鲁吉亚，诺克斯已经见识过统治一片几千英里之外的大陆是多么困难。这成了他职业生涯中一个不变的主题，他认为，移民们是决意要独立的，而伦敦的部长们却不肯采取必要的措施来阻止他们。"这简直太让人惊讶，"他曾写道，"我感到英国政府完全缺少一个计划或是体系。"在英属北美的历史中，他什么也没看到，除了漫长而悲伤的编年史，上面记载着"忽视、无知、糟糕的法律和更糟糕的政策"。在约翰·伯纳尔沮丧失望的时候，威廉·诺克斯对内阁感到了忍无可忍，在他眼里，内阁胆小而又软弱。

　　他的上司们对他潜心写出的文章毫不在意。他和伯纳尔都在以各自不同的方式与旧殖民体系中的基本缺陷做斗争。整个北美属国远非统一，而是分裂的碎片——相互独立的30块殖民地分布在大陆或西印度群岛上，其中25个有自己的议会或立法机构。每一块殖民地都产生了自己的宪法，并决意坚持使用下去。而最极端的情况是罗得岛和康涅狄格——"小共和国"，诺克斯这样称呼它们——除了名义上，它们在各方面已经独立了。

而其他地方，他所见之处都是令人担忧的迹象，被他称为"显著的民主力量"。

这与维多利亚时代帝国的管理方式是全然不同的。要是英国人能像他们后来治理印度那样统治美国，他们就应该在纽约派驻一位总督来掌控全局，给他税收和预算的权利，借钱给他用于建造道路或排水灌溉。他可以制定准则，统一各州的法律标准。他有自己的军队，可以在当地征兵，并任用像乔治·华盛顿这样的人作为指挥官，这样就可以守卫西部边界。如果他诚实且有才华，并维护殖民地的利益，他还可能会赢得美国人的尊重。甚至他也许可以让美国人保持对国王的忠诚。

要是做不到那些，总督也可以收买养尊处优的社会名流，付给他们佣金、工资和补贴，正如英国在孟加拉所做的那样，让剩下的奴隶和农民去辛苦劳作。但对处在这一历史阶段的大英帝国来说，这样的总督是不可想象的。每一块殖民地都高度警惕，小心翼翼地保护着自己的法律和习俗。每一块殖民地都优先偿还自己的债务，并在必要时出动自己的民兵。此外，光是美国的总督这种提法就会在伦敦引起轩然大波。对诺斯勋爵和他的律师顾问们来说，权威必须始终属于议会和王室。但是正如这个名称所暗示的那样，总督差不多已经是一个小国王了，他将成为威斯敏斯特议会潜在的对手。早在1754年，本杰明·富兰克林就曾建议为美国设立总督政府，这项流产的计划要将美国的各个殖民地联合起来，共同防御法国。我们不能把富兰克林的计划看作是一次错过了的机会，因为英国内阁从来就没有讨论过它，而就连富兰克林的美国同胞们也同样对他的这一计划无动于衷。由于缺少一个总督或某种体系来把美国作为一个整体来管理，英国人只剩下一个太过多样化，甚至于无法把握的属地。

伯纳尔和他的手下每天光是对美国大陆的事务都处理不完，却又不得不同时处理加勒比海地区的问题。在美国独立战争之前和战争期间，西印度群岛一次又一次致命地转移了政府的注意力。西印度群岛有着多达1800个奴隶种植园，年生产甘蔗价值300万英镑，在经济上，这些财富之岛是镶嵌在帝国皇冠上最耀眼的宝石。说到这里还有一个故事，和诺斯勋爵同父异母的牧师弟弟有关。作为一个年轻人，布朗洛·诺斯在圣公会教堂为获得晋升而奋斗，但他的家里却没有年俸提供给他。最后是国王救了他，让这个青年在30岁就做了主教。那是1771年，同年，新上任的布朗洛迎娶了一位安提瓜岛奴隶主的女继承人。主教的位置让他的未来有了保障，直到他的太太在赌桌上欠下了巨款。

正因为诸如此类的原因，这些甘蔗岛实在是太宝贵了，不能失去。但留住它们也非常昂贵。总是面临奴隶起义或是法国人的突袭，西印度群岛需要驻军和军舰时刻待命，但这耗尽了陆军和海军的力量，数以百计的年轻士兵在那里死于热病。每年都会出现一些紧急情况，1772年也不例外。在圣文森特，英国军队正准备和剩下的原住民——反抗的加勒比族——打一场小规模的战争，在格林纳达（约翰·威尔克斯的哥哥在那里种植甘蔗），英国的种植园主们已在筹划他们的和平起义。

就像密西西比河流域一样，向风群岛上也住着一群法国移民，他们全部是罗马天主教徒。习惯了与北爱尔兰的天主教徒共处——他发现和长老会教徒相处要困难得多——希尔斯伯勒希望在格林纳达议会上给这些法国移民席位，来保持他们的顺从。这样的想法让岛上的英国人惊骇不已，他们断然拒绝与伦敦配合，不允许罗马教皇的子民参与政府。更糟的是，那里的经济也同样摇摇欲坠。在格林纳达、多巴哥和多米尼加，那些买下原属法国不动产的投机商都进行了最大限额地抵押贷款。随着1772年金融危机对伦敦和阿姆斯特丹的侵袭，这些新的种植园主们拿不出钱来养活更多的奴隶或是从大陆购进所需的物资；还有一些园主拖欠着政府的钱。

面对西部领土的诸多麻烦，英国需要一个有远见的政治家来分出问题的轻重缓急，并给未来制订一个明确的计划。达特茅斯勋爵纵有一身的优点也无法胜任这一特殊的挑战；即便对于一位天才政治家来说，这样的任务恐怕也是力所不及的。要挽救一个失败的组织，管理者首先需要的是可靠的信息，但在1772年，英国人没能获得这样的信息。约翰·伯纳尔和他的同事们收到的有关美国的消息几乎都是不可信的。的确，他们在那边有盖奇将军，他文字简洁优美的书信总是令人信服的。但如果是殖民地任何一位皇家州长发来的急件，那么这些信件有时不但没用，反而是有害的。

虽然信里包含各种细节，但州长们却从不说要点。事实上，有时他们的信件是非常具有误导性的，因为写的人在里面夹杂了太多的私人利益和自私的考虑。"没有好的州长，就永远无法管理好美国"，一位达特茅斯的朋友明智地写道，警告他在工作中将面临的麻烦。这些人发出的消息就是英国得到的信息，而这些人是鱼龙混杂的。

虽然波士顿的哈钦森州长发出的信件总是充满了对突发逾矩行为的报告，却没有对海湾殖民地的公众舆论做出客观的评价。正如伯纳尔已经知道，并且达特茅斯也很快会了解到的那样，托马斯·哈钦森虽然非常聪明，却是个傲慢、轻率的人，很容易和别人发生冲突。他虽然一直心系马萨诸塞州和帝国的命运，但更关心的是他的家人，尤其是他的儿子，以及他儿子的未来。我们在后文中将会看到，他为了给子女追逐物质利益而给国家带来了灾难性的后果。尽管哈钦森格外地忠诚，英国却无法信任他：这是个致命的悖论。

与他相对应的纽约州州长威廉·泰伦的情况也是如此，他甚至还没有哈钦森那么无私。虽然他坚决高效地绞死了领导北卡罗来纳起义的农场主们，但他还是会被自己的虚荣心所蒙蔽。让国王震怒的是，泰伦把心思用在置地购房上，他在纽约将大片的公共土地分给了自己和他的朋友们。在战略上，他的省是至关重要的——独立战争中，哈得孙河谷是北美的咽喉要地——但这个省也是政治分裂的，它的内务尤其复杂。而泰伦的急件通篇只有自我辩护的长篇大论，完全没有达特茅斯需要的客观分析。

至于其他的殖民地，有的几乎从未发送过信件：思想自由的康涅狄格州和罗得岛是自然包括其中的，但还有马里兰州，英国人并不知道，那里种植烟草的农民是第一批想到要拿起武器反抗他们的美国人。属于马里兰州的信息档案几乎是空的。但危害最大的是弗吉尼亚州的信息空白。英国让苏格兰贵族邓莫尔勋爵做弗吉尼亚的州长，就是选择了一位一心要向阿巴拉契亚山脉以外扩张的州长。他的信件主要是处理印第安事务的。他没有觉察到这块最早的殖民地上的烟草种植者们，将来有一天，可能会成为最可怕的叛军。"在整个会议的进程中，不同的立法部门之间展现出了最大的和谐与最完美的心平气和"，就在"葛斯比事件"发生前，多莫尔总督谈到威廉斯堡的殖民地大会时这样写道。这位州长并未发现动乱已经在南方和新英格兰出现。几乎直到革命爆发前的最后一刻，他仍然相信无论弗吉尼亚州是如何地直抒己见，都绝对不会背叛国王。

公平地说，约翰·伯纳尔和他在殖民部的手下都意识到了他们信息的局限性。虽然收到了大量的信件，但他们对一些最基本的信息还是一无所知。他们不知道有多少人住在美国，殖民地的发展有多快，也不知道每块殖民地拥有多大规模的民兵组织。缺少这样的数据就不可能判断出独立威胁的严重性。上任一年后，达特茅斯向每位美国州长发出了一份长长的问卷。问卷分为22组，询问人口、收入、政府制度和其他事宜。第一个问题旨在帮助解决边界争端，是这样的：你的殖民地在哪里？一些州长根本没有回复这个问卷。而当那些回答了问题的州长把答案寄回来的时候，革命已经开始了。

随着危机的临近，伦敦当局愈发地落后于形势。身在波士顿的托马斯·哈钦森可以看到这一点，他可以体会到折磨着威廉·诺克斯的那种挫折感。因此，对哈钦森来说，葛斯比号被毁的消息没什么不好的，或许英国终于可以清醒过来，果断在新英格兰采取行动了。在白厅也有人这么想，但是官方给出的回应却是欠考虑和不切实际的。

国王的坚定决心

8月15日，达特茅斯就职后的第二天，罗奇福德提出必须对罗得岛采取措施，带着他提到美国时就惯有的那种疲倦、暴躁的态度。但紧接着下一句话他就承认，他并没有具体方案可以提供。他觉得希尔斯伯勒主张的强硬路线是不现实的。诺克斯和伯纳尔也主张果断报复，但罗奇福德对他们两个的话将信将疑，因为他们在过去提出的建议一直都不怎么样。相反，他宁愿谨慎地对待偷袭葛斯比号的人，虽然律师们已经判定那些人犯有叛国罪。

在整个美国危机当中，英国内阁的每一个决定都会咨询法律意见。当被问到他的意见时，总检察长爱德华·瑟罗很快确认此次烧毁一艘帆船是反对国王的战争行为。他说这是显而易见的叛国行为。他还私下里添加了一条附文：他说这些罪犯所犯下的重罪比印花税法案暴乱还要严重五倍。然而，法律是一回事，权利的现实却是另一回事。要是把摧毁葛斯比号的那些人公开地视为叛徒，英国就不得不把他们送去审判，然后再送上绞架，而这正是让罗奇福德勋爵感到不安的原因。在1772年的夏天，英国不敢挑起美国人的对抗，如果出现对抗，英国可能会成为输家。

不知是伺机而动还是巧合，约翰·布朗为反叛选择了一个最佳时间。当时的欧洲政治正处在多事之秋，英国在其中扮演着一个旁观者的角色。在8月的第一周，俄罗斯及其柏林的盟友终于发兵波兰，和奥地利一起将那个悲惨的国家瓜分。法国被认为会向俄罗斯北部或地中海派遣海军，以驰援波兰；而凯瑟琳大帝则已经在这两处部署了舰队。不祥的谣言抵达伦敦，说法国正在武装舰船；几周后，又有了一条更加令人震惊的消息——瑞典发生了政变。据说，有法国作为后台，年轻的国王古斯塔夫废除斯德哥尔摩的议会，自己掌管了国家。这是俄罗斯所不能接受的，但如果俄国以牙还牙，对瑞典动武的话，英国就不能袖手旁观了。在实际操作中，为英国海军从美国进口大量的补给品，成本过于高昂，所以海军的桅杆、绳子和焦油都要依赖波罗的海的供应。作为一个依靠海上力量的国家，英国离不开这片区域，无论是法国还是圣彼得堡控制了该区域，英国都相当于被人扼住了咽喉。

因此，担心他们可能会卷入一场欧洲战争，内阁别无选择，只能听从罗奇福德，用克制的态度对待罗得岛。作为卸任前的最后一击，希尔斯伯勒要逼内阁就范，他直接写信给蒙塔古，告诉他逮捕任何涉嫌参与"葛斯比事件"的疑犯。但海军上将是不能这么做的：法律规定，未经法官允许，军方不能逮捕陆地上的平民。8月20日，诺斯勋爵召开内阁会议，他们做的第一件事就是召回希尔斯伯勒的那封信。之后他们开启了一长串迈向战争的决策；他们相信自己的做法是冷静而理性的。

瑟罗的法律意见不仅包括对事件的定性，还包括了对审判地点的建议。白厅里没人相信美国的陪审团会给他们触犯了国王法律的同胞们定罪。目击证人会说谎，如果真有人来做证的话，陪审员们会因为受到恐吓而将他们无罪释放。从那一年美国寄来的信件和报告中就可以清楚地看出这一点。然而，幸运的是，总检察长批准英国法庭可以审判并绞死"葛斯比事件"中的袭击者，内阁喜出望外地采纳了这一看似最佳权威的建议。因为这是少见而又特殊的重罪，通常在英国的叛国罪都会送交威斯敏斯特官，由王座法庭来审判。1745年的叛乱就是这样处理的，为什么葛斯比号的袭击者应该被区别对待呢？虽然王座法庭几乎没有审判过殖民地的被告，但它肯定有权利这样做，特别是在案发地找不出一个公正的陪审团的情况下。只要是正义与国王需要，威斯敏斯特的法官可以向帝国的任何地方发出令状。如若不然，国王和议会还怎么能算是最高统治者呢？要是皇家法官在国王的领土上无法执行法律，那么帝国就算不上是帝国了。

这些问题远远不只是法律上的微妙差别，而是直达宗主国和殖民地之间分歧的核心。这次事件之后，北美的政治辩论已经大大超出了税收这样狭窄的话题。殖民地一直看重公民自由，但是英国真的会保护殖民地的公民自由吗？还是想要把包括正当法律程序在内的权利全部废除？如果是这样，美国人就只有寻求独立了；而到了1772年年底，英国对"葛斯比事件"做出的回应更是让这一连串的推论变得非常令人信服。要把所有的袭击者带回英国审判——总是假设他们能被抓到——诺斯和他的同事们把这些问题带出了理论的范畴，使它们成了美国人迫切讨论的实际话题。

在殖民地，大家普遍认为公正的裁决离不开陪审团的审判，而陪审团应由与被告相当地位的人组成，这意味着只能是与被告来自同一个县市的人。将嫌犯引渡送到一个充满敌意的英国法庭，法庭里坐着的都是国王乔治忠实的支持者，这将是对公民自由权的公然违反。所以，当美国的报纸透露，英国恰恰是在做着这样打算的时候，引起了公众的愤怒。尤其是在弗吉尼亚，这条新闻结束了邓莫尔勋爵曾在信中扬扬自得地谈到的那种和平与安宁。两年后，当托马斯·杰斐逊首次发文攻击英国的时候，他将英国对"葛斯比事件"的这种处理意见列为帝国压迫最严重的例子之一。①

内阁知道他们惹了多大的麻烦吗？几乎可以肯定，他们不知道。在8月20日的会议上，有人只是顺便提到了使用武力，没有人提议撤销罗得岛的宪章。相反，他们还想让美国人负责追捕叛徒。为了谨慎行事（他们以为是这样的），内阁决定任命一个调查委员会，由万顿州长牵头，带领马萨诸塞州、新泽西州和纽约的高级法官们。委员会将在纽波特听取海军搜集到的有关毁坏葛斯比号的全部证据，而在此之前，没有人会被逮捕。

约翰·伯纳尔起草了一份给罗得岛的急件，由达特茅斯署名，但这回英国再次判断失误。等到两周后，信已经准备好的时候，蒙塔古将军的另一份报告送到了，这份报告公开指责了普罗维登斯的布朗家族。因此，当殖民部的这封信在1772年9月从英国送出的时候，里面充满了强硬严厉的语气。给这些罪人最严厉的惩治，达特茅斯写道，是"国王陛下的坚定决心"。更糟的是，这封信还威胁在逮捕袭击者后，英国会派出军队到罗得岛去镇压任何可能出现的骚乱。

毫无经验的达特茅斯对罗得岛的内部情况知之甚少，他本想着这是一

---

① 杰斐逊的《英属美利坚权利概观》，写于1774年8月。在《独立宣言》中，杰斐逊措辞更为严厉地指责乔治三世"剥夺了我们由陪审团审判的权益……，为了莫须有的罪名，将我们引渡过海去审判"。

封私人信件，就好像约瑟夫·万顿是皇家任命的官员一样。又一次，无知的深壑将这两个国家分开。竞选上任的万顿是斯蒂芬·霍普金斯的密友，也是布朗家族的生意伙伴，他是不可能为这封信保密的。这封信被刊印了出来，每个美国人都可以读到，形势进一步恶化。等到了年底，英国对"葛斯比事件"笨拙的应对已经适得其反，在殖民地营造了一种对英国政府极度不信任的氛围，这就为波士顿倾茶事件埋下了伏笔。

这封信是个巨大的错误，并且只是达特茅斯犯下的众多错误中的一个。而包括本杰明·富兰克林在内的美国人也犯有错误，并且同样具有破坏性。他们首先误解了达特茅斯的性格。富兰克林曾称他为"一个真正的好人"，他的确如此。威廉·莱格确实有一些批评者，但他没有持久的敌人。当国王问到一位苏格兰的访问者时，他说达特茅斯勋爵是和蔼可亲、令人喜欢的，并且是一个完美的基督徒。在大西洋两岸，人们普遍预计，他将会采取与殖民地和解的策略。他的任命被认为有可能会改变政策路线，并最终永久地解决美国人的不满。而事实证明这只是一个悲哀的幻觉。

达特茅斯勋爵的仁慈是毫无疑问的。他亲自将驴奶喂给一位重病垂危的牧师朋友，他对陷入困境的人总是慷慨解囊。战争的爆发让他心碎，当达特茅斯得知英国邦克山一役的获胜付出了极大的代价时，他唯一能做的就是为那么多悲壮牺牲的军官和士兵哀悼。虽然他虔诚又善良，但他的内心同样充满着有害的保守主义思想。

要避免与美国最终的决裂，达特茅斯就必须摆脱他的同事、诺斯还有国王的影响，去另辟蹊径。但这是他永远都做不到的，就他的个性来说，达特茅斯仍身处体系当中，是这个体系塑造了他。不幸的是，这个憎恶战争、温和的基督徒成了这场战争最主要的责任者之一。1775年，达特茅斯在白厅下达了调度令，派遣英国军队前往列克星敦和康科德。

一个安静的男子

从庚斯博罗为他作的肖像画上来看，达特茅斯向前凝视的眼神温和而又平静。他身形苗条，甚至单薄，消瘦的脸颊，高高的额头，他昂首站立，穿着整洁，无可挑剔。双手交叠在他的手杖上，他看起来就像是一位刚刚从他的画廊或是植物园里走出来的鉴赏家。他的头微微侧向一边，避开别人的视线，这让他看起来同时还有些奇妙的害羞和冷淡：一个敏感的人，一个与肮脏的政治世界相脱离的人。

随着战争的迫近，殖民部长给他在牛津大学读本科的长子写了厚厚的一沓信。与信一起送出的还有成篮的食物和葡萄酒，每封信都包含着一位慈爱的父亲所给出的明智建议。这些信为我们提供了达特茅斯私下里的样貌。"我想要你具有一个男人和一个基督徒所应具备的一切品质"，他告诉儿子，要依照先贤的格言，为自己的生活制定规则。祷告，读圣经。要有礼貌、有涵养、有条理，而且要严密。最重要的是，要相信上帝。饮酒只为交际，而不过量，并小心避免任何不当行为的暗示：这是他的建议。"要非常果断和坚定地表达出你对一切纵欲行为的厌恶"，达特茅斯在他儿子即将开始欧洲旅行的时候写道，"绝不要以为说出下流、渎神或讽刺的话能为你增添什么光彩"。

对一个即将踏上巴黎之旅的年轻人来说这样的话未免显得有些奇怪。30年后，人们会认为一个可以成为上议院议员的贵族保持虔诚是应该的，因为有大批像达特茅斯这样虔诚的贵族站出来成了受人尊敬的禁欲主义和慈善的倡导者。在乔治三世统治的早期，达特茅斯还属于异类。当时福音派教会的信仰在英格兰仍是少数。虽然约翰·卫斯理尽了最大的努力布道，贵族阶层却几乎对此闻所未闻。达特茅斯的朋友，诗人威廉·考珀用诗歌赞颂他，称他为"头戴冠冕仍虔诚祈祷的人"，好像这很不寻常似的。确实如此，在一个赌博和私通极为普遍的年代，达特茅斯却两者都不沾染，人们不知道该怎样才能看懂他。谈论起他来，人们就会用些陈词滥

威廉·莱格，第二位达特茅斯伯爵。由托马斯·庚斯博罗画于1769年。（来自达特茅斯传家宝托管会）

调，就像我们评价一个自己并不了解的人时会说出的那些话。

　　达特茅斯在1772年加入内阁时，有几个诺斯的政敌抱怨诺斯任用亲戚，但这个选择却受到了大多数观察家的欢迎。媒体喜欢这位新任的殖民大臣，但是他们对他的描述也都是缺少实际价值的泛泛而论。正如一位作家所写，达特茅斯是"公认有能力、正直廉洁的人"。这样宽泛的评价传到大洋彼岸，让人们对他产生了不切实的期望。

在美国，广为人知的是他在新罕布什尔州的汉诺威资助下新建了一所教会学校，就是后来的达特茅斯大学。美国人还回想起他在罗金汉姆侯爵短暂执政期间曾出任过副部长，负责一些殖民地事务，而正是那一届政府废除了印花税法案。因为达特茅斯勋爵为废除该法案投下了赞成票，许多美国人把他视为意气相投的朋友。他们根本不了解这个人，因为很少有学者仔细地研究过他，因而同样的错误总是一再上演。达特茅斯的眼界是非常狭窄的，他既不能想出一条长远之计来保住美国，也不会放弃他所拥有的一切去当山洞里的隐士。和自古以来的许多英国政治家一样，达特茅斯将《圣经·新约》中的教诲与自己的社会阶层或党派的理念混淆在了一起。

他最显著的缺点就是不谙世故。由于父亲早亡，达特茅斯在十八九岁时就继承祖父那里传下的头衔，成了贵族。他从未经受过下议院政治混战的锤炼。1755年他结婚后，就与妻子开始了10年的隐居生活，直到短暂地出任罗金汉姆的部长，但这也只持续了13个月，之后他再次赋闲在家待了6年，直到诺斯邀请他加入内阁。达特茅斯并不情愿当政客，他很少在上议院发言，即便发言，也只留下了不好的印象："表达笨拙、拘谨"，这是一位听众给出的评价。当风暴在美国掀起时，即便他希望为和平辩护，他也绝不是桑威治勋爵那些鹰派人物的对手。

他的另一个弱点是：达特茅斯与他异姓兄弟之间牢固的感情纽带。威廉·莱格和弗雷德里克·诺斯年龄相差一岁，这对少年时代的朋友一直关系亲密。在牛津大学，他们师从同一位导师学习用拉丁语写六步格诗。他们一起到欧洲去游学，在那之后还经常碰面。[1]他们无所不谈，关于他们的

---

[1]　为了方便，这两人通常被称为继兄弟，但他们的关系却比一般的情况复杂。达特茅斯的父亲于1732年去世，留下伊丽莎白·莱格，即刘易舍姆夫人寡居。而诺斯勋爵的父亲，吉尔福德勋爵在他的第一任妻子（诺斯的母亲）于1734年去世后成为鳏夫。在这两年后，吉尔福德娶了刘易舍姆夫人，成了达特茅斯的继父。他们的婚姻结束于1745年，刘易舍姆夫人去世。

孩子、妻子、牙痛、天花还有流产等问题交换了大量的意见。诺斯勋爵迎娶萨默塞特的女继承人为妻时，达特茅斯是他们婚姻财产契约的受托人，当布朗洛·诺斯迎娶加勒比海的夫人时，达特茅斯再次成为受托人。

　　无论诺斯勋爵还是达特茅斯勋爵都不是那种赤裸裸追逐利益的人：他们都有自己的理想，尤其是威廉·莱格。不过，友谊在他们这种级别的人之间就等同于一种寻求影响力和地位的军事同盟。无论是血统传承还是后天受封的贵族——贵族是一个男男女女都需要运作的职业——穷其一生的努力就是要确保他们的家族站在社会金字塔的顶端。诺斯勋爵和达特茅斯勋爵在这一点上做得要比他们同时代的大多数人更优雅，但即便如此，他们的主要目的仍是不变的。他们的联盟不容许出现任何的争执，因为在贵族的层级中他们只能排到第二或第三层级。莱格家族和诺斯家族远非古老的贵族世家，他们获得爵位还不到一个世纪。在17世纪80年代，诺斯的曾祖父是一个杰出的律师和法官，在查理二世时期创下基业，成为第一个吉尔福德勋爵。他的儿子因为入不敷出的生活方式加上海外投资的失败，很快就败光了家财。到他在1729年过世时，诺斯家族的所有庄园都陷入了困境，不仅是洛克斯顿的主要产业，还包括其他通过婚姻而获得的产业。又过了60年，家族的债务才得以偿清：这一直是诺斯勋爵和他父亲的心病。

　　至于莱格家族，他们成为贵族也是在同一时代。作为衷心效力斯图亚特王朝海军的封赏，詹姆士二世赐予海军上将莱格男爵的头衔，而这一头衔在国王流亡海外后反而给莱格带来了麻烦。第一位达特茅斯勋爵被新国王威廉三世关进了伦敦塔，他在那里死于中风。之后，莱格家族对政坛退避三舍，只尝试过一些短暂的、不触犯他人的政治进取。他们在斯塔福德郡以及接近伦敦的布莱克西斯和肯特镇拥有庄园，但还算不上是全国的大庄园主。

　　因此，当诺斯和莱格于1754年从欧洲游学回来后，这两个年轻贵族不得不认真地为未来做打算。要想在贵族中上升，他们首先必须找到政治同盟。虽然他们都娶得不错，但是还不足以使他们飞黄腾达。安妮·斯皮克，未来的诺斯夫人，带来了一份产业，但萨默塞特的租金收益很低，并且在婚礼之前，软耳根的诺斯同意了每年向父亲支付超过2000英镑的补贴，帮助偿还家族的债务。带着这样的一份负担，他常常因缺钱而窘迫，有时不得不跑遍伦敦的大街去找人借钱。而达特茅斯娶了弗朗西丝·冈特·尼科尔小姐，来自约克郡的女继承人，不过她的财富可没有看上去那么多。由于她的庄园地处偏远且需要整修，因此两人的庄园加在一起一年也只有4000英镑的收入：舒服过日子是够了，但就一个公爵的地租收入来说实在是寒酸。

读过简·奥斯汀作品的读者都知道，这类有关金钱的恼人问题正是乔治时代的男女们所关心的头等大事。贵族虽有头衔，但若没有获得可观的财富，就别指望着显要发达。诺斯和达特茅斯都必须最大化地利用手里的资源。诺斯走入公众的视野，为了成功而努力奋斗，不仅仅是为了工资——他迫切地需要钱——更是为了成功会带给他的声望。因为缺乏财力，诺斯家族只能收买牛津郡一个选区的议会席位——靠近洛克斯顿的班伯里。班伯里总是派诺斯到下议院去开会，而没有任何人敢于站出来反对；但是，一旦当选，他就不得不学习更深层次的政治艺术，以及如何在没有金钱的支持下继续向上爬。

而达特茅斯则退隐到庄园里，只管养生，此时的他是幸运的。他住在桑德维尔，离伯明翰很近，那座城市正在迅速变成一个工业中心。多年下来，达特茅斯结交了包括马修·博尔顿在内的许多制造商朋友，达特茅斯利用自己的影响力来帮助他们为发明取得专利。虽然他自己不是企业家，但他却做得很好。随着伯明翰和伦敦城市的发展，周边的土地价格上升，这让像莱格这样在附近拥有庄园的家族富了起来。

但对这两个人来说，乔治三世在1760年登基即位才是他们更大的幸运。诺斯在孩提时代就曾和国王在一起玩，当时吉尔福德勋爵和弗雷德里克，即威尔士亲王，也就是乔治的父亲，关系很好。但这本身并不那么关键：遵循礼法的乔治三世并不会因为童年的感情就提拔某个人。而是出于一系列的原因，达特茅斯和诺斯逐渐成了国王身边的重要人物。年轻的国王和王后需要和他们一样聪明而明快的人来做朋友。他们喜欢受过良好教育的、某种特定类型的人来相伴——恭敬却不沉闷，有趣但又不失体面，聪明而又不高傲，并且和国王夫妇一样，对戏剧、音乐和视觉艺术有着浓厚的兴趣。

在国王的亲信中，侍长官詹姆斯·布鲁德内尔被国王认为完全具备这些特点。而此人是诺斯的好朋友兼邻居。布鲁德内尔是卡迪根伯爵的兄弟，来自英格兰最富有的家庭之一。1760年，他与达特茅斯的妹妹安妮·莱格结婚：这一完美的结合将达特茅斯和诺斯带入了国家的核心集团。而他们自身的社交能力加上幸福的婚姻，使得他们在一位将道德和品位都看得很重的君主那里得到了认可。

到了1772年，他们与皇室的关系已经非常密切，加之诺斯的政治才能，更是让这层关系深化了。在乔治三世看来，诺斯和他的异姓兄弟还有着另一个重要的优点。他们是牛津大学出身的，这意味着他们会忠实于英国国教。国王是一个虔诚的人，他总是担心自由思想家、怀疑论者、一神论者和浸信会教徒给正统宗教带来威胁。达特茅斯和诺斯让他找到了两个支持国教事业的盟友。国王深感欣慰，尽一切可能地奖励他们。诺斯作为财政大臣和第一大臣，从国库领取的两份工资每年总计5600英镑，这改变了他的财务状况，也令他下定决心要留任。他的弟弟布朗洛成了主教中的贵族，由国王从一个教区提拔到另一个教区，而且去的都是肥缺。当达特茅斯的小妹嫁给基恩时，因为新郎缺钱，国王就让这对夫妇住进了温莎城堡。"葛斯比事件"后不久，这一家族获得了另一殊荣，牛津大学让诺斯勋爵出任校监。牛津大学清楚诺斯得到了国王乔治三世的全力支持。

在伦敦，基恩家族、莱格家族、布鲁德内尔家族和诺斯家族是密不可分的朋友关系。他们的社交圈子不大，由相互的尊重和对国王共同的忠诚维系着。国王有恩于他们每一个家族。在这样的环境下，很难有人会产生独创的想法，尤其是达特茅斯，因为他信守基督徒的忠实。它影响到了他生活的方方面面，包括他对美国所做的决定。他的宗教信仰是真诚的，甚至令人钦佩，但这样的信仰，让他看不到别人对自由的定义。

他相信什么？评论家经常称他是卫理公会派教徒。在他的青年时代，那确实是一个准确的描述。新婚的达特茅斯夫妇深受伟大的传教士乔治·怀特菲尔德（是约翰·卫斯理的朋友也是竞争对手）的影响。他们从怀特菲尔德那里得到了两样东西：一个是情感上强烈而高度受控地相信耶稣基督，另一个是服从于掌权者的神学理论。

今天，如果还有人记得怀特菲尔德的话，那也是因为他在18世纪40年代到美国去布道。他年轻而又充满活力，走遍了东部的沿海地区，促成了福音教派的复兴，史称大觉醒运动。之后，怀特菲尔德回到英格兰，开始通过争取贵族的加入，从上层社会向整个国家传播福音教派。在卫斯理的陪伴下，他现身伦敦的各个沙龙，寻找热情的皈依者。他们发出的消息大多杳无回音，但在达特茅斯夫妇那里却不一样，他们属于怀特菲尔德最虔诚的信徒。1757年，达特茅斯夫妇无视惯例，把怀特菲尔德请到他们在切尔滕纳姆用来避暑的家中，在当地开展了他们自己的觉醒活动，这让当地的牧师大为恼火。来自乡下的人群蜂拥而至，他们在活动中哭泣、晕倒或情绪变得异常激动。当地的牧师把教区教堂的大门锁上，怀特菲尔德就跳到一块墓碑上，拿着以赛亚书布道。

严格地说，这样的事可能触犯了法律，所以尽管达特茅斯同情卫理公会，他还是逐渐回到了正规的宗教机构。到了1772年，由他赞助的一小群牧师已经在英格兰教会内部成了一个新福音派。通过主日学校，祈祷会，和面向士兵与穷人的布道，他们拥有了广泛的追随者。他们中的亨利·维恩、威廉·罗曼和马丁·马登，这些圣公会的教长被认为是当时最好的牧师。美国游客来到伦敦后，会立即赶到圣安黑修士桥去聆听罗曼先生宣讲的上帝之道。

对这些牧师宣讲的信条达特茅斯从未有过丝毫动摇。和他的导师怀特菲尔德一样，新福音派大多是加尔文主义者。在他们看来，人类是罪恶和堕落的，而英格兰是一个处于毁灭边缘的民族。"当心这个时代普遍存在的堕落"，一位年轻的牧师写道，他是马登的助理，也是达特茅斯的一个门客。被贪婪和无神论所包围，这个王国悲惨地倒在了撒旦的脚下。对达特茅斯来说，证据是显而易见的，伦敦街头站满了妓女。每周他都会到海德公园角附近一家治疗性病的机构（洛克医院）里去参加礼拜。这个机构照料染上了性病的妓女和儿童强奸的受害者。这是一个不受欢迎的慈善机构，但达特茅斯却是这家机构所设医院的赞助董事之一。由他挑选的牧师站在这个小礼拜堂的讲道台上宣讲需要圣灵重生的紧迫性。威廉·莱格在给他儿子的信中也表达了同样的信仰，"你对人的了解将会向你展示我们所堕入的邪恶"，他写道。只有一件事可以拯救罪人：耶稣的救赎。

在这样的表达被人们使用之前，达特茅斯夫妇早就是重生的基督徒了。对他们来说，人生中决定性时刻的到来就像是一道霹雳，突然间他们就感受到了上帝的大爱，并且知道他们得救了。随着时间的推移，越来越多的英国上层人士开始接受这种形式的神学。等到了世纪之交，达特茅斯去世之时，福音派运动已经不再属于非主流。相反，它成了英国国教中一支强大的力量，而能有这样的变化，威廉·莱格功不可没。

这场运动最好的一面是产生了像威廉·威尔伯福斯那样反对奴隶制的英雄。他与达特茅斯是同路中人，也曾同样跪在洛克医院的教堂里祷告。而最糟糕的一面是，福音派复兴只是强化了建立在不平等和压迫基础之上的社会秩序。在新福音派的眼中，不服从上帝安排在他们头上的统治者是最严重的罪孽。正如达特茅斯相信人类是堕落的，他相信自己不仅担当着慈善事业，也担当着法律和秩序，以及对未获救的罪人最严厉的惩罚。他在宗教圈子之外最好的朋友除了诺斯，就是一位喜欢给出绞刑判决的法官，斯麦思男爵，他也是洛克医院的另一位赞助人。念悼词的牧师说，当斯麦思将一个小偷送上绞架时，他会在判决上附上"虔诚而悲悯的训词"。在法官席上，他会提醒重罪犯"一个罪人唯一的庇护和希望是：基督的鲜血"。

同样在威廉·莱格身上我们看到了一个复杂的基督徒，充满了基督教经常会牵涉到的矛盾。虽然达特茅斯奉行谦卑，并相应地将之付之于个人生活当中，但他也享受着特权和权力带来的好处。尽管他宣扬爱的福音，但他发布的指令却开启了一场战争。达特茅斯谈论上帝的威严，同时又享受着俗世中乔治国王的恩惠。与诺斯勋爵根深蒂固的结盟使得他不可能与诺斯或他的同事决裂。这是一位效忠于国王权威的伯爵，他怎么能理解一个殖民地的农民—— 一个拿着一杆步枪和一本自己的《圣经》的弗吉尼亚州农民？在达特茅斯看来，那些质疑英国统治的美国人的灵魂已被自负这宗罪所玷污。因此，威廉·莱格所有的善良和那些模糊不清的信念组成了他对殖民地的那些灾难性的政策。

终于，在1775年年初，本杰明·富兰克林意识到了达特茅斯根本不可能为美国做什么。富兰克林用了很久才认清了这位部长，但一旦他看到了事物的本质，这位科学家明白革命是不可避免的了。在那一刻，他动身去了费城。但在1772年秋天的伦敦，没有人预见到美国的危机是如此深重，以至于最终会以流血事件告终。报纸的页面和诺斯勋爵的议程上排满了其他事情。

11月，内阁的宿敌约翰·威尔克斯几乎赢得了市长人选的年度调查：这是民主政治发出的另一个危险的警告。与此同时，东印度公司的困境仍然阴云不散。随着公司滑向悬崖的边缘，政府被迫介入。而在当时，乔治三世认为诺斯勋爵将事情处理得相当好。

第二部分

茶叶的输送

这只是一个想法的雏形，但它逐渐演变成把过剩的茶叶发送到美国的计划。但在它被完成之前，它早已被大西洋两岸的阴谋和政治诡计弄得扭曲变形了。接下来发生的故事有时就像是错综复杂的、洛可可风格的拼图，但是没有它，波士顿倾茶事件就永远都不会发生了。

第六章

东印度公司的危机

首府的资金空前匮乏。

—— 一份伦敦报纸，于1772年10月

对这代人来说，不论男子还是妇女，都会记得1772年那个漫长、干旱的夏季，直到8月下旬天气才开始出现变化。倾盆大雨开始在最糟糕的时刻降落，此时庄稼仍然高高矗立在田地里。在9月24日夜里，一场来自海上的暴风雨席卷了英格兰南部，掀翻了屋顶并洗劫了结满苹果的果园。诺斯勋爵和家人正在位于伊尔明斯特附近的迪灵顿乡间别墅度假，但他只在萨默塞特州停留了两个星期，就被召回了首都。

在那时，议会有在11月召开会议的惯例，他们为军队来年的预算投票，并以此为开端进行下一年的议题。没有任何紧迫的战争威胁，诺斯希望可以把会议推迟到圣诞节后。但在10月的第一周到达唐宁街后，他明白把会议延迟这么长时间将会是非常不明智的。各方面都有紧急事务需要处理，但是这样危急的形势也给了诺斯抢占先机、击败政敌的机会，这正合他的心意。他也许会为重大的方针政策犹豫，但在操控局面这门艺术上，没人能超越他。他到伦敦时就已经准备好用他的能力投入工作了。

"国内外事务均处于紧急状态"，诺斯在下议院的一位对手，埃德蒙·伯克写道。尽管伯克有夸大其词的毛病，对每件事的描述中，他都惯于用华丽的辞藻隐藏叙述所缺乏的严密性，但这一次他完全正确。多亏了英国央行和苏格兰公爵，夏天的金融恐慌逐渐平息下去了。虽然金融系统从发热的急症中存活了下来，但这位病人仍旧病情严重。在欧洲，粮食价格飙升，达到了50年来未见的水平，甚至在西西里岛和法国北部唤醒了农民起义的幽灵。在英国，银行业仍然脆弱，而经济衰退使破产银行的数量达到了新高。收成不好导致的食品匮乏要过6个月或更长的时间才会完全显现，因此1773年可能将要见证更深重的困境。在伦敦东区，水手们反对削减他们的工资，威胁要发起暴动，而在苏格兰，失业者们似乎也要效仿。

瑞典和波兰传回了越来越多的坏消息，罗奇福德勋爵使英国人的警钟响个不停。他说，法国舰队整装待发，将要防卫瑞典或进攻印度。不论发生哪种情况，英国人都必须以武力还击。国内政治中也有另一个让人焦虑的因素。当时伦敦正值市长选举期间，"这个巨大的、难以掌控的城镇"，就像一位上议院议员描述的那样，他提醒内阁注意大街上的麻烦。诺斯不会为那种事情过分担心：一个夏天的夜晚，一群暴民沿着唐宁街游行并打破了他的窗户，对这事件他只是耸了耸肩。但现在他不能对民众的不满坐视不理，这可能导致约翰·威尔克斯在选举中斩获全面的胜利。

没有哪届英国政府希望看到政敌成为伦敦的市长大人。只要愿意，市长可以尽情喝酒享乐，纵情声色；但如果他选择公然反抗国王和大臣们，他仍然具有这样的权力。对中央刑事法庭来说，市长和他的两个司法长官执掌着刑事审判制度，不仅市区，也就是伦敦城，而且米德尔塞克斯周围的郡县也全都落入了他们的掌控之中。纽盖特监狱也属于其管辖范围，任何逮捕或搜查都需要得到他们的许可。如果约翰·威尔克斯当选为伦敦市长，这个城市就成了他的封地，他会让他的朋友们轮流担任司法长官或接替他成为行政首脑。为了保证他对伦敦的控制权，威尔克斯可能试着在议会中建立一个新的激进派系。

在三年时间内，到1775年的春天，英国将要举行普选，而诺斯已经开始着手准备工作了，会见潜在的候选人，并试图确保他的支持者获得每个稳得席位。如果失去了首都，他将开始一点一点失去他的声望以及他对乔治三世的价值。一个新的短语，"民意"，从18世纪40年代开始在英语中出现，指的是民众的普遍情绪。在特殊情况下，公众舆论甚至可以推翻一个行政机构。如果新闻界的成员们认为一个人懦弱或者不爱国，他们可能发动无情的讨伐，用嘲笑和讽刺摧毁这个人。在人们的记忆中，两个首席部长就这样落马了。

同样的命运会降临到诺斯头上吗？伦敦报业离不开他的对手，约翰·威尔克斯，一个无尽的恶作剧和娱乐新闻的来源。到1772年，伦敦人有19种可供选择的报纸，它们的日常销量多达3万份，而读者总数也许要10倍于这个数字。无论伦敦的报纸上出现了什么消息，都会被迅速复制到各省，接着被转发到美国。因此，防止威尔克斯赢得普选的胜利至关重要，否则随着时间的推移，民众对当局的尊重会被逐渐破坏。同样，如果让媒体把威尔克斯塑造成一个英雄，诺斯的地位就岌岌可危了。

威尔克斯突然开始谋求权力。诺斯回到唐宁街时，选民们开始在伦敦市政厅聚集，进行一系列的选举来选出新的市长。约有9000名民众符合投票资格，这让伦敦政府成了英国最接近民主的政府。通常，一个由市参议员组成的核心团体会想方设法来修改选举结果，使其有利于国王和部长们偏好的候选人。这就是他们一直以来的所作所为。但是近三年来，因为威尔克斯争取下议院的席位失利了，他开始忙着组织自己的政治机器。

随着每一票的投出，威尔克斯的支持率不断上升。到10月6日投票结束，只有不足半数的选民们选择了效忠于国王和内阁的候选人。约翰·威尔克斯成了最终的赢家。诺斯和国王恼羞成怒，但目前还没有什么值得他们恐慌。他们认为威尔克斯通过欺诈手段赢得了选举，所以他们认为，在市参议员仔细审查选票的时候，他虚假的胜利就会消失。

这又是一个误判。一个煽动家，一个通奸者，甚至也许还是一个变态的异教徒，威尔克斯代表着乔治三世畏惧和藐视的一切。诺斯对他的感觉和国王的一致，可是他们对他的憎恨导致他们低估了他作为一个政客的才能。他们没有看到他真正获得的支持的广度，他博得了大西洋两岸的有思想的人们的支持。一个狡猾的自我推销者，只信任几个亲密的朋友，与许多盟友闹翻，威尔克斯不可能维系持久的政治运动。但他确实具有过人的品质和天赋——勇气，才智，在宣传方面才华横溢的天资——这些使他在短时间内成为一个可怕的对手。他的长相甚至比诺斯勋爵更丑，他完全把自己当作一名拉丁语学者。但作为一个克勒肯维尔的、富有的酒精蒸馏商的儿子，威尔克斯对伦敦的了解比任何内阁部长希望做到的更彻底。几年之内，他组织了一支广泛的城市联盟，由渴望带来改变的男性和女性组成。

一年前，威尔克斯和他的追随者们制定了一个民主改革大纲。其核心是对议会和铁腕掌权的少数精英的尖锐批判。事实上，诺斯从来没有获得过完全的控制权，他的同事们太过自私，无法形成一个完全稳固的集团。但在1772年，当威尔克斯在市政厅的演说台上发表演讲，把议会叫作"主要由雇佣兵和奴隶组成的参议院"时，听众明白了他的意思。作为一种清除腐败温床的方法，威尔克斯呼吁每年举行一次选举，出台一部反对贿选的法律，以及另一部禁止国王的官员进入下议院的法律。他们最激进之处是呼吁"给人民完全平等的代表权"。这句话意味着许多东西，但它肯定包括个别权贵对小城市的主宰的终结，就像诺斯勋爵曾在班伯里做的。它可能还意味着公民权利的广泛扩展，每位户主都有获得选票的权利。

威尔克斯阵营提出的纲领具有广泛的吸引力。经营小买卖的商贩把票投给了威尔克斯，技师、律师、西印度商人和美国贸易商也都这么做了。

　　同样重要的是，他得到了异教徒的支持，如浸信会教徒、长老会教徒等等。在伦敦的东部地区，他们的支持最为强烈，但从阿尔盖德区到哈克尼区再到伦敦城，异教徒形成了蛛网形的不信奉国教的联盟，这个联盟纵深到全国各地。他们与海港和商业重镇中的志同道合者建立了密切的联系，在纽卡斯尔市、布里斯托尔市甚至美国的陶顿市——在萨默塞特郡诺斯自己的后院，那里的异教徒尤其让人感到棘手。这些城镇，就像伦敦城一样，可能会把一位威尔克斯阵营的成员送进下议院。

　　考虑到英国政治系统的运作方式，威尔克斯阵营只可能在大选中赢得少数席位。但即便如此，他们也会给诺斯勋爵制造麻烦并让他为未来忧心。他们同样可以在大西洋的另一端为更大的反抗运动煽风点火。在美国，由衷的同情使威尔克斯阵营和爱国的反对派结盟，不仅在查尔斯顿，还在弗吉尼亚州和新英格兰。在殖民地，男子和妇女对伦敦的政治保持着敏锐的关注，而波士顿尤甚，那里的激进分子对神和政府持有同样的态度。爱国者领袖塞缪尔·亚当斯——失败的生意人，非常不称职的税收官，却是激昂的记者以及杰出的政治家——在伦敦有两名美国联系人，来自弗吉尼亚的亚瑟·李和威廉·李。两人都隶属于威尔克斯的核心集团。而威尔克斯阵营和亚当斯在波士顿的盟友约翰·汉考克之间存在着更为紧密的联系。作为亚当斯在伦敦的代理人，汉考克十分器重一位商人，乔治·海利，他既与长老会有深厚的渊源，又住在阿尔盖特弟兄会教堂的附近。威尔克斯正是他的妹夫。

　　每当约翰·威尔克斯夺取了新的政治阵地，他的美国崇拜者都认为得到了更多反抗帝国的理由。他的每一个胜利，包括市长选举，都在波士顿海滨引起了巨大的反响。英国内阁知道这种情况——来自殖民地的剪报常常满是关于他的话题，但他们并没领会到它的全部意义。在适当的时候，李氏兄弟将会煽动一场叛乱，但这还是两年之后的事情。虽然当局知道他们二人，但他们活动的范围直到1774年才被全部弄清楚。在此期间，诺斯勋爵和他的同事们几乎对李氏兄弟的能耐一无所知。在他们看来，美国最多只能算得上第二号问题。在他们的清单上首屈一指的大麻烦，是东印度公司。

资金匮乏的困境

一年多来，茶叶市场已经接近了崩溃的边缘。在1772年秋天，这一刻终于到来了。在7月份，汤姆森船长驾驶着加尔各答号，带着大量从广州装船的茶叶到达了泰晤士河畔。到8月底，归来的另外十九艘商船和加尔各答号并排停泊在河里，安全但遭到恶劣天气的侵袭。他们总共带回了9万箱茶叶，两倍于英国合法茶叶市场上消费者一年时间的消耗量。而上一季度的茶叶拍卖已经积压了无法售出的巨量茶叶。当9月的拍卖开始，武夷茶的价格下跌了20%。

即便到那时，东印度公司仍然可以通过出售茶叶获利，却不足以偿还所有债务了。公司的金库中空无一物，欠账却是天文数字，而随后的银行业危机又导致公司无钱可借。来自四面八方的债权人要求公司偿还现金，随着经济衰退的持续，其中许多人已经为金钱不顾一切了。

从船抛锚停泊的那一刻起，船主就要为工资和运费开具付费凭证，但甚至从1771年开始，公司就无力偿还账单，更别说为刚刚返回的舰队支付费用了，这可是有史以来最大的一支派到中国的舰队。与此同时，财政部向公司索取春季茶叶贸易产生的巨额海关关税。此外，政府想要两倍于关税的钱来支付另一笔由公司造成的巨额债务。1766年，政府得到来自罗伯特·克莱夫的消息，公司获得了在孟加拉收取土地税的权利——"迪旺"，政府要求也分得一杯羹。公司无奈地向皇室支付了高昂的朝赋，但作为交换条件，公司要求在税收方面得到减免。因此，在五年之内，正如我们前面看到的，政府削减了茶叶贸易的税收，作为打击走私者的手段，走私者偷窃了公司的业务。但财政部增加了一个附带条件：公司必须承

东印度公司位于伦敦利德贺街的总部，现位于伦敦劳埃德保险公司的领地，来自作于1777年的版画。

诺，补足国王应得的税收的差额。

在1772年秋天，这条法案到期了。在往常年份，公司能从3月的拍卖中获得大量现金，但现在伦敦贷款稀缺，经销商无法为他们购买的茶叶买单。这已经够糟糕了，但从亚洲到来的消息却更糟。从印度回国的商船带回了孟加拉的账单，总额超过了100万英镑，收款人包括在伦敦的银行家、商人和老兵，包括克莱夫在内，他们要求立刻拿到属于他们的钱。

说白了：东印度公司已经非常接近破产了。公司可能由于各种原因被起诉，但没人能在记账方面挑出错来。它的账本和总账得到了妥善保管，用无可挑剔的书法记录下来并用红色的皮革装订成册，每一条账目都分毫不差。当所有的数字累加起来，我们发现这家公司需要在接下来的12个月内支付300万英镑才能偿还所有的借款。公司的现有资产，包括现金、应收账款和闲置股票，加起来只比债务总数的一半多一点。在21世纪，我们已经变得习惯于看到金融机构破产，背负着几乎让人无法理解的巨债。在

1772年，民众也表达了同样的愤慨和恼怒。

9月中旬，当诺斯还在萨默塞特郡，公司的股票价格开始下跌。到9月18日，下跌变成了崩溃。然后，就在大风暴从英吉利海峡登陆之前，公司召集股东，公布了这个坏消息。董事会主席乔治·科尔布鲁克爵士终于承认，公司已经陷入了"资金匮乏的困境"。即便此时，他也不肯透露具体数字：他只是警告说，下一次分红将会被推迟。

一位访客把公司的股东大会称作"我所见过的最暴力、最混乱的集会"。9月23日中午开始的会议中，激辩持续了四个小时。与会者威廉·克莱顿跳出来，用毫不留情的雄辩对董事会进行劈头盖脸的指责，他的口才为他赢得了"演说家克莱顿"的称号。他一次又一次警告公司行将毁灭，也一次又一次被拖出门外。他要求建立一个新的委员会，由九名独立的商人组成，由委员会来调查董事会的不端行为。

到会议结束时，科尔布鲁克、约翰·普灵和劳伦斯·萨利文仍然大权在握。克莱顿头破血流但仍不屈服，暂时撤退并寻求支援，以期在下次机会中继续斗争。在激烈的辩论中，他赢得了一个战术上的胜利，科尔布鲁克被迫透露，正在与财政部进行磋商，计划动用公共资金来拯救公司。事实上，这是科尔布鲁克先生撒的另一个小谎——诺斯勋爵还在度假，还没有与他进行过任何磋商——但从那一刻起，公司的困境已经被上升到了政治高度，就像国家的财政问题一样。

日复一日，危机愈发深重。东印度公司销售茶叶和丝绸的营运资金，开始完全依赖英国央行的贷款。但银行自身也面临沉重的压力。自从弗迪斯销声匿迹，满心担忧的男男女女要求用票据换取黄金，金库里的黄金已经日趋枯竭。而银行要想保持信贷资金的流动，只能借钱给它认为值得挽救的公司。它开始越来越担忧自己对东印度公司敞开的大门。

10月5日星期一，英国央行会见了公司高层，就公司透支的60万英镑进行商谈。警惕着科尔布鲁克的花招，怀疑公司账目的真实性，银行要求公司用销售茶叶获得的现金作为还款的首付。在未来，它只会借给公司"合理的临时性救助"，这意味着不会超过10万英镑。银行还设定了一个还款的最后期限，到12月底必须偿清余款。那天晚上，诺斯勋爵给他的父亲写了另一封信，倾诉他的苦恼。他说，必须召开议会会议。所有消息都"让人非常不快，"他写道，"即便有众多荣誉相伴，办公室里的烦心事已经多到让我忧郁。"

第二天，也就是10月6日，来自牛津大学的代表团造访，任命诺斯勋爵为牛津校长。但愉快的晚餐几乎还没结束，他们就得到了一个坏消息，威尔克斯已经在竞选市长的最后一轮投票中胜出。10月7日，诺斯召开了内阁核心会议，听取罗奇福德关于战争风险做出的可怕评估。尽管他们急切希望避免战争，但他们起草了一份措辞强硬的报告发送到巴黎，警告法国人，只要他们的舰队进入了波罗的海，那么英国将会派出自己的海军迎敌。

第二天早上，诺斯勋爵和科尔布鲁克爵士进行了第一次令人沮丧的会谈，科尔布鲁克爵士在破坏公司生意方面做出的贡献可谓不小。乍看之下，诺斯和科尔布鲁克似乎都属于同样的特权精英，但事实上，他们几乎没有什么共同之处。在社会阶层和社会观念上，世袭的贵族和东印度公司的暴发户之间存在着巨大的鸿沟。"该死的东印度公司"，罗奇福德勋爵这样称呼它，说出了其他享有封地的贵族的心声，他们之中绝大多数人只是象征性地持有少量的公司股票。

在投机时代，贵族很容易失去他们的财富，比如通过赌马或赌牌，但他们通常会和东印度公司保持一定距离。只有一位内阁成员，桑威治勋爵，对公司事务存有个人兴趣。约有1/3的公司股票实际上是属于外国人的，主要是荷兰人。在英国，持有股票最多的主要是伦敦商人，像克莱夫一样的印度通，或者像科尔布鲁克一样的商人——而科尔布鲁克与粗俗的暴发户无异。科尔布鲁克爵士自己经营着一家周转不灵的银行。在公司繁荣的顶点，许多投机者都在苏格兰和格林纳达购买了土地，而乔治也是其中之一。

　　像布朗洛·诺斯一样，乔治·科尔布鲁克娶了一位来自安提瓜岛的女继承人，但他与诺斯家族的相似之处也仅止于此。约翰逊博士的朋友斯雷尔太太了解科尔布鲁克，她为他的性格作了一幅很好简笔素描。科尔布鲁克先生是一位"短小精悍、衣冠楚楚的男士"，总是穿着时髦，她写道，他穿着绿色的外套，白色的背心，看起来就像"菠菜里包着羊羔的腿"。尽管非常富有，科尔布鲁克似乎总是没有闲钱。出席筹募资金的聚会时，他有一个恼人的习惯，就是向别人借一个基尼然后再捐出去。但让斯雷尔太太印象最深刻的，是他的极尽奢靡："他的妻子满身珠宝，他的孩子们对各路大师名流感到厌烦，他买了很多价值不菲的画作，所有这一切都是贪婪，都是富贵。"

　　所以乔治爵士不能指望从国家领导者那里得到一丝同情。当美国历史学家描述导致波士顿倾茶事件的原因时，他们有时认为国王和他的部长们急切希望帮助东印度公司，甚至诺斯和他的同事们参与了公司的贪腐。事实上，乔治三世极其厌恶东印度公司。他是一位品味简单的君主，每天早上给自己的壁炉点火，穿得像个乡绅，每晚11点上床睡觉，他相信这个国家最好的国民是农民。在他看来，英格兰以诚实经营的农业为核心，像科尔布鲁克这样的投机者从来不能为国家代言。用与斯雷尔太太类似的语言，国王使用"掠夺"这个词来形容导致东印度公司濒临崩溃的不端行为。虽然诺斯勋爵为人处世更为圆滑，但他对公司董事们怀有同样的厌恶。

　　远非想要帮助他们，国王和他的朋友们认为公司遭受的损失完全是咎由自取。他们满心不情愿地参加谈判，制定拯救公司的方案。在10月8日的会议上，科尔布鲁克直截了当地告诉诺斯，公司无法偿还债务，其中当然还包括欠财政部的钱。对财政部来说，这倒不是灾难性的事件，因为在英国，当一家公司倒闭时，税收官总是能获得其剩余资产中最有价值的部分。在极端情况下，诺斯勋爵可以没收公司仓库里的每一磅茶叶和每一尺丝绸。然而，出于多种原因，内阁感到有必要进行干预，尤其是因为印度可能落到法国人手中。

　　然而可悲的是公司管理着孟加拉，一个如此丰饶的省份不能被放弃，而一个破产的公司也不能维持孟加拉的军队。至于公司的中国贸易，公司每年为进口的茶叶缴纳的税款约为80万英镑，约为政府年收入的7%。如果东印度公司倒闭了，英国民众仍会继续喝茶并支付税金，但一旦库存的茶叶告罄，谁会为到广州的航行支付经费呢？法国和荷兰可能介入，增加他们自己的东方贸易，用更多的走私茶淹没英国和殖民地。事实上，《公共广告报》从阿姆斯特丹发来的一份报告称，荷兰人正在给海军装载补给品和弹药，打算把它们派往位于开普敦和爪哇岛的据点。英国经济遭到的广泛威胁，这使内阁更加迷惘。贸易已经如此萧条，公司的破产可能会释放一波不可挽回的冲击。通过他们与英格兰中西部各郡磨坊主的联系，达特茅斯勋爵和高尔勋爵知道情况有多么糟糕，马修·博尔顿悲观的来信中提到，伯明翰地区已是一片荒芜。

　　最后是出于政治方面的考虑。虽然形势看起来黯淡无光，但至少它给了诺斯推动东印度公司进行改革的机会。自从公司被授予"迪旺"，财政部长换了一任又一任，每位部长都对印度事务感到越来越焦虑。如此至关重要的企业，行事不能随心所欲，尤其是当它的所作所为不仅令公众震惊，同样也让国王震惊时。自从孟加拉饥荒的消息传到国内，报纸上满篇都是关于印度人民遭受勒索和苦难的故事。受到报刊的奚落，乔治·科尔布鲁克爵士和他的朋友们成为人们憎恨的对象，但政府要想进行干预却并非易事。

　　因为公司持有皇家特许状，对公司实行新规定必须要有议会的法令。直到此时，诺斯勋爵一直不愿意尝试通过所需的法令，尤其因为他可能无法赢得此次选举。尽管上议院的议员们可能和公司没有瓜葛，下议院的五十名成员都持有公司的股票。与公司其他董事会成员一样，科尔布鲁克也是议会议员，通过在印度提供报酬丰厚的工作的方式，他四处散发礼物和好处。在英国北部他也做了同样的事情。坐拥在苏格兰新购的地产，科尔布鲁克渴望成为当地大亨，与阿盖尔郡公爵和公爵夫人比肩——他们控制着一批对他们十分忠心的议员。

因此在某种意义上来说，东印度公司的危机却是诺斯的福音，虽然是在厚厚的伪装之下。渐渐地，他的想法开始成形。作为换取纳税人贷款的代价，诺斯可以击败科尔布鲁克并挟持公司。诺斯可以要求改革，获得对印度事务的发言权，让新的董事听命于白厅。但即便此时，尽管英国央行背地里已经火冒三丈，科尔布鲁克仍旧闪烁其词。黑暗的谣言开始流传——由克莱顿和他的朋友们进行散播，关于一年前的不当交易——在公司谎报孟加拉账单的同时，科尔布鲁克偷偷购买公司的股票以防止其价格下跌。10月9日，诺斯勋爵要求查看公司所有的账目，但花了近一个月的时间，所有数据才总算到位。

"财政部每天都下令让公司的印度支部提供文件"，埃德蒙·伯克写道，但文件中所包含的数据是混乱难懂的。在公司的管理层吐露关于资产负债表的真相之前，诺斯不得不在财政部的会议室里对他们进行了两次长时间的讯问。终于，在11月13日，公司得出了确定的数字：他们立即需要54万英镑，并且在1773年还需要一笔大得多的资金。此时，距离11月26日召开的议会会议不到两个星期，到那时公司的损失将被公之于众。

对董事们怒不可遏，国王敦促诺斯勋爵不能对改革做出任何妥协。"现在丝毫的动摇都将是可耻的，是对公众的毁灭"，他告诉他的首席部长。与此同时，街道上的气氛已经每况愈下。食品价格仍在急剧上涨，首都将要见证又一场暴乱，任何对约翰·威尔克斯的回绝都会将其触发。就像诺斯和国王预期的那样，市参议员认定足量的威尔克斯的选票无效，阻止了他成为市长。在11月9日傍晚，内阁选择的候选人举行了就职演说。由失业的海员领头，一大群人聚集在市政厅外。他们点燃篝火，剥去客人的假发，试图强行进入市政厅。"该死的流氓市长，"一个人叫道，"他窃取了威尔克斯的胜利，我们应该把他轰出去。"当民兵反击暴民时，新市长也跑出来挥舞着他的佩剑。

纽盖特监狱里关满了暴徒，议会会议临近开幕，而报纸密切关注着东印度公司的事务。社会上开始出现关于解决危机的方案的只言片语，其中包含一些先进而巧妙的观点。渐渐地，所有观点汇聚到了一个中心主题上。虽然公司缺乏资金，它已经获得了存量巨大的茶叶，而且在下一个夏天将会有更多茶叶被运回来。必须找到一种手段，兑现茶叶的价值，从而释放大量的资金来保证公司的运营。

在董事会中，绝望的劳伦斯·萨利文想出了一个计划，以茶叶作为抵押品从阿姆斯特丹的银行贷款：这是一个相当蹩脚的提议，因为较大的荷兰银行也都接近破产了。一个同样没有希望的提议来自科尔布鲁克，他想向英格兰的投资者们再融资150万英镑。伦敦的资金如此紧缺，这当然是不可行的。然而，当这些空中楼阁式的想法在人群中传来传去时，一个更切实际的计划已经开始出现了。在9月下旬，一个自称"合理消费者"的作家在报纸上发表了一封信，提出了一个有效观点。在伦敦，批发武夷茶的价格为3先令4便士1磅。在阿姆斯特丹，因为那里的税收微乎其微，相同的一包茶叶只需要1先令8便士。

众所周知，这样的情形导致巨大的黑市逐渐蚕食公司的地位。解决方法显而易见：要在欧洲反败为胜，就要把伦敦的茶叶价格削减到相同的低价，即便这样做会使公司蒙受暂时的损失。通过让便宜的茶叶充斥市场，公司将把走私者逼得走投无路，从而削弱他们在中国贸易中的竞争力。

这只是一个想法的雏形，但它逐渐演变成把过剩的茶叶发送到美国的计划。但在它被完成之前，它早已被大西洋两岸的阴谋和政治诡计弄得扭曲变形了。接下来发生的故事有时就像是错综复杂的、洛可可风格的拼图，但是没有它，波士顿倾茶事件就永远都不会发生了。

第七章

辉格党、西印度商人和
托马斯·哈钦森

我不可能对东印度公司的繁荣无动于衷。

——乔治三世，于1772年11月26日

11月25日，乔治三世从位于皇家植物园的夏宫返回了伦敦。第二天，他召开了议会会议。随着天气越来越冷，英吉利海峡的风暴把法国人困在了他们自己的海港里，战争的威胁因此消退了。在农作物的收成如此之低的一年过去之后，政府必须找到一种方法来降低面包的价格——"只要是人类的智慧能产生的办法，来减轻穷人的困苦。"用国王的话这样说——但印度问题却成了这次会议的主题。

诺斯勋爵还没有决定如何处置东印度公司。但在政治上，他的手里握有一副好牌，接下来的几个月里，他要用这副牌大显身手了。接下来的九年里，尽管感到阵阵绝望，诺斯从未在下议院的辩论中失利，不论这个议题是关于国家政策的、关于印度的、关于殖民地的还是关于财政的。有时，有人会投反对票，但从来没人会在足以威胁到政府的重大议题上投反对票。在大街上，威尔克斯阵营的人有可能让马匹受惊，但议会里的反对派却很少可以弄出一点动静。他们就是罗金汉姆辉格党人。直到殖民地全部独立，他们从来没能打破诺斯勋爵对议会的控制。

有时，辉格党人鼓励自己奋起反抗，就像在战争爆发之前，他们在一系列伟大的辩论中所做的那样。但这些辩论发生在1774到1775年之间，在波士顿人毁掉茶叶之后，也许那时已经太迟了，无法阻止事件向战争方向发展。事实上，他们防止这场灾难最好的机会很早就已经出现了，在1773年，然而他们未能抓住这次机会，这完全是他们自身不足的可悲反映。

战争在康科德爆发的三年之前，英国的政治法则并没有发生实质性的改变。其本质内容是：虽然诺斯勋爵总是得到大多数人的支持，但存在这样的情况，只是因为他远比为罗金汉姆侯爵更为努力地赢得每一场政治斗争。上议院，也就是贵族院，由167位世袭的贵族和温顺的英国国教主教组成，其中包括布朗洛·诺斯。虽然国王和内阁几乎总是可以指望在辩论中取得胜利，但罗金汉姆侯爵拥有一批非常有实力的支持者——如果部署得当——也许就可以阻止茶叶被输送到波士顿，也就阻止了战争。

在18世纪，上议院很少否决政府提出的措施，但这样的情况有时也会发生。在为了废除《印花税法案》进行的漫长辩论中，贵族们两次动用了这种权利——在这两次情况中，他们支持桑威治和萨福克，支持他们对殖民地的强硬立场——而罗金汉姆党人本可以在1773年发动反击。他们能在上议院争取到多达30票的支持，而因为常常有超过一半的议员不参加投票，一旦诺斯勋爵走错一步棋，他们可能就会出奇制胜。罗金汉姆党人包含老辉格党寡头政治的余党，他们在之前乔治一世和二世的领导下，和罗伯特·沃波尔爵士联盟，统治着这个国家。倾向于与殖民地达成和解，他们通常比达特茅斯和诺斯勋爵这样的人要富有得多。如果他们希望，罗金汉姆党人可以通过上议院阻止英国出台对美国具有压迫性的政策，并且最终他们试着这样做了，但可惜到那时才想要挽回危机，为时已晚。

他们的弱点在于领导。有名无实的领袖，反对派指望着的查尔斯·沃森–温沃斯特，罗金汉姆家族的第二位侯爵。六年前，在出任首相的短暂时期内，他废除了印花税并通过了对美国的《宣告法》。像高尔侯爵一样高贵端庄，这位侯爵每年都能从爱尔兰威克洛郡的地产获得丰厚的收入，而从约克郡和英国的中部地区富含煤炭的原野上，他获得的收入甚至更多。但是到了42岁时，他花在忧郁症上的时间就要远远多于花在政治上的了，他每年都要请长假到巴斯的温泉圣地疗养。[1]

罗金汉姆家族所有的侯爵都痴迷于跑马的乐趣，在唐卡斯特的赛马会或是纽马克特的山丘上，他的马鹤立鸡群。但他的政敌嘲笑他在上议院糟糕的演讲——高尔对桑威治说过，侯爵是一个"可怜的哑巴"——而他的朋友们也对他没精打采的模样感到绝望。总是跟在他的小马驹和猎狐犬后面，埃德蒙·伯克被他视为最喜爱的伙伴。尽管伯克具有雄辩的口才而罗金汉姆家族拥有雄厚的资金，辉格党还是在每个他们试图跳过的障碍前面都摔倒了。被一位慵懒的侯爵领导，他们背负着沉重的包袱：势利和利己。这使他们对美国将要出现更多麻烦的警报没能及时做出反应，包括"葛斯比事件"：他们几乎完全没有注意到它。

在下议院，罗金汉姆党人的追随者要比在上议院少得多。下议院有558名成员，其中有513个席位来自英格兰和威尔士选区，其余45个来自苏格兰。在诺斯勋爵和他在财政部的同事们背后，有一群忠诚的下议院议员，人数约有150人，他们从来不会在任何严肃的问题上投票反对他。他们之中包括来自陆军和海军的军官，领薪水的政府官员，以及来自沿海地区的议员——他们得到了邮局或海关的公务员选民的支持。另有20人属于布卢姆斯伯里派，高尔和他的朋友们控制着这些席位的选票。还有40多人是乔

---

[1]　在约克郡，罗金汉姆的住所也许是当时最好的英国乡间别墅，坐落于巴恩斯利和罗瑟勒姆之间，巨大的帕拉地奥风格的豪宅：文特沃斯林屋。

治·格伦维尔的老盟友，格伦维尔是《印花税法案》的缔造者，最近去世了。他们很可能也倾向于支持内阁，部分因为萨福克勋爵曾经是格伦维尔最得意的门徒。

　　把这些合到一起，诺斯勋爵获得了超过两百个下议院成员的支持。加上来自苏格兰的议会议员——他们大多数都非常温和，支持诺斯的总人数上升至近250人。但这只是在理论上，在实践中诺斯勋爵永远不能指望靠他们赢得一场辩论。比如，后来当他要求议会批准对美国实行最强硬的政策时，超过40%的议员没有投票。鉴于这种冷漠的程度，反对派有时也有机会让政府措手不及，如果它能召集所有盟友的话。

埃德蒙·伯克，作于18世纪60年代末的肖像画，正好在他将满40岁时。来自印刷的约书亚·雷诺兹爵士的画作。（美国国会图书馆）

在下议院的反对派中只有几个人——最多不超过六个——拥护激进的思想，类似于威尔克斯阵营的那些想法。另一个帮派效忠于一位古怪的老战士，他在自己的时代领导了对法国的军事行动。接近精神错乱，查塔姆勋爵——也就是老威廉·皮特，他的另一个名字——在政治舞台的边缘生着闷气，不时像《哈姆雷特》里的幽灵一样显形，然后又归于沉默，消失在阴影里。美国人把皮特视为朋友，因为他在从加拿大驱逐法国人的过程中扮演的角色，以及他对《宣告法》的坚决反对。事实上，查塔姆勋爵也是一个极其自负的人。在七年战争期间，他的表现无人能比——英勇、坚定、鼓舞人心——但他却不善于应付枯燥的日常工作，以及在和平时期做出政治方面的妥协。他在议会也有一群支持者，但人数甚少。

在他们之中，激进分子和查塔姆同盟只有十几个下议院的席位。因此，作为反对派的任务再次落到了罗金汉姆辉格党肩上。在诺斯就职时，他们的人数约有120人，在他们看来，他们为自由代言。他们甚至有一个宣言——出版于1770年的《对令人不满的现状成因的思考》——埃德蒙·伯克在其中总结了让他们凝聚到一起的信念。根据伯克和罗金汉姆侯爵的说法，国王和他的朋友——诺斯、桑威治以及其他人——从事着破坏宪法的活动。他们打算创造伯克称之为"徇私舞弊"的体系，在这个体系中，为了报答国王赐予的工作、等级、头衔和提拔，议会将会沦为王室的奴仆。

作为一位英语散文大师，伯克传达了一个发人深省的图景，世界上的正义和自由总是因为权势者的密谋而受到威胁。说这些话的时候，他几乎和威尔克斯阵营的人一样激进，而在美国，他发现很多人赞同他的观点。他的观点在殖民地得到了广泛的传播，那里的人们汇入了反对英国王室的浪潮。[1]同样，那里的舆论也开始相信，诺斯和国王一心想要破坏自由。

虽然思想美好而灿烂，但如果提出它们的人不能把它们变成选票，那

---

① 尤其会这样，是因为埃德蒙·伯克是殖民地纽约在伦敦的代理人。在该书出版几个月之后，《普罗维登斯公报》印发了一条该书的书评，而波士顿的报纸也频繁援引伯克的著作。

么这些想法在英国政治中也就无关紧要了。埃德蒙·伯克有许多朋友和崇
拜者，但不管他具有多少智慧和多强的遣词造句的能力，在事关紧要的地
方——下议院的投票厅里，他的追随者们一点忙也帮不上。诺斯勋爵拿下
了一个又一个的胜利——比如他的财政预算和《皇家婚姻法》——罗金汉
姆辉格党人开始灰心丧气了。

　　到1772年11月，他们的核心团体占有的席位已经下降到少于60个。但
即便在那时，罗金汉姆党人在特殊情况下仍能取得胜利，因为下议院仍然
包含100个独立的成员，主要是来自郡里的乡绅。一次又一次，乡绅们都有
机会可以反抗，对诺斯勋爵投出反对票。如果伯克和他的同事们在反对政
府的时候做出过一件令人信服的事情，他们就可能获胜。但就像在关于印
度的辩论中显示的，罗金汉姆党人困惑而士气低迷。"对于有关政治的事
务，我从未像此刻感到如此苦恼"，罗金汉姆侯爵在议会召开前的一周写
道。他觉太过痛苦，以至于无法启程去伦敦。这位病人备受折磨，与他的
狗和罗金汉姆夫人留在约克郡，让他的政党陷入了困境。

　　看起来也许奇怪，无论诺斯提出了怎样的管理计划，辉格党必须为保
护东印度公司找到充分的理由。罗金汉姆辉格党可以将危机归咎于政府，
指责政府从公司榨取了过多的钱财，并且未能为其提供军事援助。作为一
个原则性问题，他们也可以提出公司受到皇家特许证的保护，罗得岛也曾
用几乎相同的方式为自己争取平等。求助于他们的元老，17世纪的哲学家
约翰·洛克，辉格党可以争辩宪章是神圣的，是对乔治三世和缔约者具有
约束力的合同。最后，如果他们希望更进一步，伯克和他的朋友们可以发
动他们拿手的反对自负的国家权力的辩论。他们可以谴责诺斯的改革计划
只不过是另一个阴谋，想要利用孟加拉的税收来满足他自己以及国王的
野心。

　　在议会他们可以这样做，但如果他们这么做了，罗金汉姆辉格党将会
招致政治上的自杀。公众舆论对东印度公司如此愤怒，谁会听他们说些什
么呢？"很多多愁善感的人，因为东印度公司的仆人在孟加拉的苛政——

这不光彩的一面，也加入了请愿的队伍，要求必须对公司采取一定的限制"，侯爵在给伯克的信中写道。如果辉格党提出了任何不同的观点，公众会认为他们是出于自身肮脏的动机才会支持东印度公司的奸商的。于是，正当罗金汉姆党人犹豫不决的时候，诺斯勋爵的妙举让他在国王面前又露了一手。

11月26日，国王召开议会，诺斯勋爵做了发言。他本可以立即提出改革公司的新法案，但取而代之，他做了一件更有效率的事情。他要求成立一个小的保密委员会，由议会中具有金融方面专业知识的成员组成。他们将被授权查看所有东印度公司最敏感的文件和账户。他们的任务是找到公司发生危机的原因，并在3月底前向议会做出报告。

凡是通情达理的人都不会反对这项提议。当罗金汉姆党人这么做时，他们很快遭到惨败。埃德蒙·伯克的雄辩"无人能及"，一位观察者说，但是他的政党以70票的差距输掉了辩论。此时，圣诞节的到来中断了议程，辉格党人已经陷入了彻底地混乱："恐慌袭来，从关于东印度公司的每一个方面"，一个罗金汉姆辉格党人在那时这样写道。

到3月底的时候，委员会提交的报告堪称此类文书中的典范，简明透彻。与此同时，因为辉格党陷入困境而产生了一个决定性的后果，导致了后来的美国独立战争。因为辉格党的抗争宣告无效，反对派的接力棒被传给了另一个党派，一群伦敦的异议分子，他们想出了把茶叶直接输送到殖民地的计划。他们是苏格兰人，但他们远非普通的王权拥护者，像许多苏格兰的政客一样，他们组成了一个动态的小党派。

上面提到的苏格兰人持有东印度公司的股票，他们在议会中占有一小部分席位，而且他们与美国也有自己的联系。他们发现威廉·克莱顿是一个好战的利益谋求者。从伦敦城开始，克莱顿和他的同胞们为接下来要做的事情展开了谋划。他们表现出了罗金汉姆党人难得的精力，却仍然败给了诺斯勋爵的计谋。

赫里斯计划

并不是每个苏格兰商人都被逼到了濒临破产的边缘。39岁的威廉·克莱顿属于英国北部的企业家，他们在蓬勃发展的殖民地贸易中发家致富。作为爱丁堡一位富裕的马鞍制造商的儿子，克莱顿搬到了爱丁堡南边的伦敦居住，在那里他成了进口糖商、保险经纪人和股票操作员。每年泰晤士河都会迎来从牙买加和加勒比其他群岛到来的数以百计的船只。从事糖贸易的商人形成了一个富裕而充满活力的团体，克莱顿也是其中一员。

他成了格拉斯哥最大的商业行号在伦敦的合作伙伴，这家公司叫亚历山大·休斯顿公司，他们在烟草贸易中积累了原始财富。他们用船把货物运到大西洋的另一端——砖块、靴子、苏格兰鲱鱼——输送给英属西印度群岛的种植园主并带回糖、朗姆酒和棉花。他们还借给奴隶主抵押贷款。当种植园主无法偿还债务时，休斯顿公司将会取消抵押品的赎回权。因此，随着时间的推移，克莱顿和他的合作伙伴们自身也成了奴隶主，在尼维斯岛和格林纳达拥有种植园。

在闲暇的时间里，克莱顿对政治产生了野心，他后来成了伦敦的市议员和司法长官。就像许多其他在加勒比地区有生意的伦敦商人一样，他与约翰·威尔克斯结成了松散的联盟。他这样做，我们可以合理地假设，是因为威尔克斯阵营强烈反对天主教和法国。对任何加勒比海地区的英国人来说，海地的法国人仍然是一个挥之不去的威胁。正如我们看到的，威尔克斯阵营和格林纳达以及其他地方的殖民据点结成了天然的盟友。而与威尔克斯结盟的另一个原因是，他领导的运动明显为克莱顿这样的人提供了赖以容身的立场：克莱顿也不属于享有封地的精英。

到1772年初，克莱顿已经成了一个压力集团的成员，这个团体叫作西印度商人协会，成员们每个月见面讨论可能从政府寻求到何种好处。在3月3日，这个集团接待了一个伦敦最大的茶叶批发商组成的代表团。这些茶商只经营合法买卖，支付了所有的税金，他们注定会因为新英格兰以及其他地方繁荣的走私贸易而损失惨重。对茶商们来说，西印度商人也痛恨荷兰人，荷兰人利用加勒比海的岛屿作为在北美洲内外走私糖蜜和朗姆酒的中转站。这两群商人有着共同的利益。所以西印度商人协会同意去游说诺斯勋爵，请求他通过降低出口到殖民地的茶叶的价格，以帮助消灭走私贸易。

因此，当茶叶危机在秋天开始时，克莱顿有充分的理由进行干预。他想拯救东印度公司，使它不受政府的控制；他想保护西印度的合作伙伴，并树立自己的政治声望。但罗金汉姆辉格党明显的无能，使他需要其他盟友来实现自己的目标。在1772年秋天，他找到了盟友，一个来自他家乡的有声势的小王朝。他们是来自苏格兰的约翰斯通家族，克莱顿与他们在关于东印度公司的辩论中结成了联盟。克莱顿与约翰斯通家族共同发展出了一个理念，应该把过剩的茶叶输送到美国：不是作为帝国镇压殖民地的武器，而是作为实现自己商业目标的手段。

在英国，这一时期的历史中很难找到政治英雄。然而，不时地会出现一些活跃分子，不论他们犯了多少错误，至少他们拥有反抗精神。这样一个富于反抗精神的家族，约翰斯通家族来自邓弗里斯郡一个遥远的山谷。在1745年的叛乱中，他们与詹姆士二世党人结盟，因此这么多年来他们承受着外界的怀疑。他们的财产是位于埃斯克河谷的贫瘠荒原，仅仅适合于放牧山羊和绵羊。正因如此，约翰斯通家族不得不富于创造力。一个具有无政府倾向的让人着迷的家族集团中产生了极度活跃的三杰：威廉、约翰和乔治三兄弟。从孟加拉到墨西哥湾，他们在自己生活的时代留下了深远的影响。值得称赞的是，他们是议会中为数不多的预见到美国革命的成员，他们也曾经试图阻止后来的战争。

像许多其他苏格兰人一样，约翰·约翰斯通远赴孟加拉为东印度公司服务。他被派到达卡征收土地税——达卡是现代孟加拉国的首都，他做得相当不错，通过把税收转移到自己的口袋里发了财。险些因为欺诈被起诉，他不得不回英国。为了洗清罪名，斯通家族与公司的董事会展开了一场漫长的斗争，由约翰粗鲁的哥哥乔治带头，他曾是一名海军军官，在海上因为不顾后果的勇猛而闻名，"易怒、过激而又暴力，他可以是温暖而热情的朋友，但也可以是不共戴天的仇敌"，同时代的人这样评价他。乔治赢得了议会选举，在议会里他可以为他的家族出力。在议会里，他也很享受掌握殖民地第一手资料的特权。直到他因煽动印度战争而被召回英国，乔治·约翰斯通一直在新殖民地西佛罗里达担任彭萨科拉的州长。在议会罕有地讨论美国问题的时候，他总会出面干涉。

在下议院里，经常坐在约翰身边的是他的哥哥威廉，三兄弟中最富有的一位。与一位富有女继承人结婚后，他承袭了她的姓氏，成为威廉·普尔特尼爵士。作为房地产开发商，他雇用罗伯特·亚当作为他的建筑师，在伦敦和巴斯创造了另一笔财富。他还在西印度群岛购买了从法国人手里夺来的土地。像这个时期的许多人一样，威廉爵士和他的兄弟们是时代的弄潮儿，他们都把这次金融危机视为难得的机会。

随着这年接近尾声，这场危机似乎进入了一个新的、也许是更丑陋的阶段，但也是约翰斯通家族希望事情向着对他们有利的方向发展的一个阶段。11月下旬，议会召开两天之后，媒体传出了关于毁灭性飓风的消息，这是在人们的记忆中最严重的一次。它在8月底袭击了向风群岛，然后又横扫大西洋，带着大雨终结了英国的干旱。在安提瓜岛，风暴摧毁了停泊在港口里的所有船只，把地里的甘蔗撕成碎片，刮倒了房屋、工厂和棚屋，杀死了田地里的奴隶。荷属群岛也历尽磨难，而他们遭难的时机简直不能更糟。在阿姆斯特丹，最大的几家银行仍然因为6月受到冲击而举步维艰。有些银行已经向甘蔗种植者借出了大量贷款，而现在他们面临着令人绝望的困境。在英国，东印度公司的股票价格降到了160英镑并仍然下跌，商业信心再一次开始衰退。

在这个困难时期，约翰斯通家族带着拯救公司的计划站了出来。这个想法来自于威廉·普尔特尼的一位密友。作为斯通家族在邓弗里斯郡的邻居，这位狡猾的、富于争议的金融家，叫作罗伯特·赫里斯。他的公司被竞争对手叫作"该死的流氓"，而赫里斯家族也背负着支持詹姆士二世党人的恶名。赫里斯家族是走私贸易的直接参与者。他们的地产，一片位于洛克比附近的沼泽，靠近索尔韦湾，是臭名昭著的私货者的老巢。罗伯特的哥哥从奥斯坦德走私茶叶，与詹姆士二世党人结为合作伙伴。罗伯特·赫里斯在荷兰的银行业中受到了充分的锻炼，他在20出头的时候就在巴塞罗那赚到了第一桶金——通过购买白兰地并将其通过非法渠道从英属马恩岛运到苏格兰出售。

搬到伦敦后，他成了一个银行家。当桑威治勋爵发明了三明治，罗伯特·赫里斯发明了旅行支票。到1772年，他公司的连锁机构遍布欧洲，进行大陆旅行的年轻人通过出示凭证，就可以在当地取出他们在国内存的钱。在金融危机中毫发无伤，赫里斯又取得了另一个了不起的成就，他赢得了代表法国政府在格拉斯哥采购烟草的巨额合同。富有而声名卓著——国王很快就赐给了他骑士身份——他开始让自己的名字出现在政治舞台上。

在12月初，赫里斯和威廉·普尔特尼出现在议会上并提出了一个计划，帮助加勒比海地区遭殃的种植园主在伦敦募集用于重建家园的资金。然后，就在圣诞节之前，他们印发了重振东印度公司的宣言。在12月21日，伦敦街头出现了一本小册子，册子的封面上是冗长而沉闷的标题——"英国东印度公司事务的现状"。它开篇就对董事会和诺斯勋爵展开了简短而彻底的批判。

"我们的命运应该是举国破产、贫困、受到压迫和奴役吗？"作者问道。允许东印度公司破产，国家将被毁灭；但另一方面，如果政府负担孟加拉账单，那么英国和印度都会受到暴政的压迫。必须找到一种拯救公司的办法，不能依赖政府带有附加条件的帮助。

这本小册子没有署名，但任何关注事态发展的人都能看出来，它来自约翰斯通家族或者和他们非常亲近的人。几个星期以来，在克莱顿的密切支持下，乔治·约翰斯通一次又一次出现在愤怒的东印度公司股东的集会上，向董事会发出挑战并组织抵抗诺斯勋爵的势力。三兄弟有自己的理由捍卫东印度公司，反对诺斯最终提出的《对印度调整法案》。约翰·约翰斯通仍然遭到贪污的质疑，这也是他们想要洗脱的罪名。强烈的野心，让约翰斯通家族从一无所有的境地平步青云，他们想让公司保持自由，把公司业务变成自己事业发展的领域。为了做到这一点，他们必须重建公司的资产负债表。

小册子读到一半，读者们会读到一组建议，关于如何处理公司的茶，正如赫里斯先生提出过的那些建议。无论是谁写了小册子里的文章，他显然对茶叶贸易了如指掌，因为他的篇章里满是事实和数字。就像那位9月份出现的"合理消费者"一样，作者明确指出：由于政府强加的税收负担，伦敦的茶太贵了。在阿姆斯特丹或洛里昂，你的花费要少得多：走私者也因此而获利。但如果税收被解除，英国茶叶的销售将大获全胜。所以，赫里斯的计划很简单：诺斯勋爵应该允许公司把过剩的茶叶免税直接出口到欧洲，使欧洲大陆上的其他人无买卖可做。把茶叶卖到国外，即便亏本出售，产生的现金将足以维持公司的生存，直到市场情况好转。如果不这么做，已经在伦敦堆积如山的茶叶将不可避免地越积越多。①

在接下来的几周时间里，赫里斯计划成了伦敦市街谈巷议的话题。小册子印发两天之后，公司的股东们聚集在一起，进行了又一场群情激愤的会话。威廉·克莱顿再次呼吁减少股票分红，董事会最终同意了，将红利减少了一半。即便如此，形势依然非常严峻。由于现金存量已经到了非常低的水平，英格兰银行越来越不耐烦，赫里斯计划似乎是能提供金融救济的唯一希望。各路报纸在董事们身后穷追猛打，董事会同意将会尽快讨论赫里斯计划。

董事们计划在1773年1月5日召开一次委员会会议，不仅听取罗伯特·赫里斯的意见，也要听取那些反对他的计划的委员们的意见。在这

---

① 到1773年1月，东印度公司茶叶的库存已经达到了1680万磅的重量，而在不列颠群岛他们只能指望销售出700万磅。

里，我们需要穿越到大西洋另一端的新英格兰，在那里，托马斯·哈钦森是马萨诸塞州的州长，出于自己的原因，他正在为武夷茶的价格担心。他的家族经营茶叶贸易。而当他在伦敦的经纪人听说赫里斯计划时，急忙跑到东印度公司的总部代表哈钦森提出抗议。

愚蠢的托马斯·哈钦森

高高瘦瘦的哈钦森州长认为自己就是乔治三世在波士顿的代言人。作为土生土长的美国人和老清教徒的血脉，他已经61岁了。他一辈子都公务缠身，为公事劳神。

哈钦森是哈佛大学毕业生，非常聪明，又写得一手好文章，他勤恳工作，谈吐得体。甚至一些他的政敌也称赞他的勤奋和对马萨诸塞州的忠诚。但像诺斯勋爵一样，他的身体承受着极大的痛苦。紧张而忙碌，托马斯·哈钦森常因为担心大英帝国而彻夜难眠。他不停写信到英国，内容常常是非常轻率的，而这样的做法造成了数不尽的麻烦。

在波士顿，他的家族享受着他的地位带来的好处，也忍受着权力招致的嫉妒。对此托马斯·哈钦森的只能自己负责。与他的亲戚们奥利弗家族一起，哈钦森支撑着这片殖民地上的帝国统治集团。哈钦森担任州长，他的妹夫安德鲁·奥利弗担任他的副手，而彼得·奥利弗担任首席大法官。鉴于新英格兰的民情，以及像约翰·威尔克斯那样的思想得到广泛的支持，从最乐观的角度看，把如此之多的权力集中在一个当地的政治寡头手中也是不明智的。哈钦森之前的两位州长是英国人，被派到殖民地为官一任，然后就回国了。这是一种更为明智的安排，因为他们最好能够远离当地派系之间的争斗。最糟糕的是，哈钦森-奥利弗轴心集团作为国王的代表，同时又需要照顾自己的家族，两种身份之间产生了破坏性的利益冲突。1773年就发生过一次这样的冲突。

　　托马斯·哈钦森具有许多美德，伯纳德·贝林在伟大的传记里对此进行了优美的描述。特别是哈钦森也是位慈爱的父亲，但是这一点却加速了他的垮台。经过几代人成功的商业经营，哈钦森家族不仅在波士顿拥有一大片海滨，还在内陆小镇弥尔顿拥有一块不错的地产。但在殖民地新英格兰的财富远比在英国的更不安全。在英国，土地的所有权几乎是不可动摇的，租金也很少会下降。在殖民地，那里的土地相对便宜，能否致富取决于变幻莫测的商业。不动产一类的财富很难建立起来并且容易失去，会由于火灾、风暴沉船或贸易突然暴跌。特别是在波士顿，对这代人来说因经济萧条而破产司空见惯。

　　在1765年，在大西洋两岸战后的经济衰退中，马萨诸塞州破产盛行。这有助于解释民众对乔治·格伦维尔的印花税的激烈反应。急于保护家族财富，哈钦森知道他需要为他的三个儿子找到一门稳妥的营生，他们三人都接近成年了。因此，大致在这时，他让他的长子，小托马斯·哈钦森，成为茶叶经销商。他们当然需要一个伦敦的供应商，而家族的密友把他们所需的武夷茶都送了过来。

　　许多年前，州长亲戚中的一位女性，阿比盖尔·哈钦森嫁给了一个叫帕尔默的英国人，他来自莱斯特郡的乡绅家庭。在1740年，当托马斯·哈钦森因公务访问英国时，他会见了伦敦的帕尔默家族分支——他们是律师和商人，并和他们成了挚友。这个家族的成员包括托马斯·帕尔默，一个从事茶叶批发的食品商人。到18世纪60年代末，他的儿子威廉接管了家族生意。威廉逐渐成了东印度公司茶叶拍卖会上最大的买家之一，他赚到的钱足以在埃塞克斯郡建造一处体面的宅邸——埃塞克斯距离伦敦30英里，他后来成了埃塞克斯的治安官。威廉·帕尔默以委托销售的方式向波士顿的哈钦森家族输送茶叶，每次发货60箱，这些茶最远被代理商销售到了新罕布什尔州。

　　有一段时间，茶叶贸易蓬勃发展。然后，在1767年，汤森德税法被传达到了美国，包括每磅茶收取3便士的税钱。波士顿很快成了一个人人都非常愤怒的小镇。在1768年夏天，人们再次暴动，捍卫约翰·汉考克的单桅帆船的私有权，反对海关人员搜查走私酒的突袭。此次事件导致希尔斯伯勒勋爵派遣军队在街道上巡逻，防止类似事件再次上演。从那一刻起，任何与英国进行合法茶叶贸易的波士顿人可能会遭到侮辱和谩骂。1769年社会氛围变得更加沉重，波士顿领导了一场全国范围的对英国商品的联合抵制，以抗议汤森德关税。合法进口的茶叶量大幅缩水，下降了约1/3。到那一年的秋天，小托马斯·哈钦森资金短缺，给他在朴次茅斯的经纪人写信，抱怨敌人"孜孜不倦带来痛苦"，试图使他失业。

在伟大的茶党出现的四年之前，谣言已经甚嚣尘上，波士顿的爱国者计划摧毁他们能找到的所有合法渠道进口的茶叶。在暴力威胁下，哈钦森家族也进行了联合抵制，至少暂时是这样的。但1770年，当他们试图继续进行茶叶贸易时，这个家族企业发现很难恢复盈利。这一点被州长归咎于来自荷兰的茶叶走私者。和被他视为私人朋友的波士顿皇家海军军官一样，他变得愈加愤怒。在1771年夏天，托马斯·哈钦森开始用言辞尖锐的信件轰炸希尔斯伯勒勋爵，敦促他加强海岸巡逻。

"在纽约，他们只进口荷兰茶，"他告诉殖民大臣，"罗得岛的情况也好不了多少，而波士顿的荷兰商人正在增加。"据哈钦森所说，波士顿镇每年消耗约300箱茶叶。而殖民地作为一个整体，一年的总消费量将近2万箱，其中，他认为，每5箱中就有4箱是走私来的。这个估计与从伦敦获得的数据密切吻合，英国的财政部也做过类似的计算。

随着时间的推移，州长的信件讲述了逐渐加深的烦恼。尽管海军上将蒙塔古尽了最大努力，走私者却总能逃过搜查。无法与之竞争，小托马斯不得不削减武夷茶的售价。最后，在1772年9月11日，哈钦森在给威廉·帕尔默的信中写道，他们的伙伴关系可能要走到尽头了。由于荷兰货的入侵，在殖民地很快就连1盎司的英国茶叶也卖不出去了。在那一年的秋天，帕尔默一箱茶叶也不需要发送了：哈钦森家族已经有50箱茶叶了，这些茶他们已经卖不出去了。在州长看来，这门生意是注定要失败的，除非东印度公司或英国财政部提供解决方案。"没有什么会奏效，"州长写道，"除非把英国的茶叶价格降到比荷兰的茶价还低。"作为帝国忠实的仆人，哈钦森不希望看到3便士的汤森德关税被废除：首先，英国政府希望用得来的钱支付他的薪水。但他必须做些什么，否则他的儿子就要失去生计了。

即便从波士顿到英国的航行格外漫长，这封信也能在圣诞节前到达威廉·帕尔默手里。而当赫里斯计划在12月出现，帕尔默立即意识到这个提案会彻底破坏他朋友的生意。根据赫里斯所说，公司应该让廉价茶叶涌入荷兰、法国和瑞典的市场。但是茶叶在欧洲大陆的价格已经太低了：按照赫里斯的建议去做，茶价将会进一步下跌。相同的廉价的茶将会被运到大西洋的另一端，使得哈钦森家族别无选择，只能赔本贱卖自己的茶叶。

政府的鹰犬

这次荷兰更多的银行倒闭了；苏格兰军队出动镇压暴乱的穷人；而在伦敦，罗奇福德勋爵夫人死了，使她不忠的丈夫因为悲伤和羞耻而一蹶不振。1773年新年伊始，几乎不能在黑暗的前景中看到一丝光亮。在东印度公司的总部，董事们花了整整两天时间讨论赫里斯的提议并听取威廉·帕尔默的意见。由于无法统一他们的意见，他们最终选择慎重行事。他们将要寻求诺斯勋爵的许可，试验性地把一小部分茶叶送到阿姆斯特丹。与此同时，公司写信给"希望公司"的荷兰银行家，询问他们对荷兰市场目前的状况有何看法。

在1月7日，东印度股东集会只为了探讨一件事情。乔治·约翰斯通站出来，强烈要求股东们支持赫里斯计划。然而此时，克莱顿已经清楚地听到了威廉·帕尔默和其他人发出的反对之声，所以他跳出来建议对计划进行修正。把过剩的茶叶输送到欧洲，走私者会把它直接运回英格兰。更好

的方案，克莱顿说，就是直接削减茶叶在伦敦的价格，并允许任何想要购
买它的人购买，无论是英国人还是外国人。

然后他又提出了另一个建议。大家都知道美国走私盛行，而他所属的
西印度游说团体也参与其中，引起了政府的恼怒。所以为什么不让诺斯勋
爵也帮个忙？由拥有贵族身份的诺斯出面，免除3便士的汤森德关税并允许
他们把茶免税输送到美国，这不是更简单吗？在那一刻，把过剩的茶叶输
送到殖民地的计划诞生了。一个了不起的主意，乔治·约翰斯通说道，他
立即站出来支持它。约翰斯通起草了一项决议，敦促董事会向议会提出要
求，允许公司"把茶叶出口到外国市场，不用负担任何退税和关税"，其
中当然也包括汤森德关税。这项提议得到了股东们的一致通过。

四天后，乔治·科尔布鲁克爵士毕恭毕敬地去和诺斯勋爵重新开始关
于公司前途的讨论。储备现金几乎耗尽，东印度公司迫切需要从财政部获
得140万英镑的借款，但作为同意借款的条件，诺斯勋爵仍然坚持要对公司
事务进行改革。而保密委员会已经开始分期发布报告——他们将在六个月
内发布八期报告——揭露新鲜的加尔各答丑闻以及董事们的过失和其他更
糟糕的行为。被迫承担大部分的责任，科尔布鲁克发现自己"遭到每个人
的唾弃和否认"，一个和他同时代的人这样形容。与此同时，英国央行即
将暂停对公司的透支。

即便如此，过程曲折的谈判一直持续到5月。诺斯勋爵花了很长时间制
订自己的计划，组建一个新体制的、听命于议会的孟加拉政府。但是在一
个关键方面上，诺斯勋爵非常乐意立即提供帮助。早在1月14日，他就同意
了赫里斯计划，允许公司把茶叶直接输送到美国。事实上，有些人——不
清楚是公司人员还是诺斯勋爵——提出了一个更激进的主张。在未来，每
年允许两艘满载茶叶的商船从中国直达殖民地，作为一种减少中间商，让
茶叶更廉价的手段。无论是谁提出了这个建议，诺斯全力支持这一想法。

现在很明显，最初的赫里斯计划注定是要失败的。最后它被来自"希
望公司"的一封信扼杀于1月20日。赫里斯计划是巧妙的，他们说，但绝

1773年1月一副讽刺东印度公司困境的卡通画。图中的董事会主席乔治·科尔布鲁克爵士——绰号沙阿·阿勒姆，因为他曾在明矾投机买卖中损失惨重，明矾是一种纺织品贸易中用到的矿物——在股东大会上遭到围攻。图中的小科尔布鲁克被高大的苏格兰反对派乔治·约翰斯通拎在空中晃动。图的下方，东印度公司正驶向一片礁石。（来自美国国会图书馆）

对是不切实际的——显而易见的原因许多人已经指出了。欧洲人喜欢精制的绿茶，但他们不关心东印度公司存量巨大的黑色武夷茶和熙春茶。把茶叶运到阿姆斯特丹，它只会通过北海的非法渠道回流英国。但即便赫里斯计划搁浅，诺斯勋爵和他的同事们也在忙于制造变革。无论像威廉·克莱顿这样的人可能提出什么建议，财政部都丝毫没有要废除汤森德关税的意图。恰恰相反：诺斯计划坚决保留3便士的关税。他打算利用公司的茶叶让美国人乖乖交出他们竭力逃避的税钱。

30年后，一位被人遗忘，挣扎在贫困线上的老人，乔治·科尔布鲁克爵士写了一套坦诚的回忆录。他从来没有想到过回忆录会被出版——他的书在一个世纪之后才得以出版，印本极为珍贵——他从一个知情人的角度写出了后来发生的事情。虽然乔治爵士相当喜欢诺斯勋爵——他说诺斯是"世上本性最好的人"——但他也不赞成他的财政手腕。最引人注目的是，他指责诺斯把茶叶输送到殖民地的决定。一个野蛮而愚蠢的计划，它必然会导致暴力反抗，科尔布鲁克说，因为"此举目的在于兑现令人厌恶的关税"。

根据乔治爵士所说，这件事完全归咎于诺斯勋爵以及那些被爵士称之为"政府的鹰犬"的人，他指控他们使用每一种见不得光的手段让东印度公司屈从于他们的意志。科尔布鲁克没有指出他提到的鹰犬的姓名，但他所指的一定是诺斯在财政部的两个最亲密的助手。一个是查尔斯·詹金森，他后来成了利物浦的第一个伯爵；另一个是约翰·罗宾逊，一位来自遥远的英格兰北部地区的言辞拘谨的律师。詹金森又高又瘦，而罗宾逊粗鲁、肥胖又邋遢。然而，这两个人都精明而狡猾，他们作为政府的鹰犬在下议院不知疲倦地工作。

一位传记作家把詹金森描述为"具有选择性同情的天生的官僚主义者"，显然他的同情并没有分给美国。作为乔治·格伦维尔的另一个门徒，詹金森对《印花税法案》的废除感到深深遗憾，他追随着格伦维尔通过殖民地增加国家收入的梦想。具有洞察细枝末节的眼光，他担任了调查东印度公司委员会的秘书。当詹金森死后，他留下了规模庞大的文书。在那些关于孟加拉的文档中，一份幸存下来的文件再清晰不过地解释了财政部的意图。

这份文件标注为1773年1月18日，描述了强迫美国人购买英国所有茶叶的计划。没有人签署这份文件。但从它包含的几组数据以及审慎的措辞判断，这份文件只能是由詹金森和罗宾逊起草的财政部的正式备忘录，也许是在威廉·帕尔默的帮助下完成的。该文件的作者说，在未来六个月的时间里，东印度公司应该对900万磅的茶叶举行一场特殊的公开拍卖。茶叶可以打折出售，纯粹是为了出口到爱尔兰和殖民地，而那些地方必须支付汤森德关税。要对拍卖会举办的时间进行延迟，这样可以让拍卖会在大西洋的另一端得到广泛的宣传。

"可以预期来自美国的巨大订单"，作者说，因为茶叶的价格将会低于任何荷兰走私者的供货价格。殖民地的商店经营者除了买茶将别无选择，而因此，该计划将一下子分别实现四个目标。它将为东印度公司筹集超过90万英镑的现金；它将迫使美国人支付每磅茶叶3便士的税金，结束他们愚蠢的联合抵制；它将使走私者的生意一落千丈；它将为政府提高税收。

那年秋天，当满载茶叶的船只驶向殖民地的时候，这个计划已经被修改了：威廉·帕尔默再次出面干涉，在伦敦举办拍卖会的想法让位于由公司直接进行出口。但该计划的基本原则仍然原封没动。财政部1月底决心实行的行动方针导致了茶党的诞生。就财政部而言，它已经别无选择。它必须采取坚决的行动，结束美国海岸上的犯罪浪潮。

在上一个夏天，查尔斯·詹金森坐在诺斯勋爵身边，在财政部的会议室听到了"葛斯比事件"令人震惊的细节。到1773年1月底，该事件的调查委员会才刚刚开始在纽波特会面。但皇家海军早已向伦敦写信，抱怨试图找到对布朗家族不利的证据时遇到的阻碍。这次事件中受伤的中尉似乎不太可能得到公正的对待了。与此同时，殖民地的管理成本逐月增加。随着食品价格的上涨，为纽约和波士顿的驻军提供补给的承包商开始恳求得到更多的资金。盖奇上将的每一封加急信都带来了更多的关于印度可能爆发战争的危险警告，而西印度群岛的战斗已经在圣文森特岛上打响了。

在圣文森特岛上，从秋天开始，英国士兵和加勒比人就在战斗中僵持不下，而军队遭受着极度的痛苦，因为发热或在战斗中受伤，士兵们数以百计地牺牲。在加勒比人放下武器之前，战斗持续了六个月，英国在加勒比地区部署了2000多名士兵。鉴于这一切，财政部怎么可能对殖民地做出让步？在资金非常紧张的情况下，诺斯勋爵怎么可能废除对茶叶的税收？这根本是不可想象的。此外，无论诺斯勋爵打算何时公开这个计划的细节，他都有信心获得下议院的支持。

但就目前而言，诺斯勋爵仍然紧张不已。这年4月，公司将进行董事会改选。不可避免的是，科尔布鲁克和他的盟友们会被踢出董事会，而诺斯希望看到他们的接任者是更加圆滑的人，会欣然接受他所有关于改革的提议。与此同时，他继续着和公司的谈判，但不对外界透露任何消息。三个月就这样过去了。报纸始终都急切地跟踪着东印度危机的进展，但对财政部的动向却得不到任何线索。与事实相反，人们普遍认为，在适当的时候诺斯勋爵会满足股东的要求，并允许公司把茶叶免税输送到殖民地。

一位在伦敦的美国人也有着同样的预期，他就是本杰明·富兰克林。像许多其他人一样，他未能预见到正在酝酿的危机。从富兰克林来到英格兰居住，已经过去了16年。在那里，他做了大量的科学研究和一些外交工作——作为殖民地宾夕法尼亚州和马萨诸塞州众议院的代理人。在首府的大部分时间里，他一直被当作帝国的朋友，当然，他也完全享受那里的知识分子社交圈。然而到了1773年，他已心灰意冷，对英国彻底绝望了。但他没有收集关于诺斯勋爵意图的情报，而是逐渐断绝了与政治的联系。

希尔斯伯勒勋爵粗鲁而轻蔑地对待他，前殖民大臣拒绝承认富兰克林作为马萨诸塞州议会代理人的身份。但是富兰克林态度变化的起因远非赌气。当他前往爱尔兰和爱丁堡，看到贫穷和富贵之间日益加深的鸿沟，富兰克林对他的祖国产生了越来越多的怀疑。虽然他在金融危机中毫发无伤——他精明到不会把钱存在英国银行里，但银行业危机增加了他幻灭的感觉。与此同时，俄亥俄州问题被无限期拖延也让他更加沮丧。

随着时间的推移，本杰明·富兰克林渐渐脱离了伦敦的主流社会。沉浸在他自己的阅读和研究中，在贵族面前感到不自在，他选择与思想自由的牧师、哲学家和医生共度夜晚。他们可能很聪明，但他们大多是激进分子和不遵从传统的人，在宗教以及其他方面。在那个时代，英国教会仍然要求人们对宗教忠诚，然而讽刺的是，相较于公共生活中的绝大多数人来说，富兰克林的社交圈几乎与首都典型的主流观念截然不同。

从保存下来的信件中可以看出，富兰克林几乎完全不知道罗金汉姆党人。他从没读过任何埃德蒙·伯克的著作，虽然他可能和伯克一起捍卫过美国的利益。与来自弗吉尼亚州的李氏兄弟不同，富兰克林从来没有和威尔克斯共进过晚餐，因为他并不信任威尔克斯。他还跟东印度公司的总部保持着距离。当然了，他读报纸，但它们是令人困惑的真实和谎言的混合物。他很少踏入名流云集的梅费尔区或詹姆斯大街的会客室。最重要的是，富兰克林误判了诺斯勋爵的水准。两人几乎并不相识：他们显然只见过两到三次面。诺斯成为首相后不久，富兰克林在一次参加每周在白厅举行的例会时，听到诺斯做出了一番贬损美国的评论。尽管富兰克林后来会见了其他的政府官员，但在那之后他就对这位他最需要了解的政治家敬而远之了。①

与朝廷和上流社会隔绝，富兰克林所能看到的尽是些无能之辈。部分出于自己的傲慢，他不去努力研究诺斯勋爵的秘密，而是把首相看作傻瓜。"他们全都陷入了严重的困境，"富兰克林在1773年年初写信给一位

---

① 事实上，到1774年秋天，当富兰克林最终尝试给埃德蒙·伯克写信时，他已经在威斯敏斯特度过了两年与政治绝缘的生活。他把这封信邮到了伯克曾经的住址，但伯克已经在两年前搬离那里了。

美国朋友，"因为他们对殖民地不公正并且愚蠢的政策。"他的评论并无不公，但在某种意义上它们太幼稚了。实际上，诺斯此刻正处于他事业的巅峰时期。对他的能力不存一丝疑问，国王和他的部长们都很欣赏他处理东印度危机的方式。希尔斯伯勒不能对他构成任何阻碍，反对派也萎靡不振，此刻诺斯勋爵终于可以自由设计对美国的政策；但在这个关键时刻，富兰克林——一位科学天才，但暂时在政治方面不够机敏——却没能看出这一点。

在3月底，富兰克林去拜访达特茅斯勋爵，他俩从不亲密。这仅仅是达特茅斯就职以来他们的第三次会面。他们之间的关系是友善的，但也仅此而已。尽管尊重这位部长，富兰克林结束会见时被达特茅斯的含混的信号弄得晕头转向。就在几个月前，达特茅斯看起来轻松自在，愿意倾听殖民地的主张。即使在1月，富兰克林发现这位阁下虽然是友好的，但也在避实就虚，说的都是些含糊其辞的老生常谈。到了春天，这位部长的心境似乎又改变了。达特茅斯仍旧是位和蔼可亲的主人，但他显示出为新英格兰的激进分子而烦恼的迹象——他们对茶叶进行联合抵制，拒绝惩罚"葛斯比事件"的参与者。但这位殖民大臣始终没有表达任何他自己的意图。

到那时，富兰克林预计英议会会做出让步，取消包括3便士的汤森德关税在内的所有关税。像许多其他人一样，他相信英国与法国的下一场战争不可能被无限期延迟。如果是这样，英国不敢失去殖民地的支持，包括海军基地、预备船只和海员——或者说支持这一观点的论据大致如此。然而，从1773年春天开始，富兰克林的信件开始传达出一种不安的感觉，因为他发现政府的立场越来越令人费解。他给在新泽西州的儿子写了一封充满困惑的信，"一切取决于环境和发生的事件。我们维持着勉强糊口的日子。政府似乎不会提出明智而正常的计划"。

在所有的可能性中，最可能的就是达特茅斯勋爵根本不知道诺斯勋爵的意图，而这正可以解释他的含糊其辞。必要时是无情的执行家，诺斯很可能选择甚至把他最好的朋友也蒙在鼓里，直到他准备好了把自己的计划出其不意地抛给毫不知情的下议院。事实上，从保存下来的记录看，诺斯似乎从没询问过殖民部，对于他把过剩的茶叶作为一种政治武器有何意见。这个计划仅仅出自财政部。

即便如此，富兰克林已经正确地探测到了政治温度的变化。由于"葛斯比事件"，白厅对外冷风劲吹，推动了另一场英国与殖民地的对抗；与此同时，3000英里之外，各种事件汇聚成一个高潮。在纽波特，"葛斯比事件"的调查委员们徒劳的调查已经接近尾声了。尽管他们知道约翰·布朗组织了这次袭击，他们却找不到可以带到陪审团面前的可靠的目击证人。他们的工作只加深了大西洋两岸的敌意和怀疑。在英国军队看来，"葛斯比事件"简单证明了不忠实的美国人永远不会自己改过；而对新英格兰的人民来说，观念发生了类似的强化。将近八年前，从关于《印花税法案》的消息第一次到达之时起，北部殖民地逐渐疏远了祖国。在1772年的下半年，这个过程加速发展并且成了不可逆转的趋势。

到1773年1月底，部分因为英国搞砸了的起诉"葛斯比事件"参与者的企图，部分因为其他长期存在的不满，新英格兰的民意明确转向了反对帝国的方向。在列克星敦的战争开始很久之前，人们的心里就已经发生了一场反叛，从普罗维登斯和波士顿开始，然后向外蔓延到马萨诸塞州的其他地方和更远的地方，直到最后甚至传播到了弗吉尼亚和查尔斯顿的志趣相投的人群中间，那里的很多人已经得出了相同的革命性结论。一些他们接纳的观念已经在美国人的思辨中流行了几十年，其根源可以追溯到以利沙·库克的时代，如果不是更早的话，但是现在它们被赋予了新的意义。到目前为止，在殖民地还没有任何人怀疑诺斯勋爵打算把东印度公司的茶叶输送给他们。即便如此，在新英格兰，反叛观念已经开始以更高的强度被传播。

第八章

马萨诸塞州的黎明

我一直担心，这场令人不快的争夺会在血流成河的事件中结束。

——塞缪尔·亚当斯在1773年1月给一个罗得岛的朋友写的信

　　为了获得繁荣与和平，波士顿镇迫切需要改变政体。马萨诸塞州的其他地方也有着同样的诉求，那里禁锢人们思想的枷锁已经被迅速打开了。

　　当然，在当时的马萨诸塞州，各地对英国的敌意各不相同。一些地区比其他的地区要激进得多，但至少1/5的公民从来没有想过要离开帝国，即便是在独立战争的第一场战役邦克山战役打响之后。其他许多人并不在意是否独立。然而，在"葛斯比事件"发生后的一年之内，有一件事情已经很清楚了。或许马萨诸塞州包含的数万居民中的大多数，已经不受任何约束，只是象征性地效忠于国王和议会。

也许，近现代与之最相近的事件就是东德共产主义政权的终结。当然，国王乔治三世从来没像东德一样建立过国家安全局。旧殖民体制也从来不是极权主义的。这种体制松散而脆弱，会产生动荡和延迟。它最骇人听闻的特征——奴隶制——是美国人自己建立的私有制，受他们自己设立的法律保护。即便如此，仍然可以在美国革命的早期阶段和柏林墙的倒塌之间画上一条平行线。

在1989年，苏联显然开始了全面崩溃，再也无力阻止匈牙利人对西方世界的开放。当东德政府试图保卫旧秩序时，9月份，在莱比锡城上演了第一场示威。起初只有数千人聚集在广场上。随着日子一天天过去，抗议的队伍壮大了。当局开始动摇。大街上的人数不断增加，一直达到了7万多人。面对不可思议的事情，昂纳克政权惊惶失措。一个月后，这场游戏结束了，分隔柏林的围墙被证明只不过是混凝土和石棉构成的。

在1774年的秋天，马萨诸塞州发生了类似的事情，海军上将盖奇扮演了马背上的埃里希·昂纳克。在八周的时间内，这块殖民地不再属于英国了。在马萨诸塞州的伍斯特郡以及内陆地区，发生了一系列的非暴力反抗，一个临时政府在10月成立了，由约翰·汉考克担任主席。

对于从未访问过新英格兰或苏联阵营国家的外国人来说，这场革命似乎都在以惊人的速度发展。但事实上，街头革命的发生只能因为人们的头脑里早就发生了反叛，反叛的观念多年来逐步在人们的头脑中发展。在1989年事件的很早以前，统治旧东德的人就已经无法控制人们的思想了。在咖啡馆买不到咖啡，在餐馆买不到腊肠。莱比锡或柏林的绝大多数家庭都住在粗制滥造，寒冷而潮湿的公寓里。在公寓里他们可以观看西德的电视节目，并对特拉贝特汽车与宝马汽车进行比较。当昂纳克和他的同志们滔滔不绝地对他们取得的成就进行吹嘘时，东德的经济已经摇摇欲坠，不断萎缩。甚至在1988年，官方调查显示，只有不到1/3的人"作为社会主义国家公民而感到骄傲"。在柏林墙倒塌的一年之前，昂纳克政权已经岌岌可危,他的人民收回了最后一点勉强的尊敬。

在马萨诸塞州,战争发生的十年之前类似的疏离过程就已经出现了。到1772年秋天,大部分的居民已经确信,不论公平与否,诺斯勋爵和国王都一心想要奴役殖民地。甚至有时英国没有任何作为,祖国与新英格兰之间的分裂似乎也在扩大。在战争开始很久之前,乡村的男男女女否认皇家的主权几乎成了日常。举个例子,有个叫保那波罗的地方,隐藏在树林中,位于现在的缅因州。

当时它是马萨诸塞州林肯县的所在地,今天在那里仍能看到白色的殖民县政府大楼。作为建立在军事据点上的边陲小镇,在1763年与印第安人和法国人缔结安全条约之后,保那波罗迅速发展起来了。到独立战争时已经有多达1400人住在这一带。在波士顿倾茶事件发生的六个月之前,镇民们发表了他们自己的独立宣言。"忠诚是相对的,"他们在写给波士顿志同道合的爱国者的信中说,"我们的祖辈第一次踏上这片土地的时候,就认为自己的权利高于英格兰皇室的最高权威。"

如果从没见过英国军人的偏远地区居民都如此激进,在帝国势力更引人注目的波士顿,人们的反应又会如何?据说一切都很平静时,实际上一个来访者都会发现最直率的不满表达,例如1772年10月5日的《波士顿公报》。报纸用三页刊登了对托马斯·哈钦森和他代表的体系的激烈的檄文。作者询问"这个国家的人民是要做自由民还是做奴隶,现在不正是需要明确声明的时候吗?"

对英国来说,倾向于把这类言论视为空谈不予理会。多年来,《波士顿公报》由塞缪尔·亚当斯开办了许多直言不讳的专栏,充满了类似的言辞,而这些文章也被州长尽职尽责地送到了他的上司那里。但它们到达白厅时,这样的文章提出的难题连历史学家也无从回答。在一个民意调查和代表性人群都没有发明的年代,谁能知道美国人民到底在想什么?《波士顿公报》中包含的观点在新英格兰普遍存在吗?或者这份报纸仅仅代表了少数极端分子的观点?

英国人无法确定。要英国政府读懂马萨诸塞州人民的想法，甚至比要本杰明·富兰克林去理解内阁更难。像桑威治勋爵一样的鹰派认为所有美国人都是天生的反叛者，而他的同事达特茅斯勋爵则认为他们是无辜的。在他看来，革命是由与亚当斯结盟的狡诈的阴谋集团引起的，他们煽动诱骗身边的人参与反叛。但两位部长都没有考虑到另一种可能性，这似乎才是事实：即便是从本性上倾向于效忠皇室的男性和女性，也已经开始认为大英帝国对于他们来说是可有可无的存在了。

人口众多的马萨诸塞州至少有30万居民，很难相信任何人可以愚弄这么多人，让他们全都参与反叛。反抗运动在1774年达到了高潮，这样的速度显示出这项运动是广泛而普遍存在的，绝非亚当斯和他的朋友们的阴谋。许多原因导致了不满情绪如此普及，有时这些原因是非常地方性和具有特殊性的。例如，在缅因州，在保那波罗这样的地方，农民不满皇家海军把他们最好的树木砍走作为战舰的桅杆。但在其他地方，甚至没有地方性不满的人们也不再相信殖民体系了。想要证明帝国对殖民地有所帮助，变得越来越困难了。

像东德的昂纳克政权一样，国王和他的部长们失去了臣民对他们的尊敬，因为他们没能兑现自己的承诺。这是非常容易理解的信条，东德社会主义承诺提供平等、安全和物质上的富足——从长远来看——比西德更高的生活标准。但随着时间的推移，资本主义没有崩溃，而由共产主义国家做出的承诺似乎越来越不可能实现了。这个国家也出现了越来越多的不平等，因为随着经济的下滑，只有共产党官员可以期望得到繁荣发展。到1989年，这种情况似乎发展到了极限，因此民众对政府的尊重完全消失了。同样的事情也发生在18世纪70年代的波士顿。在18世纪初期，马萨诸塞州的人们相信他们与英国皇室有着紧密的联系，但到1772年，这样的信念似乎被打破了。英国政府不能或者不愿兑现帝国的契约。

在殖民地马萨诸塞州，居民一直把帝国视为自己和皇室之间的契约：一份由双方自由缔结的合同。远不是抽象的或形而上学的东西，它白纸黑字存在着，在80年前得到了国王威廉三世的认同，并被写在殖民地的宪章里。类似适用于罗得岛的宪章，这份宪章的措辞并不严谨，使它容易被做出相反的解读。即便如此，像塞缪尔·亚当斯和他的亲戚约翰这样的波士顿人，也毫不怀疑它的根本目的。宪章应该促进他们的自由和繁荣。如果英国未能遵守它的条款，马萨诸塞州的人民就有权要求通过任何他们选择的手段寻求赔偿。

尽管波士顿的爱国者经常使用些格调很高的语言，他们对帝国的观念却是完全现实的。为了履行契约的条款，英国应当提供四种不同的实实在在的利益。国防是第一位的，经济是第二位的，这两种利益紧密地交织在一起。特别是在新英格兰，那里的美国人依赖海上贸易，但是他们自己不能保证贸易的安全。因此他们需要皇家海军。第二，他们预计英国仍旧是最亲密的经济合作伙伴，因为英国人有许多商品要卖给美国人，会对美国人敞开大门。在这两种情况下，殖民地都期待着帝国能促进他们的平安和发展，使大西洋成为安全、可靠的航海区域。

出于类似的动机，他们求助于乔治三世的第三个原因是：提供公正的评判，当殖民地需要公正的、来自外界的仲裁时。随着殖民地的发展，殖民地之间的边界争端变得越来越频繁。这样的情况成了家常便饭，不仅在佛蒙特州，对土地的竞争性声明引起了州与州之间的不和。皇室在这里又可以派上用场了。通过提供明智的对策并丈量土地，给出公正的意见，也许国王和他的使者就可以防止这些争端演变成暴力形式。

最后一点，美国人期望英国能给予他们自由的保证，那种他们认为英国国内能享受到的，公民的权利和宗教的权利。同样，他们对自由的概念也没有丝毫让人难以理解的地方。它体现在1689年，在反对国王詹姆士二世的光荣革命之后，伦敦的议会颁布的《权利法案》中。由陪审团进行审判的权利、携带武器的权利、自由选举议会的权利，以及召开议会时言论自由的权利：所有这些权利都是神圣不可侵犯的。国家的最高统治者可以设立一支常备军，但必须经过议会的许可；他制定的任何法律必须经过议会的批准，而设立任何税收需要经过下议院投票通过。在美国，人们理所当然地认为同样的权利扩展到了美国人身上。事实上，在贯彻权利这方面，美国人比英国人做得更好。在17世纪80年代的革命很久之后，殖民地的人们仍在不断宣扬当时的革命原则，而在英格兰，它们早已成了让人厌倦的陈词滥调。最富于雄辩的约翰·亚当斯，在被称为《布伦特里说明》的文件中重申了这些原则，作为抗议的《印花税法案》的部分依据。

如果这些就是殖民地居民期待的帝国提供的好处，到了1772年，英国似乎无法继续提供这些好处了。佛蒙特州的边界争端就是一个很好的例子。虽然白厅收到了说明山谷中情况的长篇报告，但官员并没有提供解决方案。他们对分割荒野的犹豫不决在他们的能力上又打了一个问号。波士顿的报纸报道了沙特尔堡垒的失陷，并对伦敦内阁的混乱进行了添油加醋的报道。英国人再次未能对俄亥俄州的殖民地做出坚定的决策。一切都模糊而混乱，看不到任何对西部边界的强有力的政策。

而帝国的军事实力也不再像过去那样让人敬畏了。在盖奇上将领导的军队里，士兵开小差成了家常便饭，每个团里每年都约有10%的士兵缺席了。到独立战争打响的时候，英国士兵的缺乏训练和纪律性，很快就会变得显而易见，但这种迹象在1768年至1770年占领波士顿的时候就可以看到了。美国人不想在自己的土地上看到英国的常备军，而他们的土地上不仅有这样一支军队，还太过于弱小了，不能在需要的时候击退波旁王朝的入侵。至于海军，每个人都知道，英王的战舰两倍于法国人的。但在金融危机后，它还能负担得起这么多战舰吗？

英国市场里发生的危机给美国人留下了深刻的印象。在波士顿报纸的专栏里，它诱发了新的对祖国的怀疑论。"这个国家的所有资源相比于英国的都是无比优越的"，《波士顿公报》在10月的抨击中说，"众所周知，英国的物产相对较少，它的商业资源是随机而不稳定的。"类似的声明显然夸大其词了——虽然英国遭遇了经济困境，但经济上的衰退只是暂时的，而这个发动了工业革命的国家并没有衰落——但我们可以看到美国人为何会持有这种观点。本杰明·富兰克林持有相同的看法。在伦敦，他把威尔士精算师理查德·普莱斯看作朋友，而普莱斯认为——他真真切切这样想，却是错误的——英国的人口正在减少，由于贫穷、疾病和衰败。[①]

如果情况果真如此，那么很难解释英国为什么可以无限地偿还其巨额的国债。在美国人眼中，英国似乎面临着凄惨的未来。伦敦的报纸也常常谈论同样的事情。这种观点——英国人软弱无能且濒临破产，而美国正在不断发展壮大——只能使得殖民地的人们愈发焦躁不安。

最重要的是，美国人已经开始怀疑英国承诺给他们的自由。一次又一次，国王和他的部长们似乎都在破坏自由的根基。《印花税法案》和汤森德关税的出台已经表明，议会对于违背殖民地人民的意志，把税收强加在他们头上毫无悔意。当英国政府把军队派驻到波士顿长达18个月之久，它的所作所为已经表现出了英国公民根本无法容忍的傲慢。而英国人对"葛斯比事件"的反应，表现出了另一种对帝国应当遵守的原则的侮辱。任命一个委员会来调查此事，有权力把嫌疑犯逮捕并带回伦敦，达特茅斯勋爵似乎剥夺了陪审团的审判权。一个罗得岛的居民，在威斯敏斯的法庭里面对着一群效忠国王的陪审团，怎么可能得到公正的审判？这样的情况将会成为可怕的先例，可以使自由成为历史。

在北方的殖民地，男人和女人们经常担心宗教信仰受到威胁。在马萨诸塞州，没有人可以忘记殖民地建立在对新教的信仰上，他们认为，这种虔诚的形式依赖于保持会众的自由与平等，没有主教和教皇污染教义的纯

---

① 普莱斯是一位杰出的数学家，也是一位不愿墨守成规的牧师。在新英格兰，他与志趣相投的朋友们有着密切的联系，尤其是耶鲁大学的好友。在1776年，他出版了一本书，直言不讳地捍卫美国的自由。他对英国人口的错误起因于看似令人信服的证据：伦敦下降的出生率，以及在窗户、麦芽酒和啤酒上税收收入的下降。实际上这些都是统计学上的折点——现实中人口已经开始加速增长——而那时他对参数进行了严密的计算。在1781年4月，耶鲁大学授予了两位男士荣誉博士学位：理查德·普莱斯和乔治·华盛顿。

洁性。这里似乎又有一个英国漠不关心的原则。在美国，大家认为达特茅斯勋爵保持着基督教信仰，与美国人的信仰类似，但勋爵的同事们就另当别论了。如果他们是像桑威治和罗奇福德勋爵那样不道德的人，他们怎么可能会关心宗教信仰？众所周知，内阁在西印度群岛的政府中为罗马天主教廷提供了位置，只是作为一种保持和平的手段。英国政府会在北美做出相同的事情吗，给梵蒂冈教廷在殖民地建立一个桥头堡？如果这样的事情发生了，那么美国人别无选择，只能独立。

随着1772年接近尾声，新英格兰的人们群情高涨地表达着这样的观点，预示着一场革命即将到来。虽然其中的一些观点可能不切实际，它们却稳定地获得越来越多的支持。然而，无论有多少人不喜欢他们目前的社会体制，要想让人们发动反叛仅有怨恨还是不够的。通常至少必须满足两个前提条件。

第一，他们必须有抗议的媒介。换句话说，他们要有一套体系，在其中他们可以发展自己对旧秩序的批判，并创建一个可以取而代之的新秩序。第二，必须有一个导火索，或者说一系列的、一连串的事件，引发叛乱，和平的或者暴力的。在马萨诸塞州，两种先决条件都已经得到了满足。

除去罗得岛，大不列颠帝国的任何角落恐怕很难再找到一个更善于自制的地方了。在马萨诸塞州，至少2/3的成年男性有权在众议院投票选举，众议院是殖民地议会的下议院。众议院进行选举进而产生参议院——州长的理事会。在地方，每个小镇举行公开会议处理自己的事务。每个地方都有自己的民兵组织，或多或少都训练有素。男人和女人都习惯于创建自己的半独立的小领土，因为这就是殖民地特有的发展方式。

到17世纪末，马萨诸塞州已发展出80多个城镇，每个城镇都有自己的宪法。随着人口向西部迁移，到独立战争时，城镇的数目已经接近200个之多。每一个新的城镇都重复着自我创造的过程，无论是通过开拓处女地或是把大型的旧城分割成更小的单元。它们受到地方法院法官的制约。法官由州长任命，而州长由国王任命。因此，从理论上讲，帝国把长长的手臂伸到了乡村的最深处。但是除了法官，很难找到其他皇家官员了。尽管海关官员监管着海滨，但他们不敢冒险涉足内陆。在这个省的大部分地区，权力掌握在当地居民手里，无论是通过参加陪审团或者召开镇民大会。

没有当地居民的支持，帝国在殖民地就寸步难行。革命发生在1774年的秋天，那时大多数的马萨诸塞州人民已经放弃了对皇家政府的支持。取而代之，他们转向支持新的州议会：一个建立在已经存在的民主基础——镇民大会和众议院——上的制度。而此刻戏剧高潮的发生，得益于英国和殖民地双方两年以来相互的推波助澜。虽然有时并非有意如此，英国政客和新英格兰人轮流侮辱对方，直到他们彻底疏远了。到最后，分离成了唯一的选择。

从英国的角度来看，"葛斯比事件"是迈向战争之路第一步。它毒化了伦敦的官方思想。从那一刻起，桑威治勋爵和他的亲密盟友们都认为自己是在处理叛乱，而最终，诺斯勋爵和达特茅斯勋爵也开始认同他们的想法。但对于接下来几个导致冲突升级的行动，必须在白厅中公平分配责任。动用他在财政部的权力，诺斯勋爵的表现似乎证明了所有北方殖民地人民的担心都是正确的。如果诺斯犯下了向殖民地输送茶叶的可怕错误，因为另一个原因，达特茅斯也难辞其咎。甚至在茶叶还没被输送到殖民地之前，他就允许托马斯·哈钦森在波士顿发起了一场风暴，而那里的人们早已因为被占领的经历和大屠杀而伤痕累累了。

当部队撤退，留下一小队士兵守卫威廉城堡时，他们也留下了一个愤怒的小镇，效忠国王的好处似乎根本看不见。到1772年秋天，从1765年开始的经济衰退已经过去七年了，但是繁荣仍旧遥遥无期。对许多波士顿市民来说，生活实在是异常艰辛，甚至富人也心怀不满。

美国的莱比锡城

　　在一位英国游客的眼中，波士顿看起来很眼熟，尽管比例缩小了。波士顿只有不到1.7万人，它人口远远少于利物浦或布里斯托尔，它们的人口大约两倍于波士顿，而伦敦居住着近100万的居民。但是它们都有着相同的弯弯曲曲的街道、尖塔、码头和酒馆，看上去非常相似。甚至波士顿的贫民窟也与英格兰海港的相似。甚至从海上到达波士顿时，第一次来到这里的英国人感到好像回国了一样。但这种感觉会非常短暂：一旦踏上海岸，他将开始发现镇上的文化和自己的大相径庭。

　　英国人会发现波士顿是个陌生而令人恼火的地方。从清教徒时代马萨诸塞州出现时，他们的生活方式就流传了下来，而英国在他们的价值观里完全成了一个商业国家。仍然活跃于马萨诸塞州的关于信仰和政治的老问题，在英国已经不再具有吸引力，或者说在英国关于它们的讨论已经完全转向不同的发展方向了。与此同时，波士顿也在进化，转向自己与众不同的道路。到18世纪70年代，对于英国它几乎成了一座外国城市，随着一年又一年过去，它越来越与英国城市不同了。

　　可悲的是，英国人很少记录他们对这个地方的具体印象。在18世纪80年代，法国军官留下了更好的记录，他们用更为友好的眼光看待这个地区。在海军上将蒙塔古和其他英国人寄回国内的信件中，我们能找到的只有抱怨：关于当地人的，关于金钱和物资缺乏的，或者关于威廉城堡的凄惨状态的。随着帝国的瓦解，他们更无暇做出细致的观察。但在十年前一段和平的时光中，一位年轻的海军军官来到波士顿，画了许多美丽的水彩画。他就是中尉理查德·拜伦，诗人拜伦的叔祖父。从他的画作和留存的档案中，我们可以重现战前的波士顿城和它的文化，在一个公正的英国人头脑中的模样。

　　波士顿环境宜人，甚至是美丽的：一种城市和乡村的结合，草地、花园和果园一直延伸到建筑密集区的深处。大自然给了波士顿格鲁吉亚人深爱的起伏地形，他们把它记录在绘画中。所以拜伦就在如画的风景中进行研究。这座小镇位于一个半岛上，处于海港和巴克湾的泥滩之间，坐落在青山环抱的盆地之中。在1764年，拜伦中尉爬到山顶并从许多不同的角度描绘了这座小镇。这位有天赋的爱好者，出于运气或是自己的判断，着重描绘了后来因为革命而变成了著名地标的景物。

1764年波士顿港和长码头，由理查德·拜伦作画。（来自波士顿人协会）

在多尔切斯特高地上，他描绘了挤满了帆船的泊锚地。更远处，拜伦描摹了两英里长的海滨蜿蜒的曲线，以及沿岸的80个码头。其中某处就是格里芬码头，茶叶将在那里被销毁。沿着海岸线，他画上了一列木质建筑。在它们后面，在中等的距离，他造了一点假。这座城里有17座教堂——即便英国海军也明白波士顿人是虔诚的——而拜伦通过把它们画得比实际更高来强调这点。他把三座尖塔画得最高，高出了所有的屋顶和山墙。其中一座是旧北区教堂，在列克星敦战役的前一晚，保罗·里维尔和他的同志们在教堂上悬挂灯笼传达英国人行军的消息；另一个是旧南区礼拜堂，那里正是茶党的发源地。在更远处，穿过在查尔斯河，中尉仔细勾勒出了邦克山的轮廓。

关于风景就介绍这么多了。让我们想象一下，另一个英国游客在1772年的秋天来到了这里，此时事件刚开始朝着革命的方向汇聚。当他经过海军的旗舰，在长码头上岸后，他会开始感到稍微有些不自在，这座小镇看起来很熟悉，但当地人的生活方式却是完全陌生的。

因为水浅，码头实际上是一个直码头，向海里伸展了1/3英里。这里的码头，就像在普罗维登斯和伦敦的一样，你可以闻到从制绳工棚、酿酒厂、肥皂厂发出的熟悉气味，看到泥地里成滩的污水。一旦深入陆地，你会看到宽敞的大道两旁矗立着成排的高楼，漆成白色和奶黄色，门上有表明忠诚的标志。在右手边，有个咖啡馆叫"王冠"，然后沿着大街再往上走一些，有另一家咖啡馆叫作"英国咖啡馆"。这条路被称为"国王大街"，从海滨向上通往政府所在地。旧波士顿政府大楼由红砖建成，门上刻有皇家的盾形纹章，看起来就像来自英格兰东部的任何港口城市。

政府后面是一座监狱，由石头新建而成，紧邻济贫院——类似英国的访问者在国内看到的那些。在一个角落里，他会看到一座教堂，看起来好像刚刚从威斯敏斯特飞到这里。当波士顿人建造旧南区教堂时，他们照搬了英国建筑师詹姆斯·吉布斯塔的蓝图，来自一本他写的用来展示帝国首都的塔楼和尖塔的书。甚至街道的布局也很像伦敦的。这类城市都没有为建造整洁的矩形网格街道费过心，就像在费城的街道那样。相反，他们坚持着老式的街道模型，从平行于海岸线的长长的街道的两端向外扩展，建设通向港口的窄巷并在小巷的尽头建造许多小庭院。

就像伦敦一样，镇里有许多密集的聚居区，尤其是在北部，那里住满了工匠、水手、移民和贫民，就像美国版的莱姆豪斯或沃平。在遥远的19世纪，波士顿仍然有一些旧的殖民廉租房，幸免于频繁横扫海滨的火灾。幸存下来的照片向我们展示了他们的外观。作为水手的住所，它们看起来就像伦敦码头的古老的木制房屋——那些房屋服务于相同的目的，直到毁于1941年的伦敦大轰炸。

让人感到安慰的是，参观者很快就能走出迷宫。从肮脏的北部朝山上走几分钟的路程，他会爬上一个陡峭的草坡，来到一片郊区。他可能会在花岗岩的豪宅旁放牧的牛群中停留一会儿。这是镇里仅有的四座石头房子之一。从贝肯山的顶端，他可以俯瞰民众的露天场地并思考他的所见所闻。虽然波士顿具有他熟悉的特性，许多东西却奇怪地缺席了，而当地的习俗看起来也非常奇怪。

例如，在街上没有可以兑现支票的地方。波士顿连一家银行也没有。在商店，他看到人们购买最新的来自英国的商品，但这里也让人感到有点奇怪：他们很少用银币付账。在这里要找点喝的很容易——镇上大约有90个酒馆——但如果你想喝葡萄酒，却可能无法如愿了。这里的每个人都似乎更喜欢烈性酒或以品脱计量的啤酒。在杂货店里，你可能找到成桶的马德拉白葡萄酒，但出于一些古怪的殖民地式的原因，交易的金额不能用先令和便士支付，而要用一定重量的大麦进行交换。

所有这一切都已经足够奇怪了，但当地的报纸更加独特。镇上的报纸不少于五家，这本身就很奇怪：一个相同大小的英国海港城市只会有一家。如果他拿起一份《波士顿公报》《晚报》或《马萨诸塞州观察》，我们的英国客人就会纳闷他来到了一个多么古怪的世界了。每份伦敦报纸的头版上都写满了广告，主要分三种：他们邀请读者观看戏剧、歌剧、公开球赛或烟火大会；他们为读者提供房子出售、出租的信息；或者他们会列出大批渴望找到工作的管家、厨师和男仆。在波士顿，除了偶尔刊登的布道，编辑们把头版献给了政治，仅此而已。虽然英国媒体也密切关注诺斯勋爵和他的同事们的动向，但他们通常只把国家大事当作喜剧性的调剂。美国人总是非常严肃。他们的广告也是截然不同的。在波士顿报纸的背面，你会发现可供出售的"一个黑人姑娘"——当地10%的居民是黑人——但如果你想雇佣一位管家或为女主人挑选一位训练有素的女仆，你就会一无所获了。房子似乎也很难找到。街上满是健壮的男性，但似乎没有人想要建造任何房屋。镇上有一个建筑工地——一座新教堂，距离法尼尔大厅的交易所和会议室不远——除此之外，砖瓦匠几乎无事可干。

我们的访问者会发现书店无处不在，其中一家书店储存了上万本图书，但他无法找到公共娱乐类的图书。这个小镇上，在星期天演奏长笛就可能招致围攻。波士顿只有一座音乐厅，在一家商店楼上的一个房间里，但顾客大多是英国海军军官和他们的朋友，在那里，他们聆听海顿、巴赫作品，或者开舞会庆祝女王的生日。镇上在20年内都不会出现一家剧院。

英国游客可能简单将波士顿视作一个偏僻落后的地方，但是如果他开口提问，倾听街道上人们的谈话，并保持放开眼界，他很快就能为波士顿的独特之处找到解释。因为历史学家科顿·马瑟在1702年创造了这种说法，小镇居民曾经因为生活在他所称的"整个英属美洲的大都市"而感到骄傲。70年之后，这种说法听起来像是毫无意义的虚张声势，波士顿人感到越来越多的挫败和不如意。

像殖民地的每个港口一样，波士顿在经济繁荣的1772年的大部分时间里发展得很好，而这场经济繁荣在伦敦以非常糟糕的形式结束了。从表面上看，波士顿似乎是一个繁荣的地方，但官方数据显示出了更深层次的停滞和衰落。被其他地方超越，主要是费城，波士顿逐渐衰落成二线的殖民地港口城市。在它的码头仍能看到比其他美国海港更繁忙的交通，但大部分都是从事沿海运输的小船。越来越多的大型船只选择航行到其他地方，比如哈得孙河、特拉华州或更远的南部，那里的奴隶经济正在蓬勃发展。

虽然波士顿仍然出产绳索、朗姆酒和木桶，鳕鱼贸易已经转移到了塞勒姆和普利茅斯。波士顿很少再制造船只了。为数不多的几位工匠制作英国风格的马车车厢；保罗·里维尔和其他人用可以获得的少量白银做了一些了不起的作品；镇上也有优秀的陶工；在靠近海边的地方，有生产铁的铸造厂。除此之外，波士顿几乎不生产任何东西了。30年来，尽管有来自外部的持续不断的移民潮，当地的人口几乎没有增长。大多数移民只作短暂的逗留，直到他们失去了找到工作的希望。许多富人为了更大的房子搬到了乡下，所以每年波士顿都成了一个更贫穷的地方。7%的人口享受安康，但更多的人——大约每五个人中的两个——几乎无法支付房租或很难勉强维持生计。

简直没有任何可以对外售卖的东西——这里当然没有糖、大米或烟草——市民们不得不一直为了生存而苦苦挣扎。因为贸易差额对他们不利，他们的货币对英镑是弱势货币，这就是为什么他们只有很少的银币。银币只能从海外获得，而波士顿几乎没有可以用以交换银币的东西。一些公民有一些资金，但还不足以冒险投资，去建筑工厂或挖掘运河：所有这一切都要等到列克星敦战斗很久之后才开始。

在内陆的农村，人们生活舒适但并不富裕。如果骑马去康科德或纳蒂克，一个英国游客会看到年轻的农民几乎无事可做。从波士顿向外半径40英里左右的范围内，土地严重不足。尽管非常努力，农民们仍无法使田地长出更多的粮食——土地的产量大约在30多年前就达到了峰值——所以，一年年过去，他们的收入却没有上升。在土地上寻找未来的男男女女厌倦了新英格兰上的这块土地，转移到了边境上比康涅狄格河谷更加遥远的地方。而留在原地的农民，几乎无力购买波士顿可能生产的任何商品。

波士顿仍然拥有自己的船只，但是其他港口也一样，从新斯科舍到查尔斯顿，更不用说英国了，他们拥有大型的商船。在海上，运输行业竞争激烈，波士顿已经不再具有优势了。从经济上来说，它被旧的模式困住了，永远不可能让像保罗·里维尔这样充满活力的人感到满意。坦率地说，这个城市被美国其他地方迅速甩在了后面。它的地理位置不佳：距离充满活力的宾夕法尼亚州太过遥远了，距离越过群山通往西部的线路也太远了。波士顿需要彻底改造自己，正如1812年的战争结束后，它最终成了伟大的工业城市。

即便在革命之前，波士顿的男男女女也都明白应该如何去做。无论因为银行和银币它缺少了什么，波士顿从不缺乏人力资源和聪明才智。正相反，这个小镇的人力资源相当丰富。除了众多书店，它还有极好的学校，当地人民的文化程度高于英格兰，当然了，哈佛大学也在这里。有人认为革命之所以从波士顿开始，而不是从其他地方，是因为这里的公民必须解决长期失业的问题。一个小镇，拥有最多的聪明头脑却只有最少的机会，它产生的能量远超自己的消化能力，甚至多到连帝国也无法容纳。在波士顿北区，成年男性和男孩们在码头寻找劳动的机会，这是显而易见的，但是这样的问题已经扩展到了社会规模。

每一代波士顿人的才能都是过剩的，男性和女性接受的教育远超任何职业的要求。几十年前，有史以来最伟大的波士顿人，本杰明·富兰克林，不得不离开波士顿，去其他地方发展。到1772年，这个问题已经非常尖锐了，城镇没有发展，无法吸纳它的后代已经获得的技能。当一个男孩或是年轻人从波士顿拉丁学校或是哈佛毕业之后能去做什么？尽管他很努力，他还是会发现难以实现自己的抱负。在司法界、宗教界或医疗事业中可能找到工作，但以欧洲人的标准来衡量，马萨诸塞州人的寿命太长了。每个职位都被更年长的人或者托马斯·哈钦森的朋友和亲戚占据着。

对于像保罗·里维尔这样的工匠，无论他在自己的行当里做得多么完美，同样的死胡同在前面等着他。他只能为教堂或共济会的集会场所制作数量有限的酒杯和酒壶。到了一定的时候，他需要一个更大的市场，生产更广泛的产品，而那些住在附近的其他技工也是同样的情况。在波士顿社会的每一个层面，从最贫困的到最富裕的，我们可以看到同样的现象：一成不变的缺乏机会。

波士顿太小、太穷，太过依赖旧的盈利模式，它需要给自己松绑并踢开控制它的帝国。除非它这样做了，否则它永远不可能以自己应有的方式发展和繁荣。在英国殖民体系下，因为两个非常简单的原因，这些事情可能永远都不会发生：第一个源自政治经济学，而第二要则涉及一些更微妙、更有启发性的事件。

在经济学方面，问题是这样的：如果波士顿和其他内陆城镇想要恢复繁荣，那么它们未来的出路在于制造业，因为目前具有聪明才智的人在这个领域可以获得最好的回报。如果马萨诸塞州希望把发展所带来的好处散播给大众，不只是贫民窟的穷人，还有每年到达这里的欧洲移民，这是唯一可行的选择。但只要马萨诸塞州仍旧属于帝国，它的产品根本无法与英国出口的纺织品和五金器具竞争。

至少在一段时间内，北方殖民地会抛出关税壁垒，保护他们需要发展的行业。在19世纪，建立于1789年的联邦关税，会成为导致尖锐的地区冲突的根源，但很难看到早期的共和国有其他可供选择的选项。不为其他事情，只是出于这个原因，就应该来一场革命。在旧殖民体系下，这种关税是完全被禁止的。与之相反，英国打算继续奴役美国，使其成为被英国独有商品垄断的市场。在遥远的白厅，希尔斯伯勒勋爵明确说过这样的话。

所以，为了自身的物质繁荣，马萨诸塞州必须脱离英国的控制。但在1772年到访的一个精明的观察者，无意中发现波士顿人受挫的另一个原因，是在文化方面而不是在经济方面。小说家亨利·詹姆斯曾经把波士顿称为"无法含糊其辞的城市"，而事实的确如此。这座城市表现出一种对最基本理念的痴迷，比如对与错、自由和正义。在18世纪，波士顿已经逐渐舍弃了过去清教徒的正统观念。像普罗维登斯和罗得岛一样，新学院、报纸，还有以法官霍普金斯为中心的社交圈子，在波士顿已经建立了一个体系，有正式的部分也有非正式的部分，使自由和开放的辩论已经成了日常。

实际上，讨论政治哲学已经成了人们生活方式的一部分；而帝国严格限制波士顿的革新，所以要想让波士顿一直对这样的帝国感到满意，是完全不可能的。如果英国游客从贝肯山顶向下俯瞰，他就会看到一座位于布莱特广场上正在建设中的建筑。作为自治和自由辩论的象征，一座新教堂正在广场上拔地而起，那是波士顿的公共建筑之一，在那里，革命运动正渐渐走向成熟。

从1699年它起源的那一天开始，布莱特广场的集会就成了革新的大本营。厌倦了旧加尔文主义的教条，一小群公民聚集起来，成立了所谓的宣言教会，致力于开放洗礼的原则。换句话说，任何人都可以加入，不需要经过痛苦的道德或信仰的考验。在成立之后的几十年里，教会不断发展壮大，吸收了镇上受教育程度最高的人以及一些最富有的人。

如果英国游客在18世纪70年代参加过波士顿的周日礼拜，他会遇到阿比盖尔和约翰·亚当斯。穿过过道，他就会看到未来的邦克山英雄，医生约瑟夫·沃伦。集会的另一位成员詹姆斯·鲍登——一位反叛者，科学家，也是本杰明·富兰克林的朋友——起草了马萨诸塞州的第一部宪法。他们坐在波士顿最有影响力的牧师脚下，即雄辩的山姆，他原本的名字是塞缪尔·库珀，他的哥哥威廉担任镇书记一职。

随着会众人数的增长，木制的礼拜堂显得又小又破旧。所以，在1772年的春天，它被拆除了；在6月份，重建的第一块基石被埋入土中，10月份，木匠安装了屋顶。在1773年年初，牧师在新的礼拜堂做了第一次布道。使用了八十万块砖和从伦敦运回来的大钟，布莱特广场的教堂是革命之前波士顿最大的建设工程。在"葛斯比事件"发生之后，当未来看起来黑暗而凶险的时候，会众们冒着风险，付出了巨大的代价建设了这座教堂。这座教堂体现了一种完全开放的基督教信仰。

在哈佛的一次演讲中，塞缪尔·库珀对他所说的"天主教迷信"嗤之以鼻。除了这次之外，他很少提到神学。"侍奉基督，需要我们做合乎情理的事情。"库珀曾说。他的听众可以选择保留旧的清教徒思想，如果他们希望如此；也可以把它们扔进巴克湾，随他们喜欢。在英格兰，即便在等级森严的英国国教中，也可以找到许多像库珀一样不墨守成规的神职人员，他们提倡"实用的神学"，以慈善和善行而不是教条作为基础。但即便这样的英国部长在祖国也享受不到像库珀一样声名卓著的社会地位。库珀为波士顿激进精英的信仰定下了基调。

到新教堂建成的时候，波士顿的民间团体已经包含了许多体系——政治俱乐部、共济会团体，甚至志愿的消防人员——形成了习惯自由思想和提出异议的风气。布莱特广场只是一个例子。所有这些民间团体完全独立于帝国的等级制度。就像乡下的镇民大会，他们成为构建新共和国拼图的板块，只是时间问题。

在布莱特广场的礼拜者中间，有一位文质彬彬的革命者叫作约翰·汉考克，贝肯山上花岗岩豪宅的主人。他总是挥金如土，捐献了1000英镑用于建设教堂，并且为教堂购买了大钟。在他的职业生涯和复杂的性格中，我们可以看到诺斯勋爵的倒影。诺斯是典型的英国人，而汉考克是典型的波士顿人。像伦敦的约翰·威尔克斯一样，汉考克代表了国王和他的部长们最厌恶的一切。

暴躁的爱国者

像我们对达特茅斯勋爵做过的一样，我们可以通过一幅油画肖像来了解约翰·汉考克。现在被悬挂在波士顿美术博物馆的这幅画，创作于1765年，当时汉考克只有28岁。这幅画出自约翰·辛格顿·科普利的笔下，即另一位为了伟大的事情而离开故乡的波士顿人。这幅画向我们展示了一位苍白的年轻人，带着一张没有皱纹的脸，坐在一张桌子前面，而桌子立着一本摊开的厚厚的写满数字的账簿。他双腿纤瘦，肩膀窄窄的，而这本书看起来比他的躯干更结实。他纤细的手腕从蓝色的双排扣长礼服下面露了出来，大衣厚重的布料覆盖着他瘦长的身体。

科普利展示了约翰·汉考克作为一个新手，雄心勃勃而勤勤恳恳的样子，但是也许与社会期望他扮演的角色并不相符。继承了一笔由他叔叔创造的财富，作为波士顿最富有的人，他的衣服上镶着黄金纽扣和金边，但看起来，好像财富对他来说不是一种特权而是一种负担。他快乐吗？他双唇紧闭，表现出了他的决心或焦虑，或两者兼而有之。约翰·亚当斯对他相当了解——他们从小在一起玩耍，他写下的关于汉考克的回忆，描绘出了另一幅高度紧张的年轻人的肖像。

"耐心""守时""沉稳"和"勤奋"：这些词跃入脑海，但亚当斯也记录了约翰·汉考克与自己情感的斗争。由于患有某种未知的慢性疾病，他常常被束缚在床上，同时他也遭受着精神上的痛苦。根据亚当斯回忆，汉考克"相当感性，感觉敏锐，或者说脾气暴躁，有时让他的朋友感到厌恶并深受折磨"。由于关于汉考克的文献稀缺而且零零散散，很难确切理解亚当斯的这句话是什么意思。汉考克死时负债累累，使他的遗孀多萝西身无分文，除了一些业务往来的记录和部分私人信件，其他文件大部分都灭失了。亚当斯认为，约翰·汉考克继承了他父亲容易焦虑的性格。他的父亲是一位英年早逝的牧师，天赋过人但容易害羞。也许对于诺斯勋爵来说，暴躁的脾气更多是因为他每天面对的巨大挑战而不是神经衰弱症。

汉考克的反叛之路有许多曲折。考虑到他的社会地位，情况注定如此。无论他多么真诚地拥护自由，他不能轻易容忍暴民统治或是对财富和特权直接攻击。约翰·汉考克花了很长的时间才下定决心，美国的未来取决于能否独立。所以，在1765年，他反对《印花税法案》，却因为暴民失去控制并洗劫了托马斯·哈钦森的家而受到惊吓。在1768年，当海关人员扣留了他的单桅帆船自由号时，他成了英雄。有一段时间，他成了激进党的领袖。然后，在1769年，他与塞缪尔·亚当斯闹翻，似乎又与皇家政权重归于好了。

鉴于他复杂的政治生涯，他的朋友和敌人都经常觉得他非常难懂。他的一个政敌称他为"容易上当的约翰尼"，他是一个自负的年轻人或外行的政客，太容易被像塞缪尔·亚当斯这样的人欺骗，他的政治姿态仅仅满足了自己的虚荣心。他有过真正的原则吗？或者他只是一个商人和走私者，追求的是自私自利的目标？他活着的时候就经常有人提出这样的问题，而现在历史学家们仍对那些回答莫衷一是。

对他最常见的控告是这样的：汉考克利用他的财富来收买权力和地位。他的确这样做了，在他的阿姨莉迪亚的帮助下，通过借钱给当地的波士顿人并给哈佛大学赠送奢华的礼物，他们共同编织了一张赞助的大网。

他们甚至为波士顿购买了新的消防车。但从英国的角度来看，约翰·汉考克的政治生涯似乎更容易理解。他的举动就像任何一位18世纪的英国绅士。远非虚荣或自负，汉考克只是试图履行与自己的社会地位相称的义务。用一位传记作家的话说，"汉考克喜欢成为公众人物"，而这在他生活的年代简直不能更正常了。

在英国，当一个人在贸易中获得了一笔财产——或者，如果他的叔叔为他积攒了这笔财产，那就更好了——首先他会尽可能多地购买房地产。这么做了之后，他会投身政治，因为只有进入下议院，他才能获得同时代的人的充分尊重。如果他通过把钱花在公共生活中以获取成功，这不仅是他的权利，也是他的义务，如果他认为自己有责任为国家做贡献的话。

约翰·汉考克只是想做同样的事情。在波士顿所有的爱国者中，他与英国有着最紧密的关系，不仅通过他在伦敦的合作伙伴乔治·海利，还通过他与布里斯托尔港的联系——他的经纪人亨利·克鲁格是布里斯托镇议会的成员。海利和克鲁格这两个人后来都加入了英国议会。日复一日，汉考克把生意的运营交给了深受信任的职员，威廉·帕尔弗里，他住在波士顿滨水区，却密切关注着所有英国的最新消息。汉考克曾经两次把他派到伦敦，在那里他与约翰·威尔克斯共进晚餐。帕尔弗里在他客厅的墙壁上挂着一幅威尔克斯的画像——一份海利太太赠送的礼物，他把它描述为"无价珍宝"。

汉考克和他身边的人，对祖国的政治和对马萨诸塞州的政治同样非常感兴趣。远非把自己看作一个乡下人，汉考克把自己的身份塑造成开明的世界公民，与英国任何地位的人平等。他赠送给哈佛大学的书，同时表明了他的好品味和慷慨大方。致力于建设哈佛大学，他深爱的母校，他送给了它最新的著作，虽然其中一些书带有不太道德的内容。这些书中不仅包括27卷伏尔泰的作品，也包括哲学家大卫·休谟的作品，6部伦敦指南，甚至还有罗伯特·亚当对罗马式建筑的研究。汉考克捐献的书籍填满了哈佛大学图书馆里的一面壁龛。

按理说，一个如此进步的绅士，应该在下议院里坐在埃德蒙·伯克的身边，在那里汉考克能享受到他渴望的公众职业。但这样的事情永远不可能发生。自从自由号被扣押的时候起，汉考克就成了伦敦注意的对象，这就意味着他在伦敦和在马萨诸塞州都没有机会身居要职了。到1772年年底，很明显，无论他多么努力，在殖民体系内他永远也不可能获得他认为理所当然的成功。在生意上，前景似乎也同样严峻。

他的叔叔是个商业天才，而他这个侄子却没有遗传到这种天赋。托马斯·汉考克从卖书开始经商。他陆续创建了一个财富的帝国，包括贝肯山在内，通过从海上贸易获得的资金。就像普罗维登斯的布朗家族，他必须克服新英格兰的老问题，出口商品稀缺，并因此缺乏硬通货币。他的解决方案是一种套利交易。如果波士顿及其腹地需要茶和五金器具，这些东西可以从伦敦获得，那里英国的商人也会给他贷款。为了支付货款，汉考克经营许多不同的商品——蜜糖和朗姆酒，还有面粉和鲸油——把他们来来回回进行交换，在波士顿、纽芬兰、西印度群岛和西班牙之间。汇票或者说借据，在当事人之间来回传递，而汉考克用它们偿还在英格兰的债务。

他同样参与黑市的交易，在美国的殖民地，就像我们看到的，往往除了走私别无选择，即使只是作为暂时的权宜之计。然后，在18世纪40年代，他的运气来了：一场大英帝国和法国之间的战争。在这场战争以及接下来的冲突中，托马斯·汉考克成了国防承包商，以及英国军队最大的借款人之一。当他在1764年去世，所有这一切都留给了他的侄子，但现在情况已经和过去不同了。与军队的合同消失了，海军让走私者的生活更加艰难，而波士顿的经济仍旧脆弱。在接下来的十年中，汉考克家族的财富成了消耗性资产，因为这个年轻人试着模仿他的叔叔，却失败了。

他改变了家族的商业模式，建立了一支新的更大的舰队，专门向英国出口钾肥和鲸油。理论上，他的本意合情合理，考虑到英格兰对这样的大宗商品贪婪的胃口，但实际上，约翰·汉考克没有成功的机会。英国有自己的捕鲸船，他们从任何地方都可以购买钾肥，而汉考克不能指望垄断任何市场。更糟糕的是，波士顿镇常常被英国出口的大量商品淹没。

到1772年，汉考克公司的业务已经降到了极限。随着每一年过去，他在英国的债务都在增加。金融危机的到来几乎毁了他的公司。所以我们能看到，他已经近乎绝望了，即便布莱特广场上的新教堂渐渐高耸入云。约翰·汉考克已经无法偿还他在英国的债务，因为鲸油的价格崩溃了。在波士顿没有人能买得起他卖的东西。"我极度抱歉"，他告诉他在英国的经纪人。这段时期"危如累卵"，他在11月写道，"目前，这里货物的销售极度低迷。"

政治天空中的乌云也越聚越厚。自从1770年秋天，英国任命托马斯·哈钦森担任州长以来，他和殖民地之间的民选议会之间就已经开始了一场冷战。而哈钦森似乎会在这场斗争中取胜。当英国驻军从波士顿街道撤走时，塞缪尔·亚当斯领导的民众党也失去了政治上的主动权。在几乎整整两年的时间里，一种让人心神不宁的平静笼罩了马萨诸塞州，在这期间汉考克疏远了塞缪尔·亚当斯，试图扮演州长和普通法院之间的调停人。然后，在1772年秋天，当经济形势再度恶化，政治突然再度成为生活的主题。惊人的消息从伦敦到来，又一次唤醒了人们原有的焦虑。虽然起初约翰·汉考克犹豫了一下，但很快他就全力支持亚当斯领导的运动。

思想的革命

尽管《印花税法案》遭遇惨败，诺斯勋爵和他的同事们从未放弃过类似的想法，那就是通过在殖民地征税来支付帝国行政成本。3便士的汤森德关税依然存在，虽然这项税收收入微小，但应该足以支付马萨诸塞州皇家官员的薪水了。所以，当哈钦森当选州长，他的薪水是由皇室悄悄地支付的。关于这种情况的谣言开始在波士顿流传，但是到了1772年年中，哈钦森证实了传言的正确性。远非法律的技术性细则，这条信息可能包含着关于自由的启示。1691年宪章在这个问题上的说辞有点模糊，但是按照惯例，政府官员的薪水是由地方税收支付的，而这些税收是每年由众议院投票决定。

有人认为，如果这个系统被改变了，体现在宪法中的原则就遭到了破坏。由英国直接支付薪水的州长可以选择忽视当地人民的意愿。更糟的是，这种情况将会成为一个先例。很快，所有殖民地的官员都将比国王的雇员好不了多少，或者，正如塞缪尔·亚当斯天才的轻描淡写，成为"皮条客、寄生虫、妓女和娼妇"。甚至司法系统的工资也可能会以同样的方式支付。一旦出现在帝国工资单上，法官将仅对伦敦政府负责。诺斯勋爵打算直接支付法官的薪水，把他们也变成雇员吗？在1772年9月末，到达波士顿的消息显示，英国正打算这么做。

希尔斯伯勒勋爵辞职前一个月左右，他要求财政部同意用茶税支付马萨诸塞州五个最高法官的薪水。在7月的会议期间，听到关于"葛斯比事件"的报告后，诺斯勋爵签署了相关的命令。很难说他是否知道这是多么大的挑衅。他当然希望限制殖民地议会的势力。但是，像往常一样，诺斯勋爵可能只是出于短期政治动机。此刻，他被卷入了内阁危机。徒劳地想团结自己的团队，他可能只是试图去安抚一个同事——希尔斯伯勒勋爵，一位他不愿失去的伙伴。

无论诺斯勋爵的意图究竟是什么，这条消息在波士顿引起一片哗然，引发了10月初媒体上攻击性的长篇大论。几周之后，另一艘船带回了"葛斯比事件"调查委员会的报告。似乎罗得岛州和马萨诸塞州成了皇室迫害的目标。陪审团审判和司法的独立性，这是两个神圣的原则，彼此紧密联系，而英国似乎决心颠覆它们。在10月24日，关于"葛斯比事件"委员会的故事登上了波士顿媒体。四天之后，镇民大会在法尼尔厅召开，由汉考克主持，准备应对即将到来的危机。大会整整花了三个星期，最终形成的文件已经接近于革命性的宣言。

由包括塞缪尔·亚当斯和约瑟夫·沃伦在内的委员会起草，这份文件通常被称为波士顿小册子。它在11月20日的镇民大会上正式通过，约有300人出席了这次会议：对于波士顿这么大的地方来说，这是了不起的出席人数了。虽然这本小册子只有40多页，用很大的铅字印刷并有很宽的留白，它的重要性不言而喻。不是因为它包含任何新的知识理论，它很大程度上脱胎于约翰·洛克17世纪80年代的著作，甚至逐字引用了他的话。小册子的创意在别处：在于它的勇气和用处。因为这本小册子简明而条理清晰，并仔细地分为几个部分，没有人会对它产生误解。小册子以毫不妥协的声明开篇，作者称之为"殖民地人民的天赋权利"。在一段不足60字的段落里，这本小册子精确列出了这些权利。

自然的第一法则是自我保护：也就是说，人类有责任为自己谋求福利。但如果是这样的话，那么接下来，人们必须具有权利，因为如果他们没有，他们就无法按照自然法则的指令保护自己。人类有权利去做所有为了自我保护不可或缺的事情。小册子说，他们不仅具有生存权、自由权和财产所有权等权利，而且当这些权利受到威胁的时候，他们还有权去捍卫这些权利。出于简单的原则，小册子逐条批判了英国政权固有的缺陷。总而言之，它对殖民体系列出了12条不满之处——帝国把财产、生命和自由置于危险之中的12种方式。

它们不仅包括不经殖民地人民同意征税，还包括盖奇上将的常备军、法官的薪水、"葛斯比事件"的调查以及阻碍美国经济发展的贸易规则。开篇我们就看到了所有最根本的不满，这样的小册子接近于煽动叛乱。作者完全拒绝承认《宣告法》。"英国议会在未经殖民地居民同意的情况下，夺走了殖民地在任何情况下的立法权"，他们说，而这对他们来说，是无法容忍的和错误的。

简直无法夸大英国在波士顿的情况有多么危险了。远非准备了让美国就范的一系列政策，诺斯勋爵和他的同事们根本就没有什么策略。弱小、疲惫、士气低落，殖民部刚刚迎来了达特茅斯勋爵这位新的、也许还天真的大臣。西部的原野即将失去，而与走私者的斗争也以失败告终。无论何时，国王和他的部长们总是关注着其他地方。无论他们多么希望收紧对美国的控制，他们的方法是东拼西凑、零零碎碎的。

然而，诺斯勋爵使波士顿人民确信，他一心想要镇压他们。小册子明确指出了这一点。写这本小册子的目的在于吸引尽可能广泛的读者群，而它得到了迅速地传播。当这本小册子还在准备阶段，塞缪尔·亚当斯和他的同事们组织了新的波士顿通信委员会。这个委员会把小册子发送给整个殖民地的志趣相投的朋友和同盟。在马萨诸塞州，多达50个城镇加入了这张联系网，与波士顿进行思想交流：像保那波罗这样的城镇，即将发表自己的大胆的宣言，拒绝英国的统治。在波士顿倾茶事件六个月之前，保那波罗人民已经给出了武力抵抗皇室的暗示。

这本小册子似乎旨在逼迫托马斯·哈钦森给出极端的回应。如果是这样，它完全成功了。"葛斯比事件"后，州长认为伦敦希望他立场坚定地反对叛乱。对此，达特茅斯勋爵是罪魁祸首。不确定自己该走哪条路线，他常常用含糊其辞的语句回复哈钦森的信件，使得这位州长相信，英国会支持他采取的任何行动。因此，在1773年的第一个星期里，他准备好了要采取他认为达特茅斯希望看到的行动。

致命的是，哈钦森错误地选择在哲学战场上攻击塞缪尔·亚当斯和他的盟友们，那正是他们最强大的地方。聪明人会回避这个话题，提供一些温和的保证，等着关于法官的过分关心逐渐平息。与之相反，州长的回应表现出了哈佛毕业生的天性。在1月6日，当他召开新一期的殖民地议会会议时，哈钦森发表了自己的关于基本情况的长篇演讲。波士顿的镇民大会是非法的，他告诉他们，出版这本小册子是一种犯罪，最糟糕的是，它的作者们对帝国一窍不通。就这样，州长给议会做了一次关于宪法的演讲。哈钦森说，不能在英国议会至高无上的权力和美国的完全独立之间划分界限。

虽然他的逻辑可能是无可挑剔的，但他说出这些话的时机却是可怕的。在政治领域，许多话还是不说为妙。通过这样直白的演讲，州长毁掉了任何和解的希望。在1月26日，马萨诸塞州的众议院做出了回应，顽强地再次重申波士顿小册子的主张。最蛮横的是，他们否认英国议会可以在没有得到他们自由同意的情况下制定殖民地的法律。他们开始起草一份请愿书，要求乔治三世停止用茶税支付法官的薪水。很久以后，在1775年，诺斯勋爵私下承认，实际上这一刻，马萨诸塞州人民宣布了他们的独立。也正是从这一刻起，约翰·汉考克永远与波士顿最坦率的激进分子结为了盟友。

　　为了让美国革命开始，必须在全州范围内建立广泛的联盟，由对英国的敌意联结在一起。联盟不仅要包括那些参加布莱特广场教堂集会的人，还要包括私营店主、技师、工人和失业者。此外，它还必须包含内陆的农民。农民们，而不是波士顿镇里的人，必须成为革命的军事先锋，因为城镇实在太小，不具有决定性。波士顿的人口还不到殖民地总人口的6%。

　　到1773年春天，这个联盟接近完成，而约翰·汉考克是最有可能领导它的人。没有人比汉考克能更坚定地捍卫自由，塞缪尔·亚当斯在4月写道。他给在伦敦的朋友亚瑟·李的信中写下了这样的话，他要求李把这封信交给约翰·威尔克斯。在那里，在伦敦，形势正向战争的方向发展。

　　终于，诺斯勋爵已经准备好了表明他关于孟加拉的计划。他准备宣布用来拯救东印度公司的计划，而作为交换，公司必须进行一系列改革。他保证了方案在议会获得通过，接着突然间，他发现自己获得了巨大的荣耀。没费一枪一弹，内阁部长们取得了让所有英国人感到自豪的东西：他们使法国人蒙羞。这种得意扬扬的情绪一直持续到这一年年底，直到国王和他的部长们突然撞上了与殖民地之间的冲突。

第九章

波士顿倾茶事件：序曲

你的做法让人大为满意。

——乔治三世写给诺斯勋爵，1773年

在1773年4月26日，下议院只花了一个小时左右的时间，就同意了让东印度公司把过剩的茶叶发送到美国。甚至没有进行投票。反对党的成员实在太少了，以至于没有驳回这项措施的任何希望。

简短而有气无力，罗金汉姆的辉格党指出，如果出口到殖民地的茶叶带着3便士的汤森德关税，美国人会抵制其进口。"如果诺斯不取消关税，他们不会接受茶叶"，反对党在下议院的领袖威廉·唐多斯维尔说道，这个男人已经因为癌症或者肺结核濒临死亡了。在辩论中，唐多斯维尔最有力的支持者，是容易激动的苏格兰人乔治·约翰斯通和他的兄弟普尔特尼，普尔特尼想要彻底取消茶税并对可能发生的动荡给出警告。

约翰斯通家族也许是詹姆士二世党人，但他们把亚当·斯密视为最亲密的朋友。作为自由市场经济学家，他们谴责茶税侮辱了"朴素的贸易原则"。如果茶税被废除，殖民地的茶叶消费量将会一路飞涨，走私者将被淘汰出局。但诺斯勋爵对这个论点不予理会。是的，他想要结束来自荷兰的非法茶叶贸易，但为了帝国的利益，他必须同时考虑政治以及金钱。"我不愿放弃对美国的关税，因为那是殖民地政府薪水的来源"，他告诉下议院。美国人不能指望政府做出任何进一步的妥协，因为"那里人们的品格根本不值得这样做"。到此为止，会议速记的人突然停笔了。诺斯勋爵还说了些什么，就无从知晓了。

《茶税法》在上议院的通过甚至更容易。5月10号，它成了法律。然后，这项法案就淡出了英国政治舞台。只有简略的报道出现在报纸上，而本杰明·富兰克林几乎没有注意到它们。在下一封写给美国的信中，他对这段插曲只字未提。7月份，埃德蒙·伯克在给纽约的殖民地议会写信时，也没有提到过这件事。两人都没有认识到已经发生的事件的意义所在。

与此同时，诺斯勋爵似乎再次变得不可战胜。在这样一个阴郁的冬天过后，政治气候稳步改善了。诚然，经济仍然脆弱，贷款仍然几乎不可能获得。伦敦的纺织品贸易依旧持续低迷，而面包价格仍将居高不下，导致饥饿和失业的人群发起更多的罢工和暴乱。在诺斯宣布《茶税法》的时候，几英里以东的纺织工和煤矿工人数以百计地聚集起来，抗议面包的高价。但金融市场上的恐慌已经平息了，黄金开始流回英国央行。在那年春天，诺斯的预算演讲进行得相当顺利，给出了健康的财政盈余。股市也升至1768年以来的最高点。

诺斯勋爵用来纠正孟加拉政府腐败的计划，也取得了出色的进展。最终，臭名昭著的科尔布鲁克步了许多银行家的后尘，破产了，失去了他的绿外套和其他的一切，失去了他在东印度公司董事会的席位。公司找到了一位新主席，内阁的忠实支持者，亨利·克莱布·博尔顿。即便如此，诺斯从4月底开始，花费了艰难的七个星期，才使《对印度调整法案》获得通过。但在博尔顿的帮助下，他最终赢得了每场辩论——在下议院，上议院，以及东印度公司总部的股东大会。从此以后，孟加拉会有一位总督，以及由国王和内阁任命的法官们。作为交换，财政部借给公司它急需的钱。在6月的最后一周，挽救公司免于崩溃的交易终于达成了。这场金融危机也终于被化解。

在这样的背景下，太容易把新英格兰的问题看作一场局部的小冲突了，认为它产生的后果不会多于南卡罗来纳州没完没了的争吵。整个1773年，在诺斯勋爵和乔治三世之间往来的所有信函中，从来没有一次提到过美国。他们关注着别的地方，波罗的海和地中海地区。他们想要赢得一场辉煌的胜利，提振国民的信心。

在春季和初夏，当输送茶叶的计划越来越接近完成时，英国与法国又一次逼近了战争的边缘。战争的恐慌是频繁的，但这次被看作是自从福克兰群岛事件以来的三年中最严重的一次。尽管这次危机被诺斯勋爵很好地化解了，但这次成功带来的结果却有利有弊。英国变得过于自信了，他们获得了暂时的强大，但在外交上却更加孤立了。在一定的时候，这将对他们在北大西洋和加勒比海地区的战略地位产生严重的影响。

瑞典1772年的革命间接地引起了战争的恐慌。在斯德哥尔摩，年轻的国王古斯塔夫三世在路易十五的公然支持下，对议会发动了一场军事政变。对此，俄罗斯人开始磨刀霍霍地警告法国，如果它打算把瑞典变成满足其在波罗的海地区野心的工具，俄国将采取先发制人的行动。很快，消息传到英国，法国人正在武装他们的舰队，不是在属于他们国家的大西洋海岸，而是在南部港口土伦。看起来他们要攻击一支俄罗斯舰队——那是凯瑟琳大帝派到爱琴海去消灭奥斯曼帝国的，作为她的宏伟计划的一部分。

法国和俄罗斯就要开战了吗？如果是这样，那么结果似乎是普通的欧洲人之间的冲突，但某些东西会将英国的利益置于非常危险的境地。英国既不希望法国也不希望俄罗斯成为欧洲大陆的主宰，虽然俄罗斯人很有可能凭借外交或金钱获胜，但法国也永远不值得信任。所以，英国行动的方向是要对付他们二者的。

4月24日，在下议院讨论《茶税法》的两天前，桑威治勋爵下令一艘护卫舰出航到直布罗陀海峡，观察法国人的一举一动。火船已经准备就绪，必要时会进入土伦港并把法国人的舰队在停泊处烧毁。国内的皇家海军也开始为出征做准备了，打算吓退法国人的舰队或者在必要时击沉他们。

那个时代，在任何战争爆发的初期，都会有一场排兵布阵的速度竞赛，而英国往往必须要获得胜利。他们的外交政策取决于作为威慑工具的海军。如果海军是可靠的，那么他们必须在一次像这样的情况下迅速完成部署。但出于经济原因，和平时期大部分舰队都龟缩在码头里，它们的桅杆和帆都存储在岸上，并且舰队只保留了最基本的人员。据估计，法国拥有74艘战舰，而英国的战舰接近130艘。但其中许多都在修理中，只有80艘左右可以用于军事行动。在理论上，即便是这80艘舰船，做好出海的准备也需要四周左右的时间。

所有的目光都集中到了桑威治勋爵身上，他一直不知疲倦地为目前这样的危机做着准备。对桑威治来说，他的军官们正求战心切呢。对这支地中海特遣队的领导人选，桑威治做出了明智的选择：查尔斯·桑德斯，这位水手在1759年的魁北克战争中帮助詹姆斯·沃尔夫上将成功登陆。"如果我出海，就会发生战争"，这位司令说。而仅此一次，英吉利海峡的水手们在没有强征入伍的情况下踊跃出征。收到命令的两天之后，桑德斯上将的十艘战舰已经在海上了。

三个星期中，国家的命运悬而未决，而报纸吹响了爱国的号角。然后，一封来自巴黎的加急信被送到了伦敦，法国人说三思之后，已经命令他们的舰队撤退了。仅仅六个月前，腓特烈大帝还称英国是软弱、优柔寡断的。现在，即便多疑的普鲁士人也不得不承认他们保卫了自己的领土。然后，远非向法国人抛出橄榄枝，英国人选择给他们另一个教训。桑威治勋爵喜欢卖弄——在亨德尔的弥赛亚曲里，他喜欢演奏定音鼓——所以在他辉煌的时刻也一样，他发明了样新东西：一场盛大的海军实力展示。国王将在斯皮特黑德检阅舰队，并邀请外交使节团参加，还专门为法国大使在前排预留了一个座位。

在6月22日凌晨，在一队骑兵的护送下，乔治三世离开了位于皇家植物园的夏宫。他乘坐石楠木车轮的轻便马车疾驰到朴次茅斯，在那里他们受到的鸣枪敬礼在60英里外的山上都能听到。在国王之后，诺斯勋爵和其他政府官员也急忙赶到，达特茅斯勋爵还带着他的儿子，他在牛津大学的学期刚刚结束。为了给皇家随行人员提供伙食，最好的伦敦厨师加入了走向海岸的队伍，带着国王陛下的银盘、数以英亩计量的白色亚麻，以及装满葡萄酒和白兰地的酒窖：大约6000瓶酒，用以供应旗舰上的宴会。在灿烂的阳光下，乔治三世参观了海军造船厂、要塞以及并成两行的舰队。国王乘坐一条由水手们划桨的镀金驳船，来来回回检阅了20艘挂着满帆并新涂了油漆的战舰。在陆上，他观看铁匠们打造巨大的铁锚，并把分配给他们的啤酒增加了一倍。一个由造船工人组成的唱诗班唱着"上帝保佑国王"，而国王也因此而心情舒畅。

在英格兰从没出现过这样的景象。礼炮的轰鸣声把数以千计的观众带到了海滨。当国王在三天后返回皇宫时，拥挤的人群填满了沿途每个城镇的街道。在吉尔福德和戈德明，人们演奏了国歌，"以最热烈的方式表达了他们的责任和情感"，《伦敦公报》的官方报告说。在这一年的晚些时候，大卫·盖里克把这场检阅改编成了一场娱乐皇家德鲁里巷剧院观众的表演。渴望超越在剧院里的对手，盖里克从巴黎请来了最好的布景设计师，重现了这次伟大的事件，包括起伏的海浪，模型船以及合唱"统治吧，不列颠尼亚"。

内阁也同样欢欣鼓舞。罗奇福德勋爵把法国大使留在自己身边，欢欣地听着他妒忌的赞赏。舰队拯救了和平，他诗兴大发的朋友萨福克勋爵说。"皇家长官们在这让人自豪的卓越面前必然狂喜不已！"他写道，"这场国力的展示，这些属于王国的浮动堡垒，必然让他耳目一新！"

然而，在欧洲每个首都的外交老手们都知道，尽管拥有坚船利炮，英国无力决定国际事务。英国在海外仍然一个盟友也没有。无法出手干预，内阁只能眼睁睁看着其他国家对波兰来来回回地进行残忍分割。虽然科西嘉岛已经落入了法国人手中，东方土耳其人的里克米亚地区也很快就会被凯瑟琳大帝夺走。英国人无法改变这两件事情的走向，尽管这两块领土在战略上都具有重要意义。

对于所有这一切，英国只能作为旁观者进入他们不太辉煌的孤立时期。他们缺乏同盟国，这会让他们在美国战争期间付出昂贵的代价。到那时，他们没有一个盟友，不得不在多条战线展开战斗。但是伦敦没有人预见会发生如此特别的情况。此时，白厅依然保持着自信而冷静的情绪。

在7月1日，议会开始了不同寻常的长时间休会。解决印度问题的预算通过，而法国也重新受到控制，没有什么尚未解决的事情了。为了安抚伦敦的织布工，诺斯勋爵甚至出台了一部新的法案来调整他们的工资。六个月之内议会不会再召开会议了，而六个月之后，就已经来不及阻止马萨诸塞州的灾难了。

错误的面纱

如果弗吉尼亚的州长邓莫尔勋爵，注意到了越来越多不满的迹象，也许就能对事态的发展有所帮助。在所有的美国商人中，种植烟草的农民们可能在金融危机中遭受了最严重的打击。他们向英国商人大量借贷用来扩大种植面积，突然间他们面临着立即还贷的要求，而新贷款几乎无处寻找。

种植者们已经对帝国感到不安了，从北部殖民地传来的消息让他们更加沮丧。他们同情约翰·汉考克和他的同志们。当弗吉尼亚的议会在1773年3月举行年度会议时，议员们面前摆着的是，报纸关于葛斯比委员会和英国计划用茶税支付法官薪水的报道。他们之前已经读过了波士顿小册子和哈钦森愚蠢的回答。在3月12日，议会选举产生了自己的通信委员会，人数多达11人，与波士顿进行联系并密切注意着美国自由受到威胁的迹象。其成员不仅包括塞理查德·亨利·李，塞缪尔·亚当斯的朋友在伦敦的兄弟，还包括帕特里克·亨利和托马斯·杰斐逊——这是杰斐逊第一次作为反对王室的活动家崭露头角。再一次，英国的处境简直不能更危险了。通过亚当斯、约瑟夫·沃伦和他的盟友们建立起来的通信网络，新英格兰感受到的不满情绪被传播到了整片大陆。而关于这种情况，住在威廉斯堡的州长几乎一个字也没有报告给白厅。

作为一个骄傲而喜欢炫耀的人，邓莫尔勋爵曾经给自己画过一幅肖像画，全身穿着约书亚·雷诺兹爵士所倡导的高地服饰。在退休后居住在苏格兰的时候，他在凉亭上竖立了一个巨大的石刻菠萝，用以纪念他在殖民地多年的服务。但是当他在殖民地时，他既没有倾听公众的意见也没有把它们传达到伦敦。在1773年上半年，他只寄回了六封公函，没有一封提到新成立的委员会。然后，在7月底，他陷入了沉默。到1774年春天，他再次发出公函的时候，已有整整九个月没有发出一封信函。用于判断的信息如此之少，英国实在太容易想象马萨诸塞州和罗得岛的不满只是个别情况了。

达特茅斯勋爵有时会收到了解美国情况的英国旅行者的私人信件，想提醒他将要遇到的麻烦。有时候，他们的观察确实非常准确，但他们的意见似乎遭到了忽视。在1773年3月份，来自名叫查尔斯·史密斯的商人笔下，一封这样的信被送到了他的办公桌上。史密斯是个精明的观察者，每隔几年他会穿越大西洋，骑马从新英格兰旅行到宾夕法尼亚，一边旅行一边沿途收账，阅读当地的报纸，并留意他遇到的人们的言论。

那一年，他回国时为自己的见闻担忧。在沿岸地区，甚至在距离海岸300英里的内陆地区，他感受到的都是反叛的精神，形成了他所说的"规律的联系链，从新英格兰到佐治亚"。每个地方的美国人都在谈论约翰·威尔克斯，他们把他看作英雄。每个地方的报纸都刊登了对英国的煽动性的攻击。在边境地区，史密斯发现了"一群没有教养的匪徒"，这群恶棍惯于盗窃和谋杀，他们中许多人都是来自爱尔兰的新移民，在他们的祖国就因为暴动被记录在案。至于马萨诸塞州，据史密斯所说，几乎失控了。他说，在几年之内，那里的人们将"摆脱对英国的依赖——我保证事实一定如此"。英国该如何回应？高压政策将会失败，史密斯认为"粗暴的威胁措施"从来不会起作用，只有"那些性质更宽容温和"的政策才会有效。每个殖民地都需要更好的州长，他说，应该密切关注马萨诸塞州，而最重要的是"内阁最聪明的头脑"应该出台一套全方位的计划，使殖民地和帝国达成和解。

我们不知道达特茅斯对史密斯的评论做出了怎样的答复，因为回信没有被保存下来。不管怎样，他们没有采取任何行动。英国的统治体系不允许殖民部直接进行干预。他们要想采取行动，必须通过他们任命的州长。如果州长们像邓莫尔勋爵一样，忽视自己的职责；或者像纽约的威廉·泰伦一样，自私自利并且腐败，他们最终可能会被召回，但到那时一切都已经太迟了。史密斯提出的那种全面计划从来没有被制订过。然后，在3月26日，抵达伦敦的消息显示，"葛斯比事件"调查委员会没能打破纽波特的沉默。没有一个可靠的证人站出来指证普罗维登斯的约翰·布朗。

三天后，在海上漂泊了八周后—— 一段过于漫长的旅程——来自托马斯·哈钦森的公函讲述了他和马萨诸塞州众议院的口头纠纷。早前，关于州长演讲的报告在伦敦已经令人大跌眼镜，而现在，当波罗的海危机变得越来越严重时，达特茅斯勋爵发现，哈钦森的挑衅导致马萨诸塞州众议院把波士顿小册子作为自己的文件通过了。马萨诸塞州似乎将要走上和罗得岛一样的道路。这位阁下在回复里，告诉哈钦森要保持安静。如果议会摆出更多的反抗姿态，他就应该解散它并宣布重新进行选举。除此之外，哈钦森什么都不应该做。在5月初见到富兰克林时，这位殖民部长表达了对州长的更直率的意见。

"那位先生轻率的举动把我们所有人带进了多么困难的境地！"达特茅斯说。早在12月，这位殖民部长曾警告过哈钦森，不要沉溺于他所说的"公民权利和法律构成上的巨大区别"，这只会引起更多的争议。原因不仅出于政治上的权宜之计，也关乎信仰，达特茅斯希望避免不必要的冲突。当他给美国的州长们写信时，他的语言带着宗教内涵，来自他作为加尔文教徒阅读的福音。在他看来，每个人的灵魂都处于危险之中，倾向于犯罪，但是他也相信基督有能力拯救众人。达特茅斯深信，马萨诸塞州的动荡不是因为任何实质性的不满，而是因为精神上的缺陷。[1]

就像随处可见的罪人们一样，他写道，波士顿人民看世界的时候透过了"一层错误的面纱"，给他们蒙上了无神论和狂热的阴影。远非捍卫自由的爱国者，他们仅仅是被肉体激情囚禁的男女。然而，只要他们停下来，耐心地倾听为他们谋求福利的政府，也许波士顿人就能被说服，就像伦敦填满了拘留所病房里的妓女一样。"混乱的根源在于头脑而不在于心"，达特茅斯对托马斯·哈钦森说。"人们最终可能会发现自己正在毁坏幸福的根源，他们在错误的观念里以为自己在抵抗伤害，而这样的伤害从未发生过。"他最不愿意做的事情，就是通过威吓使他们屈服。

然而现在，内阁的鹰派很快就会主张高压政策是唯一的出路。虽然茶党事件发生在六个月之后，但到6月底它已经变成不可避免的了。理论上，诺斯勋爵仍然可以推迟《茶税法》的实施，而将茶叶输送到美国的具体方式也仍然可以商量。但实际上，从北方殖民地传回来的消息没给国王陛下的财政部任何改变方案的理由。相反，随着每个月的过去，新英格兰似乎变得越来越惹人生厌了。

马萨诸塞州的众议院最终起草了一份给国王的请愿书。糟糕的时机，

---

[1] 在达特茅斯勋爵的领导下，殖民部成了新福音派基督教的堡垒，这个教派正在英国国教内发展壮大。例如，他刚刚就任的时候，他的班底出现了一个空缺，他任命了一个名叫安布罗斯·塞尔莱的年轻人，他是达特茅斯的朋友威廉·罗曼牧师的信徒。1775年，塞尔莱出版了一本反对革命的小册子，题目是"美国人反对自由"，其中包含了《一篇关于真正自由的本质和原则的论述》和《美国人的构想和行为仅仅表明了对暴政和奴役的倾向》。书中把美国爱国者描述为"聒噪不安的动物"。在1776年，他作为新上任的英国总司令、海军上将豪勋爵的私人秘书去了美国。后来，塞尔莱写了一系列的加尔文主义宣传册，其中最受欢迎的一本——《基督教纪念》——直到19世纪50年代仍被不断重印。

糟糕的内容，又写错了地址，这封信花了太长时间起草，又花了更长时间到达。签署的日期为3月6日，它到达白厅时已经是5月12日了，当富兰克林把它交给达特茅斯勋爵时，英法危机正好达到了顶峰。不太得体甚至具有侮辱性，请愿书开篇就给乔治三世讲了一遍英国的历史。它提出，在1691年宪章下，殖民地有权决定自己的法律和税收，伦敦议会无权干预。至于用茶税支付官员薪水的计划，是对忠诚但自治的公民权利的悍然侵犯。他们呼吁，让国王拯救他们脱离——由被诺斯勋爵控制的法官导致的——他们称之为"对法律和公正的扭曲"的境地。

不论有多少理由，这份文件导致的后果只能是有害无益。一个月前，国王收到了一封同样无礼的请愿书，来自伦敦城的出租马车夫，要求把约翰·威尔克斯作为斯米德尔塞克斯郡的代表，恢复其议会议员的身份。如果这算是一种公然的鲁莽行为，这封来自殖民地的请愿书也是一样。把他们的请愿书呈递给君主，塞缪尔·亚当斯和他盟友们表现出了他们自己对英国政府体制的误解。国王不能直接下达命令或颁布法令进行统治，而只能在经由议会许可的情况下。即便乔治三世希望这样做，宪法也不允许他去干涉。涉及了税收和财政问题，用茶税支付工资的计划源于下议院通过的一部法律。只有下议院可以废除自己通过的法令，但现在议会的议程已经接近尾声。在6月2日，达特茅斯勋爵写信给本杰明·富兰克林，传达国王的回应：他拒绝出面干预，并谴责请愿书是那种"少数人想要制造的毫无理由的嫉妒和猜疑的花招"。

即便如此，达特茅斯试图从这场失败的交涉中抢救出什么东西。和请愿书一起，富兰克林还给了他一封附信，这份来自马萨诸塞州议会的信里写着更多的不满。这是一份长长的清单。除了法官的薪水，议会成员抱怨海关、海军、"葛斯比事件"委员会以及威廉城堡的驻军。达特茅斯有信心处理好全部问题，并尽了自己最大的努力。

在6月19日，在参加斯皮特黑德阅兵不久之后，他背着托马斯·哈钦森采取了行动。违反了外交礼仪，并且明显没有咨询过他的参谋，达特茅斯私下里写信给富兰克林在波士顿最亲密的联系人，众议院议长托马斯·库欣，一位公认的温和派。达特茅斯试图和他达成交易。他解释说，英国议会不可能交出在殖民地的权力。这是一个原则性问题，没有这样的原则帝国就无法运行了。但它可能同意暂停其在美国的征税权，如果马萨诸塞州方面同意保持理智的话。议会必须和波士顿小册子撇清关系，并撤回在1月26日通过的议案。如果它这样做了，他会参加议会下一期会议并尝试消除对殖民地的不公正待遇。

在写这封信时，达特茅斯的承诺超出了任何像桑威治和萨福克这样的鹰派可能支持的范围。但即使他的同事们发生了转变，情况也不会好转。部长的信花了两个月的时间漂洋过海，到达目的地已经是8月中旬了。那时，马萨诸塞州议会也在休会。库欣与塞缪尔·亚当斯以及波士顿委员会的其他成员轮流阅读了这封信件，他们断然拒绝了这笔交易。到此时，情况的发展已经超出了任何政治家的控制，无论他有多么智慧，也不论他是英国的或是美国的。自从这年3月弗吉尼亚人召开会议之后，其他五个殖民地，从新罕布什尔州到南卡罗来纳州，建立了自己的通信委员会。"警钟处处鸣响"，库欣在8月下旬写信给富兰克林，"整片大陆的眼睛都注视着马萨诸塞州。"

事实上，他有些夸大其词——纽约和宾夕法尼亚仍旧畏缩不前——但库欣提出了一个重要的观点：在广泛宣传了自己的困境之后，马萨诸塞州不能继续单打独斗了。即使它希望这样——实际上它并不希望——众议院在遵从达特茅斯的建议之前，也需要参考其他殖民地的类似情况。库欣给殖民部长回信，告诉他，在英国纠正对美国的不公正待遇之前，马萨诸塞州是不可能让步的。

尽管库欣在8月22日就写了这封回信，达特茅斯勋爵直到11月才收到它。到那时，满载东印度公司茶叶的船只已经穿越了半个大西洋，无法召回了。初看之下，这里我们似乎来到了整件事怪异的转折点。达特茅斯当然知道《茶税法》，但他显然对其付诸实施的方式一无所知。他和约翰·波纳尔都没有参与向美国输送大量茶叶的最终决定，这样的方式必然导致悲惨的结局。这件事没有得到应有的关注，它揭示了英国与殖民地之间误解的核心。

许多美国人都认为英国政府是邪恶的政治机器，一心一意地执行着一小群对权力着迷的政客的命令。有些人指责诺斯勋爵，而其他人指责国王乔治三世，他们相信诺斯和国王通过操纵残酷的独裁统治试图压制他们。这正是约翰·威尔克斯和他的支持者们在伦敦的报纸上对他们宣传了将近十年的内容。但在事实上，这是对真相的扭曲。在现实中，诺斯领导着内阁而非暴政。他的政府里包含着竞争对手的部门，每一个部门都有自己的议程。权力分散在他们之间。信息也是一样，而他们对议会的回应经常是不确定的和相互抵触的。除了不屑于这种事情的达特茅斯勋爵，部长们暗地里都在相互打压。每位部长都努力扩大自己的公共支出份额，就像他们的继任者们今天的所作所为一样。

只有非常有天赋的英国首相才能使政府的齿轮顺利咬合在一起。虽然在那个时代，作为议会的管理者没有人能超越诺斯勋爵，但他很少思考官方政策的影响。即便他这样做了，他也无法保证每个人都合作来实现它。在权力和声望方面，他自己的部门——财政部，远远超出其他部门，并且一直如此，但这只会导致混乱的增加。诺斯和财政委员会制定并通过了《茶税法》，关于它的可行性并没有咨询他们的其他同事。因此，这项政策从外部被强行控制了，被那些自私自利的商界骗子劫持，让它为自己的目的服务。

运茶船的航行

1773年的《茶税法》允许东印度公司向财政部申请许可，把茶叶输送到殖民地而无须在英国支付任何税金。这就是全部了。立法的文本中没有提到货物的输送方式或者茶叶运到北美后如何分配。

最简单的选择是把茶叶在伦敦以通常的方式拍卖，但每个木箱印有"仅供出口"的字样。任何商人都可以竞购自己选择的任何数量，但必须写下一份书面承诺，保证只能将它发送到殖民地，在那里必须支付3便士的汤森德关税。如果这样做了，茶叶可能会以小额寄售的方式通过许多不同船只到达波士顿，不给波士顿人在12月份用火光制造政治斗争的机会。似乎诺斯的助手查尔斯·詹金森最初就打算把茶叶通过这样零散的方式输送到美国。

但后来威廉·帕尔默带着一项更复杂的计划进行了干预。签署《茶税法》的墨水还没干，帕尔默和他的竞争对手们就带着各自的计划包围了公司。最后，把茶叶经由合法途径运到美国的商人们希望能够战胜走私者，通过让茶叶在殖民地街道上的售价和走私者的售价相匹敌。帕尔默一开始就抢占了先机：他的朋友州长托马斯·哈钦森曾在2月底写给他的信，给了他自由采购茶叶的权利，可以发送他认为合适的任何数量。

在伦敦，茶叶的批发价格仍然很低，帕尔默敦促公司将所有过剩的茶叶发送到殖民地，但以集中的方式发送而不是零零散散的方式。持有哈钦森提供的数据，他认为美国市场很容易吸纳约一万箱茶叶，足以产生将近30万英镑的现金。帕尔默和他的对手之间开始了一场竞赛，都想要赢得从事这项业务的授权。帕尔默抢先一步，在5月19日采取了行动，但到了6月底，至少有八家伦敦公司在东印度公司总部竞标合同。

他们在一件事上达成了共识：不能把茶叶储存起来等待拍卖会，而要由各个公司把茶叶输送给各自指定的代理商——在从查尔斯顿到哈利法克斯的美国主要港口。虽然东印度公司不得不把利润分给伦敦的经销商和殖民地的收货人，其利润率仍旧非常可观。

最棒的是，这些茶叶将以巨大的数量冲击美国市场，使零售市场饱和并对走私者先发制人，因为他们的货物要等到阿姆斯特丹9月的茶叶销售之后才能到达。威廉·帕尔默主动选择了哈钦森作为波士顿的收货人。

速度至关重要，但首先东印度公司的董事长必须击退股东们的另一次反抗。几个月以来，约翰斯通家族、威廉·克莱顿和为数不多的罗金汉姆辉格党人曾试图破坏诺斯勋爵对公司的改革建议。直到7月中旬，克莱布·博尔顿才赢得了一场支持茶叶输送计划的投票。就像后来的事件显示的那样，这种延迟带来的后果可不仅是不便。但最后，在7月30日，十个主要的茶叶商人聚集在伦敦的东印度公司总部敲定了计划的具体细节。

五天后，东印度公司的董事们给出了他们祝福。到8月10日，货物的规模和构成已经达成了一致。九天之后，在没有通知殖民部的情况下，诺斯勋爵和财政部委员会颁发了茶叶运输的许可证。①最大的份额将被运到纽约和费城，那是两个最大的市场，而其余的会被运到波士顿和查尔斯顿。他们的行动十分谨慎，选择只发送60万磅茶叶，以防他们的美国代理人未能找到买家。这只有殖民地每年消费量的1/10，但即便如此，数量已经非常巨大了，加起来超过了2000箱。超过3/4的箱子里都装上了最便宜的品种——武夷茶。但接着这个计划就开始出错了。

如此巨大的货物量花费了几周的时间装船，因此直到9月27日所有运输茶叶的船只才全部离开了泰晤士河。因为船是逆风航行，直到10月中旬他们才离开英吉利海峡进入了大西洋。四艘船前往波士顿：两条双桅帆船海狸号和威廉号，以及两艘更大的船埃莉诺和达特茅斯号。最早他们有望在11月下旬到达目的地。到那时，关于他们任务的消息已经传遍了殖民地，带来了可怕的后果。

然而在伦敦，运茶船的航行几乎没有引起任何关心，部分因为只有很少的人真正知道它们已经出发了。在殖民部，约翰·波纳尔似乎到了12月才知道它们的离开。与此同时，在秋天，诺斯不在财政部而议会休会，英国政治保持着休眠的状态。而10月下旬，当议会成员再次聚集到一起的时

---

① 具有讽刺意味的是，此时东印度公司已经完全不再需要把茶叶出口到美国了，因为它的未来已经得到了担保，它与政府达成的交易体现在了《调整法案》中。但茶叶输出计划仍旧照常进行。

候，讨论的焦点不是美国而是爱尔兰。

让辉格党人沮丧的是，都柏林的爱尔兰议会提出，将对不在爱尔兰居住的地主在爱尔兰取得的收入收税。这项计划由政府发起，作为偿还债务的手段，这些债务都是爱尔兰为了维持自己的卫戍部队而积累起来的。在接下来的一个世纪内，关于爱尔兰领土和爱尔兰财政的问题一次又一次抬头，使英国政客受挫。正如这次一样。在罗金汉姆辉格党中，有两个人——不只是侯爵，还有德文郡公爵——从不情愿的爱尔兰承租人手中获取了巨额的地租。因此，早已忘记殖民地发生了什么，辉格党人作为有钱人的代表动员人们捍卫他们的权利。直到1774年1月，埃德蒙·伯克和罗金汉姆家族的信件都充满了关于对外地地主征收土地税的愤怒。他们忽视了美国不断壮大的抵抗浪潮，尽管在伦敦咖啡馆里的殖民地报纸上，这种情况已经很明显了。

与此同时，本杰明·富兰克林变得越来越不安了。像往常一样，他整个夏天都在乡下度过，但是当他在9月回到首都的时候，他写信给议长库欣，给了他关于运茶船只的迟来的警告。他在这封信里的口吻已经无法掩饰他对达特茅斯和诺斯勋爵的越来越多的失望。在1773年下半年，富兰克林开始失去他对英国残余的最后的忠诚。既然从来不受白厅的鹰派欢迎，他打算彻底招致他们的憎恨。在英国，政治游戏有一定的规则，绅士们必须遵守。在政府看来，富兰克林用接近犯罪的方式打破了它们。在适当的时候，他们会以羞辱的方式来报复他，而这样的行为给帝国带来了更加可怕的后果。

讽刺和颠覆

在盛夏，任何了解富兰克林的人都能看出，他已经被彻底激怒了。对似乎无穷无尽的纷争——关于俄亥俄地区的，关于殖民地边界纠纷的，以及最重要的，关于马萨诸塞州的——感到厌倦，他觉得自己在伦敦已经什么也做不到了。他开始制订在秋季返回美国的计划。

在7月，富兰克林写信给波士顿的塞缪尔·库珀，祝贺布莱特广场的新教堂竣工，并建议在这座建筑中采用最新式的铁炉取暖。因为祖国和殖民地之间的差异，他预测，英国不会采取行动，"直到分歧变得更大，而修复的难度也大了十倍"。听到弗吉尼亚与马萨诸塞州采取了同步行动他非常高兴，富兰克林希望哈钦森1月的演讲引起的愤怒会导致大陆议会站出来保卫美国的自由。"没有什么能让我们的部长们提高警惕"，他写道。只有巨大的打击能让他们恢复知觉。而这样的情况已经发生了。一年之前，为了带来这样的冲击，富兰克林已经采取了措施，以托马斯·哈钦森作为牺牲品，他认为哈钦森是个书呆子和傻瓜。

多年以来，哈钦森的笔下写出了许多轻率的信件，这些信件迟早一定会被公之于世。特别是，在州长和英国政治家托马斯·惠特利来往的信件中，有许多令人尴尬的内容。在这些信件的六封里，哈钦森抱怨马萨诸塞州在威廉国王的宪章下享有的自由。在其中一封信里，州长暗示应该对宪章进行修改或废除。帝国无法忍受他们享有的权利，他写道，除非"对所谓的英式自由进行缩减"。至少，这是一种令人非常不快的措辞。在1773年的夏天，在富兰克林把它们寄给托马斯·库欣之后，这些信件在美国得到了发表。当它们出现在公众面前的时候，正好是关于《茶税法》的消息到达之前，引起了另一场骚动。

公平地说，托马斯·哈钦森写出这样毫无防备的信件是有正当理由的。托马斯·惠特利是一位具有广泛特长的天才，是景观园艺和莎士比亚戏剧的专家，人脉极佳。他最亲密的朋友有前首相乔治·格伦维尔，他曾帮助格伦维尔起草了《印花税法案》，而在适当的时候，他成了格伦维尔的门生萨福克勋爵的高级助手。作为银行家的儿子，从小作为未来的律师受到培养，惠特利对金融具有过人的天资，他在金融方面的写作优雅而不乏真知灼见。他还对新英格兰特别感兴趣，他的家族曾经是那里的早期定居者。通过与他建立联系，哈钦森获得了接近诺斯勋爵领导的核心政治圈的机会。这并非不合理的。在殖民地和祖国之间迟早会达成某种形式的新交易，而在可能出现的任何谈判中，都必须能听到政府的声音。

然后，在1772年，惠特利在45岁时突然去世，甚至没有留下遗嘱。在随后的混乱中，有人拿走了州长的信件并把它们交给了本杰明·富兰克林，其中的原因至今仍然不明。富兰克林从来不曾透露是谁把信件交给了自己，只说那是"一位品格出众的绅士"。但事实是，哈钦森在英国几乎没有崇拜者。哈钦森是一个笨拙的，容易动怒的家伙，总想寻求帮助，他努力地工作，但他真的胜任自己的工作吗？

显然传递信件的人认为他并不称职，而富兰克林也这么想。到此时为止，富兰克林已经把哈钦森视为马萨诸塞州和英国之间分裂的主要根源。所以，在1772年12月，他把那些令人不快的信件寄给了库欣。他想要让议长与波士顿通信委员会分享这些信件，但要秘密地进行，而不是让它们登上报纸的专栏。

这样做的过程中，富兰克林冒着极大的风险。他显然有意要破坏州长的威信。鉴于他实在不看好哈钦森，这么做是他的责任，但即便如此，这也是一种鲁莽的行为：的确，也许这是富兰克林最讨人喜欢的特点之一，他不寻常的发展趋势就是随着年龄的增长变得更加激进和大胆。一旦库欣把这些信件展示给塞缪尔·亚当斯，它们被发表就只是时间问题了。果然，在1773年6月，亚当斯在众议院大声朗读了这些信件。打印的版本紧随其后。每份新英格兰的报纸都刊登了这个故事，众议院向乔治三世发出了另一份请愿书，鉴于哈钦森的严重不端行为，要求立即免除他的职务。

请愿书在8月抵达英格兰，但美国人又一次在缘木求鱼。也许向白厅寻求解雇毫无用处的州长更为适合。即便如此，法律也有自己的程序：像哈钦森这样的官职被看作一种私人财产，受到法律程序的正当保护。英国君主不能因为不端行为召回一位州长，除非经过枢密院的全面调查。但枢密院不会召开会议，直到1月份议会结束它超长的休会期。

　　与此同时，哈钦森的信件也被刊登在了英国的报纸上，8月在国王订阅的报纸《公众广告报》上得到了连载。而到那时为止，富兰克林的参与仍然是个秘密，所以他选择再次提高赌注。他虽然与主流政治分离，但仍然与一些记者保持着密切的联系，特别是《公众广告报》的记者们，在他们之中他找到了一位乐于相助的帮手。混合着严肃新闻、幽默故事和对公共事务的辛辣评论，《公众广告报》是那个时代最好的报纸。这份报纸也以它独立于威尔克斯阵营和政府之类的政治派别而骄傲。它的经营者之一，卡莱布·怀特福德总结过其社论的立场。"政治论战中，我的首要任务是让大众醒悟不受欺骗"，他写道，"每当政府部门发生任何变化，我总是试图把这些变动转化为笑声。"

　　1773年，《公众广告报》全力以赴试图在发行量上战胜一个异军突起的竞争对手——《晨报》。最近，《晨报》在伦敦西区获得了越来越多的赞赏，它主要报道绯闻、丑闻和剧院的幕后故事。《公众广告报》需要更好的销量，当怀特福德的朋友本杰明·富兰克林——他们住在同一条街道上——给他提供一系列捍卫美国自由的专题文章时，他立即同意发表它们。富兰克林希望利用州长的信件造成影响，并且厌倦了达特茅斯善意的不作为，他拿起了嘲讽的武器。通过讽刺的手法，他试图使英格兰对帝国的公众舆论转变成一种新的、更开明的态度。带着气势和智慧，嘲讽和激情，他的专栏一期紧接着一期，连载了两个星期。

　　虽然对诺斯和内阁所知甚少，但富兰克林完全了解英语的幽默感。在寥寥几千字中，他以脍炙人口的方式传达了殖民地感到的种种不满，吸引着阅读乔纳森·斯威夫特和崔斯特瑞姆·姗蒂长大的男男女女。他的文章在9月22日达到了辉煌的高潮，用讽刺普鲁士国王法令的形式，作为一场精心设计的恶作剧，这篇文章对英国的官方观点——受到托马斯·惠特利这样的人推崇——殖民地应该纳税以提供帝国的运行成本，嗤之以鼻。它声称腓特烈大帝于几周前在波茨坦宫发表了宣言。这项宣言的前提是：盎格鲁–撒克逊人来自德国，他们效忠于普鲁士王，作为他的殖民地居民，他们也欠他钱，作为在七年战争中保护他们的费用。"那些我们古代臣民的后人应该帮助我们补充皇家的金库"，这项法令宣称。读者们显然喜欢这个笑话，因为这版报纸很快售罄了。

虽然写得足够聪明，富兰克林的这些文章也可以说是轻率而适得其反的。他的想法显然如下。最晚在1775年的夏天就会举行普选，富兰克林期望美国将会成为普选中争论的问题。富兰克林相信，诺斯很软弱，就像他领导的国家一样，因对威尔克斯阵营得到的选票感到畏惧。所以诺斯很可能准备对殖民地做出新的让步，但只有在报纸给他施压的前提下。

富兰克林的策略源自对英国体制的误读。事实上，18个月在政治上是很长的一段时间；就目前而言，美国的问题仍然是一个相对较小的问题；而文章出现时议会正在休假，伦敦的社交季也尚未开始。所以这些文章来了又去，不过带来了一些笑料。出版哈钦森的信件又是另外一回事。这种做法真正激怒了政府并使它相信，富兰克林是与新英格兰最糟糕的激进分子联盟的敌人。

像托马斯·惠特利这样有才干的同事英年早逝，使他的朋友们心烦意乱，而他们都伶牙俐齿，有权有势。他们已经准备好了采取法律手段。这些信件失窃了吗？显然它们失窃了。如果事实显示，富兰克林把它们送到了波士顿，在最好的情况下，他可能受到法院损害赔偿的民事诉讼；在最坏的情况下，他可能会面临盗窃的刑事指控。

在惠特利最亲密的朋友中，一个人对美国构成了迄今为止最大的威胁。他是一位苏格兰人，亚历山大·韦德伯恩，作为律师，以智慧、昂贵的收费以及有仇必报的性格而著称。在诺斯勋爵手下，他担任司法部副部长，在法律条文方面给予内阁建议。在这个职位上，他协助司法部长，爱德华·瑟罗，把"葛斯比事件"定为了叛国罪。在下议院的国务大臣席上，一位观察者回忆说，瑟罗和韦德伯恩"像两根厚颜无耻的柱子"，坐在首相的两侧。两人都强烈反对对殖民地做出任何让步。如果富兰克林与惠特利的信件有关，韦德伯恩会全力摧毁他：部分作为玷污惠特利名声的报复，部分作为对其他为殖民地发声的人的警告。

　　起初，怀疑指向波士顿的前海关官员约翰·坦普尔，他对哈钦森向来怀恨在心。被指控拿走了那些信件，坦普尔为了捍卫自己的清白，甚至和惠特利的哥哥威廉进行了一场决斗。看起来，他们两个都对如何保卫荣誉没有任何经验。即便如此，12月11日黎明时分，他们在海德公园相见了。惠特利首先开枪，但打偏了，坦普尔向空中开了一枪，然后他们拔出了各自的佩剑。据说惠特利被砍了九刀，但他活了下来，而这场决斗又一次在报纸上引起了轰动。

　　许多人的生命受到了威胁，富兰克林不能继续默不作声了。即便这样，他花了两个星期才主动站了出来。在圣诞节那天，《伦敦纪事报》刊登了一则简短的声明，他证实了约翰·坦普尔的清白。富兰克林说，他从别人那里获得了那些信，但他永远不会说出把信交给他的高贵绅士的姓名。在他的辩护中，他认为这些信件远非真正的私人信件，它们出自一位公职人员的笔下。"这些信试图使祖国反对它自己的殖民地"，富兰克林说。正因如此，作为一位代理人，把信交给马萨诸塞州议会是他的职责。尽管包含喜剧元素，整个事件成了一个极为严重的政治问题。即使波士顿倾茶事件从未发生，当枢密院再次召开会议的时候，富兰克林至少将面临尖锐的指责。而实际上，在亚历山大·韦德伯恩的手里，更糟糕的东西正等着富兰克林。

　　从1766年印花税被废除以来的这些年里，似乎总有其他更紧迫的事件把殖民地事务推到英国政治的背景里。只有关于茶党事件的第一份报道抵达伦敦时，这一切才会改变。这个消息就像诺斯勋爵头上落下的一把利剑，他受到的教育和经历的职业生涯使他对于这件事的发展形势完全猝不及防。与此同时，在美国的英国陆军和海军带着束手无策的愤怒，看着展现在他们眼前的反叛行为。

第十章

波士顿倾茶事件：高潮

现在只有严酷的手段才能奏效。

——陆军中校亚历山大·莱斯利写于

波士顿倾茶事件发生的十天之前

　　纯粹而简单，它是一种带着杀戮威胁的犯罪。这就是波士顿的英国军官对倾茶事件的看法。甚至在第一箱武夷茶被投入海湾之前，他们就已经开始呼吁对波士顿人施加最严厉的惩罚。虽然盖奇上将在英格兰休假，但他在皇家海军的同事们见证了美国人的每一个不忠的举动。

　　在1773年11月17日，一艘来自英格兰的单桅帆船，海莉号，约翰·汉考克的财产，带回了运茶船正在接近的消息。虽然两周之内它们不会到达，海军上将蒙塔古已经预计到将会发生一场暴力叛乱。从他的旗舰，停泊在长码头的皇家海军舰艇船长号上，他可以清楚地看到海滨暴民正在酝酿着一场骚动。

蒙塔古在镇上的联系人已经给他传递了消息，有人计划攻击舰队和运茶的船队，将木筏点燃推入港口。"我命令保持严密的监视，不论白天还是黑夜"，海军上将在他18日晚上的日记中写道。他对"葛斯比事件"仍然记忆犹新，行事必须谨慎。他的军官们准备了抓钩，放置在帆船附载的大艇船头，以便在需要时把燃烧的木筏拖走。舰队里人数不多的皇家海军陆战队全副武装，他们的皮质弹药袋里装满了子弹。

从美国的角度看，波士顿倾茶事件通常被看作一次和平的事件：具有挑衅性甚至毫无秩序，但是没有丝毫战争的意味。而在海军上将和陆军的领导人——威廉城堡的指挥官——眼中，这次事件却完全是另外一回事。英国人看到的是另一次"葛斯比事件"，同样带着对生命、财产和法治的蔑视。他们认为，责任完全在蒙塔古所说的"受到邪恶污染的人"；由约翰·汉考克和塞缪尔·亚当斯领导的激进分子，是他们在寄回英国的信函中唯一提到的波士顿人。无论是红上衣的英国兵还是海军都没有阻止他们的行动。

在船长号这条有年头的战舰上，海军上将可以同时发射64门火炮，但在此次事件中，他的大炮毫无用处。甚至在哈钦森州长直接要求下，海军也不能对处于英国统治下的满是平民的港口开火，这样的行动是没有先例的。在这样的情况下，军队只能待在波士顿湾里的海岛上肮脏的兵营中。由于威廉城堡中的水井已经干涸了，他们不得不从镇上取水，这使他们受制于波士顿人。在这座要塞中，英国人有来自第64步兵团的10个连的士兵，但所有这些连队都低于额定人数。缺乏火药——最近的兵工厂位于纽约，步兵的人数刚刚超过300。考虑到他们居住的棚屋的状况，就像可能发生的那样，他们的士气似乎也很低落。7月以来，又有6个士兵逃走了。

威廉城堡落入了一个苏格兰人的指挥下，42岁的陆军中校，一个敏锐的高尔夫球手，亚历山大·莱斯利，出身于法夫郡一个致力于支持王室反对詹姆士二世党人的军事世家。独立战争之后，一位他的老同事回忆说，莱斯利是位受欢迎的军官，正直而有礼貌，但作为军人，他的能力十分平庸。倾茶事件发生的十天前，波士顿人对他的刺激几乎已经使他忍无可忍了。他同父异母的哥哥，利文伯爵，最近赠送给他一套高尔夫球杆；在中尉12月6日发出的感谢信里，满篇都是对镇上不守规矩的公民和自己的政治领导的不满。

"东印度公司的茶叶惹出祸端了"，他写道，"人们真的要造反了，没人知道事件会有怎样的结果。"在白厅，政客们的行动软弱无力，其中最软弱的就是达特茅斯勋爵，莱斯利说，他"没有足够的斗志支配这帮忘恩负义的美国人"。英国对殖民地事务一直听之任之，直到殖民地居民就像缺乏棍棒管教的孩子，已经被宠坏了：宽大地对待他们，他们就总是要求更多。早就应该诉诸武力了。现在这位中校所需的一切就是哈钦森州长的请求，而他会愉快地用武力恢复秩序。

而那样的请求永远都不会到来。相反，陆军和海军在波士顿人随心所欲的时候，只能袖手旁观。当运茶船到达美国时，它们陷入自1945年以来最极端的叛国事件，就像"葛斯比事件"，在英国军官心里埋下了痛苦和怨恨的种子。倾茶事件说服了他们要为政治问题寻求军事答案；而在18个月之后，这将导致向列克星敦和康科德的灾难性进军。

莫霍克族的准备

就像经常发生的那样，一切都开始于报纸上的一条消息。在夏天的时候，美国报纸上出现了关于《茶税法》的简单报道，同时还有对公司如何处理茶叶的计划的粗略报告，但到9月底之前，没有任何实质性的报道。在9月29日，《宾夕法尼亚日报》刊登了塞缪尔·沃顿的一封信，这位殖民地商人的总部设在伦敦，在那里他参与了富兰克林解决俄亥俄问题方案的讨论。夏天，在东印度公司总部，沃顿参与了关于输送茶叶的决定性会议。他刊登在《宾夕法尼亚日报》上的信给出了该计划的要点：600箱送到特拉

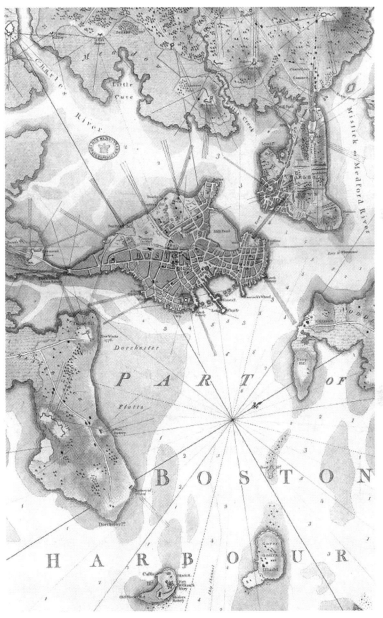

作于在1775年围攻波士顿期间，右手边的方向为北方，威廉城堡位于地图的底部。这张英国的军事地图显示了革命早期阶段的波士顿镇。长码头清晰可见，伸进海湾，而其左边是泥滩和格里芬码头，正好位于两个深度量标上方，那里是倾茶事件发生的地方。（地图局部，来自裘园的英国国家档案馆）

华，相同的数量送到哈得孙河和波士顿，并在运抵后由收货人代表公司进行拍卖。一周之内，这条消息传到了纽约。起初，人们对输送茶叶的条款心存疑虑。这些茶叶会带着令人憎恶的3便士关税吗，还是像美国人希望的那样，关税已经被废除了？很快，事实显示关税仍旧原封未动。几天之内，第一场抗议活动开始了。

在10月6日，一篇名为"警报"的文章出现在曼哈顿街头。像往常一样，它是匿名的，但纽约有"自由青年"这个组织的一大分支，为首的是位苏格兰移民，亚历山大·麦克杜格尔，被他的朋友们称为美国的威尔克斯。他和他的朋友艾萨克·希尔斯是伙伴关系——两人都激烈反对《印花税法案》——麦克杜格尔很可能是《警报》的主要作者，或者至少也是它的出版者。然而，它的传播速度和内容支持另一种假说：至少这篇文章的一部分是在伦敦写作的，也许就是亚瑟·李写的。作者似乎读过下议院印发的揭露东印度公司恶行的材料。在孟加拉的犯罪和勒索以及在英格兰的欺诈和腐败：这些就是公司的惯用手段，作者说，它很快就会把茶叶出口到美国，而这会对自由的根基造成致命伤害。通过垄断市场并把其他贸易商逼上绝路，东印度公司将建立对市场的完全控制并把它从茶叶扩展到其他商品上。更糟的是，如果美国人买了这些茶叶并支付了关税，他们会在不情愿的情况下牺牲不纳税的原则。其他税收会纷至沓来，直到殖民地拜倒在诺斯勋爵的脚下。

《警报》提出了三个论点，不仅在纽约，在费城也引起了大家的共鸣。这两个城镇都有繁荣的走私者团体，如果公司的茶淹没了市场，他们必定会损失惨重。尽管这有助于唤起对运茶方案的抵制，但走私团体并不能决定事态的发展。在10月16日，费城约有多达700人聚集在镇民大会上，通过了反对《茶税法》的十项决议，把任何经销这批茶叶的人定义为"自己家乡的公敌"。毫无疑问，这场集会中的许多人都参与了走私贸易，但他们无法在人数如此众多的议会中构成绝大多数。爱国的义愤是真实的，而茶税计划实施的方式使得人们更深刻地感受到了这种愤怒。

现在，东印度公司已经任命当地商人作为每一个美国港口的收货人并采取行动。他们迅速成了被嘲弄的对象，他们无疑被描绘成与贪婪的金融家和残暴的诺斯勋爵联盟的恶棍。例如，在纽约，收货人亚伯拉罕·洛特同时也是殖民地的税吏；一位官僚，亨利·怀特，泰伦州长的理事会成员；第三个人，弗雷德里克·皮古，一个伦敦人，来自从事英荷股票交易的家庭。他的父亲在中国当了近30年的押运员，并在1773年进入了公司的董事会。皮古的合作伙伴本杰明·布斯曾在纽约经营一家干货店多年，但他也是英国人。

在费城，收货人中的四个同样很容易被看作是英国公司的工具。一个公司，"詹姆斯和德林克"，在皮古的帮助下得到了合同。另一个收货人是吉尔伯特·巴克利，他正在从英格兰赶往美国的途中，在运茶船"波利"号上，他在努力游说之后获得了茶税计划中的这个角色。其余的是乔纳森·布朗，我们对他所知甚少；以及塞缪尔·沃顿的兄弟艾萨克和托马斯。作为来自贵格教会的商人，沃顿家族在美国具有可靠的信誉——富兰克林把他们看作朋友，但这只会使他们更容易遭到恐吓。

在纽约和曼哈顿，对茶叶的抵抗采取了坚持不懈的运动——在报纸上、在公众集会上、在街头——强迫收货人辞职。这两个城市都采取了暴力威胁，尤其是在纽约，尽管有驻军，或者就是因为那里有驻军，气氛紧张到一触即发。在反对《印花税法案》的暴动中，纽约是美国所有港口中最接近与英国兵戎相见的地方。而在不远的1770年，英国士兵与"自由青年"在街上发生冲突引起的血腥事件被称为"金山战役"。在11月5日，盖伊·福克斯纪念日，当一群人制作了一位收货人的塑像并把它挂到绞刑架上时，这位收货人和他的同事们因为生命受到真正的威胁而惶惶不可终日。

在宾夕法尼亚州和纽约，这些策略取得了圆满成功。到11月底，所有收货人不是辞职就是销声匿迹了。11月27日，在纽约，我们发现相关记录中第一次提到，爱国者像1772年马撒葡萄园岛的印第安人一样举行集会。

另一份匿名传单出现了，来自自称"莫霍克族"的党派。在英国军队的眼皮底下，他们警告说，任何试图将让茶叶上岸或者储存茶叶的人都将受到"不受欢迎的访问"。同一天在费城，那里没有驻军，另一个恐吓性传单出现在了街头，对"波利"号的主人发出了可怕的威胁。"船长，你认为把绞索套在你的脖子上怎么样？"传单问道，"接着把几加仑滚烫的焦油从你的头上浇下去，然后再把十几只鹅的羽毛撒上去怎么样？"很快，沃顿家族和他们的同事们判断，谨慎行事要好过鲁莽蛮干。他们退出了。在纽约和宾夕法尼亚，没有人知道最后茶叶到达时会发生什么，但是有一件事非常清楚。虽然泰伦州长希望在武装保护下在巴特里把自己的茶叶送上岸，英国的计划已经在根本上失败了。在美国，已经不可能对茶叶进行有序的公开销售了。

但一如既往地，在马萨诸塞州则完全是另外一回事。这个情绪化的省份充满了理想主义和怨恨，人们永远不可能仅仅通过欺凌收货人，迫使他们回避来结束这件事。威廉·帕尔默的工作无可挑剔，他让州长的儿子们做了茶叶的接收者。对于托马斯·哈钦森来说，不论有多大的风险，茶叶必须进入港口，事关家族的荣誉和金钱。但即使东印度公司在波士顿选择了不同的收货人，事件的结果也大概会完全相同。

在运茶船离开泰晤士河的几个月之前，马萨诸塞州的政治已经进入了一个只有两种方式可以打破僵局的阶段：要么哈钦森下台，要么采取革命性行动，即使是无序而自发的。这个省份的形势就像南卡罗来纳州对峙的愤怒版本，那里政府的车轮已经停止了。同样的事情也发生在这里，而且情况更危险。根据马萨诸塞州宪章，政府的每个部门——议会、法院和行政部门——必须协同工作，否则这个系统就无法运行。到1773年的夏天，政府已经接近彻底解体了。

由于波士顿小册子、自己带有刺激性的演讲以及遭到出版的写给托马斯·惠特利的信件，哈钦森失去了个人威信。对于法官们也是如此，他们的地位由于英国决定用茶税支付他们的工资而遭到了破坏。到此时，州议会的参众两院——州长理事会和众议院——都真正站出来发动了对皇家政权的叛变：显然诺斯勋爵是这样认为的。哈钦森名誉扫地，而他的对手约翰·汉考克声名日盛，成了替代州长的人选。他准备好了真正担任这一角色，就差一个适当的时机了。在秋天，众议院成员获悉，乔治三世已经拒绝了他们关于法官薪水的请愿书；而他们也明白了，当1774年议会再次召开会议时，他们的抱怨不太可能得到倾听。

他们已经走进了死胡同，而在10月初，显然在听说关于运茶船的消息之前，塞缪尔·亚当斯就已经做出了一篇精彩的政治分析。这篇分析包含在两封私人信件中，写给他的通信网络中的成员，约瑟夫·霍利，另一位反对《印花税法案》的老牌煽动家，他居住在马萨诸塞州腹地的乡村地区，北安普顿镇。

亚当斯认为，诺斯勋爵的头脑里两件事情最重要：即将到来的英国普选，以及与法国之间可能爆发的战争。通过他的朋友李氏兄弟，亚当斯同样知道威尔克斯阵营在首都取得了坚实的进展。多亏了扎实的基础工作，约翰·威尔克斯有极大的机会成为伦敦的市长。威尔克斯阵营同样有望在议会选举中取得进展；但是在这一点上，亚当斯得出了与本杰明·富兰克林相反的结论。虽然亚当斯对英国宪法的具体细节仍持有一些古怪的看法——他从来没有真正理解王室和议会之间的关系——他并没有落入富兰克林低估首相的圈套。亚当斯认为，英国政治使得内阁不可能解决美国遭受的不公正待遇。相反，诺斯勋爵会搁置任何对殖民地改革，直到对法国的战争结束，并且普选也完成了。

英国，亚当斯写到，只会提供"蛋糕和糖李子"用以"安抚美国进入一种平静的状态，如果他们能做到，根本不会对我们的权利做出让步"。他们会坚定不移，毫不退让，直到有一天，国王和他的部长们才会恍然大悟：也许那时，他们在另一次与法国的对抗中失利了。在路易十六对美国伸出援手的五年之前，亚当斯就已经知道殖民地追寻自由的命运可能取决于法国海军。在得到法国的援助之前，他们必须保持统一，抵制任何妥协。于是亚当斯就这样建议了，而他的通信委员会发出的文件也做出了明确说明，许多马萨诸塞州的城镇也都同意了。在坚定的毫不妥协的情绪中，他们听到了茶叶被运来的消息，以及麦克杜格尔、西尔斯以及他们在纽约的其他朋友打算让茶叶原路返回的消息。

正如历史学家经常指出的那样，波士顿抵制茶叶的运动慢了半拍，但仅延迟了一个或者两个星期，而出现这样的情况可能仅仅因为运茶船遭遇了恶劣的天气。就其真实原因本身而言，我们所知甚少。在10月18日，当镇里人知道了收货人的名字，又引发了一场轩然大波。收获人的选择简直不能更糟了。除了哈钦森州长的儿子们，收货人还包括他们的亲戚理查德·克拉克。克拉克是一位合法茶叶的进口商，他的女儿嫁给了小托马斯·哈钦森。其他两名收货人是本杰明·法尼尔，法尼尔厅建设者的哥哥，以及约书亚·温斯洛，来自"五月花"号上的古老的清教徒家庭，声名卓著的前英国人。在独立战争期间，这两个人都会支持英国王室。

三天之内，亚当斯的通信委员会给其他殖民地写信，谴责《茶税法》的不公。两天之后，在10月23日，波士顿北区的政治核心成员在绿龙酒馆聚会，并承诺要阻止茶叶的销售，如果必要，会赌上"自己的身家性命"。其中包括约瑟夫·沃伦和保罗·里维尔，当然也有塞缪尔·亚当斯，而且还有两个不那么出名的人物，威廉·莫利诺和托马斯·杨。七周后，除了里维尔之外的所有人在镇民大会上扮演了重要的角色，导致了茶叶的销毁。莫利诺具有商业背景，尽管他可能是个走私犯，但至今仍无定论。①对莫利诺和他的朋友们来说，政治是一项他们积极投身的使命：它既不是游戏，也不是走私的幌子。也许他们之中最激进的就是杨，他是

---

① 同样，也没有明确的证据能证明约翰·汉考克走私茶叶。哈钦森州长说他走私茶叶了，而且经常反复说，但他没有确凿的证据。当然，汉考克的叔叔托马斯经销非法荷兰茶，而约翰·汉考克在18世纪60年代走私酒。但在18世纪70年代幸存下来的商业文件中，没有任何形式的走私的踪迹。相反，保存在伦敦的文件表明，在1773年的春天，汉考克的货船把30箱合法的、已经纳税的茶叶，从泰晤士河运到了波士顿。

约翰·威尔克斯的一位崇拜者，和威尔克斯有过书信往来。而因为杨显然是第一个在公共场合提出应该摧毁茶叶的波士顿人，他的情况可能最有趣了。

像他亲密的朋友约瑟夫·沃伦一样，杨作为一名医生接受了教育，但是他在马萨诸塞州扬名不是作为一个医生，而是作为一个哲学家。他阐述了前卫的关于神学的观点：它被称之为无神论。在波士顿，他的生活近于贫困，他的敌人称他为"激动的狂徒"或者"叫嚣的新英格兰人"。他出生的地方十分遥远，不是在城镇中，而是在纽约的乡村。在倾茶事件很久之前，那里高昂的租金和对土地的饥渴导致了连绵的动乱。作为爱尔兰移民的儿子，杨在哈得孙河谷长大，成了对特权的犀利的批评家，把伊森·艾伦看作他最亲密的朋友。他们甚至合著了一本书，《分析人类唯一的神谕》，抨击了正统宗教，而杨还支援艾伦发起了反对纽约吞并佛蒙特山谷的运动。

这里的政治舞台上还有一位知识分子，波士顿的罗伯斯庇尔，但是与这位法国人不同，托马斯·杨平易近人。在1773年所有的激进领袖中，除了里维尔之外，杨也享受与北区劳动人民的亲密关系，他把他们看作革命的先锋队。像杨这样的激进分子抵制茶叶并不是出于狭隘的利己主义。无论在其他地方的真实情况如何，在波士顿对茶叶的抵制出自科学原理或者意识形态，随你想象了。在这件事情的背景里，当然有经济上的不公，一种挫败感，小镇在帝国内无法停止的相对衰落；但显然没有人愿意为喝茶花更多的钱。但即使在某些方面超过了"葛斯比事件"，倾茶事件是在一定思想的指导下进行的。

在烧毁单桅帆船时，约翰·布朗只是执行了罗得岛独立理论下的逻辑得出的结论，这种理论是斯蒂芬·霍普金斯发展出来的。在波士顿，倾茶事件背后的思想主要来自于1772年出版的小册子，但它给当地人对英国的忠诚造成了致命的影响。正是这些思想，让普遍的抵制茶叶运动对英国具有如此之大的毁灭性：一种当局无法理解的、具有无比吸引力的思想内容。

当抗议带来的风险远远高于其可能获得的物质奖励时，走私者就会撤退，但是像杨这样的知识分子永远不会退让。在运茶船前往波士顿的消息到达后的数周内，我们在马萨诸塞州远离海滨的角落里找到了类似的理智的蔑视。11月10日在哈佛大学，一位教授的妻子写信给朋友，嘲笑州长是"第一名人"，没有武装警卫的情况下就不出门。几乎没有一支火把，汉娜·温斯洛普告诉默西·奥蒂斯·沃伦关于纽约骚乱的情况。她称3便士关税是"违宪的税收"，她使用的语言与亚当斯的相似。她把收货人描述为"贪婪和野心的懦弱之子"，并盼望他们遭到失败。

如果哈佛大学教员的配偶都说出这样的事情，英国人甚至在没有意识到的情况下，就已经在争取殖民地人民的情感和理智的战役里吃了败仗。除了托马斯·哈钦森之外几乎没有任何其他信息来源，英国没有办法衡量殖民地人民的感受。他们不知道激进运动有多么广泛，也不知道波士顿的爱国者与乡村活跃分子的密切关系，就好比利·约瑟夫和伊森·艾伦之间的关系。当倾茶事件的报告最终到达白厅时，部长们看到的，只是在日益高涨的傲慢和仇恨驱使下犯下的重罪。这就是波士顿抵制茶叶运动不为英国人所知的一面，但很快它就露出了自己狰狞的面目。

第一次对抗

早在10月底，一些观察家已经开始担心，当茶到达时，一群暴徒可能会登上货船，焚烧他们的货物或者将其抛入水中。在11月2日晚上，在绿龙酒馆举行了另一次会议，人们要求收货人辞职。第二天，第一场暴乱发生了。

在波士顿南端，有一棵巨大的榆树，它几乎和殖民地本身一样古老。有些人说，这棵树在1630年第一批清教徒登上海岸的时候就已经是棵参天大树了；其他人则表示，它栽种于1646年；但无论如何，这棵"自由树"

被当作城镇完整性的自豪象征。在这棵树的树枝上，人们会悬挂嘲笑教皇和英国政客们的塑像，而人们也聚在这棵树下表达对《印花税法案》的不满。11月3日上午，当教堂的钟声敲响11点的时候，至少500多人开始在榆树上悬挂的国旗下面集合。一群乌合之众，哈钦森说，包括"男孩和黑人"，但这是一群有人领导的乌合之众：约翰·汉考克、塞缪尔·亚当斯和威廉·莫利诺。

36小时之前，在黑夜的掩护下，他们给收货人送去了中午到自由树下集合的命令——告知他们"如果不来，后果自负"——要求他们拒绝接受接收茶叶的任务。那天早上，镇上到处都张贴着布告，要求每个波士顿人都来参加集会，见证收货人的耻辱。具有预兆性的是，每张布告都署名"奥伦"——代表奥利弗·克伦威尔——暗示过去清教徒的叛变。

整整一个小时，人群等待着约定时间的到来。但12点到了又过去了，收货人一个也没有出现。又过去了半个小时，然后集会的民众投票决定声讨这些犯人。从自由树到国王街只需要步行15分钟，在那里收货人们已经躲进了理查德·克拉克的仓库。亚当斯和汉考克似乎有其他任务需要执行，因为莫利诺领导着人群。他是位学者同时也是位商人——他经常引用古希腊和罗马的经典著作——他认为自己扮演着布鲁图斯这个角色，拥护共和的弑杀暴君者，捍卫自由和美德，反对不公正的权势。

实际上，当局没有露面：街道已经属于人民了。波士顿没有专门的警察队伍，而镇上行政委员——镇民选举出来的自治委员会成员——绝大部分都是塞缪尔·亚当斯的盟友。镇上有一个民兵组织，称为学生联合会，但谁是它的领导呢？不是别人，正是约翰·汉考克。与此同时，英国军队仍然驻扎在威廉城堡，没有州长的请求不能出动，而哈钦森不敢这么做，因为他害怕会重演1770年的大屠杀。只有一位勇敢的地方法官敢于出面干预，他来自波士顿镇外。哈奇先生是来自多尔切斯特的地方治安官，那天碰巧在波士顿，并且看到了1点钟当人群到达国王街后发生了什么。他向英国发回了一份证词，律师们仔细研究了这份证词以寻找叛国的证据。

　　率领一支小代表团，包括约瑟夫·沃伦在内，莫利诺走上克拉克办公室前面的台阶。"人民受到了极大的冒犯"，他告诉收货人们，并要求他们签署一份同意把茶叶直接送回英格兰的协议。当克拉克拒绝时，莫利诺对他发出了警告。"他们一定已经感受到了人民怨恨的全部分量，或者听到了对这次进口的真实评价"，一位目击者回忆道。就像布鲁图斯刺杀恺撒之后，莫利诺又做出了一番戏剧性的说辞。"我已经仁至义尽，我再也无所畏惧了"，他边说边退下了台阶。一时之间，似乎整件事情到这里就结束了。莫利诺说了些什么，人群就沿着街道撤退了。他们停下了一次，然后继续移动；接着又停下了一次，然后突然之间，莫利诺失去了对示威队伍的控制。

　　人们冲了回去，手里握着棍棒，而克拉克发疯一样命令同伴关闭大门。哈奇先生挺身而出，用自己最高的音量命令人群退下。作为回答，他的胳膊遭到了一记重击。20个年轻男子冲进了仓库，冲击阻碍他们进入楼上办公室的玻璃门。克拉克的同伴为了自卫，也用棍棒大打出手。人群对收货人们进行了90分钟的围攻，砸玻璃，大喊大叫，用棍子敲天花板。最后，双方达成了某种程度的休战，克拉克、哈钦森的儿子们、法尼尔和温斯洛被允许离开，但必须穿过包围他们的大喊大叫的示威者。

　　事实上，法治已经被废除，因为当局对暴动也无能为力。市政府就在这条街的转角，州长试图召集他的理事会采取行动对抗暴徒。詹姆斯·鲍登是汉考克在布莱特广场的崇拜者，他领导的理事会组成了殖民地政府的行政部门，但由于它是由众议院选举产生的，实际上哈钦森早就失去了理事会对他的脆弱的忠诚。只有少数成员出现，州长无法召集到所需的法定人数。第二天早上，所有理事会成员终于聚到了一起，包括汉考克在内，当然，他们都同意发生了暴乱，应该收集证据并起诉罪犯。但谁会出庭做证或者逮捕嫌疑人呢？什么也做不了，在马萨诸塞州政府几乎停止运转之后，形势进一步恶化了。11月5日，在法尼尔厅，波士顿的选民们被行政委员召集起来，召开镇民大会。大会开始就通过了费城的十项决议。然后，他们选举产生了一个委员会，由汉考克领导，包括亚当斯和沃伦在内，敦促收货人辞职。渐渐地，爱国者收起了网罗收货人和州长的大网，把他们逼到角落里，摆在托马斯·哈钦森面前的只剩下两个选项：要么卑躬屈膝地投降，或者不顾一切地诉诸武力。与此同时，激进报纸《公报》和《马萨诸塞州观察》刊登了一连串关于纽约和宾夕法尼亚州的动荡局面的报道，以及悬在他们头顶的越来越严重的暴力威胁。

收货人们为了争取时间开始实施拖延战术。在此时，没有人知道会有多少运茶船到来，也不知道它们何时可能到达。所以他们给汉考克委员会写了一封含糊其辞的信，指出他们还没有收到东印度公司任何正式的任命。从技术上讲，这完全没错——他们的任命文书会和茶叶一起到来——不过他们的对手不会如此轻易就上当。在11月6日，镇民大会再次召开，并认定这封信是一种侮辱。一种令人不安的平静笼罩了波士顿并持续了11天，直到海莉号于11月17日在港口落锚。海莉号带来了更多关于运茶船的细节，还把理查德·克拉克的儿子乔纳森从伦敦直接送了回来。那天晚上，行政委员匆忙安排了一次镇民大会，人民第二次直接采取了行动。

克拉克家族居住在学校街，位于镇上最富裕的社区之一，距离国王教堂只有几街之隔。克拉克家族正在聚会庆祝乔纳森的归来，突然听到了熟悉的喇叭声、口哨声和呼喊声。由于没能找到小托马斯·哈钦森，大约150人前来寻找克拉克家族，希望能打他们个措手不及。理查德·克拉克勉强关闭了大门，但当女人们往楼上逃时，人群开始冲击大门。能听到有人高声呼喊"你们这帮流氓！赶紧滚蛋，否则我会让你们脑袋开花！"——接着克拉克家族里有人开枪了。

一时之间，人群后退了。但当他们意识到没人中弹时，他们又回到了门和窗户前面，打破玻璃并砸烂门框和窗框。他们对克拉克家族的房子进行了一到两个小时的围攻，直到最后双方再次达成了休战协议。第二天早上召开的镇民大会任命了一个新的委员会，由其出面告诫收货人必须辞职。收货人再次拒绝了，但这次他们给出了另一个解释。他们在伦敦的代理人代表他们签署了责任状——"商业性的刑法契约"——阻止他们把茶送回伦敦。

这多半不是真实情况。在纽约和费城的收货人就没说过类似的话。原则上,收货人应当支付茶叶的运输成本和3便士关税,因为这是一项进口关税而不是消费税,即使茶叶仍未售出,在茶叶抵达波士顿港的20天内也要上缴税金。但事实上,无论东印度公司还是财政部都没有对收货人应当缴纳的这部分钱穷追不舍。而到最后,在1774年尘埃落定的时候,东印度公司对政府索要赔偿,而不是对它在美国的代理人。所以,收货人们给出的这个回答似乎只是一种策略,或者说很可能就是一种策略。在皇家海军舰艇船长号上,海军上将早就已经看出波士顿的局势无法挽回了。就在此时,他命令海军陆战队全副武装并在大艇上配备了爪钩。至于州长,他遭到了完全的孤立。在11月19日到27日之间,他召开了三次理事会会议,但是每次它都拒绝为他提供援助。因为他们反对让茶叶登岸,鲍登和他的同事们在货物上岸的时候将不会提供任何保护。

"我处在孤立无援的境地",哈钦森在11月21日写信给泰伦州长。从这以后,他的信件几乎让人不忍卒读。满是借口、遗憾和控诉,它们在我们面前展现了一个孤独的人,在即将沉没的帝国残骸中沉浮。哈钦森骄傲而顽固,但也以自己的方式充满勇气。他试图找到解决危机的手段,但随着每一天过去,他的地位越来越岌岌可危。

政治上的妥协似乎是不可能的。起初,州长认为这次混乱类似于八年前《印花税法案》引起的骚乱。确实会有动乱发生,但它将会平息下来,当更好的人——像汉考克那样的富人——认为波士顿暴徒已经做得太过头了。但哈钦森的理事会抛弃了他,而且塞缪尔·亚当斯已经让汉考克认同了反叛的理由。随着这样的情况变得越来越明显,州长的情绪也从自满变成了惊慌。到11月底,他不得不考虑采取军事行动,但又不得不排除这一选项。根据英国法律,州长不仅有权利,还有义务命令军队保护生命和财产,但是下达这样的命令只能出于他自己的判断。如果莱斯利中校犯下了州长应当负责的暴行，法律将会惩罚托马斯·哈钦森。他也不敢冒引发内战的危险，他的儿子们会成为第一批伤亡人员。

　　还有其他事情令他惴惴不安。州长知道，自己唆使威廉·帕尔默送来了茶叶。虽然没有人能责怪他，因为最终是帕尔默和财政部制订了这个计划，如果整件事情被完全公开，他充其量在其中扮演了一个非常尴尬的角色。这是一个哈钦森不想提起的错误判断，而且取得了一定的成功，因为历史学家很少提到这个话题。州长也知道自己将很快回到英格兰。白厅已经同意让他离开岗位回到英国，在那里他注定要面临对他在马萨诸塞州的管理的种种质疑。绝望地不想制造更多的错误，或表现出软弱和不忠，哈钦森进退维谷。

　　在这痛苦的心境下，州长等待着茶叶的到来。如果他很幸运，运茶船会首先到达纽约，那里的军队更强大，而泰伦州长会强行让他们的货物上岸。这样的情况有可能打破殖民地的抵制。但如果运茶船首先到达的是波士顿，哈钦森必须带头让茶叶上岸。在紧急情况下，他可以逃到威廉城堡并依靠海军保护茶叶不被毁坏。除了这样，他觉得别无他法了。

　　最后，在11月27日，这样的等待结束了。那天晚上，第一艘抵达美国的运茶船，达特茅斯号，进入了波士顿海湾的外围区域，携带着80箱武夷茶，20箱熙春茶，以及14箱另外一种更精制、更昂贵的茶叶。这件事发生在周六晚上，对领航员来说太晚了，但第二天一早货船经过威廉城堡停泊在了皇家海军舰艇船长号的附近。到周日中午，小镇又在酝酿一场暴动。行政委员们聚在了一起，当然还有亚当斯的通信委员会，讨论他们的行动计划。一旦进入港口，达特茅斯号和它上面的货物就落入了海关官员的管辖，并渐渐逼近12月17日的最后期限。到那时，如果货船仍然没有支付进口关税，海关和皇家海军将不得不扣押货船，没收货物，并对茶叶进行拍卖。

　　接下来的一切中，我们看到了与引起"葛斯比事件"相同的、更大规模的矛盾的根源。因为他们知道自己的行为是违法的，只有少数倾倒茶叶的突袭者透露了自己的名字。无论是塞缪尔·亚当斯还是约翰·汉考克都没有留下回忆录，而到1777年年底，托马斯·杨、威廉·莫利诺和约瑟夫·沃伦都相继离世，远远没到他们应该写回忆录的年龄。英国从每个能找到的目击者那里收集宣誓的证词，这些证词可能是可靠的，却遗漏了许多重要的细节。哈钦森关于倾茶事件做了长篇累牍的说明，但主要是为了表明塞缪尔·亚当斯在几周之前策划了这次事件。这很可能是真的——令人信服，伦敦的亚瑟·李很可能给亚当斯出了这个主意——但因缺乏证据，没有历史学家可以在陪审团面前把这项指控坐实，超越当时的英国或者州长的努力。

尽管乔治三世仍然保持着对加拿大和英属西印度群岛的控制，他在美国的殖民体系已经开始瓦解了。就像经济学家亚当·斯密在1776年指出的那样，英国在大陆上统治着一个历史悠久的帝国其实一直都是一种错觉，统治的费用太过昂贵了，而且这种统治还必须得到那些它声称自己统治着的人民的同意。随着最后期限的临近，波士顿就要向帝国摊牌了。

自然状态

11月29日星期一，人们举行了另一次伟大的公共会议。起初，这次会议在法尼尔厅召开，但当数千人前来参加会议时——不仅从波士顿，还从附近的其他城镇——他们不得不转移到一个更大的场所。唯一足够大的场所是老南区礼拜堂。在那里，整整两天，他们产生了关于后来发生的反叛的初步公约。

这不是普通的镇民大会。事实上，它完全不是镇民大会，因为任何人都可以参加，而不只是那些具有选举权的成年男性。从英国的角度来看，这次集会是非法的，因为它背离了殖民地的法律条文规定的程序。像"葛斯比事件"一样，它在帝国的历史上是开天辟地的事件。11年前，在1762

年，哲学家卢梭曾形容人民的共同意志是唯一合法的权力来源。当他写下
《社会契约论》的时候，人们很难弄清楚卢梭表达的究竟是什么意思，因
为在当时的欧洲缺乏具体的例子。但在11月下旬的这两天里，波士顿人生
动展现了卢梭的所思所想。他们在行动中显示出了公共意志，这意味着他
们拒绝除他们自己之外的任何权威。

　　在所有的细节中，人们太容易忽视一个要点了。运茶船在波士顿湾落
锚很久之前，马萨诸塞州的殖民体系就已经走入了死胡同。为了打破这种
僵局，英国必须任命一个新的、富有远见的州长，能够形成一套新的政治
解决方案，但这是不可想象的。所以，随着会议的展开，我们发现，虽然
运茶船的命运首先被提上了议事日程，但讨论很快扩展到了其他方面，关
于波士顿在帝国中的位置的更多的根本性问题。

　　会议迅速决定茶叶不能被运到岸上来。茶叶的主人可以把茶叶运回英
国。但这件事做起来要比说起来难得多。这艘船属于一个叫作罗奇的捕鲸
家族，他们是来自楠塔基特岛的贵格会教徒，和约翰·汉考克在鲸油贸易
中是竞争对手，他们对政治没有兴趣。那天下午，他们在波士顿的代表，
弗朗西斯·罗奇，带着达特茅斯号的船长詹姆斯·霍尔，参加了会议，并
告诉与会的众人他们是在强人所难。

　　霍尔船长指出，未经哈钦森的许可，他不能离开港口，而州长不可
能给出这样的许可。货船一旦被正式登记为到港——就像这艘船现在这
样——就应当缴纳关税，必须有人支付关税，否则船舶就会被扣押。对于
这一点，塞缪尔·亚当斯开始发言。他说，人民已经说了，"现在他们就
是权力"，而罗奇只能实话实说：一群暴徒挟持了他，让他别无选择，只
能让达特茅斯号回到大海上。

　　当亚当斯结束发言，大家进行了一轮投票，会议任命了一个25人组成
的看守队，每晚登上达特茅斯号巡逻，防止茶叶在黑暗中被偷偷卸载。到
此时，要不是约翰·汉考克的到来，会议本该结束了，他刚刚结束了一场
和哈钦森的对峙。霍尔货物的命运是一回事，但还存在更多其他的危险：

足以影响到殖民地的命运以及宝贵的自由。那天早上，汉考克坐在州长理事会成员中间，理事会又一次拒绝了帮助茶叶安全登陆。很快，他发现哈钦森打算召集地方法官，驱散所有暴徒，这也许就是让军队介入的前奏。

借用莎士比亚的词句——重复《科里奥兰纳斯》里的台词——汉考克谴责总督就是"权力的工具和国家的敌人"。他呼吁人们投票通过不信任案，人们也这样做了。达特茅斯号的问题还有待解决——收货人现在还没有做出任何回应，艺术家约翰·辛格尔顿·科普利充当了他们的中间人——但随着会议的展开，第一天，第二天，人们不再仅仅关心詹姆斯·霍尔和他的船。从汉考克的、亚当斯的，尤其是从托马斯·杨的语言里可以清晰看出这一点。甚至从1772年年中或者关于法官薪水的消息到达之后，波士顿就已经接近了无法回头的临界点，而无论关于茶叶到底会发生什么，跨越临界点的那一刻到来了。

在波士顿镇小册子里，小镇已经否认了议会宣称的主权，不仅得到了州议会参众两院的支持，而且波士顿人相信，也得到了多达50个的马萨诸塞州其他城镇的支持。①得到这么多激进势力的支持，波士顿人民是绝不会退缩的。相反，在11月30日，会议做出了进一步的反叛行为。后来，英国政府尤其密切关注这次会议的进展，王室的律师们把它看作叛变的明确证据。

周二上午的会议从阅读收货人的一封信开始。他们说，拒绝接收茶叶已经超出了他们能力的范围。但是因为他们已经逃到威廉城堡向莱斯利中校寻求保护，他们给出什么样的回答其实已经不重要了。只有州长可以决定茶叶的命运以及它的去留。虽然法律要求对茶叶征收关税，但哈钦森可以自己决定，在达特茅斯尚未支付关税的情况下允许其离开，因为这是唯一可以避免流血冲突的方法。如果他这么做了，似乎不太可能面临任何

---

① 州议会尚未投票抵制《茶税法》，但如果有机会的话，参众两院表现出的立场是毫无疑问的。

官方的谴责——英国人会指责波士顿暴徒——但是无论如何，州长已经决定坚定立场不动摇。当人们研究收货人的来信时，一位治安官进入了老南区礼拜堂，由哈钦森派来驱散聚会，鉴于它的非法性。他发出嘘声并喝倒彩，大会一致投票决定把他扔出去。他的到来引起了塞缪尔·亚当斯发表了20分钟的演讲，他对这种情况应付自如，几乎没人敢向他那样做。

　　像汉考克一样，亚当斯也引起了无休止的关于他的动机和策略的争论。他是个有原则的人，代表公众意志，或者他只是个诡计多端的煽动家，狡猾的操纵者？后一种观点过于天真了。当然他的策略有时是阴险的：但他是位政治家，以18世纪公共生活的标准衡量，他不择手段的狡诈是很常见的。在11月30日，塞缪尔·亚当斯没有说出新的内容——只是重复了波士顿小册子的教义——但他充分展示了成功政治家必须具备的两种才能。首先，对时机的把握：亚当斯看到这是他必须把握的时刻，如果没有把握住，他将悔恨终生。其次，他知道如何解释抽象的民主观念，使其转换为每个人都能理解的采取行动的召唤。

　　一位目击者说亚当斯用"极具侮辱性、极其狠毒和轻蔑的方式"直接攻击了州长。根据那位治安官的说法，哈钦森自称国王陛下的代表，所以亚当斯以此作为嘲弄他的理由。州长又高又瘦——"影子人，"亚当斯说，"几乎无法支撑他干瘪的身体和头发灰白的脑袋！他能作为王权的代表吗？"然后他继续重申小册子的主张。人民是至高无上的，人民在极端的情况下可以无视法律。"一个自由而理智的民族，"他说，"当他们觉得自己受到侵害的情况下，永远都有权利集会并为自己的安全谋划对策。"

　　当亚当斯完成发言，在众人的热烈欢迎中，轮到托马斯·杨将会议推向高潮了。在这两天中的某一时刻——我们无法确切说出是哪一时刻，或者到底是他使用的哪个词语——杨呼吁摧毁茶叶。下一个1月，在伦敦，四个证人以及一位观众的笔记证实了这一点。但杨接着亚当斯继续进行发言，他说的不是茶叶而是原则，把最伟大的法律学者，英国法官威廉·布莱克斯通的话当作自己的论据。当政府不肯倾听时，人民就别无选择，杨说：他们处在"自然状态下"，在这种状态下，根据布莱克斯通所说，他们没有别的选择唯有反抗。对托马斯·杨来说，老南区礼拜堂的会议类似于兰尼米德的贵族聚会，波士顿人民自行起草自己的宪章，就像他们的祖先反抗金雀花王朝的暴政一样。

在那之后，会议上还说了些什么？那天下午，一个叫约翰·罗的商人，做了一番似乎是笑话的发言，建议可以将茶叶销毁。作为另一艘即将到达的运茶船埃莉诺号的股东，罗显然是想用一些善意的玩笑缓解当前紧张的局面。有人回忆道，罗问"一点盐水是否会对茶叶有好处，或者能让茶更新鲜吗"，会场再次响起欢呼声和掌声。然后画家科普利从威廉城堡带来了收货人最后的回应。他们能做出的最大让步是承诺将茶叶存储在岸上的仓库里。他们不能把它横跨大洋送回去。面对这种情况，会议最终通过的决议，被英国当局视为彻底的反叛。他们说，《茶税法》是"应当受到诅咒的和不公正的"，他们投票决定阻止货物上岸，"哪怕赌上身家性命"。

镇上最激进的人群已经占了上风。作为防止重新决议的方法，会议投票决定将这次决议送到所有其他殖民地。然后约翰·汉考克致了闭幕辞。这个男人注定要失去很多，他知道他们在这两天的时间里已经走了多远。"我的同胞们，现在我们已经要着手开辟新天地了，"这位波士顿最富有的公民说道，"谁要是畏缩或者后退的话，将会是可悲的。"

茶叶被毁

接下来的两周里，小镇安静了下来，但这种暂时的平静是脆弱而飘忽的。双方都紧张地等待来自纽约和费城的消息，那里更多的运茶船在任何时刻都可能到达缴税的最后期限。男性开始武装自己，买光了商店里的枪支和弹药。在塞勒姆，《埃塞克斯公报》刊登了一篇报道，认为波士顿准备战斗——作者说"冒着引起军事冲突的危险"——如果陆军或海军介入。与此同时，在哈钦森请求下，英国人封闭了港口，防止达特茅斯号在没有结清关税前离开。

除了他太大、太笨重无法靠近海岸的旗舰，海军上将蒙塔古还有一艘装配了28门火炮的护卫舰活跃号，以及装配了轻型武器的单桅帆船"翠鸟"号。他派出它们巡逻通向港口的海峡，而陆军拥有大炮和少量的火药，从威廉城堡持续监视着波士顿。但当哈钦森坚决要求在波士顿的街头不能出现带武器的红上衣英国兵时，莱斯利中校拒绝服从。想让他的士兵赤手空拳上岸是不可能的。事实上，几乎每个早晨，莱斯利都会亲自来到镇上体味那里的气氛，并买一条用来招待客人的火腿。

莱斯利认为，塞缪尔·亚当斯只是在等待时机，直到其他殖民地给出明确的信号，表明他们也会阻止茶叶上岸。如果他们没有，他在之前寄给英国的信件的后记中写道，这项运动就会逐渐平息。在要塞里，即使他试图在用餐时保持高昂的情绪，莱斯利承认，目前的形势令人担忧。"他们从未如此毫无防备"，他补充说，甚至在《印花税法案》出台的时候也没有这样。

现在，霍尔船长已经把达特茅斯号行驶到海滨，停泊在了格里芬码头。格里芬码头在波士顿的最南端，位于低矮的福特山下。每天晚上，全副武装的巡逻队监视着这艘船，约翰·汉考克每天保证至少亲自检查一次。在12月2日，埃莉诺号进入了港口并停泊在了达特茅斯号旁边，与霍尔船长一样，带来了114箱茶叶。五天后，海狸号带来了另外112箱茶叶，但它也带来了天花，需要接受一个星期的检疫，才能在12月15日在格里芬码头加入它的姐妹船的行列。

与此同时，哈钦森仍然无法自控地写信，好像仅仅言辞就可以解决危机。在倾茶事件两周之前，他写了不少于17封长信，它们中的大多数写给身处英国的人，每一封信都充满借口、焦虑和轻率。"我不知道事情会如何结束"，他在12月9日的信里向威廉·帕尔默承认。在这封最坦诚的信里面——"我希望这封信不会被出版"，他告诉他的朋友——州长承认了自己的严重错误。多年来，波士顿人们购买了合法的、已纳税的茶叶以及各种各样的走私商品，正因为如此，他预期人们知道《茶税法》和它的含义时，只会进行象征性的抵抗。

即使此时，哈钦森也没能预测到将会发生什么事。"当然存在发生爆发性的暴力事件的危险"，他在12月14日写道，但他预计会发生野蛮事件，突发的暴徒纵火，而不是最终发生的和平行动。两天前，更多的谣言传到了州长的耳朵里，人们威胁要烧毁一条运茶船。但几乎直到最后一刻，他仍在计划另一个结果。他相信，船只的所有者会尝试在未经许可的情况下出海，在这种情况下，皇家海军舰艇活跃号将扣留它们。对哈钦森来说，这将是最好的结果。没有人能指责他不忠，当英国听到这个消息时，内阁将会启用被推迟了太久的严厉手段，终结新英格兰的动荡局面。

最后期限越来越近。下一步必须等待弗朗西斯·罗奇采取行动，因为他的船达特茅斯号，最先适用于这个计划。在12月14日，人们在老南区礼拜堂举行了另一次集会，罗奇也被迫参加。无论货船停泊在码头或是被海军扣押，他都面临着船舶和货物的双重损失。在这种情况下，他终于屈服了。罗奇不情愿地同意向海关寻求他需要的许可证。他花了两天时间找到所有相关的海关官员，但是他们受到相同的、要求支付关税的法律和法规约束。他们拒绝了他的请求：除非他们收到了关税，否则他们不会允许船只离开。只有哈钦森州长可以搁置这条规则，并给达特茅斯号颁发所需的通行证。

12月16日，周四上午。到现在为止，距离第一箱茶叶被扣押只剩不到24小时了。在波士顿外面的威廉城堡，通过信使与海岸保持着联系，英国士兵正在待命，准备好了在运茶船逃走时鸣枪示警。莱斯利私下里自信满满，相信塞缪尔·亚当斯不自量力。"他们自己搁浅了，并且发现目前的局面已经鞭长莫及了"，他在给纽约总部的信中写道。

那个星期的天气寒冷、潮湿而阴沉，厚厚的云层堆积在海岸上空。当10点钟人群开始最后一次聚集在老南区礼拜堂时，天空中下起了雨。约翰·罗说两千人出席了这次集会，而其他消息称五千人出席了会议，人们不仅来自波士顿，还来自25英里之外的内陆城镇。即便把其中的座椅和隔板全部移除，老南区礼拜堂也只能勉强容纳这些人，但确切的人数并不是重点。对于正在发生的事件，亚当斯和北区干部会议需要更广泛的反英联盟，现在他们已经知道，它就在他们身后。

在这里，哈钦森又搞错了。他相信当亚当斯和他的同事们试图召唤这个省的其他地区行动起来时，他们的要求遭到了人们的忽略。事实上，在波士顿小册子发行以来的12个月里，通信委员会已经获得了埃塞克斯郡附近4/5的城镇的支持，包括马布尔黑德镇和塞勒姆。在西边，在米德尔塞克斯郡，支持的比例还要更高。到12月16日，波士顿也知道纽约和费城茶叶的收货人已经被迫辞职了。

这天上午举行的会议只有一个议题需要讨论。获知弗朗西斯·罗奇未能获得通行证，他们派给了他最后一个任务。他将要骑行十英里，赶到州长在弥尔顿的乡间别墅。如果哈钦森授予了许可证，茶叶就可以出海了。但如果他拒绝了呢？"让我们拿斧头和凿子劈开货箱，"有人在过道里大喊，"把箱子里的货物扔进海湾。"我们知道有人大声说出了这个主意，但是在所有相互矛盾的证词中，我们不可能知道究竟何时提出了这个主意，也不知道是由谁，更不知道他提出的是不是一个早有预谋的计划。

会议开始后不久，就进行了休会，并在那天下午3点钟重新召开。在此期间，弗朗西斯·罗奇出发去弥尔顿，一个来回接近六个小时。罗奇找到了托马斯·哈钦森，州长给了他最后一个建议。达特茅斯号可以在没有通行证的情况下离开，然后把自己交给海军上将蒙塔古保护，直到骚动平息而茶叶可以安全地卸载。州长的建议使这位年轻人陷入了绝望。罗奇不仅会失去自己的船——被海军没收——他还将成为波士顿的公敌。他自己的生命会被置于危险之中，而霍尔船长和任何想要帮助他的鲁莽水手也会受到同样的威胁。罗奇对州长说不，州长在没有颁发通行证的情况下把他赶了出去。他骑马穿过湿地，在暮色将至的时候到达了老南区礼拜堂。

礼拜堂里的人群兴奋而焦躁。他们等待了将近三个小时，其间亚当斯和杨滔滔不绝地做着演说。在某一时刻，一个年轻的律师跳了起来，对即将发生的事情给出了激烈的警告。这是小约西亚·昆西，汉考克紧密的姻亲，聪明过人但有些古怪，时而稳健，时而鲁莽，但总是口若悬河。就像他的亲戚一样，他经常使用极端的语言。危机降落在他们头上，他喊道，他们不能仅仅用"呼喊和称颂"解决危机。他们应该停下来，在采取措施之前谨慎思考，他们的行动将会招致英格兰的暴怒并带来"这个国家有史以来最难熬、最可怕的斗争"。

他的意图仍不明朗。也许昆西希望人们冷静下来，或者他试图激起他们情绪的新高潮。真相仍然是难以捉摸的，甚至也许昆西也不知道自己试图实现什么目标。一时之间，集会似乎要解散了，如罗奇未能返回的话。人们是不是无聊而疲惫，渴望回家了呢？还是他们焦躁不安，因为茶叶和他们如此接近，诱惑他们进行破坏呢？

即便目击者也可能会发现很难评估人们的心境，但是突然没有疑惑的空间了。6点钟之前不久，门口附近开始出现了一阵骚动。大厅里的喧哗变得震耳欲聋。弗朗西斯·罗奇终于从街上向礼拜堂走来。当叫喊声逐渐平息下来，他对他们州长说了什么。没有通行证，所以茶叶只能继续待在格里芬码头。只有一个人在罗奇发言之后进行了讲话。塞缪尔·亚当斯站了出来。他说，他们为了拯救美国已经竭尽全力了，现在他们也无能为力了。罗奇应该回家休息，不用承担任何责任。在掌声中，会议投票表示同意，当他们这样做时，倾茶事件已经开始了。

罗奇演讲时，出口附近的部分人群已经开始溜了出去，消失在夜幕里。当亚当斯完成发言后，会议暂停了大约15分钟。然后，突然外面响起了叫喊声和口哨声，接着是印第安勇士作战时的呐喊，三个街区之外都能听到。礼拜堂内响起了同样的喊叫。在入口处出现了一群年轻人，大约20

多人，他们的脸用焦炭和烟灰抹得乌黑，头上插着羽毛，肩上披着毯子。

一群人冲向出口。两三百人在汉考克、亚当斯和杨重整秩序之前离开了礼拜堂。托马斯·杨发表了一篇演讲，包含关于"茶叶对宪法产生的不良影响"的笑话和揶揄。他的演讲结束了，掌声也平息下来，老南区礼拜堂很快就空无一人。礼拜堂距离码头和运茶船不到半英里的路程。人群从牛奶街和哈钦森街向下走，在贝尔彻巷左转，到达了海滨。雨已经停了，夜空晴朗无云，可以听见远处有劈木柴的声音。

成千上万的观众盯着他们的行动，码头突袭者的人数显然在100到150人之间。至少需要这么多才能移动这么大一批茶叶。他们中的一些人用棍棒和弯刀武装自己，而其他人拿着枪支站在岸边站岗，他们分成了三支队伍，每队人马处理一条船上的货物。他们一窝蜂地冲上夹板，有些人穿着印第安服饰，他们对海关官员毫不理会，警告他们如果不离开就要动武。只有一位船长还留在自己的船上，海狸号上的希西家·科芬，第二天，他做了宣誓的证词，描述了当时的场景。

40个人站到了他的甲板上，砸碎舱门并钻进入了货仓。他们架起了一部绞车，用滑轮组把装着茶叶的货箱拉上来。每一箱茶叶都是原封未动从中国运来的，这些武夷茶每箱的重量至少有335英镑。更好的茶叶装在小木箱里，但即便如此，那些小木箱每一箱也有70到80英镑。要把每条船上的茶叶都运出来，凿开货箱并把茶叶倾倒进波士顿湾，需要近三个小时的高强度劳动。时值退潮，海水很浅，但即便如此，倒入海湾的茶叶呈长长的羽毛状向外扩散，漂向南方。从岸边驶来了成行的小船，上面坐着一些人，他们似乎试图把海里的茶叶舀起来带回家。他们很快就被码头上的火枪队劝离了。

到9点钟全部的行动完成了。这是另一次"葛斯比事件"，没有枪声和暴力，但受到类似的动机和思想的启迪，并且直接面对相同的敌人。这绝不仅仅是对引起民愤的税收的抗议，倾茶事件意味着对英国统治的全面拒绝。这正是汉考克、昆西和杨说过的再清晰不过的含义。

　　倾茶事件在另一种意义上也类似于"葛斯比事件"。在18个月前的罗得岛，约翰·布朗领导的不是一群无法无天的暴徒，而是船东、船长、工匠和学生组成的联盟，得到了霍普金斯法官和州领导的支持。在格里芬码头，我们看到的是另一个广泛的联盟。同样，他们也不能被称为暴徒，就像我们不能用这个词来形容烧掉葛斯比号的人们一样。

　　关于倾茶事件突袭者的第一份名单直到19世纪30年代才出现。即便到那时，名单仍旧是不完整的，只有不到60个人的名字。尽管如此，它包含的数据向我们展示了这项运动深刻而广泛的根源。

　　这项工作需要体力。所以在那些参与者中，我们看到了二十几岁的年轻工人，他们住在波士顿相对贫困的地区，但不是老北区最糟糕的贫民窟。他们之中至少五人是从事建筑工作的木匠或泥瓦匠，还有一位铁匠。七人来自造船厂或制绳工棚，他们作为造船工人从事船桨、炮管或索具的制作。在独立战争期间，至少五位突袭者担任技师，建造堡垒或修理大炮。

　　但在与工人并肩作战的人当中，我们发现了保罗·里维尔，从事奢侈品贸易，他代表了当时码头上波士顿的另一个阶层。里维尔从事银制品加工，而那天晚上，他的四个同志从事其他类型的娴熟的手工工作——建造并为马车车厢喷涂油漆、着革，或者做内部装潢。其他人通过商业谋生：例如威廉·莫利诺。在那里还有一名保险经纪人、一个柠檬进口商以及一个年轻的商人，托马斯·梅尔维尔，他的孙子创作了名著《白鲸》。名单上没有出现律师或牧师，虽然约翰·亚当斯和塞缪尔·库珀也对倾茶事件给予了热情的支持。显然，只有一个读过大学的人参与其中：梅尔维尔曾经就读于普林斯顿大学。即便如此，他们背景各不相同。

　　他们的领导也是如此。由于缺乏完整而确凿的证据，历史学家常常犹豫是否能把塞缪尔·亚当斯、汉考克和杨称作倾茶事件的组织者。但他们的行为以及每一句话语——尤其是杨的——都指向这一结论。然而，这三个人还组成了某种联盟。亚当斯是政治老手，来自波士顿的政治家王朝；汉考克富有却不如意，他的生意走上了下坡路，而他的野心却越变越大；

最后是杨，反复无常的局外人，受到哲学驱使的异教徒，坚信不公深入帝国的骨髓。每个激进分子都具有不同的出身和背景，而每个人抵抗英国都出于各不相同的动机。

通过输送茶叶，诺斯给了他们一个联合起来的理由，而马萨诸塞州大部分地区都加入了他们的行列。通过波士顿小册子的形式，这项运动已经有了一个可以转化为信仰的宣言。运动中联合起来的人民包括农民、工匠、律师、牧师和教授的妻子，这是一项诺斯勋爵无法理解的运动。

倾茶事件的根源

无论倾茶事件看起来多么具有戏剧性、意外性或者偶然性，它的发生绝非偶然，也不是走私者为了保护自身生意制造的阴谋。它的根源可能来自于英国建立的体制内的深层缺陷。从"葛斯比事件"发生以来，帝国已经开始分崩离析，诺斯和他的同事们只能隐约意识到其隐秘的轨迹。

英国对美洲的帝国没有规划，没有控制枢纽，没有指导性蓝图，也没有崇高的理想。从英国的角度来看，美国殖民地的存在只为一个目标服务，那就是赤裸裸的经济目标。而正是出于这个原因，旧体制是无法长久的。80多年前，英国历史学家刘易斯·纳米尔爵士提出了这个强有力的观点，他对美国独立战争起源的分析仍然是最有帮助的分析之一。[1]

出生在拥有土地的波兰裔乡绅家庭，纳米尔属于中欧犹太人之中的辉煌的一代，他们在20世纪上半叶定居在英国，极大丰富了英国的文化生活。鉴于他的生活背景——在奥地利的加利西亚度过了童年，在那里他对哈布斯堡皇室的君主政治产生了深深的厌恶——纳米尔对帝国的衰落有极为深刻的洞察。虽然他的观点在细节上微妙而复杂，但他明确指出了英国

---

[1]　可以在纳米尔的《美国独立战争年代的英国》（1930）的第一章中找到。

在北美建立的体制的缺陷，正是这个缺陷导致了其自身的崩溃。

到了18世纪70年代，英国早已把自己视为彻底的商业国家。即便是那些因为拥有土地而获得封爵的人，也认为商业是国家命脉。"每个国家和每个时代都有自己的主题，它占据了人们的思想，"纳米尔写道，"18世纪英格兰的主题是财产、合同、贸易和利润。"事实上，这些正是英国骄傲的象征。在商业中取得的成就使他们自命成了自由而开明的种族，和法国人截然不同，他们认为法国人不过是凡尔赛的奴仆。

虽然纳米尔是个天才，但他从没把自己的思想发展成一套完整的关于美国的危机和战争的理论；但是他论证的逻辑如下。虽然英国关于商业的意识形态有其自身的优点——有助于产生一个相对开放、灵活的社会——但也有其严重的缺陷。英国人对贸易的专注经常会陷入一种狭隘的物质主义，而这种物质主义损害了国家领导人的眼界。结果，英国仅仅把海外领土看作一种为祖国盈利的手段。当议会少有地讨论殖民地事务时，发言者都口无遮拦，很少感觉到需要为了帝国，而使用任何形式的道德上的修辞美化他们的提案。

这一点对于对美国相对友好的像埃德蒙·伯克一样的人也是真实的。伯克在这一主题上最好的演讲主要阐述了在英国国旗下的和平商务带来的好处，他认为这就是帝国系统存在的理由。当然，伯克东对印度公司持有严重的怀疑，它是如此邪恶，残酷地剥削恒河两岸的人民，但是国王和他的部长们竟然和它站到了一起。其实国王和部长们对东印度公司在印度的统治同样怀有深深的忧虑。但即便如此，他们不能听任印度落入法国人手中。就像在西印度群岛和弗吉尼亚州，英国在孟加拉拥有的一切实在太有利可图了，让人无法放弃。这些殖民地一起组成了一个全球贸易系统，英国不允许任何一块领土脱离自己的控制。

如果认为英国"渴望赚钱"是错误的，这种观点就有些肤浅。有些利润比别的更好，更少的破坏性，更少的腐败并且更持久。这个问题很简单：虽然英国出于商业原因决定保持他们的帝国，但他们并没有真正理解维持它运作的方式。在1770年早期，整个系统已经变得太大、太多样、太不稳定了，以至于英国人无从管理。这种情况显然对于印度是真实的，并且也同样适用于美国。讽刺的是，美国大多数地区的经济都在蓬勃发展，就像西印度群岛一样，砂糖、糖浆、烟草、大米、靛蓝、鱼和粮食的贸易不断扩大。但是绝大部分的贸易都是由信贷繁荣带来的，而这种繁荣已经无法持续了：同样的繁荣导致了东印度公司和灾难擦肩而过。

从银行业破产开始，危机一场接着一场爆发，诺斯和内阁无法辨别其中的逻辑。他们怎么才能终结在殖民地和不列颠群岛肆虐的走私贸易？事实上，走私的流行只是一个副作用，这种现象的根源在于投机的帝国和过于依赖日用商品税收的财政系统，而日用商品又依赖非法运输。但他们提供的唯一解决办法是皇家海军和像达丁斯顿中尉这样的军官。当茶叶贸易崩溃而东印度公司差一点就倒闭的时候，英国能做些什么呢？把茶叶运到美国，当然，旨在将其出售。财政部没有预料到茶叶到达后产生的影响。

这就是茶叶为何被输送到美国。这是一个短期权宜之计，为了支持公司，为了对走私贸易釜底抽薪以及重申英国在美国征税的权利。对诺斯和他的同事们来说，茶叶只是贸易的对象，他们完全没有想到在殖民地它将获得新的意义。在波士顿，茶成了人们反对的符号，男性和女性在12月那个寒冷的夜晚为它行动了起来，这样的情况诺斯永远不可能理解。

事实上，英国仅仅把殖民地看作是一项经济资源，或者流放罪犯的目的地。在英国人眼里，美国人民本身常常遭到忽视，他们只是点缀风景的饰品，风景里的主角是成片的烟草、一袋袋大米和成桶的糖蜜。即使是像爱德华·吉本这样的天才作家也从未想过穿越大西洋，到美国去看一看。伯克或大卫·休谟、詹姆斯·鲍斯威尔以及亚当斯密也从未这样想过，尽管这样的旅程相对轻松——往返纽约的船票只要20英镑——更何况他们自己还具有广泛兴趣。

"在美国几乎没有什么值得观察的，除了自然奇观"，塞缪尔·约翰逊在1762年写道。在他看来，西方大陆没有值得交谈的人。也许本杰明·富兰克林是个例外，但没有拜访他的必要，因为他已经移居到了英格兰。殖民地看起来已经丧失了文明，他们的政治家给英国人留下了粗野、误入歧途和不诚实的印象。在诺斯和他的同事们看来，美国要求自由似乎不过是一场骗局、一种伪装，殖民地人民暗地里抱着逃税的打算。

在许多不同的地方——查尔斯顿、弗吉尼亚州，以及最重要的波士顿——英国遭遇了制定自己日程的新社会。一个建立在海上贸易上的帝国需要顾客和客户，而百年过去，扮演这些角色的美国人发展出了自己独特的野心，就像一定会发生的那样；他们也发展出了自己对政治原则以及英国思想的重新解释，然后修改它们以适应殖民地的环境。如果英国政治家访问过殖民地，他们可能会逐渐发现，这些美国人的愿望都是正当的。但他们也可能在离开时对自己的发现带着更多的惊慌：到18世纪70年代，那里的政治文化已经逐步形成，与英国人自己的截然不同。

除了痴迷贸易，英国精英还专注于另一种迷信。他们完全忠诚于建立在财产所有权上的政治系统。一位绅士的等级和地位取决于他的资产，而在英格兰最好的、最能给人带来声望的资产就是不动产。当商人为成功而努力时，他们希望获得土地，与那些已经拥有很多土地的人获得同等的地位。全国对商业和地产的痴迷不过是一个硬币的两面，但它们在英国和美国之间建立起了一道藩篱。

诺斯勋爵极少陈述自己的政治哲学。他没有这个必要，因为每个人都清楚地知道它是什么。但是，当他偶然这样做时，在他坚决支持的政治系统中，英国地主凭借着议会霸权占据着权力的制高点，不仅在不列颠群岛，同样也在海外领土占据着权力的制高点。在1785年，当下议院探讨由小威廉·皮特提出的关于改革议会的一些温和的建议时，诺斯站出来捍卫旧的体制。根据他的说法，这个国家的绅士应该构成国家立法机关中的绝大多数。他认为，英国宪法是"无限智慧的杰作——最美丽的织物，也许，从时间开始时就已经存在了"。他宣称，宪法的根基在于拥有土地的绅士，他把他们称为"最好的，最受尊敬的，人民信赖的对象"。

　　抱持这样的观点，诺斯勋爵几乎必然招致美国人民的反抗，因为对他们来说，这些想法已经过时而荒谬了。从诺斯的角度来看，来自弗吉尼亚的种植园主可能与英国的地主具有平等的地位。虽然他也具有一些疑惑，但他完全不把马萨诸塞州的工匠和工人看在眼里。在1773年11月和12月，波士顿人民对所有人敞开了会议的大门，包括无地和失业人员，他们不仅触犯了法律，还违反了诺斯和他的同事们坚持的政府的每一条原则。

　　当倾茶事件的消息到达白厅时，对掌权的精英们来说，这是一次可怕的意外。英国内阁无法看到新英格兰的真实情况，他们看见的全是自己的幻想，认为波士顿和罗得岛的暴徒代表的是罪恶而混乱的力量。他们不过是狂徒领导下的罪犯，他们似乎可能来自伦敦。内阁给出了两个同样错误的反应。首先，它选择了惩罚。接着，它试图在马萨诸塞州建立一种新政权，基于空洞而抽象的主权的思想以及议会的意志。英国政府对法律条款的痴迷将把自己引入一场它从没预料到的战争中。

第三部分

急转直下

这场战争酝酿已久，它是一个有着严重缺陷的帝国和体系的产物，是无知和偏见再加上那些心怀善意但却固守空洞过时理念的人共同作用的结果。

第十一章

寒冬里的内阁

> 根据昨天的报告……在北美沿海的一座城镇，居民将五百包茶叶倾入了海里。
>
> ——《纪事晨报》，1774年1月21日

1月份的伦敦：河水结冰，在数周的霜冻之后，出现了强降雨。但整座城市正期待着这个季节的娱乐活动。从乡下度假归来的乡绅和贵族们直奔剧院和赌场，此时的议会会议理应简短而平静。法国人那边没有了动静，市场也最终稳定了下来，此外皇室也为每个人带来了值得庆祝的理由。夏洛特皇后即将迎来她的30岁生日，虽然她出生在5月，但官方的庆祝活动安排在了1月18日的礼拜二。因为她即将临产，这次的庆典格外盛大。正午时分礼炮齐鸣，向皇后致意。傍晚时分，烟火燃放。在圣詹姆斯宫，皇后站在她丈夫的身边，接受主教、同辈和政治家的赞美。之后他们共赴皇后的生日舞会，首次在宫廷亮相的年轻女士们跳着小步

舞，每人手里都拿着一张宫务大臣发给她们的入场券。

19日，一艘来自新英格兰的船进港了。在海上的风暴中航行了四周后，海莉号抵达了多佛港，船上满载着约翰·汉考克发来的焦油，也许是某种预兆，船舱里满是泄露的焦油。进港下锚的那天，东印度公司的股价突然狂泻，得到内部消息的交易员争先恐后地抛售股票。第二天的新闻报道了波士顿倾茶事件的梗概。到了周末，媒体已经有了完整的故事，包括莫霍克家族，旧南方的会议，甚至被扔进海里的茶叶箱数目。他们还知道，任何被运到达尔斯顿、纽约以及费城的茶叶都可能面临着类似的命运，他们详细报道了这些地方反对茶叶倾销的决心。

这一切的到来本该在意料之内，却着实出乎意料。在圣诞节的前两周，达特茅斯就收到了托马斯·哈钦森寄来的又一封信，报告了针对收货人最早出现的寻衅事件。但当时正值假期：部长压着这封信，过了差不多一个月后也只是告诉州长要保持镇静。过了新年，东印度公司提醒达特茅斯注意他们在美国的特工发回的警告，但是达特茅斯并没有把这些警告与他的同事们分享。议会在1月中旬开会的时候对此仍是一无所知。

然后，突然之间，曝出了这样的新闻，媒体立刻看到了事态的严重性。在这座各大报纸为了争抢读者而打新闻战的城市里，很少有人会关注殖民地的事情，在被忽视了多年后，茶党变成了最大的新闻故事。到了月底的时候，部分媒体声称已有六支兵团在赶往马萨诸塞州的路上了。这是虚假新闻——内阁决定派军队增援波士顿还在几个星期之后——但它却开启了一种贯穿整个危机的报道模式。

伦敦新闻界往往会先政客一步，用事实加上推测，煽动起一种近似战争狂热的情绪。正如社论很快指出，茶党已经在事实上否定了议会对殖民地的统治权。报纸迅速划分了阵营，威尔克斯阵营支持美国，其他阵营则大声疾呼要采取报复措施，还有一些报纸关注整件事对国内政治的隐含意义。

他们提出了一个显而易见的问题：诺斯勋爵能否度过这次危机？看

起来他对这次危机至少要负部分责任。他出任首席部长四年，已经是自英法七年战争以来任期最长的一位了。他内阁中的竞争对手，会在他显示出弱点的时候毫不犹豫地将他取代。几周过去后，这成了一个不变的报道主题，"一位记者的观点是，"《纪事晨报》早在1月22日就说道，"如果不能当机立断，对波士顿的暴徒采取有力措施，那么掌权者们就会像废除《印花税法案》的那群卑鄙之徒一样遭人嫌恶。"也许这位专栏作家一直在发声支持高尔或桑威治，内阁中最为鹰派的成员。记者们的消息通常都非常灵通，他们必定是从身居高位的人那里获得了消息爆料。在这令人震惊的突发事件的氛围中，议会焦躁地在一旁待命，诺斯勋爵不得不采取迅速而坚定的行动。

起初，内阁还为没有哈钦森或海军上将蒙塔古对茶党的官方解释而手足无措。措手不及的达特茅斯犹豫不决，直到24日，他或是他的手下想到了邀请詹姆斯·斯科特。海莉号的船长来告诉他们格里芬码头发生的事情。第二天，斯科特给他们讲了细节，尽量不牵涉到约翰·汉考克。当达特茅斯在这里倾听讲述的时候，远不具有基督仁爱精神的另外一个人，正在以他自己的方式准备复仇。在内阁成员相互碰头充分讨论这个问题之前，鹰派人物们就已经对他们手边最近的美国目标展开了攻击。

随着约翰·坦普尔和威廉·惠特利之间决斗的到来，枢密院召见本杰明·富兰克林前来解释他在公开哈钦森私人信件中所扮演的角色。已经进行过一次听讯会，在月底还会有另一次听讯会。诉讼由皇家律师亚历山大·韦德伯恩提起。考虑到媒体舆论，他向富兰克林的提问变成了发难，非常尖刻并且针对个人，以至于在场的英国人30年后仍对当时的场景历历在目。最著名的美国之子遭受了侮辱，当有关这一遭遇的报道在3月底到达了殖民地后，激起的愤怒可想而知。在殖民地居民了解到诺斯勋爵要采取强硬路线这一细节之前，这件事的发生就已经加深了美国与英国之间的裂痕。

韦德伯恩的长篇大论

亚历山大·韦德伯恩生性傲慢，而在18世纪的当时，对他所从事的行业来说，自负几乎是必须的。在他早年做出庭律师的时候，由于他在法庭上的提问风格过于挖苦讽刺，他不得不离开他的家乡爱丁堡。1757年，他24岁时，被一名法官当庭驱逐，称他是个放肆狂妄的青年，而韦德伯恩当场回击，称法官被老婆戴了绿帽子。当被要求道歉时，他脱下长袍，鞠了一躬，然后大步走出法庭，当晚就骑马去了伦敦。

一到伦敦，他就想着征服英格兰的法庭，那里的外快远比在老家来得多。作为一个苏格兰人，在伦敦可能会遭人憎恨，因此他师从一名演员学习如何演讲，抹去了他的口音。那名演员就是查尔斯·麦克林，那个时代夏洛克（《威尼斯商人》中的角色）的最佳扮演者。韦德伯恩身材矮小，有一张瘦削却英俊的面孔，长着长长的鹰钩鼻，讲起话来一副深沉的男低音，带着戏剧性的姿态，并总能把握说话的完美时机。据说他经常对着镜子练习台词。

起初他在英格兰的表现也并无过人之处。韦德伯恩年轻时曾是研究希腊的优秀学者，随着年纪增长，他对从图书馆的书籍中努力学习法律判例失去了兴趣。他也没有精通一名出庭律师在刑事法庭上胜诉所需要的质证艺术。"那个该死的苏格兰人口齿伶俐，但他不是律师"，他的同事爱德华·瑟罗，一个完全不同类型的律师说道。

韦德伯恩在大法官法庭的实践中反而成了名。处理遗嘱和信托，这是英国律师在寻求一个收入丰盛而不受陪审员审查的职业时所选择的领域。他在那里挣得了一笔财富，他的客户包括印度的克莱夫。崭露头角的律师进入政坛也是同样约定俗成的，于是他在1763年投靠到首相比特勋爵门下，继而又归附了比特的继任者，乔治·格伦维尔。他通过比特和他的朋友控制的一个遥远的苏格兰选区进入了议会，让韦德伯恩出名的不仅是他漂亮的演讲，还有他的狡猾和表里不一。即使是国王也这样评价他。

韦德伯恩在下议院拥护约翰·威尔克斯已有好多年，但当诺斯勋爵上任，他就选择背弃反对党，并接受了副检察长的职务。转换阵营的成员从来就是不受欢迎的，况且他还是个苏格兰人。他的敌人喜欢重复这个关于他的段子，简直是对他的完美总结："一个胆大无礼的北方律师，装得一本正经——他的心里是罪恶，他的脸上是饥荒"。虽然他们可以这样揶揄，但韦德伯恩所激起的除了嘲弄还有畏惧。没有人比他更懂得如何用冷酷残忍的谩骂来碾压对手。这也正是他在1月29日对富兰克林所采取的态度。29日枢密院终于开了会，由高尔担任会议主席。

在那个时候，白厅西侧矗立着一排稍显破旧的砖房，是都铎王朝的宫殿遗留下来的，被称为战场，因为那里曾经包含了一个斗鸡的场所。那里还有政府的办公室以及一间高尔和他的同事们的会议室。①会议室里生着炉火，很热。迟到的埃德蒙·伯克挤过人群赶到时，35名委员会成员已经在开会了。桑威治、萨福克和罗奇福德也在其中，这是伯克在类似会议中所见过的最大阵容。到目前为止，官方的信件已经送到，完整报告了茶叶的损失情况，同时也汇报了到达费城的波利号因为受到市民的阻挠无法靠岸，而被迫驶回英格兰的事实。

旁观的人越来越多，填满了大厅里的每一块空间。高尔坐在会议桌的中心位置，一旁是陷入沉思的坎特伯雷大主教。他们让富兰克林站在他们身后、房间一边的凹处。整个会议全程，这个美国人安静得就像一块石头，一位目击者说，他一直用左手支着下巴。

根据官方的议程，这次会议的内容仅仅是听取自去年6月以来马萨诸塞州一般法院的诉状，因为州长哈钦森被免了职。可实际上，亚历山大·韦德伯恩却向富兰克林发起了猛烈的攻击，这发出了一个清晰的信号——预计波士顿会因为毁掉茶叶而受到严厉的惩罚。富兰克林带来了他自己的律师，有着美国情结的约翰·邓宁—— 一位优秀的律师，在最好状态下可以

①　现在，"战场"的位置上建了内阁府。

完败任何对手。但是那个冬天，邓宁罹患肺部感染，他的声音沙哑得几乎无法被听到。

由此，这次会议成了那个苏格兰人的天下。韦德伯恩讲出的每个句子都精心控制了节奏和清晰度。他不时地停顿下来，好让他的讽刺完全生效。如一份报纸所说的，他讲了整整一个小时"律师界所允许的一切恶言秽语"，引来了高尔和其他所有人的阵阵大笑。他先从反政府的案子开刀。以写给惠特利的私人信件作为其唯一的证据，法院称哈钦森是一个邪恶的人，密谋欺骗政府。会议称，哈钦森的目的就是要挑拨威斯敏斯特和殖民地的关系，并借此让英国政府撤销宪章，重新设置一个新的独裁政权。但是这些事实到了韦德伯恩那里却是一个不同的故事。自从《印花税法案》实施以来，哈钦森一直表现出冷静与节制，即便是一般法院在过去也是这样认为的。"州长的品行端正是无可厚非的"，他说道，然后他就转向了富兰克林。

信件被盗，富兰克林是罪魁祸首，如果有人在暗中捣鬼，那个人就是富兰克林。"阁下大人们，我希望你们记下这个人，"韦德伯恩继续说道，"人们会用妒忌的眼光看着他；他们会把文件藏好锁进写字台里，不让他看到。"诡计多端、诽谤生事并且完全是出于恶意，富兰克林与新英格兰最恶劣的分子勾结在了一起，组成了一个一心想要独立的阴谋集团。"他们想要建立一种甚于罗马暴政的专制统治，"他说，"甚至将正直善良的州长赶下台，让波士顿的暴徒搞起了运动。"

总检察长仔细看了马萨诸塞州的报纸，发现里面的煽动内容无处不在。一个地方令韦德伯恩最感不安：在伍斯特县彼得沙姆的一个小镇。作为对波士顿小册子的回应，那里的人们公开谈论使用武力来反对新的法官薪水安排。证据很清楚：富兰克林和他的盟友希望在那里和其他殖民地掀起反抗的风暴，而只有哈钦森曾试图阻止他们。在发言的结尾，韦德伯恩简短地谈到了茶党和"葛斯比事件"，并警告新英格兰的人民，他们已经踏上了一条自我毁灭的道路。韦德伯恩讲完了，邓宁用他微弱的声音回应。与此同时，富兰克林一直一动不动地站着。"带着一种泰然自若的安定，"一位记者说道，"激动似乎已经被他从躯体中抽离。"

最后枢密院休会商定裁决。一些记录中说，在场的观众为韦德伯恩欢呼鼓掌，将他们的帽子扔向空中。在接见厅外，韦德伯恩在一群他的仰慕者中间逗留了一阵子。而富兰克林与他的一位支持者手挽手地匆匆离去，几乎一句话也没说。几天后，富兰克林被撤去了殖民地的职位。与此同时，枢密院申明立场，否定了请愿书，称其为虚假和无理取闹。

在韦德伯恩的讲话期间，有一位枢密院官员却全程漠然，根本笑不出来。他就是诺斯勋爵，那天他也来晚了，一直安静地站在后面。在未来的几周里，他的角色需要一种与他的专长无关的政治才能。虽然增加一些对本杰明·富兰克林的侮辱没什么不好，但仅靠言辞无法解决已被茶党挑明的帝国危机。英国最终必须做出决断，但首先必须对眼前的问题进行定性。

美国发来的报告让人仍有怀疑的余地。可以想象，波士顿事件可能主要是敌对派系之间擦枪走火的地方问题，而茶叶的到港仅仅是用来制造骚乱的一个借口。这是有可能的。但其他殖民地的抗议活动又让这样的推论看起来不太可能。不服从已经成为各殖民地的主旋律了吗？如果是这样，那么仅仅对马萨诸塞一个州采取报复行动将是徒劳的。迟早会有下一艘葛斯比号，在另一个地方，因为另一个原因而被捣毁，殖民地会一个接一个地变得无法管制。

1774年冬天，英国迫切需要一个全新并且更加宏大的战略，能够直抵问题的核心，从根本上平息暴乱。但这会是什么样的战略呢？鹰派会呼吁要求用更多的军队和更强大的舰队进行更严格的控制。这样也许可以保住属国，但正如我们所知道的，这并未成功。或者，英国可以做出更多的让步来化解殖民地某些具体的不满，如有关纸币、海关、边界争端以及西部荒野的问题。最明智的策略应该是将这二者结合，用胡萝卜加大棒的政策将美国的温和派与激进派分离开来。只要有足够的时间，这样的方法应该是可以成功的。

最理想的情况就是英国内阁停下来喘口气，仔细地重新审视这个属国和它的未来，弥补多年来的失策。但是当时的政治气候却不允许这样做。时间对诺斯勋爵来说是一个他所不具备的奢侈品。

全城热议

在英国政坛，首相往往需要防范他的朋友甚于敌人。他的对手，辉格党人已陷入彻底的混乱。罗金汉姆侯爵带着他的猎狗还滞留在约克郡，而他赶回伦敦的朋友们也没有提出任何自己的意见。他们中的约翰·卡文迪什伯爵写道，"美国的事情成了全城热议的话题"，对他来说茶党事件带来的不仅仅是惊讶。八年前，罗金汉姆政府废除了《印花税法案》，而现在他们发现自己因为这项已经失败的绥靖政策而被人诟病。

显然，销毁茶叶已经构成犯罪，"毫无辩护的余地"，卡文迪什告诉侯爵。但他们不敢为波士顿开脱，因为害怕被斥责为懦夫。他们也不能支持诺斯勋爵，因为在他们看来，如果诺斯奉行强硬路线，很可能会导致灾难性的后果。在这种情况下，卡文迪什不得不保持沉默。对他来说，侯爵不在的时候，埃德蒙·伯克不具备足够的等级和权威在党内制定政策。不管怎样，他同样被来自马萨诸塞州的消息惊得目瞪口呆。因而，在这次危机早期的重要时刻，以罗金汉姆为首的辉格党几乎没有发表任何意见。

在报纸上，威尔克斯阵营为富兰克林博士辩护，称韦德伯恩是"一个玩弄小聪明的人，一个耍嘴皮子、自以为是的家伙"，并指责他试图煽动起一场内战。但这些仅仅是文字。在伦敦城，激进分子已经势不可当。市长本人就来自威尔克斯阵营，虽不是威尔克斯本人，但是他亲密的朋友，一个叫作弗雷德里克·布尔的茶叶商人。然而在议会——这里将上演真正的角力——他们的影响太小，不足以改变任何事情。事实上，诺斯勋爵在右翼方面受到了更多的压力。等到了在"战场"开会的时候，反对美国的鹰派已经掌握了主动权。

这其中包括高尔和布卢姆斯伯里帮派的老牌成员，白金汉希尔勋爵。"我们要的是自由，还是成为我们殖民地的奴隶？"他在上议院向同人们发问。为了敦促政府采取行动，他要求发布所有涉及波士顿官方文件的请求。达特茅斯对此几乎无法拒绝，但这样的要求非常尴尬。那些官方文件将显示自1772年秋天以来，马萨诸塞州政府在诸多动荡的警告面前表现得是多么软弱和自满。

在这个威胁的笼罩下，1月29日傍晚，内阁成员在皮卡迪利大街公爵街，萨福克勋爵的家中会面了。为避开媒体，他们在伦敦西区的私人住宅里小心翼翼地举行有关美国的会议，这是众多此类会议中的第一次。又过了三周他们才制定出新的殖民地政策，再之后两周才将之提交议会，但在当天的午夜，他们就已经知道了想要达到的目标。首先，他们同意发布相关的文件。之后他们签署了一项决议，承诺采取"有效措施……确保殖民地对大英帝国的依靠"。

他们的计划也仅仅是一个粗略的纲要，由疲惫的殖民部门行政人员草拟。其中没有任何类似于和谈的建议。相反，他们的计划一开始就是惩罚波士顿的两个办法：将马萨诸塞州的政府迁移到其他城市，并关闭茶叶被倾倒的相关口岸。在过去，托马斯·哈钦森曾经尝试过第一种措施，但收效甚微。关闭口岸是更为大胆的举措，但它本身就会带来问题。关闭口岸可能需要议会通过法令来决定，但这就可能会耽搁。2月4日内阁再次见面并决定只需要国王的行政命令即可。但是所有的部长都认为只对城市做出惩罚是不够的。他们还要惩办元凶。

虽然这在之前的罗得岛就已经失败过，但这回他们决定再试一次，即使这意味着将威廉·莫里诺、约翰·汉考克和其他人送上绞架。这几乎是不可能的，内阁的部长们很快就会发现这一点，然而在接下来的几周里，惩办元凶的想法依然是他们讨论的主题。和"葛斯比事件"类似，茶党应当立即受到惩罚。每一位内阁成员都清楚这一点，包括在上一年还竭力避免与英格兰发生对抗的达特茅斯在内。与此同时，国王乔治三世也已经明确表达了自己的感受。

在内阁4日开会之前，国王接见了仍在休假中的驻美总司令盖奇将军。要是这次会见未曾发生，可能对所有人都会是件好事，因为盖奇说服国王对殖民地采取严厉措施。九年前，在《印花税法案》危机期间，盖奇见识过暴民们在纽约的暴动。和在波士顿茶党事件期间的莱斯利中校一样，盖奇将军此前也是带着愤怒和沮丧离开的。从那之后，他就一直试图说服伦敦方面对殖民地采取更为强硬的立场。早在1770年，他就想要废除马萨诸塞州的宪章，废除镇民大会，让国王的权力直接控制政府的每个分支。

这正是他敦促国王去做的。作为一个久坐不动的官员，盖奇此前十年的大部分时间都待在曼哈顿。他几乎从不往南去弗吉尼亚或北上到新英格兰探查情况。这位将军对该地区缺少第一手的了解，因而对马萨诸塞州的情况做出了荒谬的评估，他告诉乔治三世，反对派绝对不敢开战。我们强硬起来，他们就会退后，并表现出"非常温顺"的样子：这就是他的原话。盖奇主动请缨回到他的岗位，24小时待命，并且不多带一个士兵。事实上，四个兵团已经奉命驶离英格兰，但只是到美国去换防。盖奇说，只要把他们调去波士顿，骚乱很快就会平息。

这些都是无稽之谈。将军的话只能暴露出他对殖民地民兵组织的规模和战斗意愿的无知。就连伦敦新闻界都知道马萨诸塞州有武装士兵，几天后报纸就刊登了他们的猜测，估计士兵的人数可能多达8万。虽然这是严重的高估，实际兵力只有这个数字的1/4或1/5，却远不及盖奇所言的荒谬。伦敦媒体，或至少其中的一部分，充分预计到了殖民地居民会在必要的情况下拿起武器。至于宪章，这本应该是显而易见的——尤其是在哈钦森的信中——任何试图撤销或修改宪章的行为都可能导致一场暴力的叛乱。

但国王却选择了相信这位看似可信的盖奇将军。国王乔治三世上一次对美国的行政事务发表意见已经是多年前的事了，美国事务一直都是完全留给部长们处理的。国王虽然从来就不赞同废除《印花税法案》，但还是接受了议会在1766年做出的这一决定。现在的情况就完全不同了。议会尚未投票，国王完全可以插手内阁的讨论。当天晚上，国王写信给诺斯，敦促他采纳盖奇将军的建议，国王称盖奇是"一个诚实而坚决的人"。并且国王和高尔以及桑威治一样，将茶党事件的根源追溯到了《印花税法案》的废除。

　　除了有乔治三世发话外，诺斯还有另外一个选区的选民不得不取悦。在众议院他自己的后座议员席上的老百姓正愈发地焦躁不安，迫切地等着内阁采取措施使殖民地就范。一位隐藏在暗处的政客决定引领人们的控诉。在适当的时候，他会像亚历山大·韦德伯恩一样引发人们对美国的仇恨。

　　在保守主义未经开垦的森林深处，潜伏着的一个叫作查尔斯·范的议员，他是蒙茅斯郡的乡绅。范四次参选，终于在一次补选中获胜，代表布雷肯遥远的威尔士区于1772年进入下议院。他很快成为议会中捍卫法治并拥护诺斯的发言人。他厌恶约翰·威尔克斯，也不喜欢波士顿。1月26日，他成为第一个在议院中站出来将茶党事件称为叛乱的议员。他似乎还去找了《晨报》的编辑。五天后，晨报发出了一则消息称范已经制订出了一个计划"来镇压波士顿人的暴乱行为"，并打算将该计划呈献给下议院。

　　如果范是一个孤例，只是一个极端主义者支持者寥寥的话，他的话可能早就被忽略了。他是在为众多想法相似的贵族说话，每位贵族在自己的郡里都有千亩左右的土地，还有乡绅和地方法官，他们在军队或教会中都有兄弟和亲戚。他们的权势远不及罗金汉姆家族，他们也不认同英国是腐败的。出于习惯和选择，他们在讲坛上或法官的座椅上维护当局：如若不然这个国家还怎么运转？这些人正是诺斯勋爵在萨默塞特时所接触的人，他找的妻子也是来自这一阶层。诺斯视这些人为支持他的中坚力量。

　　有了陆军、海军、国王和后座议员们对报复行动的热切期待，内阁开始行动了。2月5日，达特茅斯给每个拒绝接收茶叶的殖民地的州长写信，告诉他们准备接受恢复当局权力的命令。同一天，他请教瑟罗和韦德伯恩茶党事件是否是叛国行为。司法部长过了差不多一个星期才给回复。就连和蔼可亲的达特茅斯对这样的延迟都感到了烦躁，可爱德华·瑟罗不是那种会匆忙做出错误决定的律师。

　　瑟罗性格直率火爆，喜欢饮酒，他在做出导致战争的决定中起到了关键作用。42岁的他与一个咖啡馆店主的女儿住在达利奇。人们称瑟罗为老虎，因为他的脾气（他曾在辱骂了另一名律师后，用手枪与之决斗），还因为他的外表。在审判庭上，他浓密的眉毛下一双怒目直视被告。有人称他为暴徒。晚年时期，瑟罗在布赖顿度假时，一个仆人给他端来了一盘他

爱德华·瑟罗大法官，由乔治·罗姆尼作于18世纪80年代初。
（藏于内殿律师学院的荣誉社）

不喜欢的桃子甜品，为此他把每个人的甜点都从窗口扔到了街上。虽然他生性暴躁，瑟罗却有着某些令人尊重和仰慕的特质。

与殖民部长一样，瑟罗与文雅却忧愁的诗人威廉·考珀是朋友，考珀对他有着深厚的感情。最重要的是，瑟罗有着在辩论中不可战胜的名声。他的另外一个朋友塞缪尔·约翰逊将他视作他在言语上永远也无法战胜的对手。"在英格兰，我唯一需要在见面前做些准备的人就是瑟罗，"他对詹姆斯·鲍斯威尔说，"要是和他见面，我希望可以提前一天被告知。"和约翰逊博士一样，瑟罗没时间理会美国人，他厌恶美国人，但他也不信任他的同事。

为了避免起诉罪犯的计划出现任何纰漏而承担过失，瑟罗让达特茅斯去找出更多关于茶党事件的证据。在伦敦只有一名做证的证人，就是海莉号的斯科特船长，而他所陈述的内容太过单薄。因而，时间不等人，殖民办公室不得不去寻找更多来自波士顿的到港人员。总共找来了12名目击证人，其中包括两位明星人物：不是别人，正是弗朗西斯·洛奇和他的船长詹姆斯·霍尔。

从2月16日开始的两天之内，达特茅斯与他们所有人进行了面谈，并在每个晚上将结果传递给内阁。很快他们就有了事件的完整链条，从针对克拉克家族的骚乱，到最后一箱茶叶落入水中，以及一长串可能被指控为叛国的人名。[①]他们准备采取下一个步骤，将这些目击证人召到内阁去重复他们的话，并郑重宣誓。

到目前为止，海莉号进港停锚已经过去了一个月的时间，事件带来的第一波亢奋已渐渐消退。新闻界已暂时对美国失去了兴趣，埃德蒙·伯克抱怨首都对此事的麻木。对本杰明·富兰克林来说，波士顿的消息曾同样让他措手不及，但现在却是一个令人不安的时刻——这对他是罕有的状

---

① 名单上的名字不仅包括塞缪尔·亚当斯、约翰·汉考克、约瑟夫·沃伦和托马斯·杨，还有爱德华·普罗克特，他是亲自动手销毁茶叶的莫霍克家族成员之一。

况——他陷入了某种接近绝望的状态。在"战场"会议后的第三天，他写信给库欣、亚当斯还有汉考克，恳求他们对茶叶做出赔偿以避免灾难。但他必定也能料到，这是完全不可能的。从报纸上，富兰克林看到了茶党在美国引发的巨大热情。就连像乔治·华盛顿那样克制、内敛的贵族都和波士顿站在了一起反对茶叶条例，但他不喜欢摩霍克家族采取的暴力方法。

在马萨诸塞州，爱国者们已经无意回头了。事实上，他们计划更进一步，弹劾英国皇家法官，因为他们接受了英国王权发给他们的薪水。富兰克林对此还全然不知，但是，他可以感觉到事态正在失去控制。他作为伦敦美国人群体的非官方领导，很快就听说了达特茅斯审问目击证人的事情。2月18日，他往国内写了多封预期悲观的信，告诉他的朋友们审问的事，并描述了他所受到的辱骂。"看来，我是代表了美国人"，他在其中一封信中写道。"对茶叶的处理已经引起了巨大的愤怒。"他在另一封信中写道。在写给《宾夕法尼亚公报》的一封信中，该报匿名发表了他的这封信，他准确地描述了那一刻的心情。"谈到要将舰队和军队派到美国，"他写道，"但是它们到美国去做什么，我就想不明白了……愿上帝给我们更多的智慧。"

在私下里，达特茅斯也体会到了类似的情绪。虽然他一直与富兰克林保持着距离——似乎他们自茶党事件后就再没有面对面地接触过——他迫切地想要和平。通过一个朋友，一个叫作约翰·桑德的商人，也是福音派的教徒，达特茅斯试图与新英格兰接触，请求他们改变主意。桑德在马萨诸塞州有一个联系人，威廉·戈登，来自英格兰的非国教教士，在波士顿附近的罗克斯伯里当牧师，与激进分子关系密切。2月12日，勋爵大人写信给桑德，敦促他将自己的话传给美国。要是戈登能去转告汉考克和其他人，并说服他们缓和事态该多好啊。他无法承诺取消茶叶税——要是他做出这样的暗示一定会被认为是疯了——但要是美国人肯让步，总有一天这就可能会实现。要是他们不让步呢？达特茅斯说，"所有的和解将为之告终。"

　　事实上，等到他写下这些话的时候，时机已经错过了。议会的动作很快，诺斯勋爵很快就要发布白金汉希尔要求公布的那些信件。在那个当口上，他必须预备好一套措施来同时满足上议院和下议院。如果要让这些审议事项在6月议会会议结束之前通过上下两院，那么最迟3月份之前就要做出宣布。

　　2月19日，星期六的晚上，当内阁成员聚集在达特茅斯在圣詹姆斯广场的房子里开会的时候，议题达到了紧要关头。到目前为止，两艘军舰已经待命前往波士顿去增强蒙塔古的舰队，盖奇将军已经被要求带着四个兵团回到美国。内阁相信他们已掌握了足够的证据去逮捕犯人。有了宣誓过的

摄于1930年代，这张罕见的照片中显示了达特茅斯在伦敦圣詹姆斯广场的住处。他的家位于中间，窗户上有遮雨篷，外面停着一辆车。1774年2月，内阁就是在这里会面，制定了针对马萨诸塞州的强制性措施。该房在20世纪50年代被拆除，今天坐落在房子原址上的是英国石油公司的总部。（来自加拿大人寿保险公司）

证词，枢密院可以发出逮捕令将那些人押回威斯敏斯特受审。但是仍剩下两个问题：关闭波士顿口岸和取缔马萨诸塞州旧宪章的问题，它给了这个殖民地太多自由来藐视帝国。

关闭口岸远比预期得要困难。当官员翻查相关法律条文的时候，他们发现乔治三世不能关闭港口，因为皇家曾颁布过一条命令。虽然这是中世纪留下的，并且知道的人不多，但是法律必须被遵守。国王可以为贸易开放一个港口，但是一旦授权，进出港以及买卖货物的权利就不能被撤销。为了要实现这一目标，议会必须通过一条特殊的规定，即波士顿港口法案，它定然会比送茶激起美国人更大的愤怒。

在整个危机中，类似这样的障碍不断出现。英国人对此的解决方式绝不是独断专行，而是痛苦地走正规程序，即便这个过程又会造成新的障碍，带来延误，导致尴尬的副作用，并让新英格兰的问题变得愈发棘手。关于宪章，也出现了类似的问题。在18世纪的英国，政府经常取消地方的特权和看起来已经过时了的宪章。但是每一次，都必须先通过议会，因为国王不能直接撤销法令。而每一次都可能会出现旷日持久的争吵，比如1772年诺斯勋爵对印度的调整法案。但是政府别无选择。在19日的会议上，内阁准备出手，按照盖奇将军向国王建议的威胁路线，为马萨诸塞州也制定一个调整法案①。

官员们需要花上好几个星期的时间来写出这项法规，但是它后面的意思却是再清楚不过的。在殖民地享有了一个多世纪近似于民主政治的自由后，内阁决定强制它接受英格兰的直接统治。未来的州长将成为最高的权威，下面是由命令书议员组成的皇家委员会。法官将直接向皇室复命，未经当局许可的镇民大会将被视作违法，陪审团也不再由选举产生。此外，还会通过一条法律来保护军人，如果他们在无正当理由的情况下击毙暴徒，将在美国免于起诉。这将避免波士顿大屠杀后以谋杀罪审判士兵的情

---

① 通常被称为马萨诸塞州政府法案。

况再次出现。取而代之，任何违反法律的英国军人会被送回英国起诉。

多年来，鹰派在内阁中一直推崇这样的一揽子法案。而像塞缪尔·亚当斯这样的美国人也早有预言鹰派们最终会得偿所愿。在殖民办公室，约翰·伯纳尔对这些提议心存疑虑，但他还是不得不起草新的法案。消息一传到新英格兰，就会带给波士顿的激进分子一次巨大的宣传胜利，而那些不负责任的人在议会愤怒的讲话更是起到了推波助澜的作用。①其中言辞最为冒犯的当属查尔斯·范。

之后，随着诺斯勋爵推出一揽子法案限期的临近，爱德华·瑟罗突然釜底抽薪削去了计划中至关重要的一环。这位司法部长当法律学徒时，是在英格兰西部的巡回法庭处理盗窃和谋杀案件。对他这样的刑事律师来说，物证原则是神圣不可侵犯的。瑟罗再次审视了由枢密院提供的宣誓证词，他认定它们不够充分。虽然他同意茶党犯的是叛国罪，但证词大多只是传闻，不足以佐证对所列人员的指控。2月28日，他对他的同事说，他不能出具逮捕令让枢密院签署。

总检察长也毫不掩饰他自己对诺斯勋爵和达特茅斯的怀疑。与他所尊敬的乔治·格伦维尔相比，他将这二人视为次等。几天后，老虎瑟罗在内阁会议室外等待的时候，对着可怜的约翰·伯纳尔发泄怒气。"你难道看不出来，他们想把全部的责任推给我和司法部的副部长吗？"他说，"谁会当这种该死的傻瓜，为了这样一群人把自己搭进去？"

这是非常直白的话。达特茅斯的反对者将他视为一个胆小的天真汉，诺斯也被人批评过于关注政治细节和缺乏战略眼光。他们年长的同事大多是经历过两次英法大战的退伍军人，而他们自己的事业生涯，要么资历尚浅（指达特茅斯），要么只专注于国内事务和金融（诺斯勋爵）。当美国人凝视着大西洋的彼岸时，他们看到的是强大的敌人，就像斯巴达方阵一样列队挺进，要用尽一切办法来粉碎他们的自由。这是一个错觉。虽然内

---

① 总的来说，根据作者的政治立场，一揽子法案被称为强制法案或不容忍法案。

阁部长们希望果决强硬，但通常他们的长矛是钝的，箭袋也只装满了一半。受到内斗的牵制，他们互相推动，制订了一个威压新英格兰的计划，根本没意识到他们缺少执行该计划的手段。

在欧洲没有一个盟友，现在又和美国闹僵，以诺斯勋爵为首的内阁走进了一片迷雾当中。在这个非常时刻，诺斯几乎又一次抑郁发作。在2月底，他在下议院遭受了罕见的失败。仅仅源于一个有关选举法的技术讨论，但他这方失利了，被投了250张的反对票，其中甚至包括对他超级忠诚的查尔斯·范。诺斯再度谈到辞职。国王试图使他平静下来，萨福克在早餐前匆忙赶来见他，他又恢复了镇静。即便如此，这却是个不祥之兆。

再过一周多一点的时间，诺斯就必须把他的新美国政策呈现给议院。现在，在伦敦审判叛国罪的计划已被抛弃，推进剩下的计划就显得更为紧迫。第一次辩论的日期已经确定：3月7日。它将标志着一场议会斗争的开始，其戏剧性和重要性可与其他更为著名的议会辩论相提并论：下议院在1831—1832年间对改革法案的辩论，1846年废除谷物法的辩论，以及后来在第二次世界大战前夕的多场辩论。在1774年的春天，罗金汉姆的辉格党终于冲出了战壕，开始了他们姗姗来迟的反对党后卫行动。

反对一方的势力需要由两名政客领导，这二人都应该是与诺斯勋爵截然不同的理想主义者。不仅侯爵发现这个任务超出了他的能力，就连埃德蒙·伯克，这位处在其巅峰状态的雄辩家，也有同感，还有其他不那么有名却更为高效的人也觉得难堪此任。最后一个不大可能的英雄出现了，他主张殖民地自由：查尔斯·伦诺克斯，第三位里士满公爵，是他那个时代最具独创精神的人之一。

第十二章

"波士顿必须被摧毁"

当那一天到来的时候，
英国所有的荣耀、财富和力量必然走向衰落的命运，
这正是上天的裁决，而后她的儿子们，
在其他世界中，看到了另一个英国：
她本真的面目，那就是美国。

——登载于一份伦敦的报纸，1774年3月

这是一个富于戏剧性的时代，律师就像是舞台上的演员一样，而政治家们则是舞台编剧。不管怎样，下议院是整个王国中最大的剧场。在下议院的国务大臣席上以及反对派的那一边，各自的领导者们用笑话和独白扮演着悲喜剧演员的角色。在全国，下议院有着庞大的观众，他们通过新闻报纸上长篇的报道关注着每一场辩论。在辩论厅内，前排座位和楼厅包厢都被爱德华·吉本这样的后座议员席位上的人所占据，他们是到那里倾听和投票

1774年的下议院，左边是刚刚建好的通向辩论厅的入口和白色波特兰石走廊，上议院在右前方。

的，虽然他们很少会保持沉默。

辩论厅的房间很小，比一个板球场还小9英尺。辩论厅占据着圣斯蒂芬教堂，由都铎王朝建造，用来服务于威斯敏斯特宫。通向它的是一条由白色波特兰石砌成的造型优雅的走廊，最近才刚刚完工。因为议会需具备一个俱乐部所有必备的设施，下议院有一个爱丽丝咖啡馆，附近还有几家理发店。通过走廊，穿过大厅，就到达了辩论厅，它看起来仍像是个教堂。每一侧都有四排长椅，用绿布包裹着，成员可以躺卧在上面，吃坚果和橘子。头顶上，造型优雅的柱子拖着上面木质的旁听席，这是克里斯托弗·雷恩爵士加上的，为了增加辩论厅可容纳的人数。即便如此，这里最多也只能容纳300人，刚刚超过议员总人数的一半。辩论厅里总是拥挤不堪，最出名的一件事是，有一次眼睛近视的诺斯勋爵在奋力挤向他的座位时，他剑鞘的一端被另一位议员的假发给挂住了。

当议员们对讲演者的讲话感到无聊或不满的时候，他们就会起哄或

"像喜鹊那样叽叽喳喳起来",用一位记者的话说。或者干脆消失到爱丽丝咖啡馆去,只在需要投票时再回来。一些在回来的时候已经喝得烂醉。还有一些人会睡着,这其中就包括诺斯勋爵,他几乎任何时候都可能打起盹来:他让一位同事在身边将他错过的内容记下。

3月7日,周一下午3点,诺斯起身发表国王对美国的一篇致辞。办事员将厚厚的一捆文件放在桌上,总共109份,都是来自达特茅斯的文件副本,包括目击证人的陈述。任何感兴趣的议员都可以查看。诺斯暂时只做了简短的发言,谴责茶党以及在其他地方受到的阻力,但他用了内阁部长们协议通过的至关重要的说词:他们将采取措施"确保殖民地的从属关系"。这是一个模糊却来势汹汹的说法,并没有说清他的确切意图。

周末的时候,内阁部长们就已经在一起碰头再三地考虑,并决定将港口法案推迟七天通过。该法案必须在法律上万无一失,此外,他们还要起草修改马萨诸塞州宪章和法院的法案。因此这第一次的辩论只是一场小规模的交锋,参加的人数不多,主要是韦德伯恩和伯克两人的口头较量。即便如此,它却为接下来的辩论设定了基调,并将基本问题直接地呈现在了众议院。

很难想象会有比他们两人之间差别更大的情况:这位拒绝承认自己出身的苏格兰人面对的是一位带着口音的都柏林人,他讲的爱尔兰土话就像凤凰公园(位于都柏林市中心西北的城市公园)一样带着显著的地方色彩。没有人会认为伯克是野心家。他是一个唯美主义者也是记者,总是戴着眼镜,有时身上带着酒味。他进议会已有八年,担任要职的希望越来越小。伯克已年过40中旬。每年辉格党的成员数量都会减少一点,弃他们而去的朋友都已厌倦软弱无力的侯爵,希望能获得诺斯或国王的青睐。到1774年,下议院剩下了不到50人。但伯克仍然忠于罗金汉姆的旗帜,为了他们已经失败的事业,他仍一直在尽全力战斗。他有趣,雄辩机智,并且常常缺钱,这样的他激发了他的挚友,爱尔兰诗人奥利弗·戈德史密斯的灵感,并创作了一些关于他的诗歌:"简而言之,这就是他的命运,无论失业还是在职，他都坐着冷板凳，大树做柴烧。"

伯克当然有他的缺点，比如谄媚。他在权贵门前总是屈膝弯腰，将罗金汉姆、德恩舍尔和其他党内的贵族领导视为高高在上的神人。他对他们事业的奉献有时也令他误入歧途：1773年下半年，因为太过担心拟对爱尔兰房地产增加新税的提议，他未能察觉正在美国酝酿的危机。在茶党事件前不久，在纽约的殖民地议会写信给伯克，抱怨他对他们事务的疏忽。最糟糕的是，伯克对他的生活和政治信条都缺少明确的概念。"他非常友好，热情，开朗，"一位当时在巴黎见过伯克的法国人说，"但他的人生哲学还有他的做事原则是模糊的——还没有固定，也没有恰当地贯穿一致。"但是当伯克处在最佳状态时，无论是他雄辩的口才还是恢弘的远见都无人能及。他有关美国的演讲是议会中的最佳演讲之一，在19世纪40年代之前无人能超越，直到本杰明·迪斯雷利有关谷物法和爱尔兰问题的演讲出现才有与之相媲美的演讲。

在第一天，韦德伯恩没给内阁的决心留下任何怀疑的余地。他表示"在一块殖民地上发生了一起事件，"他说，"如果它发生在一个充满敌意的地方就一定会成为导致战争的最直接原因。"然而，内阁目前并没有做出叛国罪的公开指控，但是很明显，内阁打算这样做。伯克做出了同样预兆不祥的回应。

"如果殖民地抵抗，那他们就是叛乱，而叛乱就是战争，"他说，"只有战争才能平息战争，但要特别留意，不要弄错了情况。要看看他们采取不正当的措施是不是因为你们有害的对策：在该严格的时候你们放松，该缓和的时候你们却在暴怒。"这场辩论持续了不到三个小时。据伯克所说，辩论厅里一片"死气沉沉、停滞不前的氛围"。大多数报纸都只是简要地概述了陈述的内容。即便如此，任何精明的观察家都可以看到一种模式正在开始形成。

韦德伯恩一直故意避实就虚，避免谈到任何即将宣布的立法细节。内阁反复使用这种策略，诺斯勋爵只是逐步显露出他的强制法案，几乎没给对手留下做出回应的准备时间。他经常要求下议院投票关闭旁听席并逐出民众，就是为了防止媒体在盖奇将军带着既成事实到达殖民地之前把风声走漏出去。

在另一方的伯克也为即将到来的辩论定下了基调。夹在他们政党由来已久的两难境地中，他被迫要打一场策略战。因为罗金汉姆的辉格党已经通过了《宣告法》，他们不能否认殖民地必须服从议会的意志这一点。辉格党也无法赦免像茶党事件这种如此令人发指的罪行。尽管如此，他们仍必须找到一种反对诺斯勋爵并尽量为美国辩护的方式。所以伯克试着从内阁的侧翼和后方寻找突破。他要用诺斯勋爵历来所犯的错误和延迟来折磨诺斯，他要发出关于流血冲突的可怕警告来激怒内阁，最终他要陈述自己对另一种不同属国的愿景。埃德蒙·伯克将会失败，但他的失败却是漂亮的。

诺斯勋爵的试金石

内阁正在准备推出关闭波士顿港的法案时，诺斯突然在舆论宣传上获得了一次他自己的胜利。3月8日传来消息，马萨诸塞州发生了另一起卑鄙的犯罪。1月下旬，一名波士顿暴徒抓住了海关官员约翰·马尔科姆，将他衣服剥光，用焦油给他身上粘上羽毛，用鞭子抽打他，折磨了他几个小时。1772年在财政部委员会的时候，诺斯就听说过美国暴力袭击海关的事情，但是并没有追究过。这一次，他必须采取果断的行动。

两天后，内阁告知盖奇将军，除了总司令一职外，他将取代托马斯·哈钦森成为马萨诸塞州的州长。实际上，这成了决定性的一步，因为这让盖奇成了新英格兰实质上的军事独裁者。自90年前的安德罗斯总督之后，殖民地一直以来再也没有出现过像这样的情形。这个消息一定会引起美国的恐慌，因此，就目前而言，内阁对此保持沉默，就等到4月初，将军起航之前再正式宣布。

即使没有约翰·马尔科姆被袭事件，盖奇也会被选为新任州长，但是羽毛和焦油却在伦敦激起了强烈的反感，从而更加坚定了内阁的决心。最终愤怒也给了诺斯勋爵有力的进攻手段，3月14日，他将波士顿港口法案呈现给了下议院。窗外，冬日里的大雨持续不断，泰晤士河的水位一直涨得漫过了堤岸，达到了人们记忆中前所未有的高位。辩论厅内，诺斯起身讲话。媒体和旁听席上的人员都被清了出去。据说，他讲得很平淡，少了平日里的幽默和高昂的情绪。显然他已经很累了。他说，马尔科姆所遭受的"超出了此前的任何残忍行径"，这一事件已将波士顿的邪恶历史盖棺定论。

虽然疲惫，诺斯仍讲了一个小时左右，将一切摊开，描述了波士顿将受到的惩罚。海关人员将撤回到塞勒姆，从6月开始，波士顿港将对外关闭，只准许最基本供应的进出，海军将在一旁确保这条命令得到遵守；并且波士顿必须对东印度公司做出经济赔偿。只有当国王已经确知这些都做到后，港口才会重新开放。①

被对方打得乱了方寸的罗金汉姆一党试图回应，他们的援助来自于威尔克斯阵营和一个年轻人，查尔斯·吉姆斯·福克斯，是最先发言反对内阁美国政策的人。但是同样，这一次他们也没能提出替代策略。他们唯一能做的就是陈述那些显而易见的东西：虽然波士顿必须被警告，但关闭港口这样激烈的措施在大家的记忆中是史无前例的。这不仅会难以执行，而且也不公平，因为其他三个城镇也抵制了茶叶并对所发生的事情承担共同责任。福克斯和罗金汉姆一党的发言没起到什么作用。一位议员在他的日记中写道，这场辩论是"我所经历过的最为冷场的一个"。在国王能够签署这条法案之前，还有两周的辩论时间，但内阁似乎已经接近了胜利。

① 根据该公司的发票，那些茶叶净价值9659英磅。分摊到波士顿每个纳税人的头上，就是每人5英磅：这是一笔沉重的账单，相当于工匠一个多月的工资。

在议会的限制之外，新英格兰在商界有一些直言不讳的盟友，但在政治上他们是虚弱的。17日，与北方殖民地有贸易往来的商人派出了一支代表团到唐宁街，去会见诺斯勋爵，恳求再给波士顿一次机会。就像他们所熟知的富兰克林一样，他们也希望马萨诸塞州议会可以自愿赔罪。但是由于一系列的原因，他们几乎没有可能改变内阁的想法。首先，游说团的规模太小了。英格兰和北美全部贸易的一半只通过伦敦的十家公司，其中大部分都是和理查尔斯顿以及弗吉尼亚州打交道。更何况主宰殖民地贸易的商人中还包括威尔克斯阵营这样被公开指责不忠的团体。这些伦敦公司中至少有三家由威尔克斯的朋友和他在政治上的支持者们经营，其中就包括约翰·汉考克的经纪人乔治·海利，他被认为很快就可以进入议会。

宗教上，海利和他的盟友们更倾向于不信从国教的长老会或浸信会，这使得他们看起来更加可疑，像诺斯这样的政治家们仍将英国国教视为国家的道德中心。当这些人代表美国发出抱怨时，就更是让人听不下去，因为每个人都知道那些在大陆和加勒比海的殖民地都深深地依赖奴隶制度。虽然西印度群岛无比宝贵，但它们产生的财富都流进了少数人的口袋。在贵族阶层中，很难找到在牙买加或其他甘蔗岛投资的人。事实上，伦敦的精英已经开始反对奴隶制，认为它是一个基督徒的国家所不应该有的罪恶。国王不喜欢它，最高大法官也不喜欢，曼斯菲尔德勋爵将之称为"丑恶"，反对奴隶制的运动在达特茅斯所活跃的宗教圈里也已经开始普及。

所以当他们说到自由危在旦夕的时候，就很难让人相信美国人。在波士顿大街上，黑人被买卖出售，而在伦敦人人皆知威尔克斯阵营的人包括那些在向风群岛大举投资购买奴隶种植园的人。这成了政府的另一个宣传利器，用来将宣扬自由的亲美派斥为伪君子。在葛底斯堡之前的90年，美国并不是正义和解放的鲜明代表。在葛斯比号、约翰·马尔科姆以及倾茶事件上美国所展现出的恰恰相反：暴民统治。随着时间发展，舆论的浪潮似乎更加强烈地倾向于对美采取高压政策。

诺斯谨慎地避免提及任何修改马萨诸塞州宪章的建议。但有人——很可能是高尔或是布卢姆斯伯里阵营的人——将消息泄露给了《晨报》，大概是为了迫使首相摊牌。就在商人代表团去会见诺斯的当天，消息被刊登了出来，这条新闻还发出了预言。作者警告，战争可能必须要打，但就算如此，也是值得的。

据《晨报》的报道，绥靖政策早已不合时宜。作者说，政府的一些人没有意识到，新英格兰已经叛乱。带着修改宪章的计划，要将州长委员会的成员都换成皇室的雇员——《晨报》说这肯定是正确的——诺斯只可能会引起更多的阻力，但如果他真这么做，还是越快越好。"他在这件事上的成功与否将成为他权力的试金石，"一条报道这样说，"如果能渡过这一关，他就能经受住任何考验。如果他拿出的是犹豫不决、试探性和无意义的建议，那么就只会让情况变得更糟；而相反，如果他展现出坚定有力的果断，美国若与之相对抗，那么就必须亮剑。"那就这样吧，《晨报》提醒它的读者们，就算没有新英格兰也一样。从经济的角度来看，来自美国南方的烟草和大米对宗主国来说要重要得多。

议会要赶在3月底前立法，因为眼下没几天就是复活节休会了。还有一个最后期限也迫在眉睫，那就是盖奇将军想要确保在6月1日赶到波士顿关闭港口的话，4月中旬之前就必须从英格兰起航。所以，3月23日，诺斯再次现身下议院，开启了标志着他的职业生涯新高点的一系列辩论，但这些辩论给美国造成了无尽的麻烦。诺斯此前过高估计了自己的力量，这一次他又是如此。

在港口法案成为立法被通过之前，他必须击败反对者的负隅顽抗，领头的是一位叫作罗斯·富勒的议员，他是牙买加的甘蔗种植园主。因为北方殖民地与加勒比海的贸易关系，富勒总是为新英格兰说好话，他提议政府不应关闭港口，而是直接给波士顿城开出2.5万英镑的罚单。虽然这将是重罚，但少有人支持富勒的提议：这位西印度群岛的游说议员所代表的只是一少部分席位。23日，诺斯仅用了四个小时就彻底击退了富勒试图和解的努力。就连埃德蒙·伯克都保持了沉默。那天晚上，乔治三世发给诺斯一条照会，时间落款精确地写着8点35分——他在各方面都喜欢精确——向他表示祝贺。反对党再一次表现出了软弱无力，他写道，这进一步证明了内阁采取的行动是明智的。国王似乎对那位布雷肯荣誉会员在辩论中所说的一些无益言论一无所知。

近两个月来，查尔斯·范一直在等待机会，他认为诺斯所宣布的那些措施还不够，他要对波士顿提出更为严厉的报复。在辩论结束时，他站起来谴责殖民地的行为是叛国和不忠。在他的选区——南威尔士，出产的铸铁被运送到殖民地后，却经常连一分钱都收不回来。范先生说，美国人从来都不兑付款项。盖奇将军陆军和海军中队的年账单多达50万磅，全部都落在了英国纳税人的头上。波士顿是一个可憎的地方，最过分的冒犯者就是那些波士顿人。要将港口永远关闭，他说："摧毁它，这就是我的看法：迦太基必须消失。"①

这恐怕是最愚蠢、最具煽动性的讲话。在那个年代，议会只记录所有的决定，而不会逐字记录每位议员说了什么。因此有关范的讲话，我们有三个不同的版本。其中两个来自同会议员匆匆记下的笔记。但有一点是相同的，范引用了罗马演说家老加图的拉丁口头禅。当范的话被刊登见报的时候，就变成了第三种更为惊人的版本。

约翰·威尔克斯自己在议会中没有席位，他能直接为美国做的有限。但自从茶党的消息传来后，他一直密切关注着时局，定期与亚瑟和威廉·李一起用餐，甚至还会见了一些来自波士顿的目击者。对威尔克斯和李而言，范的讲话简直就是上天的礼物，他们可以借机将诺斯的支持者抹黑。在所有倒向威尔克斯阵营的报纸中，《伦敦晚报》有着最大的读者群，它的编辑，约翰·米勒，新近刚刚输掉了一场由桑威治勋爵提起的天

---

① 原文为拉丁语，意为迦太基（新城）必须被摧毁。

价诽谤诉讼案。因此，3月26日，该晚报全文报道了那场辩论，详细刊载了范的讲话，还把他的话加工得更为顺畅。根据米勒的报道，范议员说的是："波士顿城应该被痛击……只有捣毁那个蝗虫的老巢，这个国家的法律才会得到应有的遵从。"

《伦敦晚报》的这篇文章直到5月中旬才到达马萨诸塞州。这条新闻到达的时机绝对是灾难性的。在此之前已有了韦德伯恩审讯富兰克林的报道，接着是关闭港口的消息，然后这条消息就脚跟脚地到了。在伦敦，范的一些同僚以及媒体将他视为小丑，而在殖民地，他的讲话却被广泛转载。美国人把这些话当作是经过内阁许可的严正威胁。这是公共宣传的一个灾难，但这是内阁部长们自找的，他们有时说起话来也同样极端。虽然范是个呆子，他也只是在公共场合表达了其他后座议员私下里的强硬立场，他们可能在爱丽丝咖啡馆或其他地方也说过这样的话。不管怎样，鹰派的高尔和桑威治步步紧逼，诺斯没有选择，只好向前推进，而不顾美国人的看法。

到了复活节假期的时候，一切似乎都有了眉目。在连续的降雨，甚至还有几场暴雪过后，冬天终于让位给了温暖明媚的春天，而在此期间，港口法案被迅速地通过了。这一次，反对党甚至都没要求投票，因为他们不敢为茶党辩护，诺斯的大多数席位是压倒性的。之后，3月28日，桑威治下令海军扣押任何试图进入波士顿港口的船只，内阁最终确定了马萨诸塞州监管法案的细节。

与此同时，罗金汉姆的辉格党仍然按兵不动，不愿为了殖民地的罪犯而威胁到他们自己的政治生命。他们不愿被当成麻烦制造者而停止了进攻，希望诺斯至少能向美国做出一个让步——废除茶叶法案——虽然这不太可能。他们的混乱又更进了一步，因为他们在下议院的领袖，威廉·唐德斯维尔已经濒于死亡。他是一位天才政治家，在争辩税收和支出上是为数不多的能与诺斯不相上下的人。那年夏天，唐德斯维尔去了蔚蓝海岸，并于1775年初去世。几周过去了，内阁并没有露出任何软化立场的迹象，显然，辉格党不会再等下去了。

虽然埃德蒙·伯克已经有过一个精彩的演讲，但那还不是他最好的。很快，他就可以依靠强大的后援了。其中一位是查塔姆勋爵，年老、虚弱，并且永远让人捉摸不透。他是《伦敦晚报》的赞助者之一，这位旧时的战争英雄代表新英格兰介入了进来，不知是处于虚荣心还是爱国心。很难说清威廉·皮特的动机是什么——即便在他最风光得意的时候，查塔姆也一直是个独来独往的人，一个自高自大的人——但他不允许他所鄙视的诺斯勋爵，在毫不费力的情况下就赢得更多的胜利。而在上议院，罗金汉姆一党也有一个特立独行的自己人，他也同样充满了战斗决心。港口法案在上议院表决时，遭到了里士满公爵的攻击。攻击的强烈程度甚至要甚于伯克在下议院的表现。随着战争的临近，美国人在英国贵族的最高层找到了他们最直言不讳的好朋友。

一位高尚的公爵

聪明、富有、英俊，并且相当古怪，查尔斯·伦诺克斯在世的39个春秋给别人带来了很多烦恼。他所在的公爵阶层都将自己，乔治三世除外，视为这个国家的合法领袖。当里士满公爵环视周围的政治环境时，他只看到了无处不在的腐败：一个巨大而庸俗低级的体制，由国王和他的朋友们，以诺斯为首，将全部权力的缰绳都抓在了手里。

在伦诺克斯看来，自己完全有权利质疑君主的权威，尤其是因为他的地位要高于汉诺威王朝的新贵。作为一个斯图亚特王室的私生子，他的爵位来自于他的曾祖母路易斯·德·克罗艾利，以及她在查尔斯二世这位情场老手的怀抱中偷情的本事。查尔斯二世国王用公爵的爵位和一大笔钱来表达他对这位情妇的感谢。在未来，她的家人有权对所有运出纽卡斯尔的煤炭收税。到1774年，这一项每年产生1.5万英镑的收入，这样的收入给了查尔斯·伦诺克斯特立独行的自由。他曾对埃德蒙·伯克说，"我的处世方法就是非常倔强、刚愎自用并且固执己见。"

羞涩而又总是伤人感情，再加上容易忧愁的特点，里士满公爵非常清楚该如何颠覆正统。也许一个会为狗窝增加暖气的人很难遭人讨厌，他为他的猎狐犬犬舍增加了取暖设施，但包括乔治三世在内的许多人都恨他。当里士满公爵反对印度的调整法时，国王发怒道，"他的全部行为都是出于恶意"。而作为回应，伦诺克斯称国王是个骗子。

作为一个远远超越了他所在时代的开明政治家，公爵在巴黎学习过生物学，会见过腓特烈大帝，并且阅读卢梭和伏尔泰的著作。他年轻时当过兵，曾在七年战争中参加过德国剧场的一场战斗，所取得的军事成就可能比在美国的盖奇将军还高。在英格兰国内，里士满公爵加入了罗金汉姆一派，但他表现出了更加宽泛的同情心。他呼吁给爱尔兰和宗教反对者以公平的待遇，这大大先于他同时代的人，并最终让他自己成了一位论派的信徒。在法国，他和约翰·威尔克斯成了朋友，并支持他进入议会。早在1780年，公爵就呼吁进行彻底的宪法改革：每位年满18岁的男子都有投票权，无记名投票，选区公平、平等，以及每年进行选举。这些都是遏制行政者权力膨胀的手段。

伦诺克斯在上议院十次不同的场合中站出来试图阻止茶党事件向战争的方向漂移。因为上议院的辩论只被大略地报道，我们通常无从知晓他都说了什么。但他给人留下了深刻的印象。"里士满公爵热情洋溢地为波士顿说话，"极度崇拜他的霍勒斯·沃波尔在谈及公爵1774年的一次辩论时写道，"他说他们的抵制是正确的……而且如果他们反抗，他会希望他们胜利。"

在议会中，无人敢发表这样不受欢迎的观点，但是当议员们4月中旬重新聚在一起开会时，公爵也没得选择。罗金汉姆党内的一些人仍然观望不动，公爵明白目前的形势变得多么让人绝望。盖奇将军很快就要离开英格兰——4月16日从普利茅斯出发——而到目前为止，反对党一方还一分未得。内阁一方却正走运，国王确信马萨诸塞州的一揽子新法案会被快速地全部通过。

盖奇将军起航前的24小时，达特茅斯又拿出了另一批文件，共28份信件，用来证明州长哈钦森从他的顾问委员会那里几乎没得到什么支持。4月15日同一天，诺斯再次出击，拿出他的法案将马萨诸塞州的民主政治一扫而光，该法案要求地方议员和法官都必须由皇家任命，并限制了镇民大会的权力。

那天晚上，他进而宣布了第三项措施：《公正司法行政法案》，这个拗口的名字代表了一项新的强制性法律。和其他法案一样，它将于6月1日生效。从那天起，如果盖奇认为马萨诸塞州的任何一个陪审团不可信任，那么他就可以将审判换到另一个省或英格兰进行。如果由王座法庭的法官发一份法院命令也可以将审判地改到英国，但盖奇需要可以迅速反应的权力来保护他自己或他的士兵，以防他们杀死了美国人。当这个消息传到殖民地，人们称之为"谋杀法案"。尽管这条法案似乎从未被使用过，但它给了波士顿爱国者们另一根攻击英国的大棒。

内阁又一次没有理解美国生活的一个重要特征：在这件事上，移民们对他们自己当地的法律和文化所表现出的深深依恋，不仅在波士顿和罗得岛如此，而且其他省份也都一样。此外，查尔斯·范再次发出威胁，这让新法律在殖民地引起了更大的愤怒。诺斯坐下来后，轮到亚历山大·韦德伯恩做出长篇的正当辩护。"如果你拿着橄榄枝前往，却不带剑，你在此时放下手中的剑就是放弃了权威"，总检察长说道，一份速记笔记中这样记载。然后，就在议院休会之前，范再次给出了一个骇人听闻的评论。"放火烧了他们的林子！"他建议。第二天《伦敦晚报》再次引用了他的话，这次是这样的："如果他们反对这次政府颁布的措施，我就会采取过去古时英国人的那种做法，我会把他们的森林全部点燃烧光，让他们的国家一览无余；如果我们会失去那个国家，我认为用我们自己的军队去占领，总好过被我们反叛的孩子夺走。"

虽然范可能从来没说过这样流畅的话，但它却传到了波士顿，在那里，烧毁新英格兰森林的威胁被编进了民间的革命故事里。在殖民地，关于《公正司法行政法案》的报告进一步硬化了他们的态度，部分原因是议会的行动看起来似乎太单方面了。如果宗主国的反对派缺乏在威斯敏斯特议会中战斗的勇气，马萨诸塞州除了全面抵抗还有什么别的路可走吗？等到盖奇将军到达的时候，殖民地对英国政治制度的不信任几乎已经到了极点。但足够讽刺的是，到了4月底，罗金汉姆的辉格党终于开始了对诺斯勋爵的持续反击。

一直都有这样一种可能：只要辉格党能同意与威尔克斯阵营、查塔姆勋爵的追随者和一些其他的独立团体合作，他们就可以对强制法案进行最后的抵抗。尽管他们无法阻止内阁——诺斯的多数派实在过于强大——一个统一起来的反对党至少可以推迟他的政策实施。他们还必须考虑未来：也许有这样一种情况，美国激烈反对新法，让它们成为一纸空文。如果英国濒临战争的边缘，那么可以想象，内阁就可能会被削弱甚至解散。到了那时，反对党就必须准备好上台组建一个新的行政机构，也许就在1775年大选之后。因此，辉格党和他们的盟友必须在1774年春天的辩论上有言在先，说自己曾警告过强制法案会失败。

他们开始着手这样做。在罗金汉姆的辉格党人中，里士满公爵一直是思想最为开放，最愿意向侯爵不喜欢的议员伸出援手的人。再加上伯克在幕后的作用，伦诺克斯开始组织一个新的反对现任政府的竞选活动。这样，他可以指望老同志和他一起将东印度公司从诺斯和内阁的控制中拯救出来。他们中为首的是乔治·约翰斯通，这位愤怒的苏格兰人在佛罗里达州待了多年，因此在殖民地事务上他是具有权威的。他因为出言反对把茶叶运送到殖民地而备受推崇。

还有富兰克林的律师，约翰·邓宁，他的身体正逐渐康复恢复。还有一位老军人，艾萨克·巴尔，他曾在魁北克乌尔夫将军的旗下。他们二人都与查塔姆勋爵关系亲密，与他一样对《宣告法》充满敌意，并且两人都曾反对过对美国收税的愚蠢计划。和他们站在一起的还有另一位出色的律师，查尔斯·普拉特，前任上议院大法官，他也持有相同的观点。最后但同样重要的一点是他们得到了本杰明·富兰克林的帮助。富兰克林在被韦德伯恩打击后终于又重新恢复了活力。"反对美国的激流仍然猛烈"，4月16日富兰克林写信给他的波士顿朋友托马斯·库欣时说道，但他仍尽其所能，为反对党提供他们所需的事实。

三天后，辉格党准备就绪。里士满公爵就等着5月份上议院的下一次辩论了，而与此同时，伯克在下议院抓住了一个机会。辉格党要反对港口法案，却提不出可信的实例，因此他们一直在寻找时机拉拢那些独立的议会成员。4月19日机会来了，那天下午3点，罗斯·富勒，那位牙买加居民，要求议会对3便士的茶税——所有麻烦的来源——进行投票表决。反对党在这里找到了更简单的攻击目标：显然那项税收是荒谬的，走私者们早已将其推倒。美国人联合一致地反对它，在这种情况下，任何强制执行法律的企图都会以暴力收场。走和解的道路，富勒说，诺斯早已废除了汤森德关税中的其他条目：如果把这一条也废除，英国就向殖民地伸出了橄榄枝，这显然是必要的。其他一些议员也说了同样的话，然而韦德伯恩回答道，"如果你放弃了这条关税，你就放弃了所有的权威"。之后在下午5点15分，埃德蒙·伯克起身给出了他关于美国征税的伟大演说。

他讲了两个小时。据《伦敦晚报》报道，议员们全神贯注地听着他说出的每一个字，但这份报纸对辩论的报道一向就不客观。其他有关他在那一年所做演讲的记录显示，伯克总是被诺斯阵营的人嘲笑。他讲话过快，有时他的爱尔兰口音让听众困惑。即便如此，伯克仍将辩论提升到了一个智慧的新高峰。

"我了解英格兰的政治，"他说，"我知道我选择的不是晋升之路。"伯克将这样的基调贯穿始终：无畏与无悔。他拒绝对废除《印花税法案》而道歉，并且反以为荣，认为那是一种大度的姿态，将殖民地修复到了格伦维尔之前的状态。法案废除后，美国再次恢复了平静，因此，如果议会取消茶叶税也将收到同样的效果。"任何人都不会因为别人的劝说而去当奴隶,"伯克在一次演说中字字珠玑。"想想看,你们该如何统治一个民族,他们认为自己应该是自由的。你们的计划除了制造不满、障碍和反抗,不会有任何结果;这就是美国的状态,即便是血流成河之后,你们也只能是回到原始的问题:在一个没有税收的地方征税。"

他说,问题的核心很简单:政府对殖民地从来没有达到过他所说的"大格局和自由的理念"。对属国没有计划或远景,只是在纠结 "一些鸡毛蒜皮的小事……充满了卑鄙和争执",直到最后,几近引发战争,只是为了一点微不足道的税——这是"诡辩的税,卖弄学问的税,争端的税",废除它,和平就会到来,相互尊重和公正是和平的根基。而当英法战争再次到来的时候,美国人就会慷慨地自愿出钱、出人。

这些话很好听,却来得太迟了。盖奇将军已经登上了前往波士顿的船,废除宪章的消息也随后就到。但无论伯克怎样努力,他还是逃不出他的政党原有的困境。虽然他口才雄辩,但他的演讲包含着一个无法隐藏的致命弱点:逻辑,这从来就不是埃德蒙·伯克的强项。他面临的困境是:税收已不再是关系厉害的主要问题。几周的时间过去,伦敦和美国的政治辩论都已经将焦点转移了,他们现在探讨的是更为紧要的问题,皇权的本质。"美国的动乱来自于更深层的原因",诺斯勋爵说,"税收本身并不是他们抗议的缘由。"

在理论上,罗金汉姆阵营支持《宣告法》,并同意议会是至高无上的说法。在实践中,诺斯勋爵说,他们面对暴力和混乱时,却要求撤退,不顾退缩会引起更多阻力的必然事实。伦敦的每一家报纸都刊登了殖民地愤怒的言论,他们否认议会在他们的事务上有任何话语权。如果议会废除了茶叶税,就是对已经在追求独立的美国人示弱。这已经变成了:英国必须在懦弱投降——这将让英国失去属国,或坚决迫使美国听令之间做出选择。诺斯和韦德伯恩让这一点变得很明确。八个小时的辩论后,反对党要求投票,但失败了。辉格党和他们的盟友以49票对182票被击败。在那一刻，在英国和殖民地，一切有关茶叶和税收的专门事项都被抛到了一边。随着战争的临近，它们偶尔会短暂地回到舞台上，但在这场戏中，也只是扮演一个相对较小的角色；相反，聚光灯已经照在了别处，关注的焦点是波士顿早就已经在讨论的一些基本原则。

在议会中，两派下一次激烈的交锋是在两星期后。5月初的这一天，下议院里挤满了人。摆在它们面前的措施是最具争议的：更换马萨诸塞州政府的法案，已经接近一揽子法案的最后议题。内阁似乎再一次占据着上风。自从约翰·马尔科姆的消息之后，殖民地就很少再有消息了，但沉默并没有减少英国对新英格兰的敌意。[①]相反，议会的独立成员现在也更为坚定地倒向了诺斯一方。

出现这种情况大概有三个原因。第一个是商业原因。自1772年的大萧条以来，国家一直在缓慢地走出经济泥潭。为了应对经济衰退，工厂主看向了欧洲大陆的市场，以约西亚·韦奇伍德为首，开展出口活动，将他的陶瓷盆罐一直卖到了西伯利亚。随着英国货在欧洲销量的增长，美国的重要性就减少了，殖民地的联合贸易抵制再也不像过去那样令人担忧了。商业游说议员觉得再也没有必要像以前那样代表美国的利益而上下奔走，就像他们在《印花税法案》时期那样。

与此同时，媒体继续做实殖民者打算诉诸流血事件的故事。报纸报道，为反叛者运送火药的船只正在前往新英格兰的路上，虽然时候尚早——美国人直到8月才真正地开始武装起来——这些报道却让政治问题升温。据传，就连国王都在他的早朝中讲了一个不得体的笑话，他说他愿意去打波士顿人，就像打法国人一样。

最后但也最重要的是，大选的前景让所有的人关注。早在投票进行之

---

① 因为恶劣天气而造成了长时间的延误，4月18日，南希号运茶船最终到达纽约，但当船长看到岸上众多的反对人群后，货也没卸，就掉头返回了。这条消息直到6月7日才抵达伦敦。

前，候选人们就开始寻找安全席位，尤其是那些诺斯和财政部可以帮助他们获胜的席位。要引起诺斯的注意，还有什么比在殖民地问题上站起来支持他更好呢？另一方面，在那些选举战可能会很难打的开放选区，激进分子和辉格党就站在了反面：他们将自己标榜为美国和自由的朋友。

在此背景下，下议院在5月2日开会辩论马萨诸塞州更换政府的议案。四百名议员在4点前到达下议院，这次的会议时间紧迫、任务繁重。作为预备，他们被告知还有另一项提案要讨论，也就是第四个强制性法案，它将允许盖奇将军征用波士顿的建筑作为他的兵舍。之后，真正的战斗就开始了，反对派全面出击。首先出击的是约翰·邓宁，但对方用"战场"会议的耻辱回忆攻击了他；稍后，巴尔上校站起来支援他，然后查尔斯·吉姆斯·福克斯也加入了他们，最后还有埃德蒙·伯克。下议院的双方议员都说了最不客气的话，相互侮辱，并指责是对方导致了帝国如此严重的危机。

自1月份以来，更多的人也像查尔斯·范一样言语过激。理查德·里格比起身发言。里格比52岁，是个满脸紫红的酒鬼，好与人决斗，是诺斯忠实的支持者。"要我说，直接传达给美国人，"他大声咆哮，"美国，此刻已经彻底没有政府了——我们给它一个政府！"他说的话可能被错误地引用了——现存的速记报告表明，里格比用了更为柔和的语言——但出现在《伦敦晚报》上、被殖民地居民读到的内容却是如此。

这是一次嘈杂的争论，伯克受到了反对方最为粗暴的发难。"你将失去美国"，他说，但他的声音一次次被反对者的声音盖过，他从午夜一直坚持讲到子夜1点，耗尽了气力，之后他用了两天时间才恢复过来。感觉终于可以对政府不受约束地展开正面攻击，反对党谴责强制法案有违最基本的宪法原则。综上所述，它们相当于侵犯了自由，这种侵犯在英国国内是绝对不会被容忍的。反对党团结一致坚持罗金汉姆一贯声称的原则：保卫公民自由不受国王及其仆从的专权侵犯。

据巴尔上校称，美国人要是起来反叛，后果过于可怕，无法预计。

和殖民地之间将会开战，他说，这场战争需要投入超过30个营，是英军战斗力的一半，而在此期间，法国人将会密切注视，一有机会就会介入。"人性、法律和正义的声音反对你们继续推进这个邪恶的进程，"上校坐下来说，"我害怕天意也是这样。"深夜2点钟，进行投票。支持政府的239票；支持反对党的64票。在唐宁街，诺斯上床睡觉之前，给乔治三世写了张便条进行报告。当天晚些时候收到了国王的亲笔回复，"我极其满意。"

之后，下议院的政坛混战开始平息。还有更多的待议法案和辩论，但是在5月3日的严重失利后，反对党不可能对诺斯造成任何严重的伤害了。辉格党逐渐退却，留下里士满公爵在上议院领导最后的抵抗。查尔斯·伦诺克斯可以拉到至少20票，这足以说明统治阶层是分裂的。这一次，他也在为未来做打算，为危机的下一阶段做好准备。试图妥协是没有用的。罗金汉姆阵营必须直言不讳，这样等到有一天各个政治阵营回头的时候，就会发现辉格党一直以来都在完全反对导致了灾难的政策。

因此，公爵找到利奇菲尔德年轻的主教，布朗洛·诺斯，提前告诉他自己打算要大发雷霆。他知道这位主教一定会把话传给他同父异母的哥哥诺斯勋爵那里。这个策略大概是为了要引政府摊牌，这样里士满公爵就能像巴尔一样直言不讳了。事实上，因为他们并非民选，公爵和他的朋友们在上议院可以更加有力地反对政府的提案。

像往常一样，上议院的辩论并没有被详细报道。5月11日，他们对《监管法案》进行投票；18日，是保护军队的《公正司法行政法案》；26日，为士兵在波士顿提供兵舍的《住处法案》。就连罗金汉姆侯爵也在猎狐和平地赛马之间抽出时间来参会。在最后一场辩论中，公爵又多了一个古怪的盟友，查塔姆勋爵本人，他终于从天而降，来给出一场令人扫兴的表演。这位老阿伽门农已有65岁，他很夸张地病了，挂着拐杖，穿着黑色天鹅绒的靴子来缓解痛风的疼痛。他讲了"一场虚弱的长篇大论"，观察者霍勒斯·沃波尔，毫不留情地说，查塔姆谴责一切——茶税、《印花税法案》还有波士顿的暴徒——但完全没说如果他是诺斯勋爵会采取怎样的路线。讲完后查塔姆就离开了,留下了一头雾水的听众。

政府自然赢得了每一票,但到这里故事还没结束。上议院的程序性规则给了里士满公爵一种埃德蒙·伯克在下议院没有的武器。在上议院,贵族可以打手势提出异议,异议的内容将被记录下来供所有人查看。查尔斯·伦诺克斯抓住机会,提出了两次异议。每一个都说了很久,并且措辞强硬,每一段都在草稿上小心地编了号,用来谴责强制法案中的每一个组成部分。这里包括的警告话语和巴尔的一样尖锐。为了执行新的法律,英国人需要动用武力:一支如此庞大而且开销巨大的军队将带来"国家的必然毁灭"。

这是罗金汉姆阵营和他们的盟友在这场无望取胜的作战中的最后一幕。这场耗时三个月的政治表演落下了帷幕。反对党取得了什么呢?从表面上看,几乎什么也没有,因为诺斯勋爵已经完成了他的任务,盖奇也在路上了。在5月的最后几天,国王签署了剩下的法案,由达特茅斯在6月3日派送盖奇。这封秘密的指示信被封在信使的烟草袋里。

如果英国真的是美国人所称的专制暴政,那么政治上的事情就会到此结束;但事实上,议会上的战斗让诺斯筋疲力尽,让他到了仲夏之时,比以往任何时候都感到不舒服和疲劳。随着大选近在眼前,诺斯必须考虑如果巴尔的预言成了现实,那么他就会面临更大的危机。

而就在此时,诺斯犯了另一个严重的错误。到目前为止,他的新法律中没有任何一条是关于马萨诸塞州以外其他殖民地的,但在议会休会之前,内阁选择将手伸向更远的地区。美国西部荒野的未来一直是悬而未决的问题,还常常要担心出现大规模的印第安战争。解决这一问题的时机似乎终于也到了。但这样一来,诺斯勋爵就会使殖民地联合起来反对英国。

《魁北克法案》

两年前，希尔斯伯勒勋爵辞职离开，那似乎是银行家和理想主义者们的胜利，这其中也包括本杰明·富兰克林，他力图将俄亥俄州的土地向新移民开放。但在白厅官员的内部，这仍然引起了深深的焦虑。因为那将激怒印第安人，也会削弱宗主国对沿海地区殖民地的控制。法律官员们，瑟罗和韦德伯恩坚决不肯让步，阻止大俄亥俄公司获得它申请的政府赠地。

可是英国政府不可能永远都对那片荒野推脱搪塞。在加拿大和伊利诺伊州乡下，早期的法国拓荒者，所有人都是罗马天主教徒，他们被给予了自己的公民政府，使用法国的法律体系，并承诺信仰自由。这成了一个很有说服力的案例。如果这样的安排能保证定居者的忠诚，那何乐而不为呢，伦敦的部长们这样认为。他们完全不会为3000英里外的天主教感到担心。虽然他们是忠诚的圣公会教徒，诺斯和他的同事们已经摆脱了英国人曾经对梵蒂冈的仇恨。在社会的上层，那种偏见已经失去了吸引力，当最后一位雅各宾派也消失在了历史中后，所有的英国贵族青年都跑去罗马参观雕像，还被染上瘟疫。

5月2日，达特茅斯宣布了一项新的《魁北克法案》，主要由韦德伯恩起草，旨在永久性地解决西部问题。尽管受到一些激烈的批评，特别是约翰·邓宁的反对，该法案仍迅速在下议院获得通过。通常，对待一个看似冗长的地方性事务，很少会有议员会不怕麻烦地加入辩论。在上议院，查塔姆再次谴责了这项措施，他提到了各种理由，其中包括反天主教，但里士满公爵的这种反对也只是敷衍。就像埃德蒙·伯克赞成爱尔兰的天主教解放运动一样，里士满公爵对宗教也秉持自由主义观点，并不会有偏见或盲从。

这个法案是有一定远见的，甚至在某些方面可以称得上是一项进步的立法，但部长们却是在玩火。在政治上，将加拿大问题先放在一边要明智得多，因为也许再过个一两年，新英格兰也许就会安静下来。该法案的一些条目定然会引起殖民地、威尔克斯阵营以及伦敦民众的抗议。新法称，在魁北克的法国人信仰完全自由，他们可以加入新的立法委员会来帮助英国州长管辖全省；其边界将会向南和向西一直伸展到俄亥俄和密西西比河。换句话说，魁北克将包围整个西部荒野，将阻挡来自宾夕法尼亚州、弗吉尼亚州和纽约的移民。印第安人会受到保护，他们的保留地将被保证。

当《魁北克法案》的消息传到了殖民地，它的确引起了轩然大波，因为，这远非小事或技术性的问题，它的范围如此广大，冒犯了每一个省的男男女女。有人说，这是一个阴谋，不仅从后门将天主教送进了美国，还把美国人限制在了东部，让他们任由英国摆布。韦德伯恩坦率地承认事实就是如此。俄亥俄州将成为一条移民们不可跨越的界限。"我们应该限制居民"，总检察长5月26日对下议院说，"根据这个国家原有的政策，让他们留在海边和河流沿岸。"

与此同时在伦敦，《魁北克法案》的宗教条目遭到了最强烈的反对。伦敦和殖民地的大部分人对罗马天主教徒的宽容程度都远远落后于内阁。甚至英格兰国教会的主教都对此感到不安，担心这样的措施可能会导致天主教在大西洋两岸的复兴。到目前为止，在首都的威尔克斯阵营除了在媒体上发声，还没有为他们在新英格兰的兄弟姐妹们做点什么。但是现在，罗马这个旧敌出现在了众目睽睽之下，他们终于开始行动。在最后一刻，就在该法案即将成为法律的时候，他们组织了抗议活动，但主要出于宗派仇恨，当然也出于对自由的爱。

反对《魁北克法案》的战斗以弗雷德里克·布尔为首，他是伦敦市长，也是代表伦敦城的下议院议员。他是个成功的茶商，是约翰·汉考克的朋友乔治·海莉的合伙人。布尔身材古怪，这被部分媒体拿来嘲笑。虽然《伦敦晚报》称他为"爱国行政首脑"，其他报纸却贬斥他为"一个软弱而又愚蠢的角色"，一个被约翰·威尔克斯操纵的谄媚者。他们二人确实非常亲近：一周要在一起吃几次饭。作为一个宗教上的持异议者，他可能是浸信会教友，布尔竞选市长的主张包括"恢复我们美国兄弟们的自由"。他的盟友包括两个真正的殖民地居民：纽约的斯蒂芬·塞尔，是一位冒险家经营着一家可疑的银号，另一位是威廉·李，即亚瑟·李的兄弟。威廉和塞尔都在西印度群岛上下了很大押注，在房地产繁荣的顶峰购买了多米尼加岛上的奴隶种植园。

他们和布尔同属一家小规模的伦敦决策机构，这个机构在首都建起了激进派，威尔克斯阵营。为了能让他们的朋友有资格投票并担任公职，该机构已经悄悄接管了一家小型的伦敦服装公司，名为"机器针织"，实际上只是个空壳，由塞尔和亚瑟·李等人在新英格兰的咖啡馆经营。由于组织灵活，以及他们的想法具有吸引力，这家决策机构逐渐获得了其他同业公会的认同，并获得了这个城市60%的投票者的支持。

在上一年，他们已经策划让塞尔和威廉出任伦敦的治安官，同时也和波士顿的塞缪尔·亚当斯保持着密切的联系。随着大选的临近，他们希望能在议会中赢得席位，不仅是伦敦地区的而且还要赢得布里斯托尔、赫尔、纽卡斯尔和伍斯特，激进主义在这些地方深深地扎根。在主张议会改革的同时，他们还呼吁反对天主教，这种盲目的情绪形成了威尔克斯运动黑暗的一面。在那年春天的议会中，布尔从未站起来反对马萨诸塞州的强制法案。相反，等到《魁北克法案》已经通过两院之后，他调集全城的力量来反对诺斯勋爵。①

6月18日晚，最后投票结束后的第二天，也是他们治安官任期将满的时候，塞尔和威廉来到唐宁街拜访诺斯，但吃了闭门羹。诺斯很清楚这两个美国人想要什么：在乔治三世御准之前，为布尔预约，提出反对法案的请愿书。"我认为接见他们是不妥当的"，诺斯告诉国王，但迟早他们的声

---

① 1778年，布尔强烈反对恢复英国天主教徒的某些公民权利这一适度的改革措施。两年后，他帮助煽动反天主教的戈登骚乱，造成近500人死亡。

音都会被听到，因为根据古代的先例，市长有权直接面见君主。在22日早上，就在国王即将前往议会将一年的会议拉上帷幕时，请愿书还是来了，由伦敦公司签署。市长指责国王违背了他在加冕仪式上要捍卫新教信仰的誓言。

几周以来，报纸上已经充满了对该法案的愤怒，而现在，一群人聚集在上议院外面的圣詹姆斯公园高喊着，"拒绝罗马天主教！拒绝法国政府！"据报告，约翰·威尔克斯在他们经过时出现在了一个窗口向他们打招呼。在国王的马车到达和离开的时候，人群都拥了上去，挥着拳头对国王高喊"牢记查理一世！牢记詹姆士二世！"这和国王陛下一年前在阅舰式上所受到的欢迎截然不同。乔治三世明显受到了震动，他的讲话出现了结巴。

这是唯一一次伦敦人走上街头代表美国抗议的记载。这次示威游行百害而无一利，它加大了战争的可能性。国王和诺斯勋爵迅速回过神来，并更加确信自己代表的是理性与启蒙运动，而他们的对手是一群固执狭隘、肆意煽动的人。从反对《魁北克法案》的动乱中，他们得出了教训，即威尔克斯阵营会将殖民地变成一个选举问题，由此内阁先发制人，在9月底率先出击。

在大西洋的另一边，这次示威骚乱留下了另一个危险的后遗症。媒体关于它的报道在8月抵达了波士顿，美国大陆上所有的报纸都转载了消息，这造成了一种错误的印象，似乎殖民地在宗主国得到了广泛的支持。查塔姆勋爵对此必须负主要责任。他那些针对《魁北克法案》徒劳无益的仇外言论，使得美国人相信他作为最高层和英国的普通民众一道，与殖民地的兄弟们肩并肩地站在了一起。在伦敦和其他一些城市，许多人反对《魁北克法案》，但绝不会在英格兰中部——政治权力的主力地盘。无论英国人多么不喜欢天主教，在首都之外的地方似乎并没有发生示威活动。

与此同时，随着夏季的持续，盖奇将军的命令抵达了大洋彼岸。达特茅斯只有不安地等待，看看马萨诸塞州会有什么反应。达特茅斯生性害差，说话张口结舌，总是对他在牛津读书的儿子放心不下，还担心着王国里的无神论者，因而他在整个议会辩论中一直保持沉默。作为对里士满公爵的回应，他在上议院于3月末只发表了一个实质性的演讲。记者霍勒斯·沃波尔听到了他的讲话，以为他希望和解。殖民部长一直都是"细心温和的"，沃波尔认为，但是达特茅斯给盖奇的秘信指令却全然不同。无论他的个人感受如何，他都没有力量动摇他的同事们所采取的强硬路线。

到目前为止，还没有人明确地将强硬路线的主张制定出来，这在今天已经成为英国政治的核心：内阁必须为它做出的每一个决定承担集体责任。但即便没有条文，大家也会遵守公约，虽然会有个别的竞争对手让诺斯分心。但无论是诺斯还是达特茅斯都不可能孤立地制定政策。一旦新的强制法案被通过，就必须被严格执行，不管达特茅斯有怎样的保留意见。

他在6月3日写给盖奇的信中给出了最明确的指示：确保港口关闭，直到波士顿城对被销毁的茶叶做出补偿；任命新的顾问；找出茶党的头目，将他们绳之以法；如果有人阻拦，盖奇就当用法律加以严惩。当然，达特茅斯希望马萨诸塞州的百姓能够欣然接受——"用头脑和理智"，他向他们呼吁——就会明白。他仍然相信茶党事件只是一小撮狂热分子愤世嫉俗的阴谋。但是如果违抗命令继续下去，那么将军得到的指令是毫不含糊的。"无论怎样的暴力都必须被坚决制止，"达特茅斯写道，"这个王国的权威……必须被证明，其法律必须被遵守。"

直到秋季，殖民部长才发现盖奇将军的任务是不可能完成的。当盖奇4月从新英格兰出发时，无论是他还是他的政治领导们都没有看出殖民地的状况已极其不稳定。虽然强制法案让他们震惊，但美国人很快又恢复了主动。1774年剩下的时间里，他们总是会赶在英国人前面二三步。

第十三章

革命开始

快了，很快就会听到干渴的大地尽情地吸吮美国儿女的鲜血。

——罗得岛的那桑尼尔·格林，1774年7月

在18世纪，叛国罪可以有多种表现形式，或文或武。在盖奇将军到达波士顿之前很久，甚至离开战还有一年的时候，美国的爱国青年就已经在报纸上发表一些言论，那些文字如果被英国的间谍看到足以将作者送上绞架。

对英国来说，这场危机爆发得很突然，是一场突如其来的风暴，而此前的天气只是多云，而绝非黑云压境。但对新英格兰新一代的激进分子来说，1774年的事件他们从童年时期就开始准备了。在波士顿，许多人和威廉·莫里诺一样读着希腊罗马经典长大，那些经典满是诛杀暴君和内战的记载。人们常说，美国人不愿造反——"虽然他们自己就是革命者"，用最近一位学者的话说①——但这只是部分事实。拿华盛顿、富兰克林和约翰·亚当斯来说，的确如此，反抗的重担是被甩在他们肩上的，但同样清楚的是，一些美国人是非常想要开战的。早在1774年春天，他们就开始准备，先是只用文字，但很快就有了行动。

这是诺斯万万没想到的。在议会一次又一次的辩论期间，双方的发言人都曾辩论称美国不会因为战争而退缩。在伦敦的多家报纸中，许多记者也都说过同样的话，但是像这样的评论很容易就被驳回，因为它们大多出自记者或是像巴尔上校这种下议院的异类之口。通过盖奇将军的简报，内阁部长们仍然相信马萨诸塞州会在流血事件上退缩。要是他们不这么认为，他们就应该在1月底的议会上增加军队的预算。事实上，陆军部保持了军队数量不变，甚至还将分配到美国和西印度群岛的军队削减了两个营。至于海军，诺斯勋爵认为只需要四艘护卫舰就可以封锁波士顿港。因此舰队的预算也被冻结。

他们没有理由增加预算，因为1774年的前九个月，英国没有预见来自任何一块殖民地的军事威胁。从州长哈钦森发的信件来看——随着离职时间的临近，书信的内容也变得更加严峻——关于波士顿爱国者的卷宗有厚厚一沓。他们知道那里的政府正在解体，但他们看到的只是一些不安的搅动，并没有严格意义上的叛乱。在后来，英国渗透了塞缪尔·亚当斯的联络委员会，但不是现在，不是在盖奇抵达马萨诸塞州之前。他们完全不知道亚当斯的一些盟友已经在讨论战争的可能性，也不知道他们的谈话被多么广泛地传播着。

多年来，一些激进分子已经暗示要与宗主国开展武装斗争。例如，1771年，一个自称为"哨兵侍剑"的专栏作家——这个人可能是约西亚·昆西——为波士顿的激进报纸《马萨诸塞密探》发文，他给哈钦森贴上暴君的标签，将殖民地称为"庇护自由之处"。他写道，若攻击美国人

---

① 杰克·拉科夫的《革命者》（波士顿，2010）。

的自由，他们就会"诉之于剑"。这句话后来成了一句革命口号，响遍了东部沿海地区。但这句话的真实意思是像听上去那样吗？它可能仅仅是演说家的一种修辞，一种打比方，并没有真的要拿起火枪的意思。为了让这场危机完全失去控制，变成革命，新英格兰的男男女女们必须超越文字的谈论，开始用行动进行积极的准备。

　　1774年，该地区偷运火药和武器的第一个确凿证据出现在8月的第四周。被发现的地点是罗得岛，这显然与制造"葛斯比事件"的那些人有关。但在几个月前的3月和4月，不仅在波士顿，还有16英里外的马布尔黑德港口，就已经可以听到有关军事行动的严肃谈论。罗得岛这个已经熙熙攘攘的小地方将在6月1日《港口法案》生效的时候变得更为重要，因为来自英国的船只会首先到达这里或塞勒姆附近。如果沿海和内陆地区的小城镇与波士顿的激进分子相联合，盖奇的任务就不可能完成。他将面临同时来自乡村和城市、广泛而多样的阻挠活动，不知道下一个茶党事件或"葛斯比事件"将会在何时何地发生。

　　事实上，艾塞克斯的城镇和他们北面的邻居一样反英，并且已经在考虑武装抵抗的可行性，以及反抗的基本原则。在马布尔黑德住着一位未来的美国副总统，埃尔布里奇·格里。这位哈佛大学1762级毕业生是位大商人的儿子，性格强硬而又热烈，充满了活力。他被选入众议院，虽然说话结巴，但他演讲的激情甚至胜过他的导师塞缪尔·亚当斯。

　　4月4日，格里在一封写给亚当斯所在委员会的信中谴责了英国，称诺斯和他的同事是恶徒和暴君，是自由的敌人，与他们妥协是不可能的。"他们想尽一切办法对殖民地征税，并且热情不减，只有暴虐的政策才会这样"，他写道。英国人永远都不能被信任。他称国王的部长们"有着最肮脏的原则，既没有荣誉感，也无诚信或知识……从他们那里不可能获得任何和解，也根本就不该指望"。

　　这些是来自格里的挑衅言论，更为重要的是他说这些话时，波士顿《港口法案》或内阁的任何其他措施尚未被传出来。一连好几个星期，恶劣的天气让船只无法出港，或将它们吹离了航道，因此传到大西洋这边的消息只有星星点点。自茶党事件以来，新英格兰从伦敦没有收到任何消息，只有当地报纸在3月28日刊登了几行字。即便如此，这则报道里也没有英国官方回应的任何线索，除了一个传言——结果还是假的——更多的战舰已在从英国赶来的路上。

然而，即便还没有什么证据，格里已经假设了最坏的情况，他继续发表近似于战斗号令的言论。他的书信带着一种紧急、实用的目的：他想让委员会组建一个新的殖民地民兵团来取代原有的那个。他认为，帝国通过投射其强大军事实力的形象，让殖民地受到奴役。"他们巧妙地让美国人有了这样的想法，"格里说，"英国的军队是最尊贵的，而美国人自己的意见是最卑微的。"在塞勒姆的另一端，另一位哈佛毕业生，蒂莫西·皮克林，来自1763级，多年来一直致力于创建一个新的、改进的民兵团，用最新式的方法进行训练，这种方法叫诺福克法，来自一本七年战争期间在英国出版的手册。格里也有了同样的想法。他说，是时候了，让马萨诸塞州的每个城镇都组成一支军队，由一位受薪的队长在每个县用诺福克法训练军队，队长的薪水由殖民地议会支付。

无论埃尔布里奇·格里本人是否清楚，这都是叛国行为。英国和殖民地的法律都规定，建立并供养一支独立的军队，哪怕只是在信中提出这样的建议，都是可以被判处死刑的重罪。在法律上，民兵军官只能由州长任命，并且只有州长才有权力调集民兵进行战斗。虽然这位来自埃塞克斯郡的年轻议员到目前为止还没有煽动任何人进行实际的叛乱，但他显然离那么做也不远了，而此时关闭港口和改变宪章的消息还尚未传来。如果格里只是一个孤例的话，他的言论可能只会被视为空谈，可事实上有一位更具影响力的人物也在说同样的事情。

这人就是约翰·汉考克，一位敏锐的波士顿陆军上校学员。3月5日，为了纪念波士顿大屠杀，他做了周年讲话，展现出了一种全新的信心与活力。他在演讲中热情地为茶党辩护，他近乎在指控乔治三世向他的人民发动战争。演讲最后，汉考克慷慨激昂地呼吁建立一支全新的、先进的民兵团。

只要训练有素并管理得当，马萨诸塞州就根本不用担心"英国大名鼎鼎的掷弹兵"。他说，"我们并不缺少勇气；那支有史以来最强大的军队也只是在训练上超过了我们。"如果殖民地被入侵，民兵团就会"为了他们的房子、他们的土地和他们的孩子……为了自由、为了他们自己和他们的上帝"而战。

这些话确实激动人心，但问题是：这是不是只是用来吓唬州长的言辞，而不是一个严肃的行动计划？但无论是哪样，汉考克和他的同志们已经走得太远，不能回头了。除非英国内阁屈服，索性忽略茶党——内阁不可能做到——否则武装冲突几乎是不可避免的。

自12月以来，殖民地一直在等待，看英国会做何反应。要是在此期间，殖民地议会什么都不做，也许紧张就会得到缓和，事态也会降温。要是托马斯·哈钦森能捎信给英格兰告知这里的一切都安静如常，也许倾茶事件就会逐渐变得不那么重要。虽然它将一直被视为犯罪行为，必须得到某种形式的惩罚，但英国可能不再会把它看作是彻底的背叛，也就不必彻底改革殖民地政府了。

而事实上，情况越变越糟，哈钦森的对手变得更加咄咄逼人和直言不讳，而哈钦森本人则再次变得无能为力。袭击约翰·马尔科姆已经够糟糕了，但是3月份，在汉考克的演讲结束两天后，格里芬码头事件又再次在波士顿上演了。一艘名为财富号的双桅横帆船到港，它那鲁莽的船长试图将茶叶在码头卸货。60个身穿印第安服饰的男人跳到船上，将茶叶扔进水里。如果这些只是偶发的暴乱事件，不应视为对整个帝国的威胁的话，那么众议院所采取的另一举措就要另当别论了。从英国的角度来看，很久以前，殖民地众议院向国王无耻的请愿就已经在事实上宣布了独立，而现在它又犯下了更为严重的错误。

2月24日，众议院投票弹劾首席大法官，哈钦森的亲戚——彼得·奥利弗。他被指控接受英国皇家的薪水，这笔钱来自于海关的税收。在暴力的威胁之下，投票也只不过是走个过场。这意味着早在强制法案生效之前，殖民地就已经面临着与皇家权威的另一场碰撞。迟早有一天，英国都会任命法官来接管马萨诸塞州的法庭，而爱国者们必定会群起阻挠。在投票前的一个星期，哈钦森就已经看出了事态的苗头。

2月17日，他给达特茅斯写了一封内容绝望的私人长信——因为是私人的，所以不必向内阁公开——他在信中描述了时局的混乱。"我看，让这个省的政府恢复到原有状态是没有可能了，"他写道，"无政府状态将会愈演愈烈，直到全省都陷入混乱。"无论在哪里，人们都否认英国议会的权威；在西部的伯克希尔山，武装团伙肆意践踏法律。在波士顿，为国王效力的每一个仆人都发现自己被"不满和愤怒的人群"包围。这封信在复活节当天被送到了达特茅斯的办公桌上，正好赶上议会的第二轮辩论。

和埃尔布里奇·格里呼吁建立新民兵组织一样，哈钦森写这封信也是在封闭波士顿港的消息传到之前。虽然没有听到任何来自宗主国的消息，他却描述出了那种无政府的混乱状态。悬念一直持续到4月，整个马萨诸塞州的情绪已变得极为激动，来自英国的船只也开始逐渐到达。它们带来了一连串伦敦的报道，每一条消息都比上一条更令人痛苦。4月10日左右最先到达的报道描述了本杰明·富兰克林在"战场"所受的羞辱。不到一周，从新罕布什尔到特拉华的每一座港口城市的报纸，都转载了《民众报》关于韦德伯恩长篇攻击演说的报道。

最初的报道还是简短的，但几周过后，报道的长度就已经可以盖满几个版面，有些报纸甚至还专门印了增刊。报道所到之处无不激起愤怒，尤其是在费城，费城称富兰克林博士是属于这座城市的。富兰克林的老街坊邻居们走上街头游行，他们给那位苏格兰律师做了一个填充塑像，在它的脖子上挂了一个牌子"臭名昭著的韦德伯恩"，此外，他们给托马斯·哈钦森也做了一个。这两尊塑像被马车拉着在城里游街，人们对它们拳打脚踢几个小时之后，把它们吊在了一个脚手架上。一个有幽默感的人带来了医生的电机，打出火花点燃了塑像，它们在"一大群民众"的叫喊声中被烧为了灰烬。这次抗议发生在5月3日晚上，此时另一艘船也抵达了马萨诸塞州。

那年春天，北大西洋上空碧空万里。5月1日，密涅瓦号在波士顿下锚，从英格兰出来只用了42天就到达了目的地，这么快速的跨洋行程比平均时间快了两周。它的航程如此之快，事实上，它带来的新闻报道正是诺斯在3月14日的讲话，在讲话中诺斯提出了要关闭港口的法案。密涅瓦号还带来了从内阁走漏出的消息——计划修改马萨诸塞州宪章，而这一点，诺斯曾试图避免过早披露。两周后，弗吉尼亚的报纸就刊登了这条消息。

起初，波士顿人似乎不愿意相信英国会做得这么过分。在一段时间内，韦德伯恩仍是主要话题，占据着报纸的头版，在波士顿掀起愤怒的狂潮，直到《港口法案》和改变宪章的消息被官方消息证实。那是九天后，5月10日，另一艘船进入了港口——讽刺的是，这艘船的名字是"和谐"——它带来了伦敦4月2日的邮件：就在那一天，范声称，波士顿像迦太基城一样，必须被摧毁。

离盖奇将军登陆到岸还有三天，和谐号不仅带来了范先生过分的言辞，还有波士顿港口法案的文本。再有三周的时间，港口就会被封闭。这艘船带来的信件和报纸证实，法律将被改变，使州长具有最高权威，政府也将搬到塞勒姆。这些新闻给了激进党做出反应的最佳时机。用托马斯·杨的话说，"完美的危机"已经到来。

约翰·汉考克再次卧病在床，但在此之前，他已经获得了一张重要的信任票。春季是选举时间，波士顿的选民聚在一起选举四位众议院成员。汉考克位列票数榜首，塞缪尔·亚当斯和托马斯·库欣紧随其后。他们的当选确定无疑，因此5月13日，星期五早上，他们的朋友镇书记员威廉·库珀再次在法尼尔厅召集了镇民大会，商讨对和谐号带来的新闻的回应。塞缪尔·库珀带领大家做了祷告后，他的弟弟大声朗读了《港口法案》。到会议结束时，全城都已投票——据说是全体一致通过——决定用老办法对抗英国，但换成一种更为强大的形式。他们呼吁全面禁止马萨诸塞及其他殖民地与英国或西印度群岛之间的贸易，无论是进口还是出口，直到港口法案被废除为止。他们派保罗·里维尔将话带到哈特福德、纽约和费城。

事实上，全城的意见远非一致，超过100名主要公民公开表示愿意与英国达成协议，并赔偿损失的茶叶。里维尔也不知道这项提议是否能得到其他殖民地商人和农场主的支持，那些殖民地今年的农作物水稻、小麦和烟草已经在地里长了起来，他们的港口也仍然开放。但是在波士顿，危机却进一步加深。同一周五的下午，市民们听到港口那边炮声齐鸣。莱斯利中校命令鸣炮欢迎皇家军舰莱弗利号以及随船而至的新任州长。哈钦森匆匆从镇上赶往威廉城堡，参加欢迎宴会，并亲耳聆听盖奇将军讲述诺斯勋爵一揽子报复措施的具体细节。

完美的危机

托马斯·盖奇带着对波士顿公民满满的偏见踏上了波士顿的土地。"美国纯粹就是一个恶霸，彻头彻尾"，盖奇将军在1770年曾说过，"而波士顿人是目前最大的恶霸"。四年后，55岁或左右——他的确切出生日期不详——这位马萨诸塞州新任的独裁者终于有机会可以教他们认识错误了。他在多达数百页的官方信函里，常常带着恼怒的口气，就像是一位校长面对着一个难以管理的私立学校，学生们对纪律和惩罚显得无动于衷。在他眼里，美国人的行为就像是恼人的青少年，总是花样新出地折磨他们的老师。

在他身后200多年的今天，谴责他个人在战争临近时所做出的糟糕决定已没有多大意义。但在当时，他手下的一些军官就已经这么做了。据邦克山的一位元老，詹姆斯·威姆斯，这位苏格兰少校说，盖奇将军根本不适合指挥：他评价盖奇"能力平庸，完全缺乏军事知识"。虽然盖奇是个失

败者无疑，可是在1774年春天，能代替他的其他英国军官恐怕也未必就会
采取完全不同的行动。在波士顿，盖奇被迫扮演着两个不同的角色——军
人和政客——这两者事实上是不兼容的。他的任务从开始的那刻起就是无
望的。

当然，是盖奇给自己招揽了这种困境，他在1月份给乔治三世做出了
误导性的简报。但他在威斯敏斯特的同事们和政治上的领导也同样要为发
生在新英格兰的惨败负责。他对美国人的不屑一顾也正是伦敦方面普遍持
有的看法；他在军队中的同事批评他时，通常会指责他太过谨慎，而不是
过于急切；以桑威治为代表的海军对"葛斯比事件"和茶党仍然是怒不可
遏。在那一年的春夏两季，英国当局没有任何人怀疑过报复是否是必须
的，或托马斯·盖奇是否是执行它的正确人选。

盖奇作为军人的职业生涯一直很忙碌。作为卡洛的老兵，他站在阿尔
伯马尔公爵一方，这位高地宗族的屠夫和坎伯兰公爵一样血腥，因此盖奇
之前是见识过叛军的。他在美国也不缺乏战斗经验，与法国人和俄亥俄州
的印第安部落都交过手。理论上，他了解美国的问题和美国人。自1755年
以来，盖奇就在美洲大陆上当职，并娶了一位迷人的新泽西美人，玛格丽
特·肯布尔，在纽约建立了一个朋友圈。他对这个国家的感情延伸到了对
其土地的占有，他在伊利湖附近拥有1.8万英亩土地，在西印度蒙特塞拉
特岛上还有一个奴隶种植园。在军事科学方面，盖奇甚至还一度是个创新
者，建立了一个适合旷野作战的轻步兵团，由训练有素的士兵组成，用来
侦察地形、奔袭作战。

他的记录中只有一个污点。1759年，当英国人推进到加拿大与法国人
作战时，盖奇领导一支驻扎在尼亚加拉瀑布的纵队。魁北克镇已经落入了
乌尔夫将军之手，盖奇应该从安大略湖扬帆而上，拿下法国在格莱特的堡
垒，然后前往蒙特利尔扼住敌人的咽喉。但是冬季临近，盖奇担心他的供
应和撤退路线的问题。令他的上司失望的是，他在原地按兵不动，错失了
在那一年就能结束战斗的机会。虽然这件事令人尴尬，但等到茶党事件发

生的时候，它已经基本被人遗忘了。只是在适当的时候，他的批评者们会再次指责盖奇将军的犹豫不决——威姆斯说他"在处理每一项事务中都表现出胆小和犹豫"——当然这样说也只是后见之明，并且可能还夹杂着威姆斯的个人目的。

1774年的盖奇注定会摇摆不定，偶尔还会不知所措，但是他的错误并非来自性格缺陷，而是同样源于文化障碍，以及困扰着白厅内阁的偏见。尽管他在殖民地有着漫长的任职经历，盖奇对美国仍知之甚少，并且他所知道的那点东西也打上了他自身思想的烙印。像亚历山大·莱斯利一样，盖奇将旧的新英格兰宪章看作是不合时宜和危险的，认为它是一个遥远、相异时代的遗物，那时无知的清教徒还不受人管束。他也并不是真的关心纽约，那里的暴徒也一样凶狠，当地的政客也是同样的无聊和自私。即便如此，他也本可以收集信息，并对任何可能出现的叛乱加以防范。但在这一时期的英国军队中，没有人希望一个和平时期的指挥官表达那种程度的预想。

作为一个英军的官僚，盖奇快乐地待在他的办公室或是他妻子的沙龙里，对于送到他办公桌上的工作他会努力完成，但他觉得没有必要密切注意时局的变化。他很少离开纽约，也从不仔细研究地图，而后者对一位将军来说应该是必须的。盖奇对地形毫无概念，他既没有搜集过统计信息，也没有时间去研究殖民地的贸易和金融。结果就是，如果出现叛乱和战争，他缺少评估敌人手上资源所需的信息。他对南方的无知尤为糟糕。在寄回国内的信中，他几乎从没提到过弗吉尼亚。他将军务交给了荒唐可笑的邓莫尔勋爵管理。结果，在1774到1775年间，弗吉尼亚州完全出人意料地加入了叛乱。

在他坐镇曼哈顿那漫长而安静的日子里，盖奇还丧失了他对军事科学的喜爱。虽然轻步兵在美国是至关重要的，但因为美国地域广阔又有森林覆盖，将军还需要有轻骑兵。在未来的任何冲突中，轻骑兵或轻龙骑兵将会是无价的，他们可以搜寻侦察或组成一个移动预备队，可以迅速长距离移动，并且到达目的地后就能立刻投入战斗。在七年战争中，英国为了在与德国作战中达到同样的目的，而创建了轻龙骑兵团。但在革命爆发前的十年间，盖奇寄给伦敦的信中从未提到过骑兵。他从未想过要求建立轻骑兵团，直到为时已晚，要是有轻骑兵，他们在康科德本可以反败为胜的。

不过把军事失败完全归咎于盖奇也是不公平的。当他被任命为马萨诸塞州州长时，他就身处一种绝望的境地，不得不在他的专业之外做出决定。在大英帝国后来的历史中，尤其是在20世纪的亚洲，比盖奇更有能力的其他职业军人也被迫身兼政治领导时，就会经历类似的困境。他们的声誉到最后很少能够保全。拿盖奇来说，他面临的困境尤为严重。甚至在离开英国之前，他就已经让政治考虑破坏了他多年前制定下的战略原则。

早在1766年，盖奇就意识到，如果新英格兰起义反叛，战胜它的关键在于哈得孙河河谷。虽然他对绘图法和地形缺乏兴趣，但这一点还是显而易见的。河谷在北方殖民地和他们南方盟友之间形成了一个巨大的屏障。英军要不惜一切代价守住布朗克斯和西点附近高地之间的河流交叉口。控制住向北通往加拿大的山径也同样关键。只要哈得孙河河谷安全，海军在纽约港和哈利法克斯的基地安全，英国就可以把新英格兰孤立起来，将之与大陆相隔离。

在《印花税法案》骚乱后不久，盖奇给陆军部写了一封信，为这种策略辩护。至关重要的是，这项计划需要他把大部分部队留在曼哈顿。如果这个行动计划在1774年被执行的话，美国革命虽然仍会爆发，但其开场部分将会完全是另一番情形。封锁会让殖民地无法获得武器弹药，新英格兰的叛军可能就要被迫让步。可一旦决定由盖奇出任马萨诸塞州州长，他几乎没有选择，只好忽略自己之前的建议，转而去占据其主要海港。而这是一个可怕的错误。

在战争失败后，将军的首席工程师，约翰·蒙特莎上校列出了一系列失败的原因。排在第一位的是他所说的"派遣盖奇将军带着四个兵团到波士顿的巨大错误"。波士顿距离通信干线很远，并没有军事价值。它位处半岛，又被周围的高地俯瞰，因而很难防御，它对英国军队而言只会是个陷阱。在登上皇家军舰莱弗利号之前，盖奇本该向政治家们指出这一点的，但即使他说了，他们恐怕也不会听。鉴于诺斯勋爵的支持者们高涨的反美热情，就必须派兵前往波士顿去维护帝国的权威。可是英国兵一旦登陆，要再想把他们弄出来可就难了。

随着春夏季节的展开，盖奇让波士顿变成了一个困扰。他向国王做出的承诺将他引入了歧途，他让他的政治代表团来指挥部队的调遣。从4月开始，他犯下了一系列的错误。因为威廉城堡只有步兵第64团驻守，他命令他在纽约的副手，弗雷德里克·哈尔迪曼德少将派送60人和8门野战炮加入他们。虽然这似乎是合理的举动，但将军这样做的理由却非常模糊。尽管莱斯利中尉的堡垒那里需要更多的火炮，盖奇却仅仅打算将大炮架设在波士顿公园，而来自不列颠群岛的那些额外步兵兵团则列队站在大炮一旁。

换句话说，他打算炫耀一下武力。他要威慑全城，希望温和派振作起来，从约翰·汉考克和塞缪尔·亚当斯那里重新夺回主动权。这是个奇怪的计划，特别是已有前车之鉴——导致1770年大屠杀的那次失败的军事占领。再考虑到波士顿那些蜿蜒的街道，这个计划就显得更奇怪了——在这样的街上向暴徒开炮就必然会伤及皇家自身的财产。

显然，盖奇从来就没想过要真的开火。他为他的军队只准备了帐篷而根本没打算去安排营房，因此，他似乎相信在冬天到来之前，港口法案早就可以治好波士顿的傲慢无礼。事实上，起初他所面对的还不是彻底的敌对行为。5月17日中午，在冷风和大雨中，盖奇的舰船于长码头登陆，他检阅了民兵团，并作为州长进行了宣誓。他甚至还收到了几声欢呼。

接着是在法尼尔厅举行的晚宴，大家为效忠君主而干杯。还不到一周，盖奇就带着十足的信心给达特茅斯写信。此时哈钦森终于要离开这里前往英格兰了，而港口也将于两周内关闭。虽然新当选的议会成员已经准备好了见面，盖奇建议让他们等到6月，首府搬到塞勒姆之后。大约在同一时间，来自英格兰之外的两支兵团，第4和43步兵团，也即将到达。盖奇告诉他的主子，港口法案已经给了激进分子一个教训，"但发热的头脑不会一下子就冷静下来，因此最好多给一点时间让这样的冲击发挥作用，这里的议会可能也会更心平气和一些。"

他打算等待时机，直到马萨诸塞州议会和波士顿城毕恭毕敬地前来为销毁茶叶道歉。公平地讲，起初他别无选择。他还没有收到强制法案的全文，或达特茅斯对他们行动的最终指令。他也不能挑起对抗，那样可能会以暴乱收场。很快，盖奇发现没有人会为茶党组织者在法庭上做出不利的证词，所以他选择不把汉考克和亚当斯抓起来审问，虽然在伦敦方面看来，把他们抓来审问是多么清楚明白的步骤。但他没能意识到，这种等待的策略正给了对手可乘之机。囿于波士顿一处，离南方的大城市有着几天甚至几周的路程，盖奇没有意识到时间是有利于美国方面的，并且在那一年剩下的时候也都将如此。

贸易联合抵制是波士顿激进分子最强大的武器；但是要奏效，就必须有其他殖民地的配合。至少，他们需要纽约、费城、查尔斯顿的加入，理想情况下，他们也要得到弗吉尼亚和马里兰州的配合。只有中断烟草和海军补给品——来自卡罗来纳州的焦油——才足够有杀伤力来让英国重新考虑他们对马萨诸塞州的政策。[1]组织起这一切需要时间，因为每一个殖民地都有各自的理由来反对全面向宗主国出口的禁令。但是波士顿港被关闭的时间越久，其他美国港口的不满就会越多，那么塞缪尔·亚当斯和他的盟友们要求联合抵制的机会也就越大了。关闭港口虽然看似是个聪明的策略，却有它致命的缺陷。它是没有期限的，这就意味着它给了激进分子所需的时间。

到了5月底，约西亚·昆西已经编出了一本小册子来说明这一点。昆西有着律师对细节所特有的关注，他专注于波士顿《港口法案》中一个特别

_____

① 那年秋天，这一点被一位作家在波士顿和宾夕法尼亚州的报纸上进行了非常明确地阐释。这个人可能就是本杰明·富兰克林。

发表在1774年11月议会重新开会之前，伦敦。这幅卡通画上，皇家海军包围了波士顿，英国兵围攻自由之树，而鳕鱼作为基本物资被提供给城里的人。（美国国会图书馆）

敏感的条款。条款没有为封闭港口设定一个时限，也没有给予州长结束封闭的自由裁量权，议会只是说，港口将会一直保持封闭"直到国王陛下认为可以了为止"，直到波士顿赔偿了所有人蒙受的损失为止，赔偿的不仅仅是东印度公司损失的茶叶，还包括任何提出损失赔偿的人，如收货人、海关官员、船主以及他们雇佣的船长。无论波士顿做出了怎样的赔偿，是否足够或公平都只能由国王说了算。而国王陛下的这个回复可能要波士顿城等上几个月，甚至是几年的时间。在此期间港口只能依照皇家法令保持关闭，这样独断的皇家法令也同样束缚着盖奇将军的手脚。

昆西后来成了一位卓越的宪法律师。他的分析是无可辩驳的。不过在他的小册子出现之前，《港口法案》就已经引起了其他殖民地的敌对，那些地方的政治活动家也得出了类似的结论。到了5月底，切萨皮克与波士顿站在了一起。25日，在安纳波利斯的烟草港口举行了一个镇民大会，大会敦促马里兰加入抵制，并呼吁对任何未能跟进的殖民地采取报复措施。而在弗吉尼亚，英国的运气再次走背，当《港口法案》的消息传到威廉斯堡的时候，下议院正在开年度会议。

"我们编造一个决议，"托马斯·杰斐逊回忆，用来反对该法案，并呼吁进行一天的祈祷和禁食来支持波士顿。不久之后，州长多莫尔解散了议会，随后的5月27日，89名议员在罗利酒馆呼吁召开大陆会议来组织反英运动。但是直到6月的最后一周，即，安纳波利斯会议和威廉斯堡会议的一个月后，盖奇仍然完全不清楚它们的意义。与盖奇相对应的邓莫尔勋爵也疏忽大意，没有起到什么帮助作用。弗吉尼亚州的州长在给英国发送了一封简短的信函，汇报了罗利酒馆的集会后，就动身去了前线对肖尼开展了一次远征，这件事让他一直到冬季之前都再无消息。

同样，对宾夕法尼亚州和纽约的不满情绪将军也毫不知情。这两个省的政治复杂，分为多个派系，他们对强制法案的反应很难说得清。商人们的意见存在分歧，但主要是担心贸易抵制会造成损失。尽管如此，任何英国军官只要到曼哈顿的海滨去散散步，就会感受到强烈的敌意。6月15日，数千人聚集在一起，搭起了一个绞刑架，在上面烧毁了更多韦德伯恩、哈钦森和诺斯勋爵的雕像。这场示威发生的时候，关于《魁北克法案》的消息还远没有传到美国，而届时，那将引起更大的不满。

盖奇肯定已经知道《魁北克法案》的内容，至少也应该知道个大概，因为在他离开英格兰之前，该法案已经出了两次草案。而如果他知道，就应该可以预见到它引起的敌意将远远超出马萨诸塞州。但他仍将所有的注意力都局限于波士顿及其周边的城镇。对盖奇这样一个无知透顶的人来说，他太容易相信其他殖民地会对波士顿的请求置若罔闻。在他看来，纽约和费城永远都不会加入联合抵制，大陆会议根本不可能发生。"波士顿最多能得到别人的几句好听话"，将军在6月26日写给达特茅斯的信中显露出了惊人的自以为是。

因此盖奇只是继续等待，几乎没有任何战略计划。还没到月底，他对众议院也不再抱希望，此前，众议院带着毫不妥协的气氛在塞勒姆召开了第七次会议。以埃尔布里奇·格里为首的议会只做了一件事——鼓动人心，他们秘密投票派出代表参加弗吉尼亚州提议的大陆会议。十天后，盖奇解散了议会，何时会重新召集议会变得遥遥无期。不过这也成了一个错误，为代表们提供了借口，只要他们觉得合适，就会非法重新召集议会。盖奇还过分解读了塞缪尔·亚当斯的战术性退让。几周以来，亚当斯的通信委员会一直在努力建立起人们对《神圣盟约》的支持，这份文件呼吁每个城市和乡村都禁止消费英国的商品。它因受到商业团体的强烈反对而没能赢得广泛的支持，但盖奇却草率地得出结论，认为民意是倾向于他的。媒体报道对英国无休止的诋毁已经让将军在私底下感到非常疲倦和沮丧，但他在仲夏时写给达特茅斯的信中仍然带着一份自负。假以时日，人们就会渐渐看清其中的缘由。如果他保持冷静，继续等待关闭港口的法案生效，那么煽动者就会慢慢失去控制，善意的人将再度成为主流，而汉考克之流则会被绳之以法。

要是魁北克法案未曾被通过，也许盖奇会被证明是对的；但事实上，这场等待的博弈注定会以失败告终。亚历山大·莱斯利已经在背地里指责他懦弱胆小。这位中校7月初写给国内的信中喷发着他对盖奇不作为而感到的愤怒和沮丧。好几次——"担心他忘记或不像我一样了解他们"——他向将军示意需要采取更严厉的措施，特别是针对"那个最聪明狡猾的家伙，亚当斯，他是光脚不怕穿鞋的"。就如何处理叛徒的问题上，莱斯利记得有一位西班牙指挥官可以给英国人上一课。1769年，亚历山卓·欧瑞雷——别称血腥欧瑞雷——镇压了新奥尔良的起义，并用行刑队处决了五个反叛者。莱斯利说，这才是美国人唯一能听得懂的话。"如果把我说的那些人送上五六个回国，用他们去点缀泰伯恩刑场上的绞架，那效果会比关闭港口好，"他写道，"现在除了绞刑或枪决，啥都不管用了，孩子已经被宠坏了，温柔的矫正是无用的。"

如果盖奇听从了这个明智的劝告，他也只是将战争提前了九个月，但中校在关闭港口这件事上说得没错。虽然措施过于严厉，但是正如约西亚·昆西所列出的理由，要是波士顿被完全孤立，那么即便在整个美国引起反弹，这个风险也是值得冒的。但海军是否有能力这样做却是个疑问。到目前为止，约翰·蒙塔古任期已经结束，接任的是61岁的老海军上将塞缪尔·格雷福斯。这位新司令记得1758年到1759年封锁法国海岸线时的艰难，几乎达到了英国舰队的极限。虽然新英格兰的水域不那么危险，敌人也没那么可怕，格雷福斯清楚要周复一周地严密封锁住一个港口是多么困难。

6月30日，当他到达美国时，格雷福斯发现他的舰队仅有19艘船，其中只有9艘船——基本都是巡防舰或像葛斯比号那样的纵帆船——在科德角待命。很快他就给国内写信要求更多的船只，不仅仅用于对付波士顿，还用来治理从楠塔基特岛到纽约的海岸走私活动，那一段海岸一直无人防守。但桑威治勋爵手上几乎没有富余的资源。5月，法国的老国王死于天花，路易十六登基，关于法国海军在布雷斯特和土伦重整军备的消息再度传来。在新任君主的意图明确之前，格雷福斯只好等待。桑威治密切注视着英吉利海峡的动静，到了年底之前只给格雷福斯增派了三艘巡防舰。

与此同时，盖奇将军已经完全失去了方向。听到武装抵抗的模糊传言后——7月初他把这个消息传给伦敦——他能想到的只有一个办法。他决定将尽可能多的军队塞进波士顿公园的营地。6月末，第一批分遣队，即第5步兵团，到达了。两周后，盖奇开始从纽约和新斯科舍抽调兵力，召集来了第43和第59步兵团，以及三支野战炮连队。他们赶到这里并没有明确的任务需要执行。城市起义的可能性是非常小的——近些年来，美国的几起直接暴动都出现在农村，在北卡罗来纳或在内地的纽约——如果盖奇最担心的是这个，那么他应该在半岛的高地上，从多尔切斯特高地到查尔斯顿，动手筑起防御工事。但将军并没有这样做，整个夏天，他的军队都在闲置。

当他的兵团集结在波士顿后，2000人带着他们的妻子和孩子住在帐篷里，被怀有敌意的邻居包围着，这些人本身就成了一个问题。必须为他们供应日常用品；除去盖奇早先乐观的看法，现在看来，迟早要为他们提供过冬的衣物和营地；并且同时，他的官员还必须要保证营地的安全和卫生。与不卫生和无纪律做斗争成了一场持久战。没有公共厕所，只有地上挖出的洞或帐篷里的稻草。虽然公园里可供饮用的水井不多，但烈酒几乎无处不在，波士顿城里的人在周围摆摊兜售。"无耻而可憎的"波士顿妓女随手可得，她们窥伺着任何一位英国军人来与之寻欢作乐。

随着气温的上升，将军认为没有理由留下来和他的部队一起苦熬，这座城市虽然在愠怒，但表面上很平静。7月20日，就在他前去塞勒姆附近的丹弗斯，相当于去度假之前，盖奇给达特茅斯又写了一封信，说服他不要担心。虽然马萨诸塞州依然无礼地拒不合作，但其他殖民地都很安静。"纽约那恶毒的党派已被击垮，而费城的态度是温和节制的"，将军说。《港口法案》生效六周后，波士顿开始受到影响，贸易商库存短缺，朗姆酒和糖蜜的价格上涨。除此之外，纽约这里一切平静。盖奇也没有看到任何大陆会议能召开的迹象。他对殖民部长说，那"只是空谈和谣言"。

　　事实上，大陆会议已经定于9月初在费城召开，与此同时，南方的殖民地也正在向叛乱迈进。昆西对港口法案的精彩剖析被广泛转载，人们对这项措施是残暴专制的看法已毫无疑问。很快继昆西的小册子之后，托马斯·杰斐逊发表了一篇更为著名的文章，直接反驳了盖奇对形势的自满。杰斐逊的这篇文章——《英属美国的权利概要》——采取了比此前任何其他作家更为激进的态度。多年来，美国人一直拒绝承认英国议会为殖民地制定法律的权利，但这位南方人更进一步，对整个帝国的机制以及忠于王室这个概念发出了质疑。

　　像在威斯敏斯特围攻皇家马车的暴徒一样，杰斐逊显示出了他个人对国王的敌意。"国王陛下没有权力派出哪怕是一个武装人员到我们的海岸"，他写道，乔治三世仅仅是"最高行政官"，在美国只拥有美国人认为适合给他的权力；如果要保留这个属国，那么属国就必须用双方都同意的方案进行重新设计，使之成为一个自由且与宗主国平等的联邦。这个想法在议会辩论中被提到过，但只是一提而过。鉴于英国内阁中盛行的观点，这在现实中是不可能实现的。杰斐逊的确非常激进，但是抛开政治哲学，他的宣传还有更重要的意义。他那篇概要表明了南方的态度正在迅速变得强硬。而白厅对南方，这个一直以来的薄弱环节的了解，甚至比对新英格兰的还少。

　　7月初，强制法案的所有要点在南方已广为人知，甚至一些有关《魁北克法案》的模糊报道也传到了马里兰州和弗吉尼亚州。大陆会议远非仅仅是空谈和谣言，南方殖民地就大会应该采取的路线展开辩论，这本身已经产生了深远的影响。到7月8日为止，南卡罗来纳已经进行了三天的会议，联合起省内的各种群体：边远地区的农民，查尔斯顿的工匠以及滨海最有钱的种植园主们。他们选出去费城参会的代表，并成立委员会来运行殖民地事务，相当于在事实上创建了一个临时政府。三周后，副州长提到"一种普遍存在的、对英国戒备的情绪"，它"就像野火一样"迅速燃遍了整个美国。这封信在9月才到达伦敦，那时大陆会议已经开完了。与此同时，弗吉尼亚州的30个县也已经投票通过了一项关于对英国进行全面贸易抵制的决议。

杰斐逊的那篇《概要》在私底下流传开来，当局却毫不知情；8月下旬，它在美国印刷出版；11月5日，它突然就出现在了伦敦街头，售价1英镑6便士，并在《伦敦晚报》上进行了大肆地推广宣传。白厅里似乎没有人读过它，但即使他们读过，要想阻止革命为时已晚。此时的马萨诸塞州人民已经公开反叛两个月了。

火药危机

"王权不能建立在不义之上"，7月28日，马布尔黑德的通信委员会同样表达了对国王的反感。极端的高温天气使得军队停止了操练，而再过几天，盖奇就会接到《马萨诸塞州政府法案》的条文。盖奇周围，反抗的声音空前高涨。

盖奇在丹弗斯的避暑别墅里开始感到了不安。他每天从报纸上搜寻线索，看法案可能会引起怎样的反对。8月初，当地报纸《埃塞克斯公报》刊出了一封从波士顿发出的信，在盖奇看来，这封信是在秘密煽动整个新英格兰起义。将军开始意识到，也许亚历山大·莱斯利一直都是对的，终于，他在信中的语气开始转变。

在此之前，盖奇坚持认为汉考克和亚当斯领导的只是一小撮人马，但这个队伍却一直在发展壮大。就连查尔斯顿那样远的地方也源源不断地将大米、谷物和鱼供应给波士顿。在讲道坛上，甚至在哈佛大学的讲坛上，神职人员滔滔不绝地煽动叛乱，谴责英国人是罗马天主教反基督的代理人。至于大陆会议，已经从可能变成了必然。塞缪尔·亚当斯和他的代表们将在一周之内动身前往费城。

"我希望法案能快点到来，它将是对人们行为的一次检验"。盖奇写信给国内的达特茅斯。好像是要加注筹码一样，他将约翰·汉考克从上校学员一职上撤下，可这步棋早就已经逾期无效了。之后在8月6日，将军的愿望实现了。航行护卫舰，斯卡伯勒号到港了，它带着1万英镑的白银——目前军队已经资金紧缺——还有一捆急件，其中就包括调整法案的正式文本。他终于拿到了白厅九个星期以前起草的最终指令。

等待结束了。将军召集国王钦定的议员到塞勒姆宣誓就职。在指令中提到的36名马萨诸塞州的知名人士只来了24人，并且他们的到来加剧了盖奇对殖民地的焦虑情绪。这些人从省内各地前来，带来的消息用盖奇的话说是"疯狂而普遍的暴怒" 在每个县肆虐。他们都在为自己的生命财产安全感到担心。

几个月前，托马斯·哈钦森曾警告，伯克郡在蠢蠢欲动。但现在将军听到的麻烦不仅存在于那里，还有斯普林菲尔德和伍斯特，并正在向康涅狄格州蔓延。这正是他在读过《埃塞克斯公报》后所担心的：波士顿城已经联合了农村来对抗他。因此将军带着三个目的回到了波士顿城。8月13日，他召集波士顿的行政委员们，宣读了法规，禁止未经他的批准就召开镇民大会，并警告他们不要再有任何反对意见。之后，趁着傍晚的凉爽，他去波士顿公园会见他的副手，休·珀西，最近刚被授予准将军衔。现年32岁的珀西曾就读于伊顿公学，他是那种被英国人称为严明公正的官员，他善待士兵，但对于任何违规出格的人都会铁面无情。珀西对营地的封闭更为严密，禁止外人入内，严惩逃兵和擅离职守的士兵。

他和盖奇一起视察营地，亲切地走近下士和中士这些军队作战的中坚力量。在战争开始之前七个月，形势就已经清楚：他们可能必须采取攻势，从波士顿出兵去平息内地的叛乱。那天晚上，他们命令每支部队建一个行李房来存储过重无法携带的装备。在同一周内，天气终于转变，降下了大雨，操练又得以继续，并比以往增加了许多活力。

带着野外作战的预期，珀西匆忙操练炮兵部队。到目前为止，加上后来的两个步兵团,英国方面总共有七个团,一个在塞勒姆,六个在波士顿,后者基本都集结在波士顿公园,但也有一些士兵驻扎在港口边的临时营地。17日,珀西从每个团里抽出20人作为额外的火炮手来训练。每天早上操练,射击后湾山坡上的标记。

在斯卡伯勒号到达十天后,将军抓住了主动权,并有武装火力的保障,但之后面对着殖民地无处不在的反对,他又丢失了手中的主动权。就像波士顿《港口法案》一样,过于宽泛和严厉的措施会失去效力,马萨诸塞州的调整法案太过于好高骛远了。法案过于宽泛,也过于咄咄逼人,它在全省掀起了叛乱的浪潮,波及的范围如此之广,根本不是盖奇将军能够阻拦得住的。

“我们确实处在最为紧要的关头,接下来会出什么大事,只有天知道”,塞缪尔·库珀8月15日从波士顿写信给本杰明·富兰克林,但是在他这封信寄出之前,革命已经触手可及了。白厅官员起草的调整法案给了殖民地一个用来反抗英国的武器。第二天,在内陆深处,近100英里外的伯克希尔县,这个武器被首次使用。

但再一次,英国未能理解新英格兰的内部动态。如果内阁将新的调整法案限制用于马萨诸塞州的中央办公室,仅仅将额外的权力赋予州长和他的委员会,以及最高法官们,这条新法还有争取成功的机会。而相反,调整法案一直下达到了政府的基层,威胁要彻底结束民主。在未来,每一个法庭上所有的陪审员,即使是最初级的,也都将由县治安官任命,而不是由人民选出。镇民大会在实质上也相当于被禁止,该法案打击了每一位成年男性,剥夺了他们在一百年以前就享有的自治权利。每个县都有一个民事诉讼的下级法院,每个月开庭解决一些小的纠纷,发放酒馆许可,执行债务,并对未能依法纳税的人发出令状。人们只要在下次开庭时关闭法院,州长就会失去执行法律的手段,而新体制也将胎死腹中。

8月16日,伯克希尔山的农民率先动手了。正值一年里最繁忙的收获时节,但成百上千的农民走上街头,把大巴林顿的法院周围围了个水泄不通，阻止法官们就席。在一个叫作蒂莫西·毕格罗的铁匠的牵头下，东部伍斯特郡的爱国者们聚在一起也打算如此效法，他们还给波士顿写信，呼吁召开会议以确保所有其他县也都照做。会议将于26日在波士顿城召开，持续两天。等到会议结束时，美国革命就已经开始了。

与此同时，更多来自英格兰的消息为抗议火上浇油。马布尔黑德有一个船长，名叫本杰明·卡利。他的船在美国和西班牙之间往返，途中经常停靠在英格兰最西部的法尔茅斯，那里是运送官方邮件的快包船停靠的港口。因此，卡利和他的船莫莉号总能最先探得任何来自欧洲的轰动消息。

8月20日，星期六，莫莉号停靠在马布尔黑德，她带来了英国7月初的报纸，上面报道了在威斯敏斯特针对国王的示威骚乱。据卡利所说，《魁北克法案》在民众中引发的怒潮很快就会把诺斯勋爵扫下台。在伦敦，公众舆论在美国问题上摇摆不定，再加上大选在即，赌徒们以五比一押注现任政府将在圣诞节前消失。那天晚上，埃尔布里奇·格里将这些消息发给了波士顿，周一它们就见报了。21日，另一艘船带着来自伦敦的相同报道到达纽约。这些消息传到查尔斯顿的一星期后，就占据了《南卡罗来纳公报》的专栏。

消息全都是胡乱的夸张。但这些消息却符合亚当斯几个月来一直在告诉朋友们的话。得到利兹错误信息的印证，亚当斯开始相信英国人过于软弱和分裂，过于忌惮法国，以至于不敢站出来对抗殖民地反抗的坚实阵地。实际上，诺斯勋爵从未比现在更强硬，法国根本无意出动海军，而卡利带来的新闻报道全都只来自于首都的威尔克斯阵营。这些报道让人对宗主国的普遍情绪产生了错误的印象。结果是，莫莉号带来的新闻让新英格兰的紧张局面大大加剧，只能以彻底的暴动告终。

22日，周一上午，英国人还在波士顿公园操练的时候，《波士顿公报》用了整整两个版面登出了来自帝国中心的报道。开场是里士满公爵的谩骂，他谴责了强制法案。接下来的是查塔姆勋爵那失败的演讲，好像这个演讲具有重大的意义似的。他们描绘出了一幅统治阶层处于混乱的画面。《波士顿公报》还刊登了威廉·李的一封信，这让波士顿人对自己应该遵循的路线毫无疑问了。

李最近刚刚结束了他作为伦敦治安官的任期，据他说，强制法案实际上是"对你们省最公开、明确的宣战……"。迄今为止，达特茅斯基本上还未像其他部长那样受到殖民地媒体的侮辱和辱骂，但现在，李给他也贴上了反派的标签。"整个政府中没有一个是你们的朋友，"他写道，"达特茅斯，除去对美国人有一副奉承虚伪的嘴脸外，他是内阁的一员，他和你们在这个国家里的任何一个敌人一样坚决、暴力。"

这又是一次严重的误导——就在那一周，达特茅斯还在私下告诉朋友，他可能会与大陆会议展开对话——但在马萨诸塞州，谈判和让步的时机已经错过。在内陆地区，针对命令书议员的恐吓活动已经展开，除了街上的游行示威还开了几枪。在海岸线上，塞勒姆的通信委员会采取了下一步，格里的大学同学蒂莫西·皮克林在其中起到了最重要的作用。除了关闭法院，惹恼英国人、颠覆皇家权威的最显著的方式就是无视法规，召开镇民大会。8月24日上午，在塞勒姆就召开了这样的一场会议。

8点钟，会议召开前的一个小时，盖奇将军召见皮克林和他的同志们，告诉他们这样的会议是扰乱治安的，命令他们等人到的时候把大家解散。他们拒绝了。将军有第59步兵团待命，就派他们进城。而士兵还在路上的时候，会议召开了，在迅速完成议程后就休会了。士兵们又列队走回营地，但24小时后，盖奇下令逮捕该委员会。那天晚上，武装人员开始在城镇附近聚集，要求释放他们，如果必要就诉诸武力。

这段时间的天气一直很糟糕，充满了暴雨和雷暴。8月26日，周五上午，太阳终于出现在晴朗的天空，照耀着下面忙碌的农民，他们在收割最后一茬庄稼，在给谷物脱粒，或者在赶着羊群吃地里的秸秆。而盖奇这里却收到了来自四面八方有关骚乱的报告，殖民地似乎正在崩溃、陷入混乱。他预计他的总部很快就会受到攻击。在丹弗斯，盖奇有两个连队，它们来自莱斯利的第64团；在塞勒姆，第59团已经整装待发；还有一支分遣队已经去了马布尔黑德。将军命令它们全体做好战斗准备。"万一反叛者真的发动进攻，使用了枪支"，他写道，"第59团就出动驱散反叛者；他们会察觉通信委员会是一切祸害的始作俑者。"

这是亚历山大·莱斯利一直在期望的时刻。将军首次给军官们下达了书面的开火许可。自从反对《印花税法案》的暴乱以来，盖奇还从未见过美国距离叛乱如此之近。不过就叛乱会在何地发生，将军却找错了地方。一直到夜幕降临，英国部队保持高度警惕，却是徒劳地等待着麻烦在塞勒姆出现，而革命已在波士顿暗中酝酿。在伍斯特县首次提出开会的十天后，来自四个县的通信委员会代表们集合在了一起——伍斯特的蒂莫西·毕格罗，埃塞克斯的埃尔布里奇·格雷，还有来自米德尔塞克斯和萨福克的代表——策划协调一致的反抗运动。

约瑟夫·沃伦主持会议，议题只有一项。他们都认同，如果法院已经变成了执行暴政的工具，那么会议就必须创建新的政府加以取代。他们选出五人组成一个小组委员会，成员包括格里，毕格罗还有茶党的资深人士——杨医生，由他们来制定一个蓝图。8月27日，周六早上11点，再次召开会议，听取了他们的报告，之后一直休会到下午。下午3点，他们签署了一份声明，这份声明经过了仔细的起草和检查，以确保他们的立场明白无误。

在那一刻，革命开始了。"归属上述法院的每一位官员如若试图行使权力就将被视为披着法律外衣的叛徒，"该宣言中间一段写道，"还有其他人，无论是官员还是个人，只要试图执行议会最近的法案就会被视为违反这个省的宪法。"

他们要求成立省级议会来代替法院，由每个县选出的成员组成，并将于10月汇在一处充当临时政府的角色。文件最后的条款带着不祥的预兆，显然出自埃尔布里奇·格里的手笔："这个省的人民应该好好应用诺福克计划中的军事艺术，使之成为保障自由的必要手段。"

虽然这一切并不会见报——要是被报道出来，所有这些与会人员都将被以叛国罪起诉——那份声明却在接下来的几周被送到每一个县进行投票表决。甚至在会议结束前，伍斯特就已经开始反抗了，多达3000人涌到镇上逼迫一个命令书议员辞职。到了17号晚上，盖奇给达特茅斯写了一封长信，并发出警告，他必须出兵伍斯特去保护那里的法官们，十天后他们将要出席开庭。

"普遍的愤怒从未如此强烈，"他在匆匆赶去波士顿前告诉殖民部长，而波士顿的情况时刻都在恶化。在营地，他发现他的四个顾问正躲在军队里，另外两个正在赶来的路上。全省各处传来消息，各地的镇民大会正在非法召开。盖奇将警卫加倍，并下令保护军队的木料场以防有人蓄意纵火。

安息日度过得足够平静，但是29日周一却带来了另一个惊人的变化。在坎布里奇经营律所和诊所的老威廉·布拉特尔寄来了一封信。他是托马斯·哈钦森的老盟友，在殖民地民兵组织中任少将军衔，这个职位使他掌管着该省的火药库。火药库在波士顿以北六英里处，坐落在一个古老的石粉场，石粉场所在的山叫作"采石场山"，长满了青草，山坡的四周是玉米地和一条名为"神秘河"的河流。盖奇并没有想过动用他作为布拉特尔长官的权力，将火药库搬到一个安全的地方或保护起来。布拉特尔说，几周以来，镇子都悄悄取消了它们应该留在火药库中的火药配额，最终火药库里只留下了250只半桶的备用供给。他还听到四处都在盛传当地的民兵团告诉底下的人"随时准备好"。

显然，反叛者的领导在为流血冲突做准备。马布尔黑德的委员会再一次直言不讳地给波士顿的委员们写信。该委员会成员希望不必采取武装斗争；敦促他们的同志们阻止激动的民众，至少先等上一两个月，万一现在的伦敦政府下台了呢；但要是没有，战争开始，殖民地就必须准备战斗。"一旦拔剑，就会迎来一场漫长而血腥的战争"，信中说道。这是叛国，虽然盖奇从未见过那封信，对8月26日和27日的波士顿会议也一无所知，但他接到了伍斯特发来的报告，叛军正在购买枪支和制作弹药。可即便如此，他仍在犹豫。在收到布拉特尔的信后，他等了48小时，才在8月31日晚上7点下达了他的下一步指令。

很明显，盖奇必须把火药以及坎布里奇附近的两门小炮给抢救回来。为了完成这项任务，他从步兵团抽调了200名士兵，每位士兵带了一天的口粮，还从炮队调集了20名炮手。他没有让好斗的亚历山大·莱斯利指挥部队，而是选用了另一名中校乔治·麦迪森，一位刚从英格兰过来的老人。第二天早上黎明时分，麦迪森带兵从波士顿公园出发，坐渡船沿着神秘河向上游进发。他们在离弹药库不到一英里的地方上岸，沿着采石场山的山坡向上，去见了地方治安官。治安官把钥匙交给他们，还给了炮手们一队从当地酒馆保镖那里借来的马车。在炮手们去坎布里奇接回加农炮的同时，英国兵清空了火药库，把火药装上了治安官安排的马车。那天下午，他们回到波士顿，圆满完成了任务。①

但在此期间，盖奇没有做任何其他的准备，他未能预见自己收缴火药的行动会引起骚动。在接下来的24小时里，新英格兰的情报流通速度让他骤然乱了阵脚。9月2日的早晨，麦迪森出兵的消息已经传遍了东部一半的殖民地，并引发一系列的谣言和恐慌。据传，英国兵射杀了六名美国人，这样的不实传言让成千上万的叛乱分子蜂拥到了坎布里奇。"一大群人聚集了起来"，将军写道，他努力想要弄清楚那一天究竟发生了什么。

不知怎地，布拉特尔的信件内容被曝光了。人们围攻了他在哈佛校园几百码远处的房子，只是他已经消失了。因为这是一次大众自发的骚乱，既没有计划也无人引导，因此整个事件的准确经过至今仍然是模糊的，就像当时盖奇对事件的了解一样。因为整个区域里住满了忠英派——即便当时坎布里奇是波士顿富人的居住区——这个小镇，为那些相信英国会使用武力威慑的男男女女们，提供了大量的攻击目标。

---

① 盖奇从未向达特茅斯完整地汇报过夺取这些火药的任务。毫无疑问，他不愿让别人对他之前未能保护好这些火药而产生疑问。

帝国的仆人没有谁是安全的。2号那天，盖奇的三位最高官员恰好也在坎布里奇，虽然他们幸运地逃过一劫，却被迫逃到军队去寻求保护。将军的副州长托马斯·奥利弗，还有殖民地的司法部长乔纳森·席沃，都居住在坎布里奇。到了那天夜幕降临的时候，他们二人也已在波士顿公园的帐篷里避难。第三人是海关专员本杰明·哈洛韦尔，他带着手枪正好从塞勒姆途经此处。九个月前，哈洛韦尔拒绝将茶叶运回英格兰。当他经过坎布里奇时，他的马车被人发现，一群人追了上去。反叛者们骑着马紧追不舍，但哈洛韦尔还是死里逃生，而他的下级军官约翰·马尔科姆就没那么幸运了。

那天晚上6点钟，盖奇将军试图评估当下的形式。在经过这么多周的否认后，他动笔给达特茅斯写了一封低声下气的信，等于承认了失败。"公民政府已经走到了尽头，法院一个接一个地关闭，"他写道。新的命令书议员一个接一个地辞职，甚至连高级法官们都不敢出庭。抗议的火焰已经烧到了康涅狄格州和罗得岛，那里的纳桑尼尔·格林和其他军官带领着一支新的独立民兵组织，承诺要前来支援波士顿。第二天，局势进一步恶化。有传言说海军向波士顿开炮了。到了第三天中午，数万民兵聚集到了整个区域，要解救波士顿使之免遭毁灭。

当他们发现警报是假的，就都退去了。但是他们集结的速度和动员的规模再一次让盖奇感到了措手不及。将军愤怒的言辞与亚历山大·莱斯利说过的话如出一辙，他说"一场血腥的危机"迫在眉睫，他需要远超过现有部队规模的军队。"调解，缓和，说理这些都结束了，除了使用暴力手段，别无他法"，他告诉殖民部长。当他的这封信还在海上时，伍斯特区再次出现聚集事件，这回达到了6000人的规模，强行关闭了他们的法院。

此时的将军慌了神，陷入了几近恐慌的状态，虽然他所处的困境还远非绝境，他却已经丧失了理智。尽管格雷福斯的海军中队不足以封锁整个东北海岸线，但它机动灵活，可以随时前往任何地方。哈利法克斯和纽约的基地仍然是非常安全的，并且更多的士兵正从国内被调来。虽然马萨诸塞州已经难以压制，但这也不是一天两天了：9月的骚乱也只是确定了自1772年11月波士顿小册子出现以来两年中的种种反抗行为。很明显，英国内阁的策略是失败的——除了港口法案，强制法无法执行——但就算这样，对它的反思，而不是盲目地跟从却要等到另一次灾难发生之后。

这时，盖奇本可以挽回局面，只需暂时放弃马萨诸塞州，撤回到纽约和哈得孙山谷。新英格兰可以日后再收复，就像1745年苏格兰叛乱之后，盖奇集合了更大规模的陆军，同时海军也派出了更为强大的舰队。为了彻底转变局势，盖奇首先必须说服内阁。这将是困难的，但并非不可能，只要盖奇提供证据，并为重树皇家权威提出一个有说服力的计划。但事实上，将军没有认真尝试设计替代策略。

相反，盖奇仍然选择专注于波士顿，这座城市对帝国来说更具有象征意义而非战略资产。为了保住表面上的权威，他觉得他必须保卫公民对英国的忠诚和支持。他再次让政治使命决定了他的想法，虽然它已经被证明无法实现。将大陆上的其余地区抛诸脑后，盖奇选择将波士顿变成美国的新加坡，一座靠海运供给的要塞，但港口周围的腹地他却既不能保护也无法控制。他这样的做法或多或少注定了1775年将是充满灾难的一年。

9月2日傍晚，盖奇让工程兵加强波士顿与大陆相连的狭长地带的防御工事。英国兵夜间在街道巡逻，舰队监视着港口。算上所有七个团的步兵、炮兵还有总部的参谋，盖奇手下约有3000人。兵力这么少，而叛军可以召集的人数至少是他们的五倍，因而盖奇再次专心等待。在此期间，诺斯勋爵又将犯下另一个错误。他在议会的胜利让他对未来过于自信了。

第十四章

阿卡迪亚的选举

昨天报道称，盖奇将军被杀，他的两个团起义造反。

——《伦敦晚报》，1774年10月1日

英格兰的夏季在一片华彩和欢乐中开始了。虽然议会仍在开会期间，议员们却放了个短假，去参加一场盛宴。这场庆典精致至极，相关的报道铺满了各大报纸的版面。6月9日，英国关闭波士顿港刚刚过去一周多一点，诺斯勋爵就匆匆赶完了对魁北克的讨论，之后他让同事们去伦敦南部参加了这一年中最好的订婚庆典。他们被邀请到橡树园，位于萨里的一处豪宅，去观看假面剧，参加宴会和舞会。

这个盛大的游园会是为了纪念一对贵族的结合，他们是年轻的爱德华·斯坦利勋爵和他的新娘，来自苏格兰首富家庭的贝蒂·汉密尔顿小姐。可叹的是，在1779年贝蒂小姐与一位公爵私

奔，这桩婚事以失败告终；但她在橡树园的订婚典礼是美妙绝伦的。诺斯
勋爵夫妇和其他内阁成员都出席了庆典；游园会还安排了一个指导编剧，
他是斯坦利勋爵的叔叔约翰·伯戈因，一位军人出身的政客，这位将军
日后在萨拉托加遭遇的惨败几乎是英国在即将到来的这场战争中最严重的
失败。

为了帮他筹划舞会，伯戈因让无处不在的罗伯特·亚当来帮忙，后者
为舞会设计了一个大厅作为场地。亚当和伯戈因创作的假面剧抓住了英国
人的想象力，一连几个月都是人们谈论的话题。这件事甚至还登上了美国
的报纸，只不过报道的内容是下议院反对派发出的嘲笑。同年晚些时候，
当新英格兰处于动乱的时候，大卫·盖瑞克将假面剧改为音乐喜剧，搬上
了伦敦的舞台，这样国王也可以欣赏到它。就像法国作家马塞尔·普鲁斯

为了1774年6月在橡树园的派对，罗伯特·亚当为斯坦利勋爵设计的晚宴厅。上图为依照安
东尼奥·素奇的一幅油画而雕刻的作品。（圣约翰学院的大师和学者，剑桥）

特笔下描述的派对一样，橡树园的盛宴捕捉到了统治精英处于历史危险时刻时的情绪。

按照他们自己的看法，英国统治阶级的身上体现了人类所能具有的一切美德。他们优雅、博学，但同时也很有趣；他们所处的上层社会是人类可以设计出的最完善的社会，自由与纪律并行不悖；他们热爱传统和历史的同时，对现代的创造发明也津津乐道。用伯戈因给橡树园聚会所写的剧本中的话说，英格兰是"新的阿卡迪亚（意为世外桃源）"。在萨里的盛宴上，他的作品为这个王国提供了一面镜子，透过它王国的统治者们可以欣赏到自身和这个国家的样貌。

来客还包括诺斯勋爵的弟妹，亨丽埃塔，这位总是打牌输钱的女士嫁给了布朗洛主教。主教因为一些教会的事务错过了这次聚会，但他的妻子将整个事件完整地讲给了他听。主教又告诉他的父亲，"那是最好、最美的款待"。这次派对花销4000英镑，足够一个英国兵团六个月的开支。最大的单项支出就是修建用于晚宴和跳舞的大厅，它由彩色画布、木材和混凝纸浆搭建而成，在晚宴结束后第二天早上就被拆除了。

300名宾客盛装出席，草坪上有迎宾的舞者还有模仿乡村情景的哑剧表演，音乐从周围的灌木丛中飘出。傍晚的空气是温暖的，树上挂着花，枝叶中影藏着一只只鸟笼，鸟儿在笼中唱歌。在房子的一侧，亚当建起一处柱廊，作为维纳斯女神的圣殿。客人经过一个拱门和走廊来到了临时的舞厅，厅的两旁是柱廊，挂着白色和金色的丝绸。他们在那里跳沙龙舞，直到伯戈因发出信号，幕帘升起，露出里面摆满食物和饮料的桌子。

他们坐下用餐时，幕帘落下，直到午夜才再次升起。他们观看了伯戈因编排的假面剧，演的是水泽仙女和穿着虎皮的农牧之神。一名男演员上台，他扮演一名德鲁伊教士，也是橡树园的圣灵，用魔杖向这对幸福的新人祝福。斯坦利勋爵与贝蒂小姐跳了一支小步舞，演员们唱起爱国歌曲，赞美皇家海军用到的橡树：

不列颠之岛的恩典与力量，

愿你的荣耀长存，

让她的山丘绽放青翠，

在大洋之上承载她的胜利。

在那之后是更多的小步舞，然后是乡村舞，而花园外亮着的灯笼被叠成金字塔的形状。直到天亮，客人们才离去。在前一天的议会里，首相受到了埃德蒙·伯克的嘲讽——他将"被玫瑰花窒息，戴上永不褪色的桂冠"，这位爱尔兰人如是说——但诺斯从橡树园走出来时，却是精神抖擞。第二天晚上11点，政府在下议院为魁北克的新法赢得了最后的选票。

这场欢宴以多种不同的方式浓缩了那个时期的文化：或至少是贵族的品位和态度。就像是斯皮特黑德的舰队检阅一样，它诉诸人们对场面的喜好，就是要炫目闪耀，就是要让看见的人羡慕妒忌。在战争开始前，这种对魅力的渴望达到了一个新高峰，体现在盖瑞克的剧中，甚至体现在妇女所穿的礼服上。低开的领口；在额顶高高梳起、成蜂窝状的头发，还插着羽毛；最新式的连衣裙是将瀑布纱自由地包裹在身体上，突出曲线，好像女人是从庞贝壁画上走出来的人物一般。[①]

正如阿德尔菲项目或橡树园的派对，当时的时尚是追求古罗马的风格。精英们甚至建立他们自己的万神殿，于1772年开在伦敦的牛津街，为同龄人和交际花们提供了一个壁柱环绕的约会地点。而每个案例都传达出了类似的信息：英国人可以超越古代的成就。他们不仅享受科学带来的好处。正如爱德华·吉本一再指出的那样，英国人给了他们自己一个自由的体制，在这方面他们同样超过了罗马帝国。最重要的是英国拥有海军，舰队护卫着他们所珍视的自由。

---

① 1774—1775年的时尚可以从当时的画家乔舒亚·雷诺兹先生的画作中看出：例如，伦敦华莱士收藏馆中他的伊丽莎白·卡纳克夫人肖像画。

那场宴会上的来宾不会想到，如此遥远而又粗野的美国，会代表未来，也不会想到殖民地可能想要一种与自己不同的进步与繁荣。波士顿所有关于契约和宪章的谈论，在英国人眼中，只是在向奥利弗·克伦威尔那个时代的倒退。对诺斯勋爵和他的朋友们来说，新英格兰是一个巨大的、不守规矩的污水坑，充满了偏见和仇恨，那里没有人会懂得欣赏维纳斯的假面剧。

国王的接见

随着暑假的临近，国王和他的内阁显然已将大权在握。在经过了这样一个阳光明媚的暖春后，他们甚至预期会迎来多年以来的第一次粮食大丰收。现在经济已经开始再度繁荣，英国所需要的只是小麦和大麦的丰收就可以实现全面的复苏。6月底，议会休会一周后，一艘来自马萨诸塞州的船终于抵达，随船而至的托马斯·哈钦森看起来高大、惨白，就像是从西方运来的幽灵。29日，他在多佛上岸后匆匆赶到伦敦，发现那里的政府仍然悠闲、乐观。

在接下来的几周，这位从波士顿回来的人会见了内阁的每一位成员。他们对他表示感激和同情，为他一路上遭受的颠簸和晕船，为他所遭受的辱骂，尤其为他的私人信件被偷一事表达了同情。在"战场"一事过去六个月后，内阁对本杰明·富兰克林的愤怒仍在燃烧。哈钦森认为萨福克勋爵在痛风病不发作的时候尤其具有魅力；他和韦德伯恩谈论法律对叛国罪的界定，以及盖奇将军是否可以向暴徒们开枪，当然他也去见了诺斯勋爵。他还去听了达特茅斯推荐的几位传教士的布道。他甚至去肯伍德和罗伯特·亚当一起吃饭，房子在汉普特斯西斯公园以北，建筑师为首席大法官曼斯菲尔德勋爵将房子进行了修饰。事实上，哈钦森用了三个月的时间拜访乡绅，走遍了英格兰南部，看到的都是对内阁所采取立场的强烈支持，但有一样却不可思议地被漏掉了：在与政府的所有谈话中，他没听到一个字是关于万一波士顿不妥协，该有怎样的应对策略。

一直到9月底的这段时间里，诺斯和他的同事们对殖民地未再采取任何措施，只是等着强制法案生效。尽管达特茅斯有时会感到不安，但整个内阁对它已经做出的决定毫不动摇。没有军事计划；没有一个人，尤其是达特茅斯，想到要收买或笼络大陆会议；内阁部长们仍在马萨诸塞州上纠缠。和盖奇将军一样，他们几乎都没有考虑到其他地方出现的不满情绪。

七月初，弗吉尼亚传来罗利酒馆会议的消息，但是达特茅斯只是答应去和他的同事们商量。酒馆会议是"不同寻常的"，他说，"这让我最为担忧"，但他却没有进一步的行动。就在英国人认真思考叛乱问题的时候，他们却再一次对南方烟草种植园主表现出了一直以来的不在乎。

为了让新英格兰服从，英国需要将北部殖民地从弗吉尼亚和马里兰州隔离开来。这一点可以办到，只要带上一系列的贸易优惠条款去找切萨皮克的种植园主们，就可以削弱他们反抗的欲望。诺斯勋爵可以授予他们完全控制自己的货币的权利；他可以削减烟草的进口关税，哪怕只是暂时的；又或者他可以赋予乔治·华盛顿这样的农场向英国自由出售小麦的入口。但没有人提议这些，直到为时已晚。他们几乎未做任何的努力去挽留南方，就这样任其背离。

那年夏天，哈钦森参与的所有讨论无不透露出分歧和遗漏。英国政策的核心是空洞的。它本身就是无知和短视的产物，未能将美国视为一个整体。内阁部长们只顾盯着波士顿的劣迹，却漏掉了在杰斐逊眼中非常明显的一点。如果属国要继续存在下去，就必须进行彻底的改革，要有宏大的总体方案适用于所有殖民地，而不仅仅是马萨诸塞州。必须要有新的联盟计划来满足大陆上每一块地方的需求，从缅因州到萨凡纳，也包括宗主国在内。

那正是杰斐逊在《概要》一文中所提出的。尽管达特茅斯已经有了几分类似的想法，但是在实践中，伦敦的当权派没有人会满足弗吉尼亚州哪怕是一半的要求。他们只专注于波士顿，认为这只是一个法律与秩序的问题，因而也无法找到一个有利的切入点来纵观整个殖民地的问题。他们只是简单地想要新英格兰就范，就好像它是一群令人讨厌的猎犬。在哈钦森的全部会面中，最重要的就是和国王以及诺斯勋爵的会面。他们的探讨也同样没有表明会有更宏大的计划，对其他殖民地，既没有提到安抚，也没有提到更严厉的执政方针。

按照国王的习惯，每周会有两次午朝。只要是能买得起朝臣制服的任何成年男子都可以参加。通常午朝在圣詹姆斯宫举行。7月1日早上，哈钦森收到一张殖民部长的卡片，卡片上，达特茅斯以他惯有的优雅姿态欢迎哈钦森回到英格兰，并请他参加当天的午朝。可是他们在穿戴上花了太长时间，以至于错过了午朝的正式部分。然而，这位前州长却享受到了罕有的优待：国王的单独接见。哈钦森此前也为国王做了那么多的事情。

哈钦森被引入国王陛下专门用来与部长们商议的房间。乔治三世伸出一只手来让州长亲吻，之后的两个小时里，他们都在谈论美国。这是一次友好却反常的会面。鉴于英国宪法的本质，国王不能详细探讨部长们已经制定好的政策。这样的事他必须交给他的行政长官诺斯勋爵去做。即便如此，国王的评论却很能说明问题。虽然他们对美国并无恶意，但他们的对话也表现出了国王对现状是多么地依恋。除了马萨诸塞州的强制法案外，他并不觉得有任何改革的必要，无论是在国内还是在殖民地。

14年后，乔治国王疯病发作。而他接见托马斯·哈钦森时，36岁的他正值盛年，这时他和他笃信的上帝都相安无事。每天早上8点，他会与夏洛特皇后一起在皇家教堂跪拜。他们已经有了十个孩子，王位的继承完全得到了保障。国王身材高大，活泼而又机灵，红润的脸颊和结实的肌肉都是马术训练的结果。他思维敏捷，举止亲切，只是偶尔表现得有点奇怪。

虽然容易害羞——小时候他很孤独，不与其他男孩接触——他却会尽力安抚来客的焦虑情绪。在各种皇室接待的场合，乔治三世试着对每位客人讲话，俯身凝视每个人的眼睛，国王和诺斯勋爵一样眼睛都近视。在公开场合，国王自己也会紧张，一紧张，他就会走路过快，或说话过快。在私底下，尤其是王后也在场时，他就变得"开朗、和蔼、从容"，一位在1773年见过这对夫妇的访客这样评价。他的消息也很灵通。国王问了哈钦森一连串的详细问题，这说明在一定程度上国王是精心准备过的。

他知道波士顿很多人的名字：约翰·汉考克和塞缪尔·亚当斯就不用说了，还有库珀、库欣和鲍登。他甚至知道汉考克的生意陷入了困境。亚当斯为何会具有如此的影响力？国王问道。"对自由假装出来的巨大热情"，哈钦森回答说。弗吉尼亚州会支持北方的兄弟们吗？应该不会，前州长这样认为。罗得岛那些棘手的居民呢？他们是个问题，哈钦森承认道，但是他认为并没有迹象表明康涅狄格州会有麻烦出现。纽约也很安静。

就这样，乔治三世不住地点头和微笑，偶尔达特茅斯还会恭敬地插上评论。但是很快，谈话就偏离了政治，转移到了国王喜欢的话题上。在他头脑清楚的日子里，国王最喜欢谈论两件事：农业和万能的上帝。

乔治三世问起新英格兰的宗教，问道它们不同的教派、礼拜的仪式与祈祷，还有库珀博士和其他人不守规矩的布道。国王问道，"H先生，我听说你的阁僚们宣扬为了自由，任何不道德都可以被容忍？"州长承认他们确实这样说。"那真是奇怪的信条"，国王说，他对任何非正统的宗教都不喜欢。说完上帝，他将话题转到了农业，这可让哈钦森犯了难。他们吃什么？他们都种哪些庄稼？他们真的用玉米做面包吗？国王说，这些都很古怪。之后他们又聊起了人口、气候和印第安人。哈钦森回答说，印第安人很快就会完全消亡，因为他们失去了土地，并且嗜好烈酒。

最后，一向善解人意的达特茅斯担心他们的客人可能累了，会见结束。在至高无上的国王面前，这两位访客在整个会见期间必须站立，而国王自己也站着。乔治三世不曾对殖民地表现出任何的愤怒。也没有说过任何有关报复或惩罚的话。他从未威胁或提到要使用武力。和之前与盖奇的会面一样，这一次会见也让国王相信没有必要动武。马萨诸塞州处于"无政府的混乱状态"，国王当天晚上发了一张简短的照会告诉诺斯，时间落款精确到了9：02；在听了哈钦森的汇报后，他对政府所做的一切感到完全满意。"我现在确信他们很快就会服从"，国王写道。

国王从来就不是一个暴君，也从不恃强欺弱，虽然对以他的名义而实施的暴行他总是宽恕，但国王无意要打仗。虽然他爱自己的海军和陆军——他喜欢穿着军装让别人给他画像，他会仔细审查将军和陆军上校们的人选——他和诺斯一样极不情愿开展花费昂贵的军事活动。简单地说，他的主要缺点是：视野狭窄，正如他和哈钦森的对话中所显示出的那样。他能看到细节，却看不到全局。

这个缺点并不是因为才智上的欠缺——国王读过所有最新的书，吉本、伯克或约翰逊博士的书——而是来自他对传统根深蒂固的依恋。从他的母亲奥古斯塔公主以及她为他选定的导师身上，国王获得了一种痛苦的责任感。这可以用来解释他对例行程序的沉溺，他的早起，以及他对守时的看重。他的生活就是一项使命，带着两个目的：维护最高的道德标准，以及维护曾被他称为"美丽、卓越和完美的英国宪法"。那其中就包括保留属国。上议院和下议院用一次次广泛而且大多数的投票结果来宣称他们在美国的主权。就算国王不同意，出于对议会的尊重，他也不得不采取同样的强硬立场。

在那次午朝接见后的几天，哈钦森见到了诺斯勋爵，他察觉诺斯也是同样地放松并且不肯妥协。这回，哈钦森第一次说出了他对修改马萨诸塞州宪法的怀疑。为什么没有人想着先把这个计划告诉殖民地，然后给殖民地议会一个说话的机会呢？诺斯答道：因为马萨诸塞州已经没有机会了。早在茶党之前，殖民地议会投票支持波士顿小册子的时候，就已经宣布了独立。议会已经等了太久，一直希望殖民地能够迷途知返。现在，殖民地的行为"如此恶劣、如此臭名昭著"，政府不能躲闪，必须采取措施让它听从命令。顺便说一句，诺斯勋爵补充道，不要以为英国的产业界会联合起来支持美国人。国内外的贸易恢复了健康。在兰开夏郡，毛纺商人已经厌倦了殖民地的坏账，他们的产品在其他地方很好卖。哈钦森在这次会面后给新英格兰的家里写了一封信。他告诉一位朋友，"没有回旋的余地"。

那天是7月8日。简单地说，在8月初，当盖奇关于塞缪尔·亚当斯的挑衅宣言《神圣盟约》，以及将军未能逮捕罪犯的消息传来时，白厅出现了轻微的恐慌。忧心忡忡的达特茅斯匆忙去见哈钦森。"他并不想要流血冲突"，他告诉州长，他只是想看到汉考克和亚当斯受到应有的惩罚。但这一阵情绪很快就过去了，国王仍然很放松——"事情在美国进展良好，他们没有问题，"他说——最后，在那个月中旬，诺斯勋爵离开首都前往萨默塞特度假。英格兰这边的假期才开始，而在遥远的殖民地，代表们已在去参加大陆会议的路上了，诺斯确信大陆会议能产生的最多不过是空谈而已。

一切都看似平静，但这一年的夏季注定不会太平无事。英国人对哈钦森的信任并没有看上去那么多，因此他并不知道内阁部长们正在制订其他计划。他们决定将大选提前，让对手措手不及。这次大选，诺斯勋爵将以压倒性的优势胜出。但在英国政坛上时而会发生这样的事：票数上过大的胜利会导致另一种惨败。

大选

大选本该等到1775年的春天才会开始，七年前的上一次大选为英国选出了新的下议院成员。许多候选人已经开始了竞选活动，他们做演讲、去找新闻界的朋友，或收买选民。而突然之间，他们发现只有几天的时间给他们做最后的准备。

大选提前的消息让每个人都感到吃惊，尤其是罗金汉姆侯爵。"我感到相当困惑"，他写道。这正是内阁想要的效果。提前投票的主意似乎来自萨福克勋爵。他相信，美国人会试图影响大选的结果，他们会激起选民中的"嫉妒、恐惧和偏见"，特别是商界人士，一直担心殖民地会联合抵制英国的贸易。萨福克说，最好提早进行，让辉格党和威尔克斯阵营措手不及，也以防美国传来更多动乱的消息。

他似乎已经和乔治三世提议过，因为8月24日，国王给在乡下的诺斯写信，让他提前开始选举。大陆会议在费城召开，欧洲这边仍有可能开战——需要时刻警惕俄罗斯人和法国人——国王同意了萨福克的提议。在大选中，诺斯勋爵拥有绝对的优势，可以使他安然渡过任何风暴，确保继续下一个七年的执政。选举甚至还提高了下议院议员的质量，减少了激进分子和通过贩卖非洲奴隶或掠夺孟加拉而致富的那些人。"我相信这次选举将会让更多拥有土地的绅士进入下议院，"国王写道，"因为那些在印度发财的官吏、种植园主以及其他的志愿者们还没有准备好战斗。"

在18世纪的英国，真正会见证一场争夺的只有95个选区。余下的要么郡里的贵族之间已经达成协议，选择成功的候选人，要么是没有多少选民的小镇，由地方的恩主或政府控制。即便如此，选举仍是一个大事件。在过去的十年里，媒体、约翰·威尔克斯，以及像埃德蒙·伯克那样的人为政坛，甚至为没有投票权的大多数人，带来了激动与兴奋。对英国人来说，选举是件有看头的趣事，充斥着啤酒和争议。而这本身成了竞选作战要尽可能简短的又一原因，特别是在首都，威尔克斯阵营对他们的政治机器寄予着厚望。

"这将减少选举期间的醉酒和骚乱事件"，玛丽·库克，皇室家族的一位密友，当她听到选举提前的通告时这样说。①但在官方公布消息之前，天神似乎发怒了。9月中旬，庄稼尚未收割完毕的时候，突然开始了持续的阴雨天气。坏天气持续了几周，伦敦的早上常常大雾笼罩，气温很低。29日，泰晤士河再次洪水泛滥，诺斯召集唐宁街的同事正式请求解散议会。

---

① 玛丽·库克生于1727年，是第二位阿盖尔公爵的女儿。她的私人日记生动刻画了当时的上层社会，虽然是非正式的，却很能说明当时的政治气候。

那天傍晚，新闻迅速传开，引起了一种热情和沮丧混杂的感觉。"它让一切都忙乱了起来，"玛丽小姐写道，"还让一些人感到不满。"诺斯勋爵警告国王，因为缺少组织的时间，自己可能也会失去一些席位，并且感到失望的人中可能会有皇家的随从人员。

国王陛下并没有理会这些担忧，可是第二天他们的计划却被一条可怕的新闻打断。皇家军舰斯卡伯勒号带回一封波士顿发出的急件，报告了火药危机和随后的骚动。这封信是处于惊恐中的盖奇写的，他在信中报告他未能让殖民地明白道理，并告诉白厅，这个省必须用武力制服。9月30日，星期五中午，宣布大选开始，几个小时之后，斯卡伯勒号进港抛锚，到了那天晚上，伦敦到处都在谣传马萨诸塞州已经武装叛乱。

"因为议会的解散，周五晚上全城充满了欢乐气氛"，一份支持约翰·威尔克斯的报纸这样说。但威尔克斯在《伦敦晚报》的朋友们刊登了一则更加耸人听闻的故事。断章取义地报道火药危机的同时，它声称军队遭到了袭击，两个兵团的英国兵发生了叛乱，盖奇也死了。由此开始的一系列战争假警报每过几周就会再次出现，直到第二年春天，战争真正到来时，许多英国人以为战争在几个月前就已经开始了。这些报道使战争变得更加可能，尤其是它们总是与真正的独家新闻一起出现，并且赶在白厅的官方消息之前。同样的情形也曾发生在茶党事件之后，只是秋季正是殖民地运输的繁忙季节。大量烟草船只集中在利物浦或格拉斯哥靠岸，它们比伦敦早一周听到美国的新闻，横跨大西洋的新闻有时多得铺天盖地。①

报纸上的那些新闻将事实与虚构编织在一起，令政府难堪；它们让民众以为流血冲突是不可避免的，即便事实上仍可避免；它们破坏了官方对盖奇将军的信心。很快，就连真心希望和平的约翰·伯纳尔也在私下里与

---

① 考虑到盛行风和洋流的作用，从美国到英国最快的航行路线要经过爱尔兰北部。但是英国海军坚持使用英吉利海峡的港口，这使得官方邮件的平均时长增加了20%。

托马斯·哈钦森分享他对盖奇的怀疑。哈钦森回忆，伯纳尔说"盖奇对军队等闲视之"，还向自己提及了盖奇给国王的糟糕建议。

斯卡伯勒号到达的时机对政府来说，简直太不合时宜了。达特茅斯此前考虑在美国召开他自己的大会，由每个殖民地选出代表，并由乔治三世任命大会主席，来为整个美国大陆设计一个新政府。但这只是一个模糊的想法，并且突然之间就被波士顿的坏消息给盖过了。报告到达英格兰时，内阁正处于一片混乱。萨福克勋爵又病倒了，他的同事们大多都在下面的郡里，为地方选举做安排，并且他们的意见也各不相同。罗奇福德倒是冷静自信——"我还没有绝望"——但是高尔感到了焦躁和惊恐，称这条消息"充满了伤害"。

他们是否该试着安抚殖民地，做出保证永不再加收任何税费？或者他们是否应该更进一步，废除那可憎的茶叶关税？在白厅，这两种想法私下里都获得了越来越多的认可，甚至像爱德华·瑟罗那样的鹰派人物都在寻求妥协的办法。不过这样的提议面临着熟悉的障碍。在不同时废除《宣告法》的情况下，他们如何让美国人相信自己是真心的？而如果他们那样做了，或废除了茶税，又如何还能说议会是至高无上的呢？"以何种方式、何种姿态才能做到这一点的同时，又不用放弃一切，他完全想不通"，首席检察官对托马斯·哈钦森说。

诺斯唯一能做的就是在10月3日召开紧急会议，达特茅斯在会上提议要谨慎回应。他说服同僚不要向波士顿派出更多的部队，至少暂时不要。虽然国王建议从爱尔兰增派两个兵团，但内阁只派出了三艘战舰和桑威治勋爵手上的陆战队。除此之外，他们没有什么可采取的行动。虽然将军关闭了波士顿港，但强制法案的其他要求都未能实现：这是显而易见的。而宣布大选开始——这个决定无法撤回——诺斯勋爵在事实上让政府的工作陷入了三个月甚至更久的瘫痪状态。

新的议会最早也要等到11月中下旬才能开始运转。即便到了那时，还需要四到五周的时间，议会才能对任何有关新英格兰的新举措投票表决。

当时的选举制度非常复杂，有着太多的规定，谁可以投票，谁可以参加竞选以及投票怎样进行。投票的结果可能需要好几周的时间才能完全确定。当议会首次聚在一起开会时，将不得不解决几十起个人的选举纠纷。再加上对陆军和海军年度预算的讨论，这两项就会占满圣诞假期之前的时间。

大选之战必须照旧进行。虽然他缺乏远见，并且易于担忧，诺斯勋爵想要在政治博弈中取胜的意愿和他的美国对手们是一样的。正如每位政治家所必须的，诺斯的脸皮非常厚；他摔倒后会自己爬起来，继续战斗；他坚持坐在办公桌前或站在下议院里，直到工作完成。

1774年秋天，虽然近期在首都发生了一连串的暴力抢劫事件，部长们并没有配备保镖。10月4日晚，在冈那斯伯里的一条乡村小路上，两名劫匪拦住了诺斯勋爵的马车，开枪打伤车夫的大腿后，拿走了诺斯的钱包。诺斯表现出了一位绅士所应有的姿态，他对这事件轻描淡写。"我失掉了几个基尼"，他说。比起自己来，他对车夫表现出了更多的担心。第二天早上，他就回到了工作中，为了赢得更多的选民而写信和动用关系。

在班伯里选区，只有18名公民可以投票，他的位置是牢不可破的。他的代理人，教区牧师，把他们召集在一起吃晚饭，用葡萄酒、奶酪和一碗宾治酒款待了他们，他们也理所当然地选了诺斯勋爵。几周后，诺斯慷慨地用鹿肉作为答谢他们的礼物。"我从未见过这些人如此高兴"，牧师说，唯一遗憾的是他的爵爷只能被抬在一把椅子上在镇上来回地走，庆祝他的胜利。而在其他地方，诺斯不得不更加努力才能获得胜利。为了帮助他，财政部提供了5万英镑的行贿基金，但这只够从地方的恩主那里买下25个议会席位，他们会把席位卖给最高出价者。他没有沾沾自喜的条件。比起罗金汉姆一党，诺斯一直都更担心威尔克斯阵营。

因为前者总是领导不利，他们的士气很弱。"我确实承认，"罗金汉姆侯爵说，"现在所有的政治活动都处在如此的低潮中，恢复元气的可能性很渺茫，强撑着这样艰难的事业，我竟然感到了一丝犹豫。"罗金汉姆心情不佳，认为这次的选举太让人伤脑筋。在他贵族圈的朋友中，只有里士满公爵显示出了一点对战斗的渴望，但他能代表的不过是苏塞克斯的几个席位。在布里斯托尔，背后缺少金钱的支持以及侯爵的帮助，埃德蒙·伯克的票数只排到了第二。这也足以让他连任，因为该区有两个席位，但排在第一位的是美国激进派亨利·克鲁格，他是约翰·汉考克生意上的客户，并与威尔克斯有着密切的联系。

投票基本于10月20日完成。尘埃落定，诺斯勋爵在下议院赢得了大多数席位，约有320名议员可能会支持他。不过，虽然威尔克斯阵营只赢得了少数席位，但他们的表现却绝不能仅仅用人数来衡量。他们的吸引力是广泛并且真实的。只要是大型、自由的城市选区，他们就会进展良好。他们的宣言再坦率不过，其核心是威尔克斯阵营的旧有纲要——更短的议会，更宽的民权——但它还以最坚定的措辞为美国呼吁。"不要罗马天主教成员——不要魁北克和波士顿法案的支持者"，《伦敦晚报》在选举后的第一天大声疾呼。在报纸上还满是马萨诸塞州的时候，威尔克斯阵营横扫首都，拿下伦敦选区的六个席位，汉考克的朋友乔治·海利就是获胜的候选人之一。更好的是，约翰·威尔克斯赢得了选举，成为继弗雷德里克·布尔之后的市长大人，他的得票数远远领先，这一次无法被否决。

在一定程度上，他们的胜利归功于人们的偏见，这一点在6月议会厅外的暴乱中清晰可见。令人不快的布尔先生再次欺压罗马天主教徒，出动他手下的力量关闭了两个牧师做弥撒用的礼拜堂。但来自这个国家其他地方的证据表明，威尔克斯阵营正在将激进运动推向更广的范围，随着时间的推移，以及领导方式的转变，它可能会演化成一个受欢迎的现代政党。要是它的规模足够大的话，它本可以阻止战争。

一个例子就是伍斯特，英国伍斯特大教堂所在的城市，其政治看起来有点像马萨诸塞州的同名城市。这座城市以制造业为支柱——手套、毛毯，和她已经十分著名的瓷器——她充满了活力、有文化，并且关注着每一种现代潮流。有六个长老会和浸信会的教会礼拜堂，英国的伍斯特城因宗教和其他观念的多样化而出名。人们在一个叫作"汤姆家"的咖啡馆讨论热点时事，在那里，市民们可以通过当地报纸读到所有的美国新闻，甚至还有杰斐逊的《概要》选段。至于女性，她们虽然参与的人少，却英勇，她们用拒绝喝茶的方式来支持波士顿。

因而，当选举到来时，威尔克斯阵营将这个选区视为他们可以取胜的地方。由于历史上的机缘巧合，这座城市的宪章创造了异常庞大的选民队伍，选民名单上有多达2000个名字，超过全城成年男性人数的一半。伍斯特的投票选举总是喧嚣浮动，并且贿赂盛行。但是1774年的选举中，有不少于700名选民投票支持了伦敦的激进分子，沃特金·刘易斯爵士，他是威尔克斯阵营在首都的核心成员。他虽然败选，选票结果仍可以说明问题。那就是在这个国家活跃、进步的地区，如果让人民去选择，多达1/3的人会支持亲美的候选人。

很久以后，当英国快要输掉殖民地战争的时候，诺斯勋爵声称这是一场人民的战争，是民意的敦促，并由绝大多数英国人支持。放到1775年，康科德和邦克山英军伤亡的消息传来后，这的确不假。当时的英国公众喊着要复仇。但九个月前，在选举的时候，他们对美国危机的看法仍不明确，和解仍然是可能的。詹姆斯·鲍斯威尔在写给塞缪尔·约翰逊的一封信中准确地捕捉到了人们当时的想法，信中充满了对美国实施高压政策的质疑。"不完善……这样的想法浮现在我脑海"，他在信中说，但他担心政府会"勇往直前"并"严厉"对待波士顿人。"你知道吗，我对政府那帮人没有好感，"鲍斯威尔继续说，"但国家或个人应该……得到公平审判，而不是仅仅依据性格就被定罪。"

这些也许只是英国少数派的观点，但伦敦、布里斯托尔和伍斯特的投选结果表明，少数派的人数实际上相当之多，他们对波士顿带着强烈的同情。但遗憾的是，这个国家只有少量的开放选区可以影响到投票总数。在操作中，选举制度会确保这些地方仅仅是分散的自由岛屿，被教条和极端保守势力的大海包围着。向战争漂移的趋势得以继续，大选从四个不同方面使战争变得不可逆转。

　　第一，它让政府直到1775年的新年前夕都无法正常运转。第二，大选结果巩固了鹰派的地位——萨福克、高尔和桑威治——他们敦促诺斯勋爵提早选举。第三，诺斯勋爵在全国的大获全胜让他无法偏离已经选择的强硬路线。在他身后的下议院里，他将拥有一支忠诚的保守战队，他们期待着为新英格兰的军事行动授权。如果诺斯退缩或动摇，他的支持者们将会大为惊骇。在最坏的情况下，决心使用武力的竞争对手可能会挑战他的领导地位。

　　第四点也是最后一点，关系到国王和他对选举的反应。几周时间过去，他的态度变得越来越强硬。"骰子已经掷下，必须让殖民地现在屈服，要么就是他们的胜利，"他在9月，投票开始之前就这样写道，"我不希望采取强硬手段，但我们决不能退缩。"随着选举的开展，国王密切关注着每一个结果。虽然他不喜欢约翰·威尔克斯担任伦敦市长的结果，但就全国来看，选举结果让人非常满意。诺斯勋爵稳稳当当地回到了唐宁街，乔治三世看不出有什么理由要安抚美国。现在只需要再来一条新闻就可以说服他，让盖奇将军出征。

　　很快，这条新闻就来了。10月中旬，一封密件从自荷兰送来，带来了罗得岛人民再次出现叛国行为的消息。

第十五章

美国的武装备战

这个国家现在的情形正如1745年公然叛乱的苏格兰一样。

——珀西准将，1774年9月，波士顿

大约在13年前，英国人将一位性格暴躁的老军人任命为出使海牙的大使。此人名叫约瑟夫·约克，有着奇特的外交方式——对他而言，外交就是对荷兰进行强烈指责，直到他们按照自己的意愿行事——约克是打过卡洛登沼泽之战的老兵，当时只有21岁的他，为击败詹姆士二世党人立下了功劳。他的政治主张可以归结为一点：对法国的仇恨。这位大使看到的是法国的邪恶势力在四处活动。在英国海军情报人员的协助下，约克密切关注着法国人和俄罗斯人的动向；1774年10月初，派驻到阿姆斯特丹的情报人员发给他一条非常特别的消息。

一艘名为"斯麦克"的小船从罗得岛驶入了港口，船长名叫本杰明·佩奇。这件事本身就不同寻常——殖民地船只未经英国海关清关就来到荷兰或德国的港口是很少见的，而且通常也是违法的——但"斯麦克"的这趟行程似乎远比简单的走私要严重得多。佩奇前来交易的对家是霍德森，一个长期与纽约有贸易往来的阿姆斯特丹商人，据说佩奇要购买装船的是火枪、火药以及40小件的火炮。

10月11日，约瑟夫把报告送到了萨福克勋爵处，萨福克立即通知海军采取行动。桑威治勋爵派出一艘独桅纵帆船，皇家海军威尔斯号，去荷兰沿海巡逻，如果"斯麦克"试图穿越北海，就将其控制。几周前，在英国国内，陆军部已经截获了一车要运往美国的火药，此时来自荷兰的这条消息让内阁立即采取了果断行动。一周之内，国王签署命令，禁止向殖民地运送任何武器或火药。该命令被刊登在10月20日伦敦的报纸上，并立即引起了媒体对战争的讨论，还长篇报道了军队在波士顿的驻防。

与此同时，约克的情报人员获得了更多的情报。据说佩奇购买了用于海上作战的回转炮，将它们藏在了船头盘绕的缆绳下面。汉堡也送来了一封急件，报告说一艘来自纽约的船在装载弹药。随后阿姆斯特丹又传来了新消息，有更多来自罗得岛的单桅帆船在做同样的事情。约瑟夫要求荷兰当局搜查斯麦克号，但遭到了拒绝。间谍们收集来的情报并无确凿的证据，因此威尔斯号只好继续监视，约克则继续试图说服荷兰当局。

这件事已无法清晰还原。又过了四个月的时间，英国人才拿到了他们所需的证据，证明罗得岛居民在从荷兰运送枪支，并且今天存留下来的记录也不只有一种解释。但有一点毫无疑问，到了10月底的时候，国王和他的部长们确信美国人正在武装备战。来自约瑟夫·约克的情报让他们对此确信无疑。这让英国的态度更为强硬，也增大了战争爆发的可能性。但如果是这样的话，那么这件事就带来了一个重要的问题，关于殖民流血事件的责任应由谁来承担？

这些美国船只的行为是否代表了新英格兰的爱国运动？它们买下的武器是否打算提供给马萨诸塞州或罗得岛的民兵组织？如果是，那又意味着什么？一次反对盖奇的突然行动——或仅仅是一次防御性的行动，如果英国兵试图走出波士顿去征服内陆？又或者本杰明·佩奇和其他的船长们来欧洲自由航行，纯粹只是希望赚钱呢？因为无论1775年将发生什么，火药的价格几乎是没有可能下跌的，而他们买下的枪支拿回美国，在两方的阵营中都有现成的买家。

这些问题没有确切的答案，原因显而易见：军火走私犯都尽量不会留下书面记录。但书面记录的意义不仅在学术上。如果约翰·汉考克、塞缪尔·亚当斯和他们的盟友知道并祝福了"斯麦克"和其他船只的航行，那么汉考克和新英格兰的爱国者们就是明晃晃地在挑衅。虽然美国人有充分的自卫权，但他们也一定同样清楚，如果英国人发现了这一切将会感到多么愤怒。国王和他的部长们将不得不采取先发制人的行动来阻止美国的武装，而如果他们这样做了——通过扣押殖民地船只或搜查波士顿地区藏匿的武器——那么结果必然会出现流血事件。

从可以找到的零碎证据判断，本杰明·佩奇的确属于一个有组织的阴谋集团，他们计划装备一只武装力量来对抗王权。表面上，这些美国船计划从阿姆斯特丹航行到圣尤斯泰希厄斯岛的加勒比地区，那里属于荷兰，或丹麦在圣克罗伊的殖民地。这是完全合法的，虽然每个人都清楚这两个地方是美国商人用来走私茶叶和糖蜜的。但佩奇似乎更有可能打算把军火直接运往新英格兰。

重要的是，斯麦克号在8月22日离开罗得岛，当时波士顿和普罗维登斯的报纸上满是有关《魁北克法案》和它在英国引起的抗议活动的报道。媒体声称英国人在事实上已经向殖民地宣战，并且伍斯特、马萨诸塞州和包括普罗维登斯在内的其他城镇的志愿者们已经在拿着武器操练了。至于本杰明·佩奇，他是位罗得岛当地的年轻人，曾参与"葛斯比事件"，并在美国独立战争期间在海上与英军作战。1818年，65岁的佩奇向美国申请养老金时，详细列出了这些履历。佩奇曾在亚伯拉罕·惠普尔上校手下，而这位来自普罗维登斯的上校正是"葛斯比事件"的领导者。

可以想象，斯麦克船长可能是另一位本杰明·佩奇——这个名字再寻常不过——并且斯麦克出发去欧洲的日期可能也只是巧合。但是虽然证据可能不足以说服陪审团，但是那些烧毁葛斯比号的人决定武装自己的海军，在当时是很有可能的——1774年8月——英国还没有任何形式的战争计划。当然，这又带出了另一个问题：罗得岛居民是在单独行动，还是将他们的计划告知了马萨诸塞州的战友？我们只能说：塞缪尔·亚当斯多年来一直与罗得岛普罗维登斯志趣相投的朋友交换信件，包括达利斯·塞申斯，罗得岛的副州长，也是民兵团的指挥官。

不管真相如何，约瑟夫·约克发出的急件改变了伦敦的气氛。内阁部长们开始认真考虑动用武力。在10月的最后一周，海牙发来的报告仍记忆犹新的时候，他们收到了另一个令人震惊的消息。这条美国发来的消息朝着相同的方向将他们又向前推了一步。消息不是来自波士顿——盖奇将军到目前还没有再发消息——而是来自召开大陆会议的费城。

直到现在，英国人对大陆会议的讨论几乎仍完全蒙在鼓里，他们对大陆会议仅有的一点点了解向他们表明，会议的结果可能是选择妥协。达特茅斯此前读过一位友好代表，宾夕法尼亚州的约瑟夫·盖洛威的信件，他在信中表现出谨慎的乐观。根据他在9月初会议召开前的说法，大陆会议将会表现出"缓和与节制"。虽然他预计波士顿和弗吉尼亚州会有愤怒的言论，以及呼吁全面贸易抵制，但他希望绝大多数人是理智的。盖洛威说，他们甚至可能会同意派遣特使前往英格兰，以解决与帝国的分歧。

尽管知道很难达成协议，达特茅斯当然愿意进行谈话。但10月28日送来的一份报告似乎击碎了他对和平的全部希望。

令内阁感到惊骇的是，大陆会议远非温和，而是支持新英格兰最极端的激进分子。伦敦的报纸再一次从一艘停靠在默西河的货船上率先获得了消息，而部长们则因为没有他们自己的信息来源而急得团团转。

六周前，在无一人反对的情况下，大陆会议批准了一份惊人的文件：《萨福克决议》。决议来自马萨诸塞州的萨福克县和波士顿，它公然表达了对英国夺取火药库的强烈愤慨。像省里的其他区县一样，萨福克县此前也收到了约瑟夫·沃伦、埃尔布里奇·格里和他们的同志于8月27日在波士顿拟定的革命宣言。萨福克县会议支持他们的全部提议，包括新建民兵团以及由在康科德召开的省级代表大会创建一个临时政府，此外，萨福克县还在宣言中加入了一些自己的愤怒谩骂。

当大陆会议为《萨福克决议》投票时，表现出了只想与马萨诸塞州站在一起的姿态。投票是较早进行的会议议程，此时大会还没决定应采取什么形式的民族抵抗运动。但是当消息在10月下旬传到伦敦时，它把内阁"吓坏了"，托马斯·哈钦森说。"哎呀，要是就这些决议来说，他们已经向我们宣战了"，达特茅斯对哈钦森这位前州长说。在接下来的几天，内阁又再次陷入了混乱，一面担心他们正在失去美国，但同时又想不出任何挽救的策略。内阁开始对盖奇将军全完丧失信心。

大约一周后，杰斐逊的《概要》出现在了伦敦，之后在11月中旬，昆西关于《港口法案》的小册子也出现了。但是内阁仍然没有来自盖奇将军的任何消息。因为格雷福斯将军的海军舰队中无法安排出空余的帆船，盖奇就把自己最近的一封急件交给商船派送，这封信走了七周才达到白厅，比正常时间慢了两周。当11月18日终于被送到时，这封信无可挽回地毁掉了盖奇的声誉。就连乔治三世也对这位曾对胜利信誓旦旦的军人失去了耐心。

这是一封简短却愚蠢的信，信中缺少确凿的事实，也同样缺少分析。写在火药危机的三周后，盖奇的这封信没有对马萨诸塞州的军事力量做出评估，而这正是内阁迫切想要知道的。盖奇将军对其他地区，纽约或费城正在热闹进行的活动，几乎什么也没提。而他提到的极少的内容则让人深感担忧。他可以控制住波士顿和塞勒姆，但这也是他力所能及的一切：省内的其他部分超出了他的控制。为执行强制法案，军队必须夺回新英格兰，而这需要更多的兵力。在一封单独的私人信件中，盖奇建议暂停新法的执行，但他又说不出何时才能恢复或有什么可以替代的备选方案。

这样的想法是荒谬的，国王说：遵照盖奇的提议，就会让议会成为笑话，暴露出议会对统治权的宣称不过是空洞的假象。诺斯勋爵完全同意国王的看法。到了11月的第三周，国王和他的首相认定叛乱已经开始，这让他们除了使用武力别无选择。从那一刻起，天平开始向战争的方向倾斜——一场针对新英格兰反叛者的有限战争，但仍是一场战争。"他们必须决定是从属于这个国家还是独立"，国王在11月19日写道，内阁中的大多数对此也达成了一致。达特茅斯虽不情愿，但也得出了相同的结论：军队必须镇压叛乱。

这说起来容易，做起来难。政府用了三个多月的时间才发布出最终的决定，告诉盖奇采取攻势。由于一系列的原因，这些决定中的大部分都要先详细发布在报纸上，再通过议会，并且这一切必须缓慢、审慎地进行。政府需要跟律师谈话，这也将是外交手段上最后的、同时也是徒劳的努力。正如我们将看到的，甚至大西洋上天气的变化也是等待的理由。

最重要的是，内阁担心如果行动过于匆忙，可能会将其他殖民地推向马萨诸塞州的怀抱。然而，英国并不知道大陆会议的最终结果。虽然投票结果支持《萨福克决议》，但约瑟夫·盖洛威的判断仍然可能是正确的。若是代表们从对抗中退后，留下和平妥协的余地，将会怎样呢？不管达特茅斯对新英格兰的反叛城镇感到多么悲观，但他仍有可能与其他地方的温和派进行谈判。这样的可能一直都在——或者说是他认为——从哈得孙河谷、康涅狄格的农村或南部的边远地区，会浮现出一大批沉默的效忠派。如果是这样，那么他们需要得到伦敦方面的鼓励，但又很难说应该采取什么样的鼓励形式。

虽然那些种植烟草的殖民地有着重要的战略意义，英国却很难召唤那片区域。弗吉尼亚州的邓莫尔勋爵仍未发回过任何报告，而帝国在马里兰州目前根本就没有代表。理论上，该省由一名英国总督监督，一个名叫罗伯特·艾登的32岁年轻人，他娶了卡尔弗特家族的一位小姐，他们是该片殖民地最古老的经营者。而实际上，艾登已经选择了辞职。当殖民地议会在5月底结束了年度会议后，他只稍作停留，付清了买酒的账单，参加了一场当地的赛马，就立即带着妻子启程前往英格兰去度长假了。在到达英格兰后，他没有去拜访白厅里的部长们，也没给他们写过一行字。马里兰州的档案仍是一片空白。

由艾登来代理帝国在殖民地的权利，帝国与这块烟草产地失去联系就一点也不奇怪了。在某种程度上，就艾登的思考逻辑似乎是这样的：无论南方如何不满，该地区的地主阶级永远都不会放弃对国王的效忠。奴隶制经济产生的地方精英们主要是富有的种植园主，他们与北方的激进分子截然不同。就像西印度群岛的种植园主，他们依赖英国的市场，并且如果有奴隶反抗，他们也需要英国的保护。这个想法——马里兰和弗吉尼亚州在本质上就是忠诚的——这也同样迷惑了伦敦方面，那里的约翰·伯纳尔对达特茅斯也说过同样的话。然而，随着秋季的结束，正好相反的事实已变得十分明了。种植园主们正谋划着他们自己的叛乱。

从海牙发来的信件中，除了"斯麦克"走私军火这一令人担忧的消息外，还报告了弗吉尼亚种植烟草的农民们正计划将他们来年的农作物销往荷兰。这是非法的，但这意味着什么呢？这个迹象也许表明农场主们正在倒向马萨诸塞州的叛乱者们。又或者他们只是试图在防止英国对殖民地实施烟草禁令，因为诺斯可能会用烟草禁令的方式为大陆会议施压。这又成了内阁的一个不解之谜，虽然他们只需看上一眼杰斐逊的《概要》，也许就会下定决心。

在他们为这道谜题而冥思苦想的时候，诺斯勋爵和他的同事们还必须考虑到叛国罪的法律界定。认为约翰·汉考克、塞缪尔·亚当斯、约瑟夫·沃伦和其余的人是叛国者，这样私下里的观点是一回事，而要逮捕他们、绞死或枪毙他们就是另外一回事了，需要有确凿的证据证明他们的背叛行为。因为不愿放弃道德的制高点，特别是还有其他欧洲国家的关注，内阁需要更多的证据才能对这些人下手。

为了越过这一障碍，国王和他的部长们开始考虑另一个选择：由议会发表正式声明，宣布马萨诸塞州存在叛乱。这样使用武力就合法了。在11月快要结束的时候，这一想法在白厅流传开来，但它自身也带有一定的问题，导致了进一步的延误。上一次重大的叛乱发生在1745年，当时查尔斯·爱德华·斯图亚特将自己的旗帜升起在格伦芬南湖边，宣布自己反叛。议会还没来得及投票，汉考克和亚当斯领导的反抗者就发起了属于他们自己的格伦芬南时刻：他们将自己的名字签署在了反叛法令上面，如此地明目张胆，以至于没有人能怀疑他们的罪行或采取军事行动的必要性。

在此期间，对盖奇将军的批评变得愈发尖锐，他被围困在波士顿的事实变得愈发清楚，而他不能抑或是不愿超出这一范围去冒险。人们对他的勇气以及分析能力产生了怀疑。为什么他此前没做过什么？为什么他未能平息伍斯特的叛乱？早在11月22日，萨福克勋爵就提出要将其免职。"做事半途而废就是徒劳无功"，萨福克说。不过诺斯和国王对盖奇并没有到这个地步，他们同意盖奇需要英格兰少将前去增援。而与此同时，就连盖奇在陆军部最亲密的朋友也在质疑占领波士顿是否明智。

多年来，盖奇总是会把自己私下里的想法告诉陆军部的大臣巴林顿勋爵。巴林顿忠诚、高效，任职近20年的他看出了把军队集中在波士顿是毫无意义的，用他的话说，军队会陷入一种"丢脸的迟钝状态"。因为他知道盖奇将军早先的观点——哈得孙是守住北美的关键，巴林顿敦促他的同事们将英军调离马萨诸塞州，只留下一小支部队驻守威廉城堡，并用火炮看守港口。

11月12日，巴林顿写下了这些话，但他的建议来得太迟，没有机会被听取。虽然他有头衔，有才华，还担任了多年的公职，巴林顿却没能进入到内阁。他的影响力是有限的，而如果采纳了他的建议，就等于给海军部的大臣抛出了更重的负担。终结叛乱的任务就会主要落在海军的身上，而当时，桑威治勋爵仍想将大部分的舰队保留在不列颠群岛周围，以防止法国的入侵。

就这样，几周过去了，仍然没有费城大陆会议结果的消息。战争似乎比以往都更有可能，但是内阁在知道大陆会议的结果之前，却不能制订任何明确的行动计划。就连天气也变得更糟，英吉利海峡刮起了大风，持续数周的寒冷和雨水让这一年的雪早早降了下来。首都周边的犯罪率持续上升，郊区入室盗窃盛行，通往皮卡迪利大街小巷子中的尾随打劫也十分猖獗。但伦敦的社交季却带着比以往更多的华丽与派头开始了，这次的中心是一位初入社交舞台的大美人玛丽·萨默塞特小姐，她芳龄十八，服饰和发型都是巴黎最为新潮的款式，非常时髦。在德鲁里巷，盖瑞克将《橡树园的少女》搬上舞台，作为讽刺剧作《彩票》的姐妹篇。《彩票》嘲讽的是人们赌博投机的狂热。当议会重新召集起来的时候，气氛是焦虑和压抑的。

11月30日，带着对形势的严峻估量，乔治三世召开了会议。在马萨诸塞州，他看到了"最大胆的反抗法律的精神"。他在演讲中承诺，用坚定措施重塑英国的权威，但国王并没有透露会采取何种措施。第二天，内阁在私下里正式决定要找出一份反叛者们的宣言。他们首先让司法部长瑟罗去研究一下盖奇将军发来的所有信件，并给出法律意见：是否能找到叛国行为的证据？除此之外，政府依然处于麻痹停滞的状态。

下议院一如既往地对国王的演讲开展讨论，诺斯勋爵虽然以近200票赢得了辩论，他这回却没有了往日的雄辩口才。当他在12月5日起身讲话时，因为无所作为而感到局促，他只能拿一些蹩脚的借口来搪塞。他当然想要与美国和解，但大陆会议尚未提出任何条件。而在那之前，一切问题用他的话说仍然"悬着"。在上议院，里士满公爵再次唱起了反调，他带领13位同僚一起反对国王的讲话。不过这只是一次小规模的战斗。议会中的下一次大战仍在八周之后。由于议会的时间表已被解决选举纠纷占满，内阁要求的那份声明只有等到1月末议会才能投票表决。

但是随着这种悬而不决，人们就会越来越倾向于诉诸暴力的想法。从玛丽·库克夫人的日记里就可以看到这一进程。她每周都有几个晚上和乔治三世的姑妈阿米莉亚公主在一起打牌，一次能输掉40个金币。因此她态度的变化也能反映出皇室和聚集在皇室周围的人们的态度。玛丽夫人很难判断哪个是最糟糕的：萨默塞特女孩的低胸装，新英格兰的混乱，还是查尔斯·伦诺克斯恶意的煽动。但在12月7日，当她的花园彻底上了冻，报纸上充满了流血事件的时候，她承认自己所担心的还是到来了。"相信在美国已经有过一次交战了"，她在日记中写道，"我同情与那部分世界有关联的人，那里一场内战正在开始。"

这些都是危险的言辞，是那种会自我应验的预言。不过她的直觉是正确的。自初夏以来，殖民地已经占据了主动，步步推进，而英国却躺在泥地里，犹豫不决。甚至美国不同行政区的划分也被证明是力量的来源，因为不同地区之间的辩论帮助他们对未来有更清楚的想法。在玛丽夫人提到内战之前的六周，美国的格伦芬南时刻就已经到来了。

十月天

这个时刻发生在马萨诸塞州的坎布里奇，10月26日这天。六天前，经过几周的辩论，大陆会议发布了一份文件——就是那份"联盟"协议——拒绝任何的妥协，并呼吁联合抵制。不等最终文稿发布，保罗·里维尔就已经骑马带着消息向北而去。他注意到约翰·汉考克在主持殖民地临时会议，会议的反应是决定性的。它通过了一系列的决议，在英国人的眼中，这已等同于明确的叛乱行为。这些反叛者在报纸上公开表明了他们的背叛，其大胆程度震惊了伦敦内阁。这样一来，马萨诸塞州就将自己推了出去，战争变得不可避免。

到了1774年秋天，帝国在北美大部分地区的统治已濒于崩溃。混乱比比皆是：在街上，布道坛上，报纸上，还有在边境上随处可见。从一开始，英国就未能理解抗议的化学反应以及传播速度和多样化。虽然革命于8月份开始在波士顿，但它很快就有了多个中心，并且出现了一大批的革命领导者。在不同的地方可能有不同的革命理由，有时个别地方的叛乱不过是嘴上的豪言壮语。但总体来说，意义就显而易见了。到了10月中旬，美国几乎已经没有哪个县是英国人能自信可以说了算的。

寥寥无几的皇家官员，没有警察，外加分散在各处的一小支军队，英国人一直只能依靠当地人顺从的习惯来维持殖民地表面上对帝国的服从。在马萨诸塞州，这种效忠国王的习惯早已腐朽多年，而现在它在其余的殖民地也崩塌了。在佛蒙特州，伊森·艾伦已经开始了武装斗争，筹划他自己的反抗，并使得本宁顿地区在年底取得了独立。在南卡罗来纳和马里兰州，帝国早已名存实亡；在安纳波利斯，一群人采取一致行动强行烧毁了一艘运茶船及其货物，这已不仅仅是将货物倾入水中那么简单了；而在纽约的大街上，国王成为人们公开嘲笑的对象。"你现在会听到对他的蔑称，人们叫他无赖或傻瓜"，一位年轻的市民说道。

那是在9月初，是伦敦抗议《魁北克法案》的消息传来一周左右。在诺斯勋爵推出的所有新法案中，它在美国引起的愤怒最深，因为它似乎表明了对信仰以及自由的无情漠视。《魁北克法案》似乎危及到了新教徒的宗教信仰，用一位马里兰州人的话说它"激起了普遍的愤怒"。之后是来自波士顿的虚假新闻，称英军杀害市民，并在滨海区域放火。这条假新闻从新英格兰一直散播到了其他殖民地的各个角落，在各自怀有不满的男男女女心中产生了共鸣。

在"葛斯比事件"和茶党事件之前，我们看到愤怒是如何地引发抗议，并且还会产生新的激进思想。从英国的角度来看，这次革命似乎更具独创性，也更引人注目。在英国，当威尔克斯阵营在选举中争取选票时，他们倾向于要么喊口号——"不要罗马天主教"是用得最频繁的——要么列出特殊问题。他们呼吁年度议会，或者要求将领取皇家俸禄的官员排除出下议院。他们很少对基本因素进行推理，也不会质疑英国宪法的基础。而美国人正是那样做的。

在火药危机接下来的几周里，殖民地的政治辩论进入了全新、未知的

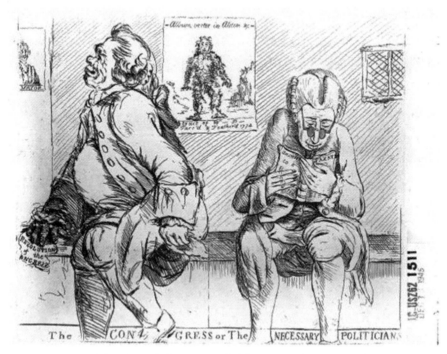

两名大陆会议的成员在厕所中（或"盥洗室"内），墙上挂着伦敦市长约翰·威尔克斯和查塔姆勋爵被涂上焦油粘上羽毛的画片，来自1775年在伦敦出版的漫画。其中一名议员正在读的是塞缪尔·约翰逊的小册子《税收并非暴政》。（美国国会图书馆）

领域，远比英国人熟悉的辩论要深刻得多。杰斐逊的小册子已经树立了典范，但是很多人的思考也到达了这个深度，甚至要更进一步。例如《宾夕法尼亚信息报》的一位匿名作者就探究了法律和政府的起源，他发现两者都取决于人民的意志。"国王时代的历史，"他写道，"不过是愚蠢和堕落的历史。"美国与英国决裂的时刻很快就会到来。美国将摆脱君主制，并寻求自己独立的未来。作者展望未来，想象了一百年后这个国家将如何回顾眼前正在他身边发生的事件。"我几乎看到了1874年胜利纪念的庆典，"他写道，"看到了陈列的奖章、图片和文字片段。"他们会怀着崇敬来纪念大陆会议，这次会议的权威性至高无上。"这次的大会，"他继续说，"其所有的力量、智慧和正义，不是源于国王签署的羊皮纸，而是来自于人民。"

这些话正是托马斯·潘恩要说的，他此时即将从伦敦抵达，他的小册子《常识》中对同一观点有着更为著名的阐述。在这样激动人心的氛围中，大陆会议充满了对革命的谈论，并跟随着马萨诸塞州走上了反抗之路。

约瑟夫·盖洛威向英国所说的一切都被证明是错误的。费城的大陆会议从9月5日开始，持续了七周，尽管最初有一些困惑和犹豫，但会议很快就定下基调，坚定地反对国王和议会。16日，代表们投票支持《萨福克决议》，塞缪尔·亚当斯取得了关键性的胜利。12天后，当盖洛威试图在会上做出拯救帝国的尝试时，遭到了失败。

盖洛威讲到了和平与节制，他相信，一份新的英美协定将解决两国之间的差异。他呼吁建立正式的殖民地联盟，有属于自己的议会，并由一名英国总督代表王权。这是个有趣的想法，但是提早了一个世纪。它会让美国变成1914年的澳大利亚和加拿大那样：领土自治，自己管理内政，但效忠于英国，并会在战时支持英国。盖洛威的计划吸引了许多现代学者，他们认为这是可行的，但在当时，盖洛威的同事们并不买账。大陆会议没经过讨论就否决了他的议案。

代表们带着不同的侧重点和战略，他们之间有对抗也有争吵，但是在一件事上是高度一致的。他们对国王和他的内阁有着共同的看法。强制法案和魁北克的新法展露出了英国的真面目。诺斯勋爵和他的朋友们围困了美国的自由，或者说大陆会议是这么认为的。撤销马萨诸塞州的宪章，就是在废除该殖民地的民众政府，那么很快，其他殖民地也可能会遭受同样的命运。他们侵害了陪审团审判的权利，他们要向移民关闭西部荒野，并且他们还破坏了基督教信仰。议会只要认为合适，随时可以向殖民地征税，要是美国人反对，军队就会进入，迫使美国人交税。

实际上，大陆会议起草了一份对帝国长长的指控书，并清楚地逐项编了号。要是有某种国际法庭愿意聆听双方的辩论并做出公正裁决的话，诺斯勋爵本可以就其中的多项指控做出可信的辩护。他当然可以否认英国有意违反殖民地的意愿将天主教信仰强加给他们。那项指控是完全没有依据的。至于西部的边境，他可以宣称，政府并不是要完全禁止殖民地开拓，只是为了防止轻率的扩张导致印第安战争。没错，英国是希望改变新英格兰的宪章，但那也仅仅是因为马萨诸塞州和罗得岛未能提出自己的改革建议。作为改革逾期多时的证据，英国可以指出波士顿倾茶事件、"葛斯比事件"以及殖民地为阻止对罪犯的审判而采取的恐吓手段。

　　在一名公正的法官面前，英国政府本可以顺着这些思路来证明自己采取的大多数措施都是正当的，而不管美国人如何地不相信。但是这样的法庭并不存在；即使有，也会面临一个巨大甚至引发争议的问题，这个问题即便是最聪明的律师也无法公断。在以上费城所有的辩论中，都隐约可见英国的宣称：议会在帝国的每个角落都是至高无上的。只要《宣告法》仍然有效，按照其宣称，英国就可以为美国制定任何法律，那么，他们与殖民地之间的冲突就不可能得到解决。但是在那一年的早些时候，诺斯勋爵和他的同事在威斯敏斯特的辩论中一再坚称该法案永远都不会被废除。费城的代表们对此是清楚的，因此这只留给了他们一种选择。

　　10月20日，大陆会议发表了一份会议决定的正式声明。来自12个殖民地的51位代表——只有佐治亚州没有签字——在联合决议上签了字。他们要求废除所有的强制法案《魁北克法案》，以及包括《宣告法》在内的，自上次对法战争结束以来英国通过的每一条美国法令。大陆会议表示，这些法令构成了"一个毁灭性的系统"，带着明确的意图被创建出来，"大英帝国用其奴役这些殖民地"。这样的系统必须取消，否则殖民地就强制将其废除，并实行对宗主国的完全贸易禁令。英国的货物进口将于1774年12月1日被终止。下一年的9月，禁令也将同样延伸到出口贸易。届时，将不会有一艘货船从殖民地驶向宗主国。

　　出口禁令是此前不曾有过的，它远远超出了用来对付《印花税法案》或汤森德关税的贸易抵制，并且可能坚持不了多久。即便如此，当这条消息在圣诞节前两周到达伦敦时，诺斯勋爵和内阁震惊不已。它在马萨诸塞州引发的反应也同样令人吃惊。10月17日，当里维尔到达坎布里奇时，虽然没有联合决议，但他已经知道里面会包含什么内容，此前的省议会已在汉考克的主持下进行了一周。这次集会是非法的，并且从一开始就是分裂的。来自伍斯特县的56人呼吁建立一支军队，他们在伯克县的同志们也意见一致，但其他县都退缩观望，等着费城那边的官方消息。不过很快，激进派就占了上风。

辩论是秘密进行的，只记录下了最终的决定。不过这样的行为也足以构成谋反了。一组委员会列出了马萨诸塞州自我防卫所需的武器。25日，省议会投票决定购买足够的物资装备军队：22门野战炮、4门迫击炮用于包围镇子，35吨的霰弹、实心弹和炸弹，1000桶火药，5000支装配刺刀的火枪和步枪，7.5万颗打火石。第二天，成员们通过了一项关键决定：创建新的民兵团，这是埃尔布里奇·格里这类人长久以来一直在主张的。旧的殖民地民兵将不复存在，取而代之的是一支由当地团体组成的新军队，每个团体选举自己的军官。

这绝对是叛国罪，任何一位英国法官的字典里都是这样写的。两天后，10月28日，省议会再次触犯这条罪行，投票决定不把当地税收交给殖民地的出纳，那位出纳员已在这一岗位上工作了20年，是英国的坚定支持者。以后，这笔钱将会进入省议会创建的一个基金，由他们自己的出纳监管。这也是谋反，而且是公开的。几天后，《波士顿公报》刊登了两份决议的内容，并有会议记录员的署名：这是个重要的细节。在英格兰法院，一份有署名的会议记录就足以将约翰·汉考克和其他所有与会人员送上绞架了。

与此同时，该区域的其他地方也在备战。10月，罗得岛的会议授予了每个城镇建立自己独立民兵团的权利，并承诺会驰援马萨诸塞州。康涅狄格州进行武装操练，并将军火库存增倍。但是新闻传到英格兰的速度总是异常缓慢，恶劣的天气也成了共谋，制造出更多的延误。

　　坏天气为英国提前带来了冬天，也困住了全部的西行航线。海难事故的报道比比皆是，横跨大西洋的航行时间突然延长了一倍。直到12月9日，关于联合协议以及坎布里奇的投票的第一份报道才抵达伦敦，由一艘从纽约出发的货船带来；消息尽管令人震惊，但这些也只是媒体的报道，可能并不准确。几天后，就8月下旬马萨诸塞州伍斯特的叛乱，司法部长瑟罗发表了看法，认定那就是叛乱行为。但这还不够。那些被他称为叛军的人，由约书亚·毕格罗领导，不过是些次要人物，也许他们并不能代表整个殖民地。

　　无论怎样，内阁在做出任何新的决定之前，需要听到盖奇将军的正式说法。在坎布里奇投票后，盖奇立即搜集了一捆带有罪证的报纸，包括《波士顿公报》的相关期号。和这些报纸一起送出的还有一封信，盖奇写道，反叛者们计划出兵与他在战场上作战。这份邮包被送上了一艘海军帆船，圣劳伦斯号，并于11月初离开波士顿，但直到新年到来才抵达英格兰。而在此期间，报纸都在嘲笑国王的首席部长，因为他表现出的似乎是优柔寡断，甚至是懦弱。

　　诺斯勋爵的表现就像是个外行，《民众报》对首相做出草率、轻蔑的评价："他取得了一定的政治重要性，但可以肯定的是，他的才干与之并不相称。"白厅的情绪变得脆弱、易怒。就算没有媒体的支持，诺斯勋爵仍然享有国王乔治三世的支持，因此他的同事们将帝国的瓦解归咎于盖奇和达特茅斯。殖民部长提出向美国派出调查委员会，去会见友好的一派，希望可以找到和解的方法。但这个想法已不再可行。在强制法案通过以前，派出调查团可能还会有用。而现在提出这样的建议只会激怒内阁的其他成员，这些人对达特茅斯和盖奇的信任已降到了最低。

　　然而，讽刺的是在新英格兰，这位英国的指挥官终于自己采取了强硬路线。虽然缺乏交流，盖奇已经摆脱了低迷的士气。甚至在坎布里奇会议之前，他就已经承认了他最初给国王提出的建议是严重错误的。渐渐地，他的态度转变了。将军不再是以代理州长政务为主业的政治家，在那年秋天，他又恢复了作为一名军人的勇气。

10月初，盖奇终于写信给他的朋友巴林顿勋爵，跟他说了夺回新英格兰所需要的一切。面对一个近50万人口地区的叛乱，他需要2万名士兵和更多的火炮。他终于提到了骑兵——"三或四个轻骑兵团"——在行军部队的前方撒网侦查。他的要求完全是不切实际的——英国的陆军兵力仍处于和平时期的水平，其中20个营被固定在了爱尔兰，英国根本拿不出那么多的军队和马匹——但至少盖奇已经开始看到他所面对的挑战的规模。

他也开始听取自己手下鹰派军官的意见，如珀西准将和亚历山大·莱斯利。从莱斯利上校不得不眼睁睁地看着茶叶被倾入海港到现在过去了不到一年的时间。到了1774年秋天，盖奇已经认同了他的观点：必须使用武力让殖民地屈服。学者们对将军在那个冬季的想法有着不同的解读，但只有三种证据存留了下来：他寄回英格兰的信；政府自己的报纸，表明了政府明白他所说的；还有最能说明问题的——盖奇每天对手下下达命令的记录，今天它被保存在波士顿公共图书馆和纽约历史协会。放在一起，证据显示盖奇将军绝不希望达成什么停火协议或交易，他希望被告知对省议会采取攻势。

"我希望你能果决坚定地派给我足够多的兵力，长驱直入统领这个国家……确保每一寸土地上的服从，"盖奇在12月14日写信给巴灵顿，"事情正处在紧要关头，如果此时退让就要永远退让。"即便他在表面上安抚波士顿人，几周以来他的一举一动都指向一个目的。叛乱已经发生，就必须被镇压。将军知道来年春天必有一战，即使他所要求的增援部队尚未到来。

他的命令记录展现了他思想变化的过程。他的主要考虑是：在他得到所需的增援以前，推迟任何战斗；伦敦方面的强硬指令要求他追拿叛军。与此同时，盖奇想要避免激怒其他殖民地，以防它们在自己准备好行动之前去援助马萨诸塞州。出于同样的原因，他还要预防他的军队和波士顿市民之间出现暴力摩擦，那样就会导致过早交战。

　　因此从10月底开始，军队的纪律变得格外严苛。三名擅离职守的士兵挨了鞭子，每人1000下。哨兵们被告诫不许与路人争论，此外盖奇让手下的军官与波士顿的地方法官保持联络，确保他们逮捕任何在街上吵架的士兵。从11月14日开始，营地实施严格的宵禁，晚上8点过后英国兵不得外出。

　　加固波士顿防御工事的工作已基本完成，波士顿公园里也建起了临时营房，虽然受到了当地公民的抗议阻挠，将军还是加紧训练他的部队。每当天气晴朗，他们就练习独立射击或排枪射击。步兵必须学会"以极快的速度"转身发枪，他们的总指挥官说道。他们练习为火枪快速上膛，用锤子打实以防止不发火。

　　11月底，盖奇为那场他知道必然会发生的交战起草了一份战斗命令。十个兵团——更多的兵团已经到来，还有从纽约运来的弹药——分成三个部队，总人数近4000人：这就是他能调用的全部兵力了。这些人的冬天将会非常难过，士兵和家属们就住在柴火短缺的临时营房里，痢疾和天花已夺去了不少生命。他们周围的波士顿城一如既往地充满敌意。不过大洋另一端的拖延和犹豫终于到了要结束的时候。

　　虽然美国人已经开始革命，但英国人现在也打算开战了。1月的第一个星期，诺斯勋爵收到了必要的确认信息：约翰·汉考克和他的同志们已经建立了一个非法政府。这让英国别无选择。和从前斯图亚特王朝的苏格兰拥护者们一样，新英格兰的叛党们也别想获得任何怜悯或宽恕。

第十六章

致命的邮件

波士顿人选出了16000名民兵，这些人被叫作"一分钟人"，顾名思义，他们随时待命，会在发出警报的一分钟内做出反应。

——霍勒斯·沃波尔，1775年1月15日

在伦敦，旧的一年在谣言和困惑的迷雾中接近了尾声。议会休会，军队被困在波士顿，诺斯勋爵也没有出台任何新计划的迹象，因此，人们的猜测填补了政策上的真空。到了12月中旬，联合协议的文本被伦敦的新闻界转载，每个人都知道了大陆会议的结果。内阁会作何反应？部长们是否会把联合抵制看作是又一次的叛国行为，还是只把它当作虚张声势的姿态？这些目前还都不好说。政府释放出的是混合信号，公众只有猜测政府的意图是要谈判还是开战。

一如既往，英国人以最恶俗的方式逃避到了欢笑声中。橡树

园的盛宴仍然让人记忆犹新，槲寄生和牧神元素在那年冬天风靡一时。在考文特花园，在国王面前，宾客们上演了哑剧《德鲁伊》，伴有舞蹈和假面剧，还有一位著名的滑稽演员。在演出的高潮，他用"美国的焦油羽毛套装"来折磨剧中的丑角。据评论者说，乔治三世"显得很不安"。

谣言通常基于真实和虚假的组合。在这一点上，我们可以将部分原因归咎于诺斯勋爵，他做了一件看起来如此匪夷所思的事情，直让人摸不着头脑。12月16日，在假期开始前的几天，部长们带着军队预算来到下议院。尽管美国出现了动乱，他们只提议给殖民地的军队增加400人。海军会在事实上缩减，国内水域将减少4000名水兵。

内阁哪里有决心开战的迹象呢？然而，内阁和国王说出的话似乎又指向战争的方向。多刺的苏格兰人乔治·约翰斯通，《茶叶条例》的旧有攻击者，又将这种看似明显的矛盾进一步扩大。州长约翰斯通反对任何针对殖民地的强迫措施，因此在前一年的春天投了反对票。鉴于内阁对美国的立场，"这场争辩只有用武力才能决出胜负"，他说。可是，他继续说，那样海军就会被掏空，而此时要是法国乘虚而入，英国本土就完全暴露在了敌人面前。

事实上，这是不太可能的。因为路易十六有他自己的麻烦，也正因为如此，诺斯勋爵才觉得军费预算上可以省点钱出来。法国的新国王为了修复疲弱的财务状况，任命了一位启蒙哲学家，安-罗伯特-雅克·杜尔哥，担任财务总主管。杜尔哥是自由市场的拥护者，他希望摆脱旧有的粮食价格控制来重振法国经济。这又是一个大胆却不合时宜的想法。连年的坏收成已经给法国带来了比英格兰更为严重的困境。改革措施在1774年9月生效，正值持续的大雨让又一年的收成泡了汤。随着面包价格的飙升，骚乱蔓延到整个法国北部，一直到达凡尔赛宫的大门口。

法国的"面粉战争"持续了九个月，伦敦的罗奇福德勋爵一直在密切关注。看到法国陷入混乱，英国可以放松对印度的威慑，并且英国也认定自己的老对手不会出手帮助美国人了。因此，内阁削减了军事预算。其支出计划轻而易举就在下议院获得通过，这得感谢诺斯在下议院数量庞大的支持者，可是这个决定在战略上却是有害的。舰队缩小了规模，政府就不可能再改变主意去接受巴林顿勋爵的提议：将部队从新英格兰撤出，依靠海军教训殖民地。

随着圣诞节的临近，内阁的心思仍难以揣度，首都流传出了许多不同的说法。盖奇将军是否将被召回？他是否会被更精干、更勇敢的人取代？到了12月的第四周，许多人都认为这是很有可能的。就在议会休会之前，爱德蒙·伯克也加入了众人的声音：他说盖奇的策略是荒谬的，他"在围困别人的同时把自己也困住了"。报纸报道了盖奇在海峡建设防御工事受到波士顿阻挠的事情，随后就有一些诡秘的小文章声称，盖奇很快就会被免职。

甚至还有传言说就连诺斯也即将下台。由高尔和希尔斯伯格组建的内阁将会取代他，并且采取必要的步骤结束这场危机。因为国王看起来对诺斯仍非常信任，这种传言肯定是荒唐的。可是就在圣诞节期间，这个故事却传开了，并且消息的来源又看似非常可靠，以至于亚瑟·李将这个消息传回了弗吉尼亚。那么，美国的老朋友，查塔姆勋爵呢？有传言说他很快就会从病床上起来出任中间人，与殖民地达成新的和解方案。因为查塔姆在议会中的追随者很少并且也不稳定，像这种事根本就是无稽之谈，但是——无疑出于上层贵族之口——这样重大事件的谈论却被泄露到公共领域，而此时媒体报纸正等待着一次决定性的讲话，因为议员们在1月份已再次聚集到一起开会。事实上，本杰明·富兰克林相信只有查塔姆能够阻止灾难，他是美国人唯一相信的英国政治家。去年8月，这两人曾见面交流过想法。几个月过去了，他们还保持着联系，并且在深冬季节，查塔姆还找亚瑟·李交谈过。

最有可能的是，查塔姆只是在要手腕。他很有可能只是想要再次申明自己反对诺斯勋爵的立场，这样日后如果灾难发生，战争严重失利之时，作为唯一一位既可以让美国人坐到谈判桌上来，又可以用军事镇压他们的人，他就可以上台了。如果这是他所希望的，那么这种想法也同样荒谬。无论在七年战争中他怎样带领国家走向了胜利，在和平时期，查塔姆的傲慢和自私已经得罪了几乎整个英国的主流政治家们。不过他在新闻界倒是有许多朋友，并且在大洋的彼岸也颇有影响。如果抓住机会，就算不能将现有政府赶下台，他的雄辩也可以重创政敌。查塔姆勋爵是内阁无法忽视的两位政治对手之一，另一位就是本杰明·富兰克林。

要是英国真的打算与大陆会议进行谈判，内阁部长们就不得不先从这位美国人着手。因为他们没有其他能说得上话的人，尽管富兰克林为白厅所憎恶。实际上，12月23日的股市大涨就是因为有传闻说富兰克林和诺斯勋爵已经达成了和平协议。这个传闻又是一次胡乱的夸张，但市场总是能嗅出政治家们想要秘而不宣的事情。事实上，在11月底，有人分别通过两个不同的渠道与富兰克林接触，向他转达了政府可能愿意商谈和解的意愿。作为回应，他和达特茅斯展开了对话，并断断续续地维持了三个月。当然，这些商谈丝毫没有成功的可能。

与富兰克林接触的这两个渠道中，较为重要的一个是两名贵格会员，大卫·巴克利和约翰·福瑟吉尔，他们的动机显然是真诚的：想要阻止一场战争。巴克利是位大商人，其家族创建了现代的银行。他与威尔克斯阵营以及西印度群岛的商人关系友好，他与福瑟吉尔形影不离，后者不仅是达特茅斯家族也是富兰克林的家庭医生。11月底，福瑟吉尔和巴克利见到了富兰克林，并暗示殖民部长可能会愿意接受探讨。

因为显而易见的原因——这位美国人仍然不受内阁的欢迎——任何交流，虽然只是试探性的，必须保密，并且保持一定的距离。了解到这一点后，富兰克林克服了自己的怀疑，对话开始了。直到今天，这些对话的意义仍然是模糊的。关于这些讨论，英国没有任何官方的记录，唯一的信息来源只有富兰克林的文章和达特茅斯一些粗略的笔记。这也可能是巴克利和福瑟吉尔的自作主张，同时和两方接触，希望他们可以达成某些共识。另外一种可能是：达特茅斯因为担忧会出现流血事件，将这视为最后一条必须尝试的途径，于是让两名贵格会员照他说的去做。这是很有可能的。鉴于他的基督教信仰，达特茅斯永远都不会忘记圣马太的教导以及自己肩负的和平使命。但他也不会放弃另一个使命：维护法律，阻止马萨诸塞州或考文特花园小巷子里的罪人们继续作恶。

因此他在12月初与富兰克林开始了对话，也许并不确定他想要达成什么目的。达特茅斯的灵魂在宽容与严厉之间被撕扯，他只能尽力尝试。有一个重要问题必须首先得到回答。美国人想要什么？他们对自由的胃口有多大？福瑟吉尔与巴克利请富兰克林陈述殖民地的情况。到了12月6日，这位美国人已经写好了一篇文章来陈述条件。这篇名为“对话提示”的文章内容具体，令人信服。在文章17个编号的段落中，富兰克林概述了一项让宗主国和美国之间保持“持久联盟”的计划。波士顿将为其损毁的财物做出赔偿，而英国则要废除茶叶税：公平交换，富兰克林这样认为。

他的这篇文章的确包含了许多合理的想法，但本杰明·富兰克林的想法往往太过超前于他的时代。例如，他建议在与法国或西班牙出现战事的时候，适度对美国征税来负担部分的陆军和海军开支。考虑到美国较小的人口数量，征税数额将参照英国人自己所交的土地税数额。这实际上要了一个花招；的确，1800年，英国在与爱尔兰进行联合条款的谈判时，设计了类似的做法，根据每个国家的人口和经济资源来分摊税收数额。

不过在18世纪70年代，富兰克林的想法看起来还是太极端了。尤其是他提出了达特茅斯永远都不可能同意的三个条件。除非得到每个殖民地的许可，英国不在殖民地驻兵。这一条英国人永远都不会答应。富兰克林还要求废除《魁北克法案》以及为马萨诸塞州政府制定的新法规。这也是不可接受的。最具挑衅的是，富兰克林在文章的结尾否认了帝国统治的权力。他的第十七项条件是：“要议会否认其在殖民地的立法权力。”

也许这只是一系列交换条件的开场部分，但富兰克林的这篇文章却没给达特茅斯什么操作的余地。达特茅斯永远不可能把这些想法拿给他的同事或者乔治三世，那些人已经拿定主意反对任何让步。即便如此，达特茅斯仍继续接收富兰克林的意见，直到1775年的新年。富兰克林继续与福瑟吉尔和巴克利接触的同时，还单独会见了皇家海军的一位少将，他也相信战争是可以避免的。这些会面是这样开始的。

几乎在那两名贵格会员前来接触的同时，富兰克林收到了卡罗琳·豪夫人的下棋邀请。这是位50岁上下的寡妇，颇具魅力，她的弟弟们都曾在部队中奋勇效力。豪夫人是位聪明、时尚的女人，对数学和谋划都很有天分，她与富兰克林在棋盘对面见了两次面。12月4日，他们第二次见面时，她将话题引向英国与殖民地之间的争吵。"我希望我们不会打起内战来，"夫人说道，"要我说，他们应该相互亲吻，做朋友。"她擅长奉承，正如她精通数学，她认为富兰克林是解决目前争端的理想外交官。富兰克林友好地向她表示了感谢，同一天晚上，他又去见了福瑟吉尔和巴克利。

三周后，在圣诞节当天，富兰克林拜访了豪夫人。现在媒体已经登出消息称他与诺斯勋爵达成了协议。这当然是荒谬的——富兰克林和豪夫人都清楚这点——但她趁这个机会，建议富兰克林去和自己的弟弟，海军少将理查德·豪谈一谈，他在政府可能会有有用的关系。这名少将是位杰出的指挥官，在七年战争中曾在法国海岸领导大胆的突袭，他现年只有48岁，在将来的任何战争冲突中，有可能会被提拔到最高的级别。富兰克林谨慎地同意了会面：于是少将出现在了门口，开启了另一轮断断续续的会谈。理查德·豪充当了与内阁交流的中间人，借着下象棋的名义，他们有了更多次的会面，并一直持续到2月中旬。

但这位将领的介入和贵格会员的努力一样，都是毫无希望的。当他读了富兰克林的17项和解要求时，豪"发出哀叹"，富兰克林回忆道，"我的提议好像不能被接受"。现在，将要发生的事已经不是这座城市里一小部分心怀好意的人可以阻止的了。已经发生了太多的事情。美国人民已经武装起来了；国王和他的内阁已经说了那么多要殖民地投降屈服的话，不敢有一寸的退让。

也许只有伦敦的两位政治家真正明白局势已变得如何可怕。一个是查尔斯·伦诺克斯，也就是那位硬骨头的里士满公爵，但即使在他自己的辉格党盟友中，他的意见也往往被认为太奇怪、太法国化，而不被听取。另一人就是陆军部的巴林顿勋爵。从与法国作战的经历中他知道，如果违背美国人民的意愿而在美国供养一支军队会有多难。在圣诞节夜，巴林顿又写了一份备忘录，要求从马萨诸塞州撤军。

在陆地上，英国根本不可能取胜。他告诉达特茅斯，马萨诸塞州面积太大，并且遍地都是可以拿起武器的农民。即便能够征服，其代价将是可怕的，巴林顿称会有"内战的恐怖和血腥"，接下来就是长期占领的负担。他同意波士顿应该受到惩罚，但不是以这样的代价。把军队转移到加拿大，巴林顿说：然后派遣更多的船只到海岸巡逻，直到美国人开始屈服，英国就可以体面地提出让两国都感到满意的条款。

他提出如此强烈的要求，却没人理睬。一个星期以后，圣劳伦斯号帆船抵达英格兰，紧随其后抵达的是来自塞勒姆的商船，密涅瓦号，再然后是一艘军用运输船，"迷人的南希"。经过11月份降雪和风暴的洗刷，天空变得晴朗，大西洋两岸意外地迎来了暖冬。"迷人的南希"在12月16日离开波士顿后，仅仅用了24天就横跨了大洋。在那么多的耽搁与延迟之后，突然之间，官方的消息奔涌而至。英国内阁总算可以不必仅仅依靠急件了。这三艘船带来的乘客可以当面向部长们做简报。在1775年的新年，战争的决定变得不可避免。

"迷人的南希"带来的消息

威斯敏斯特在一月发生的重大事件，历史鲜有详细记述。只有两位英国历史学家仔细地探究过。可以理解的是，大多数美国学者更关注他们那一边的革命进程。而当他们试图分析英国所采取的决策时，往往会滑入两个极端。美国作家要么将诺斯勋爵和他的同事们贬斥为傻瓜或暴君，只会对起义本能地进行镇压，而不顾武力带来的流血牺牲；要么就走向另一个极端，认为内阁从未认真想要开战，而只是想让盖奇将军吓唬吓唬美国人，直到他们不再抗拒权威为止。

通常，历史上存留下来的证据往往不止有一种解释；但若综合考量，就会得出以下结论。因为相信风险是经过计算的，诺斯和内阁谨慎地选择在马萨诸塞州开始一场他们认为会是短暂、局部的战争。这样的做法是受到了1745年击败詹姆士二世党人叛乱这一唯一先例的蒙蔽。它的影子落在每一次内阁会议的桌子上。卡洛登战役之后，苏格兰高地就永远安静了，这似乎是证明，军事行动可以带来持久的和平。同以往一样，亚历山大·韦德伯恩坦率得让人难以接受。"自打那次叛乱以来，苏格兰人民更听话了"，这位总检察长在1月19日对马斯·哈钦森说。受到来自对手和媒体的批评，大臣们觉得有必要采取坚决行动，就像他们的先辈对查尔斯·爱德华·斯图亚特所做的那样。

政府一旦选择使用武力，就不可逆转，这一点，诺斯和他的同事们是完全清楚的。但他们预计战斗只会局限在波士顿的腹地。他们未能认识到马萨诸塞州的任何武装冲突都必然会让其他殖民地站起来反对自己。虽然他们听说了大陆会议，但他们相信约翰·汉考克和他的同志们只是代表新英格兰被误导的狂热分子。这是一个可怕的错误，但它的出现恐怕也带着必然性。

1月的第一个星期，内阁部长们收到了一大波新的证据，表明他们面对着反叛。圣劳伦斯号带来的信件被送到伦敦，直接拿给了达特茅斯。这其中有盖奇将军增援多达两万人军队的请求，还确认了10月下旬坎布里奇已经投票决定建立一支新的民兵队伍，并呼吁每个城镇不要上交自己的税收。在同一天，这个故事出现在了报纸上——和茶党事件一样——媒体立刻意识到了事态的严重性。

英国的事务正在 "跌入彻底的失败"，《晨报》说，"美国武装反

抗"。该报大声疾呼，拖延就是在给殖民地民兵训练和装备的时间，将会
是灾难性的。最糟糕的是，政府还未能评估出前方叛军的数量规模。很快
这就成了媒体，甚至政客们议论的主题。这样的报道让诺斯倍感尴尬，而
对伯克和议会中的反对党来说，他们则找到了攻击诺斯的新战线。

诺斯的同事都非常恼火，罗奇福德对达特茅斯的缺乏主动深感不满，
而高尔显然在向媒体提供更换领导的故事。现在就连诺斯也对达特茅斯失
去耐心，将一份照会发给他，要他拿出新想法。在高压之下，殖民部长逐
渐放弃了自己对和平的希望。美国来的船带回了第一位去年夏天骚动的目
击者。这让他对马萨诸塞州释放出的兽性本质不再有任何怀疑。

密涅瓦号带来的乘客中，有一位叫乔纳森·布里斯的前英国律师，他
来自斯普林菲尔德，那个小镇充满了狂热的激进分子。8月份，3000名镇民
聚集在一起关闭了汉普郡的法院，他们迫使布里斯签署不同意就职新殖民
政府的文件。1月4日，他见到达特茅斯后，将当地的混乱情况向达特茅斯
做了第一手的描述。"英国应该让步吗？"部长问道。"不，"布里斯回
答，"只有使用武力才能让该省恢复秩序。"

托马斯·哈钦森见证了他们的谈话，并惊讶于达特茅斯的高级助手
们表现出的闲散。他看见威廉·诺克斯和约翰·伯纳尔懒洋洋地躺靠在办
公桌前，他觉得很奇怪，但这有一个解释。这些英国官员对哈钦森怀有戒
心，不会把心里的想法告诉他。他们的敏感计划不可能透露给这样一个不
断与人交谈、书信联系的人。这位前州长动身去巴斯度假了，而官员们
带着一种新的紧迫感开始交换信息。

第二天从海军部传来了当值军官的急件。根据格雷福斯上将的报告，
叛军打算袭击英国军队，强攻波士顿，将整个城市点燃。紧接着又收到了
纽约发来的报告，称激进分子已经控制了全城，并倒向了对大陆会议的支
持。而随着报纸对每一条消息的追踪报道，伦敦城也被搅动了起来，这些
让诺斯勋爵承受了更大的压力。

到目前为止，商界人士保持了相对的安静，但是美国最近传来的消

息却让他们活动了起来。1月3日，因为担心联合抵制会破坏甘蔗种植岛和大陆之间的生意，西印度群岛的商人们召开了一个紧急会议。第二天，约翰·汉考克的朋友乔治·海利向300名与弗吉尼亚和新英格兰有业务往来的贸易商发表了讲话。他们投票决定起草一份请愿书，呼吁政府和平解决冲突。殖民地的请愿书可以被忽略，但这份来自伦敦的抗议就需要在下议院开会时进行辩论了。到了那时，诺斯就需要拿出一份能让自己的后座议员满意的新计划。此时的媒体在指责政府的无能和迟钝。"美国将会胜利，并取得独立，这是英国政策在未来产生的后果，"《晨报》说，"英国从未像现在这样让人蔑视。"

此时伦敦的政客官员们基本都去了乡下，结霜的天气让打猎变得十分适宜，不过很快他们就会回来重新填满这座城市。再有两周的时间，夏洛特皇后就要庆祝她的生日，她的生日舞会标志着另一个社交季的开始。在那之后——1月19日——就是议会重新召开的日子，查塔姆勋爵可能会复出。为了对政治纷争做好准备，内阁部长们提前一周碰面，地点就在罗奇福德在克利夫兰的办公室里，正对着圣詹姆斯宫。1月13日聚会时，他们已经拿到了来自波士顿的一封急件，这封信给了他们一种新的信心和决心。

这封信是不到一个月前写的，由盖奇的高级军官，校皇家燧发枪团的理查德·普雷斯科特上校乘坐迷人的南希号亲自带来。这是非同寻常的——将军此前从未派出过特使——更不会派普雷斯科特，因为这位快50岁的男人是位资深军人，曾在德国打仗，并很快就会晋升为准将。普雷斯科特绝非只是信使，他受命前来面见内阁，回答部长们的任何问题，并向他们传递因为过于机密而不能写下的信息。由于没有确切的记录，我们永远都无从知道他到底说了什么，但是他的简报却打消了他们关于动用武力的最后疑虑。

上校带来了一捆波士顿报纸，其中包含一个新词——"一分钟人"——来自约翰·汉考克的另一项叛国行为。12月在坎布里奇的会面中，省议会已经告诉马萨诸塞州的每一个小镇，让他们自己的预备役士兵准备随时战斗，每位志愿者都配有一把枪、一把刺刀和30发子弹。此前8月新英格兰就已经讨论过"一分钟人"的事情，只是这样的消息一直未曾跨过大洋。而现在这个术语公然出现在了波士顿的报纸上，显然省议会已经把自己看作是一个合法政府了。

省议会计划2月1日在坎布里奇再次开会：这条重要的情报让内阁别无选择。任何类似的集会都将是另一次的反叛行为，盖奇将军必须动用一切可用兵力将其镇压。不可能给他两万兵力——时间太仓促——可是从将军发来的急件上的语气来看，似乎只要将军坚定行动，反叛者就会被驱散。盖奇在信中的语气很平静，甚至相当乐观，表明经过夏天的黑暗时期，他已经提高了斗志。信中还包含着一个致命的预期：如果英国人展现出坚决，并将盖奇说的"一支可敬的军队"派出作战，那些想要保卫帝国的忠诚美国人就会加入自己的队伍。

从接下来发生的事情上看，很明显，普雷斯科特也说了同样的话。在他出现后，气氛立刻变得更加紧张。托马斯·哈钦森在休假中听说了上校到了伦敦，还有九封从美国寄来的信正等着他回去。这让他感到了一种新的不安，他在忧心忡忡地从布里斯托尔往回赶的途中，出现了一种奇怪的幻觉——"我身体的一部分不见了，就好像它是陌生人身上的一部分"——这样的象征意义再清楚不过了。美国正在被失去，就像被截去的断肢。

与此同时，另一名从殖民地来到伦敦的访客也注意到了政治气候的变化。这人正是波士顿的激进律师，约西亚·昆西，他带着奇怪的个人使命来到英格兰进行调解。11月下旬登陆上岸后，他去见了达特茅斯，之后又去见了诺斯勋爵，他们耐心地听他讲完，等他一走，就把他当作是一个麻烦制造者而摒弃。但昆西仍抱着最好的希望努力，直到1月13日上午，他突然发现这场危机是不可挽回的。伦敦的商人大会让他印象深刻，那一刻的昆西相信公众的意见已经偏向于支持美国。但随后，达特茅斯最亲密的助手的哥哥，托马斯·伯纳尔前来拜访了他。"你很快就会听到波士顿那边传来可怕的消息，"托马斯说，"事情已经定下来了。"

他没有告诉昆西究竟定下来的是什么决定，但伯纳尔是对的。上校的简报和"迷人的南希"带来的消息已经让内阁不再犹豫。那天晚上8点，内阁部长们聚集在克利夫兰起草了一项全新的有力政策，用来扑灭叛乱。首先，议会将被要求宣布马萨诸塞州叛乱；然后，内阁将向波士顿派出三个兵团，两个步兵团和一个轻龙骑兵团，去增援盖奇将军，而海军上将格里弗斯将获得更多的船只和海军陆战队。内阁也开始制订自己的商业禁运计划，对签署了联合协议的殖民地实施报复性的海上贸易禁运。达特茅斯再次建议派出和平特派员与大陆会议谈判。但这个想法被搁置在了一边，似乎这是必须等到马萨诸塞州向皇家权威屈服后的事情。

1月14日，周六，普雷斯科特上校去参见国王。同样，关于上校说了什么，我们没有相关的记录，但是根据哈钦森所说，上校带来的消息让"那

皇后的宫殿，普雷斯科特上校在这里向国王汇报波士顿的情况。图为1775年重建之前的样貌，之后它被改造为白金汉宫。出自约瑟夫·科利尔的画作。

些摇摆不定的人定了下来"。随着每一封新急件的到来，情况似乎变得越来越糟。同一天，海军部传阅了一份来自罗得岛的报告，普罗维登斯的居民劫走了一连串属于国王的大炮。到了周日的晚上，关于"一分钟人"的谈论已遍布伦敦，一直传到记者霍勒斯·沃波尔的耳朵里。媒体也知道了内阁商议的结果。

部长们在星期一晚上再次会面。离夏洛特皇后的舞会只有两天了，这座城市里的人一下子多了起来，《晨报》说，"西区的女帽制造商前所未有地忙碌。"美国的危机已经在全首都引发了各种话题，支持妥协和支持严惩的双方作者打起了宣传小册子的战争。而政府向瑟罗的朋友，约翰逊博士寻求帮助，他动笔写了反美论战《税收并非暴政》，伯克也重印了他去年最精彩的演讲。书店开始售卖殖民地的小型地图集，便于读者追踪盖奇将要发动的战役。

在这种狂热的氛围中，内阁于1月16日召开会议，议程上有两件紧急事务：决定诺斯对议会说什么，并为将军制定新的命令。海军的单桅帆船，猎鹰号，几个星期以来一直在海港待命前往波士顿，船上装载着给军队的现金——另外的1万英镑——以及内阁发出的任何指示。要是让盖奇及时获得指令，在春天与马萨诸塞州民兵交战的话，猎鹰号就要立即启程不得延误。在16日的会议上，诺斯给他的美国政策加上了最后一个元素。

它被称为《调停主张》。虽然它的名字看起来是诺斯希望向殖民地示好，他提出的计划有两个目的，其中只有一个是和平的。再次提到了征税的问题，诺斯重申了原则：殖民地必须为帝国的运营成本做出贡献。必须为陆军和海军提供经费，还有皇家在美国的官僚机构，虽然这只是很小的开支。英国会让每个殖民地每年向皇家上交固定金额的收益。作为交换，议会将放弃其在每一个同意这项条款的殖民地征税的权利。

诺斯勋爵相信，这将为一项全新、持久的和解协议提供基础，但这还不是他的唯一动机。《调停主张》还是一项计谋，旨在孤立新英格兰，使它变得更容易征服。它远非要取代军事手段，而是要与之并存，作为一种阻止其他殖民地与马萨诸塞州结盟防卫的手段。至关重要的是，这项计划假定其他殖民地的大多数人都是会放弃费城挑衅姿态的温和派；对这个假设，诺斯并没有丝毫的证据。

无论怎样，该计划仍旧是模糊和粗略的，其细节的完善还需要一个月左右的时间，并且诺斯的一些同事也持有怀疑态度。还有一个更紧迫的问题必须马上处理。就是在16号这天的会议上，内阁终于痛下决心，正式决定动用武力结束叛乱。必须如此，在那个周末，萨福克勋爵在上议院的辩论中也这样讲。夏洛特皇后的生日舞会来了又去，和以往一样，响着铃声，并在法国大使馆燃放烟火。周四，议会重新召开，查塔姆勋爵终于发表了讲话，媒体对此大加关注。英国应当从波士顿撤军，盖奇在那里只有"一支无能和耻辱的军队"。1月20日，查塔姆的提议被以77票对18票击败。作为对查塔姆的回复，萨福克勋爵证实了每个人的猜测：他宣称，一位记者说，"部长决议使用武力强制服从"。

同一天，内阁让律师出具书面意见，说明马萨诸塞州已经起义反叛。达特茅斯将《波士顿公报》和上面关于"一分钟人"以及10月份坎布里奇投票的报道交给了瑟罗和韦德伯恩。之后，他开始了等待，他的心在两种极端的情绪之间来回摇摆。让达特茅斯高兴的是，他的妻子，已经四十出头，最近刚刚生下一个女婴，而他的朋友，诗人威廉·考珀，终于在多年的精神错乱中开始恢复了。达特茅斯为这两件事欢喜的同时，美国的危机又让他疲惫不堪、心烦意乱。为将军起草新命令的任务落到了他的头上；但他着手做这件事时，他发现自己被祝福者和狂热分子强塞给他的长篇建议信给包围了。

有一个自称为"ZYX"的人给他写了四次信，向他保证所谓的叛乱都是无稽之谈：除了波士顿的那些疯子之外，美国人仍效忠于国王，抵抗即将消失。"放心好了，先生，"他告诉达特茅斯，"新英格兰人要是真像他们装出来的那样好战可真是出了奇。"另一封信的作者则持相反意见，他敦促政府占领长岛，并将其变为武装营地，这样英国就可以镇压起义，忠诚的商人也可以不用服从殖民地的联合抵制决定了。自称为专家的人们给了达特茅斯荒谬的建议。苏格兰最富有的人之一，理查德·奥斯瓦尔德，拥有成千上万的奴隶，他在信中咆哮着要求达特茅斯向弗吉尼亚派出一名特使。他说新英格兰的问题是"走私帮派和心胸狭窄的盲从者"造成的，但南方的种植园主仍是友好的。用西印度群岛的垄断贸易权去争取他所说的"最显赫的几个家族"，"从北方吹来的瘟疫风暴"就会停下来。约翰·伯纳尔倾向于同意这个观点；虽然类似这样的策略曾一度可以发挥作用，但时机早已错过。

于是达特茅斯开始给盖奇将军写下新的指令。1月26日，报纸爆料称一封急件正在准备当中，并且很快他们就开始猜测信的内容。这封落款日期为27日，上面标有"机密"的信件简直可以被称为是致命的快件。当它在4月被送抵美国时，它将军队从波士顿调出，并派往列克星敦和康科德。

一直以来，这封信并未得到足够的重视。有时历史学家们根本就不会提到它，而当他们提到它时，对它的重要性又有着大不相同的解读。有时候，他们认为盖奇将军是勉为其难地接受了这封信上的指令，他本想安全地待在防御工事后面等着春天过去。并且有人认为达特茅斯的这封信写得不够光明正大，里面满是警告，一旦军事行动以失败告终，就要让盖奇承担责任。另一种解读认为，等到这封信送到波士顿时，内阁部长们已经改变了主意，想要为和解做一次新的尝试。

关于证据，我们会去找当时被说过或写下的记录；但存留下来的相关记录多达几千个。我们不仅有这封信的原文——原文清楚明了——还有当时议会的辩论记录、日记、私人信件和官方文件，它们记载了发出这封致命快件的政治环境。事实是这样的：英国人——盖奇将军和政治家们——都有意识地选择在春天武力镇压叛乱，以阻止下一届省议会的召开。盖奇此前已经发出了允许他开战的请求，并派出普雷斯科特作为他的使者，内阁部长们如他所愿地做出了回应。

他们清楚——达特茅斯也这样说——反对省议会的直接行动可能会被

视为"战争的导火索";但是如果一场内战正在新英格兰酝酿,那么最好是现在就开战,趁着叛军还没有完全武装、训练和组织完毕。英国一直在密切关注着那些想在荷兰购买武器和火药的美国人。

达特茅斯的信以批评将军开始。很久之前,当盖奇让斯卡伯勒号捎信通报8月底的事件时,他未能说明事件已经不仅仅是地方骚乱那么简单了。但那已成为过去,1月初收到的消息已经让一切都变得明了。的确发生过一些"活动"——达特茅斯指的是坎布里奇的投票——可以等同于彻底的反叛。

"国王的尊严与荣誉以及帝国的安全需要,"他写道,"在这种情况下,以暴制暴。"这说得再清楚不过了。如果叛军解散或屈服,那很好——政府希望如此——但如果没有,就必须对其作战,并会向盖奇派遣英国的备用军。至于骑兵,将军被告知要他自己去找来两百匹马作为补充。

有了这些增援,盖奇就可以采取"更积极和坚定的行动",达特茅斯写道。达特茅斯还说,不仅在马萨诸塞州,必要时还可以在罗得岛和康涅狄格州采取行动。他给不了盖奇所要求的两万人,但是为什么需要两万人呢?内阁相信,目前的民兵组织仍是"一群粗鲁的乌合之众",如果趁早对它实施有力打击,盖奇就不需要那么多的兵力了。至于大陆会议和贸易抵制,这项挑战就留给海军,海军将会保护任何无视美国贸易禁令的忠诚船只。盖奇被告知,如果省议会再次召开,就逮捕省议会的领导人。他们应当按照叛国罪被审判,要是审判无法进行,就可以不经审判将他们拘押。作为州长,盖奇有宣布军事管制的权力。当然,达特茅斯也给了将军自由裁量权,来决定如何执行他的命令,因为只有战场上的指挥官才能制订出精确的行动计划。但这封信在其他方面是很明确的,没有留下丝毫犹豫的余地:军队必须恢复殖民地的秩序。

达特茅斯写的信存留下来了几百封,有私人的也有官方的,但其中很少有哪一封信写得像这封一样。谈论世俗事务时,他的信大多都倾向于留下可供质疑的余地,并且总是会考虑到人类灵魂的脆弱——无论是诗人、妓女，还是政治家的灵魂——达特茅斯很少写出那么绝对的话来。但是他的基督教信仰一直混合着不同的元素，这一次，独裁专制的一面占了上风。再加上他对同事的忠诚，他的独裁战胜了同情。

虽然达特茅斯起草了信件，但这封信在被送出之前，还经过了一次政治上的角力。在这封信被送上猎鹰号之前，议会必须认同马萨诸塞州的确处于叛乱状态。律师们需要写下他们的意见；他们的意见写好后，诺斯就要准备好去面见下议院。

最后的决议

1月份的最后几天，这个国家似乎上演了《李尔王》中的一幕场景：风渐渐大了起来，一场风暴从西面席卷而来。朴次茅斯港的潮水涌上陆地，洪水淹没了小镇的街道，而在伦敦，被吹倒的烟囱砸向路人。泰晤士河的水位也涨了起来，河面上冒着水汽，看上去就像是在沸腾。1月30日，是处决国王查理一世的纪念日，主教布朗洛·诺斯在威斯敏斯特大教堂就政治纷争的邪恶做了一次单调乏味的布道。第二天，他的同父异母的哥哥宣读了有关美国骚乱的冗长不堪的信件。

在美国新罕布什尔州的同名港口城市朴次茅斯，叛军再次发动攻击，在保罗·里维尔的领导下，他们夺取了一座堡垒，以及一整库的火药。12月14日，在雪天的掩护下，400名民兵来到河边，一举扫除了6名站岗的英国兵。他们拔下英国国旗，将火药藏到了几英里外的内陆。在国王看来，这样的侮辱已是令人发指至极，但是每一天，事情都会有更令人痛苦的进展。甚至从不发报告的马里兰州也寄来了一封迟到的信件，警告说该州的激进分子也正在囤积武器。

到如今，许多伦敦人都确信战争已经开始了。议会的气氛变得更加忧郁，但也更坚决，种种迹象都表明，诺斯采取坚定报复措施的决定将获得支持。此时那些职业生涯可能会因危机升级而受益的人从暗处走了出来。议会辩论的语言变得比以往任何时候都更加刺耳和激烈。

去年，当查尔斯·范呼吁波士顿应被摧毁时，他还是极端的个例。但是现在他有了新的盟友，他们中的一些有着多年的军旅生涯，是更为杰出的政治家，其中就包括乔治·萨克维尔·杰曼，他在1775年底取代达特茅斯成了殖民部长。1746年，在卡洛登战役后，清洗苏格兰高地部族的时候，杰曼曾率领一支步兵团扫荡了本尼维斯山背后的峡谷，一路上，他的士兵烧杀抢掠，无恶不作。1月26日，议会投票否决了伦敦商人的请愿书，在这中间，杰曼进行了干预，他为《强制法案》辩护，并呼吁以"罗马人的严酷"执行该法案。杰曼是韦德伯恩的好友，他显然知道这位苏格兰律师和瑟罗将会给出怎样的法律意见。

在法律意见书到来之前，政府必须先清除另一个障碍：查塔姆勋爵，他准备要拿出一份他自己的安抚美国提议书。2月1日，与本杰明·富兰克林进行过一些讨论后，富兰克林此前与白厅的秘密对话已经彻底谈崩，查塔姆带着他的计划书走进了上议院。他呼吁议会承认大陆会议，保留旧有的殖民地宪章，并放弃使用武力。他的同事们选择不对他的建议进行辩论。

之后的2月2日，报纸上仍满是战争的谈论，更多的洪水和风暴袭击了英格兰南部，首席检察官和他的副手带着他们的建议回来了。是的，瑟罗和韦德伯恩说，省议会已经触犯了叛国罪。诺斯勋爵终于有了他所需要的一切。下午4点稍过，大厅和走廊外挤满了围观者，诺斯起身向下议院发表了两个小时的讲话。

有人对税收提出了抗议，争论由此开始，诺斯勋爵向下议院出示了相关数据。英国人向财政部缴多少税？每人每年平均25先令。美国人呢？每人只有6便士。内阁已经将一大捆的文件拿到了下议院，其中包括盖奇将军的来信，诺斯把这些文件过了一遍，勾画出了一幅马萨诸塞州蓄意反叛的图画，然后表明了政府的立场。政府会增援军队，出台新法禁止新英格

兰的海外贸易，也禁止他们使用纽芬兰渔场。诺斯还要求下议院向国王致
函，说明殖民地在反抗。紧接着，韦德伯恩发表讲话，称反叛者是"王国
内部的敌人"。

这只是三场辩论中的第一场。这三场辩论持续了一周，其中两场在下
议院，一场在上议院。与此同时，猎鹰号在斯皮特黑德湾待命。虽然这些
辩论缺少了前一年辩论中出现的那种滔滔不绝，但它们却是极富戏剧性的
会话，也许在历史中只有一场辩论具有与之相等的意义：1938年10月议会
就慕尼黑协定的辩论，当时的问题也是战争或是和平的抉择。诺斯勋爵肯
定会赢得这次投票，正如内维尔·张伯伦也赢得了辩论，但是辩论本身绝
非一边倒的。超过100名下议院议员对政府投了反对票。他们中当然包括罗
金汉姆党、威尔克斯阵营，以及查塔姆的朋友，但还包括了几十名无党派
人士，他们有的担心战争的代价或对经济造成的损失，有的不同意开战的
理由。

无论在议会还是街头巷尾，没有人怀疑诺斯的提议的严重性。埃德
蒙·伯克说，国家正在跳入"一个可怕的深渊"。因为身体欠佳，他未能
出现在第一轮的辩论中；但罗金汉姆党的同伴们，以异乎寻常的胆量拿
起了指挥棒。用约翰·卡文迪什的话说，向国王致函就相当于"宣布内
战"，因为它将使盖奇别无选择，只有向反叛者进军。宣布内战的说法在
首都上空回荡，富兰克林匆忙赶到下议院。有人看见他在大厅里，近乎绝
望地试图想要获准进去，但却被挡在了门外。

白厅的官员在这几天里高度焦虑，这不仅是因为他们担心辩论失败，
还因为，如果他们赢了，就必须找来更多的军队和军舰，然后不管波士
顿发生了什么，都要在殖民地拼凑出一个新秩序。托马斯·哈钦森与约
翰·伯纳尔进行了一个小时的会面，伯纳尔忧心忡忡，仔细研读弗吉尼亚
州的历史，想从中找出处理叛乱的先例。财政部又出现了另一个问题：因
为美国的食品和日用品价格急剧上升，他们迫切需要为军队筹集到更多的
资金。

只有乔治三世看起来很镇定。新罕布什尔的火药被盗让国王震惊——他敦促诺斯把这次事件放在首要来办——国王不要听到任何让步妥协的话。他说"任何坦诚、理性的头脑"都可以看到，内阁采取的步骤是完全正确且恰当的。有了国王的这种精神支持，诺斯分别在2月2日与6日，赢得了下议院的两个长辩论，其间三次独立的投票都在午夜过后。他获得的多数票在每一次都略有不同，但即使是他差距最小的胜利也获得了288票比106票的结果。

对反对派来说，简单来说问题就是这样：在1774年春夏的议会辩论中，关于英国至高权威的问题已经被充分详细地讨论过，并显然已经有了定论。议会已经明确肯定自己有为美国制定法律的权力。而现在美国人用武力挑战这项权力的时候，议会又怎么会后退？这样一来，反对派只剩下两种选择。一个是他们可以跟随查塔姆勋爵——正如约翰·威尔克斯所做的那样，给诺斯勋爵贴上"残酷、不公正"的标签——选择彻底逆转英国的政策。但这一点罗金汉姆一党是做不到的。对他们来说这是不可能的，因为九年前，是他们起草了《宣告法》并将其通过立法。

另一个选择是，他们可以将这种动荡的局面归咎于盖奇将军。他们可以质疑他从前线发回的信件，并宣称叛乱并没有真正发生过。乔治·约翰斯通在2月6日就阐明了这种观点："看来盖奇将军经常欺骗政府。他所预言的事没发生过一件。"约翰斯通说，如果殖民地现在深感不满，那也是因为他们是受害者，而不是背叛者。如果他们满腔怒火，那么英国难辞其咎。动用武力是邪恶的，并且注定要失败。

辩论在2月7日上议院的争论中达到了高潮，其中有五个小时的辩论都为里士满公爵所占据。他与乔治·约翰斯通提出了相同的看法，添加上了与法国开战这一可怕的个人预测，并且还拿出了最后一招，对坐在上议院的主教们进行人身攻击。他说，他们白色的衣袖将会沾上美国人的鲜血。之后，他也同样被击败。以90票比24票的投票结果，上议院宣布殖民地已经反叛。

　　这样，政府几乎已经取得了它所需要的一切。诺斯勋爵还要再拿出一条法令来禁止新英格兰的海上贸易，并且很快他就会宣布《安抚决议》。他立即向议会提交了前面的法令，而后者的决议宣布可以再等一个星期左右。与此同时，内阁成员们在一种奇怪、不安的心情中得过且过，他们已下定决心，但同时也感到沮丧。诺斯再次陷入了抑郁——托马斯·哈钦森说诺斯似乎被"事务的重担压垮"——达特茅斯的精力也变得衰弱。虽然美国新传来的每一封信都证明他们采取的行动是正确的，但每一封信都让他们前面的任务看起来更加艰巨。

　　2月10日，威廉斯堡的邓莫尔勋爵终于发来了信件。他一心想要为他去肖尼远征的行为辩解，对此写了非常大的篇幅。当回到省会的时候，他发现每一个县都处于愤怒和不服从的状态，它们公开组织了一个独立的武装民兵团。这位州长说，他们封锁了切萨皮克：没有别的选择。因此在3月初，诺斯将新英格兰海上贸易的禁令扩大了适用范围，增加了另外五个殖

乔治三世驾着象征英国的马车踏过宪法的残骸，冲向深渊。远处的天空出现了美国的字样。最前面是桑威治勋爵用一袋现金在贿赂公众。出自《威斯敏斯特杂志》，1775年5月，在列克星敦和康科德的战斗消息传来之前。（美国国会图书馆）

民地。这其中包括了弗吉尼亚州和马里兰州。

没什么好说的了，已没有回头路可走，内阁也没有打算要回头。[①]2月20日，诺斯前去议会提交了他的安抚法案，为殖民地的税收提出了新政策。尽管这条法案旨在提高英国战胜新英格兰的把握，但是下议院却没有人愿意向美国做出让步。虽然下议院投票通过了法案，但是后座议员也提出了抗议，呼吁给予殖民地更多的惩罚措施。

一切都指向了战争；媒体对将会开战非常肯定，政府也已经决定派出三名将军去帮助盖奇，以坚定他的决心，这三人是：威廉·豪、亨利·克林顿和约翰·伯格因。之后，2月26日，海军帆船斯必得威尔号终于截获到了给叛军运送军火的荷兰船和美国船，它们满载着火药从阿姆斯特丹驶出。海军帆船的指挥官直接将消息送到了萨福克勋爵那里。

九天后，本杰明·富兰克林停止了与福瑟吉尔、巴克莱和豪氏姐弟的秘密会谈。尽管他曾在"战场"遭受到了羞辱，富兰克林却一再坚持，希望白厅可以改变主意。直到《安抚决议》发布出来，更多的会谈显然也将是徒劳。富兰克林与豪夫人进行了最后一次交谈后，就开始收拾行李了。3月20日，这位最聪明的男人从英格兰动身回美国了。昆西在那之前也已经启程，只是他在到达美国之前死在了海上。

与此同时，达特茅斯那封致命的快件还在穿越大洋的路上，只是到达的时间比政府的预计晚了五周。随着战争的临近，天气再一次发挥了重要的作用，有时它会加速事件进展的节奏，有时又会让事情慢下来，造成长时间的间断。2月初，那封快件和律师们认定马萨诸塞州反叛的意见书就已经被交给了猎鹰号。在1月下旬的风暴过后，自西而来的大风仍继续在英吉利海峡肆虐，猎鹰号因此一直被困在怀特岛的浅滩中。2月14日她挣扎着终于驶入了公海，但很快不得不掉头回来，之后它再次尝试，花了几周的时

---

① 达特茅斯绝非想要从长计议，他又给盖奇发了四封信，最后一封的落款日期为4月15日，重申了1月27日那封信中的指令。

间慢慢地向兰兹角挪动。

直到3月中旬，风向才转了过来，借着东风，猎鹰号进入了大西洋。鉴于这些文件的重要性，达特茅斯制作了副本，并将它们放在了另一艘海军单桅帆船鹦鹉螺号上。当然它也一样在和恶劣的天气做斗争。现在天气站到了他们这边，两艘船开始了驶向马萨诸塞州的跨洋竞赛，结果是鹦鹉螺号胜出。4月14日它看到了科德角的尖端。两天后的中午，微风轻抚大地，鹦鹉螺号进入了波士顿港，那里有海军舰队和格雷福斯上将的旗帜。在鹦鹉螺等待领航员的时候，信件已由一艘小船送上了岸。

历史详细记载了之后发生的暴乱中的每一个细节，关于令人悲伤的杀戮，关于哪一方先开火的长篇争论，是谁更严重地违反了第六条戒律。盖奇将军在前几周就已经在波士顿城外实施了突袭，从收集到的情报来看：康科德正是他的目标。他相信，叛军将武器隐藏在了那里。塞缪尔·亚当斯和约翰·汉考克也可能就在那附近。盖奇起初占领波士顿就是一个错误，而现在他试图突围出去就是又一个错误。

有了要他采取攻势的命令，盖奇将军派出士兵前往列克星敦。4月19日，他们遇到了叛军，有人扣响了扳机。对地形毫不了解，也没有骑兵在前面掩护——轻龙骑兵还未抵达——英国兵就这样不管不顾地向康科德进发。盖奇未对周围的地形做充分地调查，英国兵走进了叛军的埋伏圈。他们在行进的过程中走到了一处河流的回弯，河水较深无法涉过，而他们所在的道路正上方的山坡为敌人发动突袭提供了充足的掩护。树林中走出了民兵，民兵的反应速度和人数都超出了盖奇的预料。战斗在康科德桥打响，规模不大，但是伤亡严重，之后英军向波士顿撤退的途中遭受了更为惨重的伤亡。就这样，战争开始了。这个消息在5月底传到英国，在那里，没有人坦率地承认自己的惊讶，但是他们确实感到惊讶，同时也被吓坏了。

这场战争酝酿已久，它是一个有着严重缺陷的帝国和体系的产物，是无知和偏见再加上那些心怀善意但却固守空洞过时理念的人共同作用的结果。"你不能将一种政体强加于一个民族"，这是里士满公爵1月20日在上议院说过的话，虽然这位激进的公爵将被证明是正确的，但是，要在多年的战争之后，这个国家才会承认这一点。查尔斯·伦诺克斯曾为他的国家发言，但是英格兰可以听取他意见的时候还没有到来。

后记

死去的贵族

伊利昂城① **将这等荣耀赐予她的英雄，**

勇士赫克托耳的灵魂安然睡去。

——亚历山大·蒲柏，荷马的《伊利亚特》，1715—1720年

要寻找弗雷德里克，即诺斯勋爵的安歇之地，最好是在秋天去探访沃克森，那时的雨水会让村庄中的建筑透出最明丽的色彩。村庄坐落在海岸石灰石岩带最北端的一个斜坡上，这条石灰石岩带起于多塞特郡海岸，一直伸展到牛津郡。村里有一个池塘，塘中岛上建有一个鸭房，来往的司机看到了鸭房就知道要减速慢行，当心路上的鸭子。这里有两个酒吧，里面卖的麦芽酒有着"疯牛"这类的名字，但这里最棒的是用岩石就地取材搭建出的小屋。在风化作用下，微小的铁粒子使石头呈现出了一种温暖

---

① 伊利昂城即是特洛伊城，译文与原文的名称相一致。——译者注

的深色，一种茶褐色或棕色，就像烤面包或炖得太久的黄油的颜色。

村庄有着宁静的历史，在这里，诺斯这个姓氏占有举足轻重的地位。八个世纪以前，一群和尚来到这里修建了一座修道院，这座修道院后来又加上了一个鹿苑和一座方尖塔，成了詹姆士一世时代政治家的宅邸。诺斯家族在沃克森修道院住了近三百年。他们死后被埋在教区教堂，"诸圣徒"的安息之处，诺斯勋爵就安葬在教堂圣坛下方的墓穴中。教堂有一座高塔，在雨天的时候，塔上的石头也会变成浓艳的坚果色。

每个礼拜天，教堂的钟声依旧响起；一棵紫杉树在小路上洒下针叶；在教堂内部，我们看到了熟悉的事物：长凳、跪垫和洗礼盆。但如果我们知道要寻找的是什么，就还会看到某种体系的痕迹，这个体系造就了诺斯勋爵，造就了他的缺陷与他的美好品质。在中殿的北通道，只有两个小小的灰色碑牌从18世纪存留了下来，上面并没有解释这些碑上刻着的名字为什么值得纪念。这些都曾是负责管理诺斯家族的地产并向租户收取租金的代理人。

在遥远的密西西比河边，我们曾遇到那座坍塌倒入河中的堡垒，它象征着帝国在美国脆弱的统治。但是，帝国最深处的弱点在于宗主国，在于创造了诺斯和他的同事们的旧政体。在沃克森的教堂，我们可以看到这个体系的一些痕迹：显然，这个体系用于管理英格兰的乡村更为安全。这是一个基于等级制度和地役权的系统，权力掌握在少数人手中，并取决于对土地的所有权。诺斯家族有着这个村庄一半的土地，他们的影响力无处不在。这就是为什么他们的代理人也会被放在教堂里纪念。

有这样一个短语完美地描述了英国18世纪的体制，这个词是本杰明·迪斯雷利以他一贯的聪明才智杜撰出来的，他说这个国家是"一个领土的体制"。它深深嵌入了这个国家的肌理当中，就像牛津郡墙上的铁锈一样。在诺斯勋爵给财政部主持会议时，他占据了权力大厦的顶点，但这座大厦的基础却在数以千计这样的教区中，每一个都有自己的地方精英，而他们的权威来自对土地的占有。

诺斯家族正是这样的世家。当然，这个家族必须履行头衔赋予他们的职责，即便当他们自己的资源也不多时。虽然诺斯一家背负着债务，但在沃克森还是乐善好施，尽己所能地为村里提供福利：例如，"诸圣徒"塔看上去并没有那么古老。18世纪40年代的一场大风刮倒了这座中世纪时期的塔，诺斯勋爵的父亲出钱重建了我们今天看到的这座塔。还有一所乡村学校，校长的工资也来自诺斯一家。诺斯家还将自己的银盘子给了教堂，修补圣坛上的屋顶，并且每年救济穷人的账单被送来时，他们会支付其中的大部分。

在他们的监管之下，村庄的一切安静而有序，但作为他们仁慈的回报，诺斯家族要求的远不只是地租。他们要求的还有服从，在一切与上帝或政治相关的事情上的服从。在教堂内的另一面墙上挂着沃克森从古至今的牧师名单。这里和班伯里附近的教区牧师都由诺斯家族选出——他们会选择一位牧师来同时掌管这两个教区——这位牧师会忠实地为他们的利益服务。1774年，正是"诸圣徒"的牧师安排的再次竞选将诺斯勋爵送进了议会。与此同时，布朗洛·诺斯作为相邻主教教区的大主教，也热衷于将顺从自己的牧师安插到下面的每一个教区。

因为教区牧师也担任地方法官的角色，他们对偷猎者和小偷做出裁定，因而诺斯家族的势力延伸到了他们领地上的每一个角落。虽然他们生性随和，但如果他们想要严酷起来也会有多种途径。如果你投票反对他的统治，教区牧师说，那么你就会从他们的啤酒供应商的名单中被剔除。并且每当沃克森的租赁到期需要续签的时候，只有忠诚的支持者才被鼓励续约。

所有这一切都是迪斯雷利所说的基于土地所有权的体制。诺斯勋爵在内阁中的每位同事都有属于他们自己的沃克森，他们都是可以主宰一方的土地主。他们在上、下两院的盟友们也大都如此。而他们所经营的这个体系有一个巨大上层建筑——不只有议会和教会，还有陆军、海军和大学——它的根基在农村，若是离开成千上万沃克森这样的教区，和每个教区的经营者，这个体系就不会存在。这个体系不可能永远存在下去，随着时间的推移，它消失在了历史中，只是这花了一个世纪或更久的时间。

在它存续期间，领土体制在公共生活中促进了人们的善行。它可能会迫使政治家密切关注自己的根基所在，并表现出与他高贵地位相称的行为。但遭遇暴徒或强盗的拦路伏击时，他也会保持镇静：那才是绅士所为。他会觉得在威斯敏斯特的议会努力工作，或是在其他方面为国效力都是义不容辞的，这事关荣誉，同样也是出于个人的抱负。对于家乡所在的郡，慷慨就像是一种责任，要求他随时欢迎来客，并支持每一项新的倡议——设立一个济贫院，开凿一条水渠，或建造一条收费公路——以此来提升他在该区域的声望。

这些正是诺斯勋爵所拥有的美德，但是领土体制同样也有缺点，并且远远超出了它所产生的好处。虚伪和傲慢只是其中最为显著的。导致美国革命危机产生的原因有很多，其中排在前面的原因就包括诺斯和他同事狭窄的视野。而其根源在于领土体制，沃克斯这样的地方便是它的缩影。这个体制为他们设置了无法逾越的心理边界，他们就在这种文化环境中成长：乡村和教区教堂无处不带着特权的烙印。

他们觉得美国人的反叛是不可想象的。诺斯勋爵在牛津郡乡下的经历不足以让他应对远在3000英里之外的那些人，如波士顿的托马斯·杨或他的朋友佛蒙特州的伊顿·艾伦。在杨和艾伦这样的激进分子看来，佃户和他们的东家是平等的，甚至在道德上还要高于那些地主；在殖民地，他们从不会支付什一税来取悦教区牧师，在街上遇到牧师也不会向他脱帽致意；他们也不会允许地方法官因为偷猎而囚禁一名劳动者。18世纪70年代的英国乡村教区与殖民地的小镇没有任何相似之处，两个地方所产生的观念也大不相同。

也许最深的分歧体现在诺斯勋爵与约翰·汉考克之间。在国王和大臣们的眼中，一位如此富有的波士顿人有义务保护现有的状况。他的叔叔因为这个帝国而变得富有，他有什么权利质疑帝国的权威？往好了说，他这个人是太忘恩负义，要是往坏了说，他就是国家的叛徒，最终他也证明了自己就是，成了英国当局最想要绞死的反叛者。实际上，约翰·汉考克也同样具有某些诺斯勋爵身上的美德；只是这位会给布拉特广场教堂捐赠的公民，来自这样的一个地方：虽然富人们期望自己能在街坊四邻中称王，但首先必须要获得他们的许可才行。

像弗雷德里克·诺斯这样出身的人永远都理解不了汉考克这样的敌人。他也无法创造性地回应殖民地发出的挑战。乔治三世最欣赏他的这些品质——他对教会、对国王和对乡绅们的奉献与忠诚——而正是这些使得诺斯无法胜任对美国的管理。那么，他和他的朋友兼亲戚威廉·莱格后来都怎样了呢？

1775年夏天，邦克山那次伤亡惨重的交火发生后，达特茅斯失去了他对公众生活仅存的兴趣。那场发生在波士顿水域周边山坡上的战斗是因为他和盖奇犯下的错误：他们试图通过控制住波士顿城来逼新英格兰就范。对已经发生的事深感悲痛，希望和平却又无法实现，达特茅斯于11月辞去了殖民部长的职务。老兵乔治·杰曼取代了他的位置，杰曼终于可以自由地用罗马人的方式来对付叛军了。此时，盖奇也终于要回家了，因为英国军队打算撤回到纽约，他们早就该这么做了。

在那之后，达特茅斯逐渐隐退，在乡下开始了安静的家庭生活。他在英格兰教会内部仍继续支持福音传道，一直到他1801年去世。他过世的时候，诺斯勋爵已经先他十年迈进了坟墓，享年只有60岁。邦克山战役并没有毁掉诺斯的政治生涯。相反，诺斯幸存了下来，仍是下议院出色的指挥官，并且仍是国王唯一真正信任的人。

他继续向前走着，走过胜利和灾难，但越来越多的是后者，直到英国战败，他的抑郁症已经变得几乎无法承受。英国兵在约克城投降，议会经过一场混乱的风波之后，诺斯也不得不离开了。大概一年之后，他又回到了办公室，与他的老对手查尔斯·吉姆斯·福克斯联盟。但是又来了一场危机，仍与印度有关，这次他们的联盟在大选中失利，以压倒性优势击败

诺斯纪念碑，位于牛津郡沃克森的圣徒教堂。约翰·弗莱克斯曼的雕刻作品

他们的是年轻的威廉·皮特，查塔姆勋爵的儿子。乔治三世也疏远了诺斯勋爵，就这样，他永远离开了政府。

那是1784年。他的健康状况开始下降，体重日渐减少，这都昭示着——正如他过早的死亡——他患上了某种癌症。他原本就不好的视力变得越来越弱，直至完全失明。他在伊顿公学和牛津大学所学的拉丁文从未被他丢下，因此，在他失明后的几年里，他的女儿们会为他朗读贺拉斯或维吉尔的作品。吃饭的时候，她们帮他把肉切开，而诺斯夫人围着她心爱的丈夫忙个不停。诺斯为国王效力的时候，他的生活充满了辛劳和忧虑。在抛开了公务的烦扰后，诺斯的身边还有像爱德华·吉本这样的朋友来逗他开心，他人生剩下的部分充满了愉悦。

在他们的社交圈子里，诺斯一家的魅力、热情好客以及融洽和乐的家庭关系是出了名的。当诺斯于1792年去世时，他的家人给他立了一座宏伟的纪念碑，来表达他们对他深厚的感情。他们让当时最优秀的雕刻家，约翰·弗莱克斯曼，用大理石雕出了诺斯的样貌：他的双下巴，丰满的面庞以及松弛的嘴唇。在"诸圣徒"教堂的圣坛上就可以看到他的形象——失明的双目向上凝视，面朝东面，似在守候复活的那一天。

在他的头像下面，雕刻着一位身材高大、苗条的不列颠尼亚（英帝国的化身），她手持长矛和盾牌，身边卧着不列颠雄狮。沃克森的小孩子们显然非常喜爱这只狮子，在两个多世纪的时间里，狮子的大理石鼻子已经被摸得锃亮，在这只鼻子闪闪发亮的狮子下面，便是诺斯勋爵长眠的墓穴。

致　谢

　　通常很难确定一本书开始成形的确切日期，但写《大英帝国的崩溃与美国的诞生》的念头萌生于2011年的秋天，在罗得岛普罗维登斯的第一浸信会大教堂的尖塔顶端。我特别感激那里的教堂司事——彼得·福斯特姆，他是位退休的消防员，对攀爬高处非常在行。彼得带我爬上了那座巨大的木质建筑中的梯子。这座塔修建于1774年到1775年间，由波士顿的造船工人和木匠建造，他们中的一些人很可能参加了那次销毁东印度公司茶叶的行动。我发现如果我的脑海中没有历史事件发生的准确地点的样貌，我就不可能思考历史。那次登上尖塔的旅行激发了我写作的热情。

　　在罗得岛州的其他地方，还有两位布朗家族的后人我要特别感谢：爱丽丝·韦斯特维尔特和亨利·A. L. 布朗，以及狄米欧不动产的帕姆·科尔和保罗·狄米欧，他们带我参观了纳姆归得角，"葛斯比事件"突袭发生的地点；还要感谢李·特维罗和她在罗得岛历史协会的同事们，他们为我找来了亨利·马钱特的日记的缩微胶片。在波士顿，我要感谢的有简·卡门斯基、杰恩·戈登和彼得·杜拉米，及他们在马萨诸塞州历史协会的同事——尤其是安娜·克拉特巴克·库克、布伦顿·西蒙斯和他的新英格兰历史系谱协会员工。我要感谢的还有：新英格兰文物局的安·考尔多什、波士顿图书馆的卡瑟琳娜·斯拉托贝克、波士顿社团的伊丽莎白·瑞希欧、J. L. 贝尔以及我在特里蒙特街的房东沃尔特·菲尔梅和他的同事迈克·艾鲁齐奥内。

　　波士顿公共图书馆以及哈佛大学的霍顿、拉蒙特和怀德纳图书馆一如既往地给了我获取一切所需资料的自由，包括从未发表过的盖奇将军的命令记录，我被允许将它扫描并将电子版带回英国。我也要感谢哈佛大学档案馆和哈佛大学商学院的贝克图书馆，允许我阅读与约翰·汉考克相关的手稿与材料。与玛雅·诺夫的两次晚餐间的讨论帮我理清了思路，但是我们关于约翰·威尔克斯的看法是不一样的，对这个人的看法我倾向于同意本杰明·富兰克林的说法。在美国的其他地方，我要感谢华盛顿国会图书馆的加斯明·温特斯；玛撒葡萄园岛"一串葡萄"书店的唐·布拉西；桑德拉·休利特给了我有关族系的建议；纽约的佘丽达·鲍尔森、史蒂夫·马古利斯和马古利斯一家，还有"迪迪"和安德鲁·亨特。我也要感谢约翰·迪莫斯，在马萨诸塞州家中的午餐上，他鼓励我继续完成这本书。

　　在英国，我非常感谢威廉·莱格，第十位达特茅斯伯爵，和他的哥哥鲁珀特·莱格，以及达特茅斯祖产信托，他们允许我复制了盖恩斯伯勒为他们祖先的画像，并准许我引用达特茅斯的文件。我也要感谢斯塔福德郡档案馆的乔安娜·特里，和她的上一任档案保管员西娅·兰德尔。在英国的其他地方，我要感谢剑桥大学东亚历史图书馆管理员约翰·莫菲特；费茨威廉不动产准许我发表伯克和罗金汉姆的文件内容，这些资料存放在谢菲尔德档案馆里；感谢圣安德鲁斯大学的手稿档案管理员玛雅·谢尔登，英格兰银行档案馆的萨拉·米勒德，国家档案馆的休·亚历山大，议会档案馆的安妮·平德和西蒙·高夫。在访问诺斯在萨默塞特郡的产业时，我受到了迪灵顿庄园的管理者韦恩·班尼特和怀特来金盾庄园的卡罗琳·卡梅伦夫人的友好欢迎，我要向这两人表示感谢。

　　和我的上一本书《逃离巴比伦》一样，《大英帝国的崩溃与美国的诞生》同样是在美国受到阿尔弗雷德·A.克诺夫出版社的卡罗尔·布朗·詹韦之托。如若没有他在编辑上的支持、鼓励和智慧，这两本书都不可能完成。我对卡罗尔深表感激；还有兰登书屋在伦敦的编辑威尔·苏尔金，他让宝得莱出版公司出版了我这两本书的英国版。感谢我的代理，伦敦的比尔·汉密尔顿和纽约的乔治·卢卡斯。在克诺夫出版社，我还要感谢维多利亚·皮尔逊、丽莎·蒙特贝洛、约书亚·莫雷、艾丽卡·欣斯利；还要感谢宝得莱出版公司的斯图亚特·威廉姆斯和凯瑟琳·埃尔斯。

谨以这本书献给我的太太苏·坦普尔，衷心感谢她对我的爱与陪伴，在我被这本书的写作压得快要倒下时，她经常建议我暂停下来。这时苏还会得到我们的奥达猎犬的有力协助，它是刚毛腊肠犬比赛的第五名，浑身充满了力量。